Gutes Deutsch

Wolfgang Manekeller
Dr. Gabriele Reinert-Schneider

Gutes Deutsch schreiben und sprechen

FALKEN

Im FALKEN Verlag sind zu diesem Thema bereits erschienen:
„Besseres Deutsch" (Nr. 4115)
„Richtiges Deutsch" (Nr. 0551)
„Deutsche Rechtschreibung und Grammatik" (Nr. 4407)

CIP-Titelaufnahme der Deutschen Bibliothek

Manekeller, Wolfgang:
Gutes Deutsch: schreiben und sprechen / Wolfgang Manekeller;
Gabriele Reinert-Schneider. – Niedernhausen/Ts.: FALKEN, 1989
  (FALKEN Bücherei)
  ISBN 3-8068-4432-1
NE: Reinert-Schneider, Gabriele

ISBN 3 8068 4432 1

© 1989 by Falken-Verlag GmbH, 6272 Niedernhausen/Ts.
Dr. Gabriele Reinert-Schneider ist Autorin der Kapitel
„Wörter" und „Sätze".
Wolfgang Manekeller hat die Kapitel „Zeichensetzung" („Sätze")
und „Texte" verfaßt.
Die Ratschläge in diesem Buch sind von den Autoren und dem Verlag
sorgfältig erwogen und geprüft, dennoch kann eine Garantie
nicht übernommen werden. Eine Haftung der Autoren bzw. des
Verlages und seiner Beauftragten für Personen-, Sach- und
Vermögensschäden ist ausgeschlossen.
Satz: Grunewald Satz & Repro GmbH, Kassel
Druck: Auer, Donauwörth

INHALTS-VERZEICHNIS

Wörter — 9

Das Substantiv — 10

Das Hauptwort ist der Kopf — 10
Was leisten die Hauptwörter? — 11

    Lebewesen — 12
    Pflanzen — 12
    Dinge — 13
    Begriffe (Nichtgegenständliches) — 13
    Die Einteilung der Abstrakta — 14
    Die Einteilung der Konkreta — 15

        Eigennamen — 15
        Gattungsnamen — 15
        Sammelnamen — 16
        Stoffnamen — 17

Was leisten also die Substantive? — 17
Das Schreiben und das Lesen — 18

    Das Tüpfelchen auf dem „i" — 19
    Informationsklitterung — 20

Zur Streckung gebracht — 22
„Politik für das Leben" macht man nicht mit toten Texten — 24
Unvornehme „Davonstehung" — 25
Das Erhalten – die Erhaltung – der Erhalt — 27
Suffixerei – eine Sprachkrankheit — 29
Wie man Hauptwortketten sprengt — 30
Von Rückantworten und Vorbedingungen — 37
Weiße Schimmel und schwarze Raben — 39
Zusammensetzungen richtig behandeln — 40
Fremdwortfeindschaft-Fremdwortsucht — 44
Fachsprachen und Expertendeutsch — 49
Lösungen — 50

Das Verb — 55

„Am Verbe hängt, zum Verbe drängt …" — 55
Zeitzeichen Passiv? — 56
Vom ziellosen „gefolgt werden" — 61
„Buk" oder „backte" der Bäcker das Brot? — 63
Wendige Verben wollen keinen Aufwand — 66
„Haben" oder „sein"? — 71
„Will er", „möchte er" oder „mag er"? — 75
Probleme mit dem Konjunktiv? — 76
Lösungen — 80

INHALT

Das Adjektiv — 84

Eigenschaften –
Marktplatz der Sensationen? — 84
Das eine vom anderen
unterscheiden — 88
Der siebenköpfige Familienvater — 90
„Stattgefundene Gespräche" — 92
Senden wir „beiliegend"? — 95
Haben wir es „schwer"
oder „schwierig"? — 97
„Eigenschaftsmäßig" betrachtet –
Adjektivzusammensetzungen — 100
Was lange währt ... — 102
Gesteigerter Unsinn? — 104
Lösungen — 106

Der Artikel — 110

Das Glied der Satzglieder — 110
Lösungen — 113

Das Pronomen — 114

„... bei mich, da lernst
du deutsch" — 114
Lösungen — 120

Das Numerale — 122

Eine Herausforderung an den
Rechtschreibbewußten — 122

Das Adverb — 124

„Unter Umständen ..." — 124
Lösungen — 127

Die Präposition — 128

Schwierige Verhältnisse — 128
Aufgeblasene Verhältnisse — 133
Lösungen — 137

Die Konjunktion — 139

„Und sagte kein einziges Wort" — 139
Neben- oder unterordnen? — 141
Zweifelhafte Satzver-
wandtschaften — 143
Lösungen — 148

Die Interjektion — 150

„Oh, weh!" — 150

Die Rechtschreibung — 152

„10 Mark für Ihre Alte" — 152
Zusammen oder getrennt? — 155
Zu den Grundregeln
der Silbentrennung — 157
Einiges zum Bindestrich — 159
Lösungen — 161

Sätze — 163

Der Satz — 164

Mehr als die Summe seiner Teile — 164

    Die Satzarten — 166
    Satzlänge — 166

Klare Beziehungen — 169
„Stopfen" oder „trommeln"? — 171
Der Platz im Satz — 177
Nachklappen lassen
oder ausklammern? — 183
Lösungen — 186

Die Negation — 189

Zum Neinsagen keine
Lust nicht haben — 189
Der Dreh ins Positive — 194
Lösungen — 199

INHALT

Die Frage ———————— 200

Der Trick mit der Frage ———— 200
Klären, stimulieren, dirigieren? —— 202

    Wollen wir Informationen? —— 202
    Wollen wir klare und
    eindeutige Ergebnisse? ———— 204
    Wollen wir Entscheidungen
    herbeiführen? ——————— 206
    Wollen wir den Partner
    stärken? ————————— 207
    Wollen wir mit verdeckten
    Karten spielen? ——————— 209
    Wollen wir dirigieren? ———— 209
    Wollen wir überhaupt
    eine Antwort?
    Rhetorische Fragen ————— 211

Stilfiguren ———————— 213

„Deine Rede sei …" —————— 213
„… nicht ohne Klang" ————— 214
„… nicht ohne Sinn" ————— 217
„… nicht ohne Ordnung" ——— 221
„… und nicht ohne Wirkung" —— 225
Schöne Worte machen
den Kohl nicht fett —————— 230
Lösungen ————————— 231

Zeichensetzung ————— 233

Die Aufgabe der Satzzeichen —— 233
Punkt ——————————— 234
Ausrufezeichen ——————— 239
Fragezeichen ———————— 241
Komma —————————— 242

    Aufzählung ———————— 242
    Glieder einer
    Gesamtinformation ————— 243
    Anreihende Konjunktionen —— 244
    Hervorhebung ——————— 246

    Wochentag und Datum –
    Aufzählung oder nachgestellte
    nähere Bestimmung? ————— 248
    Partizipialgruppe —————— 249
    Infinitivgruppe ——————— 250
    Hauptsätze ———————— 254
    Gliedsätze (Nebensätze) ——— 255

Semikolon ————————— 258
Doppelpunkt ———————— 259
Gedankenstrich ——————— 261
Klammer —————————— 263
Auslassungspunkte ————— 264
Anführungszeichen ————— 265
Pausenzeichen ——————— 266
Mehrere Satzzeichen
hintereinander ——————— 267

Texte —————————— 269

Schriftliche Texte ————— 270

Beispiele, Empfehlungen,
Anlässe —————————— 270
Abfindung ————————— 271
Ablehnung ————————— 272
Abmahnung ———————— 274
Anfrage —————————— 275
Angebot —————————— 277
Anweisung ————————— 283
Aphorismus ———————— 286
Artikel —————————— 290
Auskunft —————————— 295
Beileidsbrief ———————— 299
Bestellung ————————— 301
Briefe an Bundesbehörden —— 304
Bewerbungsbrief —————— 307
Einladungen und Antworten —— 312
Gedicht —————————— 316
Glückwünsche und
Festtagsgrüße ——————— 321
Lebenslauf ————————— 337
Mahnung ————————— 339

7

INHALT

Protokoll	343
Reklamation (Mängelrüge)	348
Werbebrief	353
Werbetext – Anzeige	356

Korrespondenz-Schreibregeln ... 362

Regeln, Alternativregeln, Empfehlungen ... 362

Mündliche Texte ... 373

Reden ... 373

    Die Anrede ... 373
    Der Einstieg in die Rede ... 374

Taufe ... 375
Konfirmation ... 378
Abitur ... 379
Bestandene Führerscheinprüfung ... 379
Promotion ... 380
Geburtstag ... 380
Dank für eine Ehrung ... 382
Hochzeit ... 383
Silberhochzeit ... 388
Goldene Hochzeit ... 390
Todesfall ... 392
Siegerehrung ... 393
Geschäftsjubiläum ... 394
Sommerfest ... 395
Konzert ... 396
Eröffnung einer Kunstausstellung ... 397
Vereinsjubiläum – Dankesrede ... 398
Vereinsjubiläum – Grußwort ... 401

Anhang ... 403

Literaturverzeichnis ... 403
Glossar ... 405

WÖRTER

DAS SUBSTANTIV

Das Hauptwort ist der Kopf

Das Hauptwort ist der Kopf, das Zeitwort ist der Fuß, das Beiwort sind die Hände.

So beschrieb Karl Kraus das Verhältnis der drei Wortarten Substantiv, Verb und Adjektiv zueinander. Das Hauptwort ist der Kopf? Das Hauptwort sagt, worum es geht: um den „Jungen", der läuft, um den „Tisch", der im Arbeitszimmer steht, um das „Gespräch", das geführt wird. Das Zeitwort ist der Fuß? „Laufen", springen", „tanzen" hat sicherlich mit den Füßen zu tun, aber: „lesen", „schreiben", „rechnen", sind das nicht Angelegenheiten des Kopfes? Nun, so wörtlich dürfen wir das Bild, in dem die Zeitwörter zu „Füßen" der Sprache werden, nicht nehmen. Die Füße sind die Körperteile, mit denen wir uns am meisten bewegen. Die Füße sind auch die Körperteile, auf denen wir stehen. Die Verben „bewegen" den Satz, die Verben stellen den Satz auch vom Kopf auf die Füße. In den Verben steckt die Aussage zum Gegenstand. Der Gegenstand bleibt so lange toter Gegenstand des Lexikons, wie die Verben ihn nicht zum Leben erweckt haben, wie wir nicht wissen, was er tut oder was mit ihm konkret geschieht.
Und die Beiwörter, die die Hände sein sollen? Mit den Händen können wir formen, können wir schmücken, und genau das ist Aufgabe der Beiwörter. Sie machen aus einem Haus ein „schönes" Haus, aus einem Berg einen „hohen" Berg und aus dem Tuch ein „rotes" Tuch.
Karl Kraus war **der** Sprachkritiker der zwanziger Jahre. Jedenfalls denken wir das heute. Mit spitzer Feder spießte er die Sprachdummheiten seiner Zeitgenossen auf, vor allem die der Journalisten und Poeten. Wenn schon einmal jemand den Sprachgebrauch umfangreich und unterhaltsam kritisiert hat, können wir dann nicht umgehend aufhören, dieses Buch hier zu schreiben? Das Nein erübrigt sich. Warum?

Die Gesprächsführung der Verhandlungspartner ist ins Stocken gekommen.

DAS SUBSTANTIV

Wie oft hören wir so etwas über Politiker in aller Welt. Über Politiker? Nein, wir hören gerade nichts über Politiker, sondern wir hören etwas über Gesprächsführung. Als könnte die sich selbständig machen und sozusagen eigenwillig ins Stocken geraten! Wird hier nicht vielmehr die Sprache von den Füßen auf den Kopf gestellt? Sprachkritik, das bedeutet nicht, nur am Sprachgebrauch herumzumäkeln. Sprachkritiker setzen sich auch mit der Welt, der gedanklichen Erfassung und Verarbeitung der Welt und deren Ausdruck in der Sprache auseinander. Der Philosoph Wilhelm von Humboldt schrieb im 18. Jahrhundert:

> Die eigentliche Heimat ist im Grunde die Sprache.
> Jede Sprache ist ein Weg, um mit der ihr einwohnenden Kraft die Welt in das Eigentum des Geistes umzuschaffen.

Diese Auffassungen Humboldts teilt der Philologe Leo Weisgerber. Die Sprache hilft dem Menschen, seinen Lebenskreis gedanklich zu meistern, meint Weisgerber. Sie ist der Hauptweg, auf dem die Menschen die Welt des Seins, in der sie körperlich leben, in eine Welt des Bewußt-Seins, in der sie sich geistig bewegen, verwandeln. Es wird geordnet und gewertet. Mit dem Umschaffen der wirklichen Welt in das Eigentum des Geistes entsteht ein Weltbild.
Die Sprache enthält das Bild, das wir von der Welt haben. Wir alle sind Künstler, Sprachkünstler, die tagtäglich dieses Bild immer wieder neu entwerfen und in Worten zu Gehör oder zu Papier bringen. Aber ein Bild ist eben nicht die Sache selbst. Und unser Bild können wir fein oder grob, schön oder häßlich malen. Wir können ins Detail gehen und sagen: „der Wohnzimmertisch aus Mahagoni", oder wir können schlicht von einem „Tisch" sprechen. Beides kann seinen Zweck erfüllen. Wir können uns der gegenständlichen Welt mit Fleiß nähern, oder wir bleiben bewußt auf Distanz. Wir wählen den Grad des Abstands zur wirklichen Welt. Ausschlaggebend ist, ob wir es bewußt tun. Ausschlaggebend ist, bewußt die Wörter zu suchen, die Sätze zu bilden und die Texte zu verfassen, die das Bild, das wir malen wollen, zum „Meisterwerk" machen.
Für unser Bild brauchen wir Handwerkszeug. Die Wörter einer Sprache sind nicht mehr als Pinsel, Leinwand und Farbe. Und die Sätze sind nicht mehr als die Details unseres Bildes. Wenn wir die Details zusammenfügen, entsteht ein Bild, entsteht der Text, entsteht das Ganze eines Weltbildes, und dieses Ganze ist mehr als die Summe seiner Teile.

Was leisten die Hauptwörter?

Die Hauptwörter haben viele verwirrende Bezeichnungen. Manche nennen sie Dingwörter, Namenwörter oder eben Hauptwörter. „Theorie" ist ein „Dingwort", nur kein „Ding". Dem „Namenwort" „Tier" fehlen die Namen „Pferd", „Hund" oder „Katze". „Hauptwort" ist sicherlich noch die beste deutsche Bezeichnung. Der Duden spricht

WÖRTER

von Substantiven, und dieser Bezeichnung wollen wir uns anschließen, wenn wir von Hauptwörtern sprechen.

So verwirrend die Namen, so vielfältig ist das, was sich hinter der Bezeichnung Substantiv verbirgt.

Lebewesen

> Jonas Kapitän gehörte zu den Leuten, die eine untrügliche Witterung für das Verbrechen haben, es aber nur beim armen Schlucker entlarven, weil's ihnen ums Geld geht. (Hermann Melville, Moby Dick)

> Weder Walrosse, noch Seelöwen, Walfische oder Haie waren es, die sich hier stumm im Tang bewegten und ästen – gewaltige Tiere, zwanzig bis dreißig Fuß lang, mit schaufelartigem Schwanz. (Rudyard Kipling, Das Dschungelbuch)

Selbstverständlich haben Sie sie bereits gefunden, die Lebewesen. R. Kipling zählt einige Lebewesen unter den „Tieren" auf: „Walrosse", „Seelöwen", „Walfische", „Haie". Wie viele Namen findet H. Melville in einem einzigen Satz für menschliche Lebewesen! Der „Kapitän" gehört zu einer Gruppe von Lebewesen, die mit „Leute" bezeichnet werden. „Kapitän", die Berufsbezeichnung, steht stellvertretend für das besondere Lebewesen mit all seinen sonst noch möglichen Eigenschaften und Funktionen wie „Mann", „Vorgesetzter", „Treuhänder" und so fort. Ebenso ist „Jona", der Name eines „Mannes", nur eine Kurzformel, die ein besonderes Lebewesen für uns wiedererkennbar macht.

Pflanzen

> Wenn man heute irgendeinen Garten betrachtet, wird man fast immer Pflanzen aus fernen Ländern entdecken: Dahlien aus Mexiko, Phlox und Astern aus Nordamerika, Chrysanthemen aus dem Fernen Osten, Mohn und Primeln aus dem Himalaja, Mittagsblumen aus Südafrika und Kapuzinerkresse und Salbei aus Südamerika. (Michael Chinery, Naturschutz beginnt im Garten)

Wie Kipling für die Tiere, findet M. Chinery für die „Pflanzen" viele verschiedene Namen. „Dahlien", „Phlox", „Astern", „Chrysanthemen", „Mohn", „Primeln", „Mittagsblumen", „Kapuzinerkresse" und „Salbei" gehören zu einer Gruppe von Pflanzen, die man Zierpflanzen nennt. Nicht genannt werden hier die „Eiche", „Buche" „Tanne", die zur Gruppe der Bäume gehören. Ein Botaniker könnte uns noch sehr viel mehr Gruppen und Untergruppen der Pflanzen nennen, und er könnte uns Gewächse zeigen, die weder Pflanze noch Lebewesen sind. Mit unserer Sprache können wir die Welt immer nur notdürftig und ungefähr einteilen.

DAS SUBSTANTIV

Dinge

> Die Bimetallfeder wird durch eine Heizspirale, die beim Anlassen des Motors automatisch eingeschaltet wird, beheizt und öffnet langsam die Starterklappe. (Mein Auto und ich)

Die gegenständliche Welt, die wir mit unseren Sinnen wahrnehmen und erkunden können, stellt die größte Gruppe der Substantive. Zur gegenständlichen Welt gehören die Lebewesen, die Pflanzen und die Dinge, hier: „Bimetallfeder", „Heizspirale", „Motor" und „Starterklappe". Die gegenständliche Welt besteht aus ungezählten Einzelheiten, die den größten Teil unseres Wissens über diese Welt ausmachen. Doch jedes einzelne Teil wird nur recht selten benannt. Genau umgekehrt verhält es sich bei der nächsten und letzten großen Gruppe der Substantive.

Begriffe (Nichtgegenständliches)

> Überreizt von der schwierigen und gefährlichen, eben jetzt eine höchste Behutsamkeit, Umsicht, Eindringlichkeit und Genauigkeit des Willens erfordernden Arbeit der Vormittagsstunden, hatte der Schriftsteller dem Fortschwingen des produzierenden Triebwerkes in seinem Innern, jenem „motus animi continuus", worin nach Cicero das Wesen der Beredsamkeit besteht, auch nach der Mittagsmahlzeit nicht Einhalt zu tun vermocht und den entlastenden Schlummer nicht gefunden, der ihm, bei zunehmender Abnutzbarkeit seiner Kräfte, einmal untertags so nötig war. (Thomas Mann, Der Tod in Venedig)

Der Text steckt voller Begriffe. Von allen Substantiven, die in dem Text vorkommen, könnten wir nur den „Schriftsteller" hören, sehen, fühlen, riechen und anfassen, wenn wir wollten. Beim „Triebwerk" und dem „Inneren", beides im übertragenen Sinne gebraucht, sind wir schon nicht mehr so sicher, obwohl es sich dabei doch eigentlich um ganz konkrete „Dinge" handelt. Alle anderen Substantive sind eindeutig Begriffe, die wir nicht mit unseren Sinnen, wohl aber mit unserem Geist fassen können. Die Begriffe „Arbeit", „Schlummer", „Kräfte" sind uns so geläufig wie „Tisch", „Stuhl" und „Bett". Auch die anderen Begriffe sind uns bekannt. Die „Genauigkeit" ist uns so vertraut wie die „Abnutzbarkeit". Dennoch beinhalten diese Begriffe nur Gedachtes, Abstraktes, das wir nicht anfassen, nicht fühlen können.
Gerade die Begriffe, die Sachverhalte und Zusammenhänge in der Welt bezeichnen, interessieren uns am meisten, jedenfalls statistisch gesehen. Das Substantiv, das wir am häufigsten nennen, ist die „Zeit". Der Zeit folgt der „Paragraph". Dann erst sprechen wir von der „Liebe" und schließlich von der „Freiheit". Ein verwaltetes Zeitalter? Vielleicht.
Das Substantiv ist der Kopf. Substantive geben zunächst einmal an, worum es geht. Sie bezeichnen die Gegenstände und Begriffe, über die der Autor schreibt. Sie prägen den Text von der Sache her. Die Substantive zeigen an, welchen Ausschnitt mög-

licher Gegenstände und Begriffe dieser Welt der Autor sich ausgesucht hat, um darüber einen literarischen oder einen sachlichen Text zu schreiben.
Die Gruppe der Lebewesen, Pflanzen und Dinge nennt man auch Konkreta, zu deutsch Gegenstandswörter, und die Begriffe werden Abstrakta oder Begriffswörter genannt. Konkreta und Abstrakta sind nur die beiden Hauptgruppen der Substantive. Beide Gruppen haben Untergruppen.

Die Einteilung der Abstrakta

Thomas Mann hat sicherlich eine besondere Vorliebe für Begriffe, die geistige Erscheinungen, Gedachtes, in der Vorstellung Existierendes bezeichnen.. „Willen" und „Wesen" sind menschliche Vorstellungen, „Arbeit" und „Einhalt" gehören zur Untergruppe der Handlungen, „Schlummer" und „Fortschwingen" wird den Vorgängen zugeordnet, und „Vormittagsstunden" reiht sich in die Maß- und Zeitbegriffe ein. Die meisten Abstrakta des kurzen Zitates gehören zu denjenigen, in denen Eigenschaften enthalten sind: „Behutsamkeit", „Umsicht", „Eindringlichkeit", „Genauigkeit", „Beredsamkeit" und „Abnutzbarkeit". Auch Zustände wie „Friede", „Liebe" oder „Alter", Verhältnisse oder Beziehungen wie „Freundschaft" und „Nähe" und Begriffe, die Wissenschaften oder Künste beim Namen nennen wie „Mathematik", „Musik" und „Malerei", gehören zu den Abstrakta.
Zur Verdeutlichung sei noch einmal tabellarisch aufgeführt, was nichtgegenständliche, gedachte Begriffe bezeichnen können (nach Duden, Band 4):

Menschliche Vorstellungen: Geist, Seele.
Handlungen: Schlag, Wurf, Schnitt, Boykott.
Vorgänge: Leben, Sterben, Schwimmen, Schlaf, Reise.
Zustände: Friede, Ruhe, Angst, Liebe, Alter.
Eigenschaften: Würde, Verstand, Ehrlichkeit, Krankheit, Dummheit, Länge.
Verhältnisse oder Beziehungen: Ehe, Freundschaft, Nähe, Unterschied.
Wissenschaften, Künste: Biologie, Mathematik, Musik, Malerei.
Maß- und Zeitbegriffe: Meter, Watt, Gramm; Jahr, Stunde, Mai.

Nun gibt es in Thomas Manns Text noch die lateinische Wendung „motus animi continuus", was wörtlich übersetzt soviel heißen kann wie „fortwährende Bewegung des Geistes". Thomas Mann übersetzt wesentlich eindrucksvoller mit „Triebwerk in seinem Innern". Motus, die Bewegung, und animus, der Geist oder die Seele, werden als lateinische Substantive klein geschrieben. Auch im Englischen und Französischen werden die Substantive, wenn es sich nicht um Eigennamen handelt, klein geschrieben. Im Deutschen schreibt man die Substantive im allgemeinen mit einem großen Anfangsbuchstaben. (Mehr zur Groß- und Kleinschreibung finden Sie auf den Seiten 152 bis 155.)
Alle Schreibkonventionen sind nur aus der Geschichte einer Sprache zu erklären und zu verstehen. Die Schreiber vorgeschichtlicher Sprachen und viele römische Autoren

DAS SUBSTANTIV

kannten nicht einmal Wortgrenzen. Die Sprachen früherer Zeiten hatten so viele Flexionsendungen, das heißt Beugungsendungen, daß die Beziehungen der einzelnen Wörter zueinander im Satz eindeutig aus den Endungen der Wörter hervorgingen. Alle zeitgenössischen europäischen Sprachen neigen dazu, ihre Flexionsendungen zu verlieren. Im Englischen beispielsweise ist nur noch der sogenannte sächsische Genitiv wie in „my father's house" als Flexionsendung der Substantive übriggeblieben. Deshalb ist im Englischen die Wortstellung wichtiger als im Deutschen.

Die Einteilung der Konkreta

Die Einteilung der weitaus größeren Gruppe der Konkreta ist vielfältiger und zuweilen schwieriger. Die Gegenstände waren vor uns Menschen da. Und wir Menschen haben noch lange nicht alle Gegenstände dieser Welt erkundet und – benannt.

Eigennamen

> Gustav Aschenbach oder von Aschenbach, wie seit seinem fünfzigsten Geburtstag amtlich sein Name lautete, hatte an einem Frühlingsnachmittag des Jahres 19.., das unserem Kontinent monatelang eine so gefahrdrohende Miene zeigte, von seiner Wohnung in der Prinzregentenstraße zu München aus allein einen weiteren Spaziergang unternommen. (Thomas Mann, Der Tod in Venedig)

Wie die Erzählung Thomas Manns, so ist auch seine literarische Figur, Gustav Aschenbach, einmalig und unverwechselbar. Auch der Ortsname München und der Straßenname Prinzregentenstraße bezeichnen bestimmte Flecken Erde, die nur einmal in dieser Welt vorkommen. Nicht nur Menschen, Orte und Straßen können Namen haben. Auch Ländern, Bergen, Gebirgen, Flüssen, Seen, Meeren, Fluren, Schiffen, Sternen, Einrichtungen und geistigen Schöpfungen geben wir Eigennamen, damit wir eines vom anderen unterscheiden können.
Herr Müller lebt in Deutschland und Herr Smith in England. Der Brocken ist ein sagenumwobener Berg im Harz und der Fudschijama ein heiliger Berg in Japan; die Alpen gelten als Wetterscheide Mitteleuropas. Die Eigennamen Rhein und Nil, Bodensee und Aralsee, Atlantik und Pazifik, Soester Börde und Wümmeniederung, Titanic und Gorch Fock, Venus und Neptun, 1. FC Köln und Dynamo Dresden, Goethes „Faust" und Balu, der Bär aus Kiplings „Dschungelbuch", sind gleichfalls Namen, die uns zur Identifikation des einen Schiffes, der einen Flur und des einen Buches dienen. Zuallererst werden wir also durch unsere Namen unverwechselbar.

Gattungsnamen

Nun gibt es auch Eigennamen, die häufiger vorkommen, zum Beispiel Müller, Schmidt, Becker und viele andere mehr. Diese Eigennamen sind aus Benennungen nach dem Beruf entstanden. Es sind Familiennamen aus Gattungsbezeichnungen.

WÖRTER

Wenn wir im weiteren von Gattungen und Arten sprechen, haben wir mitnichten die Bezeichnungen aus der Biologie im Sinn. Auch die Sprachwissenschaftler sprechen von Gattungen und Arten. Unter einer Gattung verstehen wir eine Gruppe von Lebewesen oder Dingen, die wichtige Merkmale oder Eigenschaften gemeinsam haben: So zeichnet sich die „Gattung" Mensch nach dem Duden durch ihre „Säugetierhaftigkeit" aus. Selbst wenn wir nur ein einzelnes oder einzelne Lebewesen bezeichnen – drei Menschen –, handelt es sich um Gattungsnamen.

> Selbst in und über menschlichen Siedlungen breiteten sich nicht wenige Arten aus. Das gilt für Kulturpflanzen – des Klostergärtners Mispel, Holzapfel und Holzbirne, des Kleingärtners Brombeere – wie auch für Zierpflanzen, des Stadtgärtners Jelängerjelieber, die Stechpalme oder die Hundsrose. (R. Witt, Wildsträucher in Natur und Garten)

Für den Sprachwissenschaftler sind „Kulturpflanzen" und „Zierpflanzen" Gattungsnamen, „Mispel", „Brombeere" und „Stechpalme" Benennungen der verschiedenen Arten. Das gleiche gilt sprachwissenschaftlich für die „Gattung" Tiere mit den „Arten" Affe, Hund und Tiger. Auch die Dinge gruppieren wir in übergeordneten Gattungsnamen wie Hausrat und Bücher, um sie, den Gattungsnamen untergeordnet, als Tisch, Stuhl, Lampe und Roman, Gedichtband oder Sachbuch genauer zu benennen. Und schließlich kann sogar die „Gattung" Mensch nach „Arten" unterschieden werden: Frau, Mann, Kind, Säugling.

Die Grenze zwischen Eigennamen und Gattungsnamen ist nicht immer leicht zu ziehen. Sprechen wir vom „Schwarzen Freitag" und schreiben schwarz groß, so ist der Börsenkrach vom 25. Oktober des Jahres 1929 gemeint. Es handelt sich um einen Eigennamen. Sprechen wir davon, daß die Börse wieder einmal einen „schwarzen Freitag" gehabt habe, so meinen wie einen der vielen Freitage, an denen es an der Börse ähnlich zugegangen ist wie an dem im Jahre 1929. Der schwarze Freitag wird damit zum Gattungsnamen und „schwarze" in diesem Fall klein geschrieben. Ebenso bezeichnen die Eigennamen „die Deutschen", „die Engländer" und „die Russen" kollektive „Einzelwesen". „Er ist Russe" hingegen bedeutet, daß er eben nicht Deutscher oder Franzose ist. In diesem Zusammenhang ist „Russe" ein Gattungsname.

Sammelnamen

> Die Soziologie kennt mehrere soziale Gebilde, z. B. die Klasse, die Menge, die Masse. (K. F. Withauer, Menschen führen)

Der Autor nennt die singularischen Substantive „Klasse", „Menge", „Masse" und meint damit jeweils eine Mehrzahl von Menschen. Solche Sammelbegriffe bezeichnen, auch wenn sie im Singular stehen, immer mehrere Lebewesen oder Dinge. Man nennt sie auch Kollektiva. „Gebilde" ist gleichfalls ein Kollektivum, nur ist „Gebilde" weniger eine Mengenangabe als ein Sammelbegriff für etwas, das noch genauer untersucht oder bezeichnet werden muß. „Volk" und „Wald" sind Kollektiva, die Men-

schen und Pflanzen nach anderen Merkmalen unter einen sprachlichen Hut bringen als die Kollektiva „Familie" und „Laub" oder „Mannschaft„ und „Gestrüpp".
Die Sammelnamen sind in vielen Fällen leicht erkennbar. Oft verweist die Vorsilbe Ge- auf einen Sammelbegriff: Gewerkschaft, Gewölk, Gebirge, Getreide, Gebäck. Häufiger noch werden Kollektiva mittels der Nachsilben -schaft, -tum, -heit und -keit gebildet wie etwa in Studentenschaft, Beamtentum, Menschheit und Geistlichkeit.

Stoffnamen

> Bergbau – Metall und Brennmaterial – ist immer noch der Magnet für Investitionen ausländischen Kapitals in diesem Lande. Die Liste der verfügbaren, wirtschaftlich nutzbaren Bodenschätze ist ja umfangreich genug: Kupfer, Gold, Silber, Blei, Zink, Wolfram, Stein- und Braunkohle, Eisen, Nickel, Bauxit, Rutil, Zirkon, Uran, Opal und natürlich Öl und Erdgas gehören zu Australiens wichtigsten Bodenschätzen.
> (Merian, Australien)

So viele Stoffe, so viele Namen. Zwar hat sie noch keiner gezählt, doch machen die Stoffnamen wahrscheinlich die größte Gruppe der Substantive aus. Wenn wir alle Stoffe benennen wollten, müßten wir täglich 800 bis 1000 neue Namen finden, denn so viele Chemikalien werden schätzungsweise weltweit jeden Tag neu entwickelt. Die Chemie, die Geographie, die Physik, alle Naturwissenschaften kommen wohl kaum ohne Stoffnamen aus. Wenn wir in der Alltagssprache von Öl oder Ölen sprechen, dann beziehen wir uns meist weniger auf den Stoffnamen, sondern verwenden den Gattungsnamen und meinen nicht selten Babyöl oder Speiseöl oder Sonnenöl.

Was leisten also die Substantive?

Mit den Substantiven bezeichnen wir zum einen die gegenständliche Welt der Lebewesen, Pflanzen und Dinge. Darüber hinaus machen wir uns Gedanken über die Beziehungen der Lebewesen, Pflanzen und Dinge zu- und untereinander, über die Zustände, in denen sie sich befinden, über ihre Eigenschaften und bilden zu den Beziehungen, Zuständen und Eigenschaften substantivische Begriffe. Wenn wir Substantive benutzen, benennen wir nicht nur, wir ordnen und klassifizieren auch. Da wir nicht immer sagen können und wollen: „Wir gehen dorthin, wo Tanne, Fichte und Kiefer wachsen", greifen wir auf den Sammelnamen Wald zurück und sagen vielmehr kürzer: „Wir gehen in den Wald".
Wer von uns hat schon einmal einen Baum gesehen? Niemand! Jeder von uns hat schon einmal eine Pappel gesehen, vielleicht auch eine Buche oder eine Eiche. Aber einen Baum? Die Sprache ist rationell. Wenn wir sprechen, kürzen wir ab und vereinfachen die Welt. Wir lassen zahllose individuelle Eigenschaften beiseite, die Lebewesen, Pflanzen und Dinge in der konkreten Welt besitzen. Wir können eine Reihenfolge, eine Hierarchie des Weglassens aufstellen: Eiche – Laubbaum – Baum – Pflanze.

WÖRTER

Doch je mehr Eigenschaften wir weglassen, je allgemeiner wir werden, desto ungenauer werden wir auch.

Die Welt zu benennen, sie einzuteilen, damit wir uns in ihr zurechtfinden können, das leisten die Substantive. Sie leisten es in unterschiedlichem Maße. Wenn wir die Zitate nach Wortarten auszählen, dann finden wir heraus, daß das Verhältnis der Substantive zu anderen Wortarten in den literarischen Texten bei 2 : 5 liegt und in den Sachtexten bei 3,6 : 5. Die Sachtexte enthalten also erheblich mehr Substantive. In den Sachtexten wird aufgezählt und gruppiert, vervollständigt und differenziert. Der Autor eines literarischen Textes hingegen scheint wesentlich mehr Wert auf die Eigenschaften der Substantive und ihre Beziehungen untereinander zu legen. Wortarten wie Adjektive (Eigenschaftswörter), Adverbien (Umstandswörter), Präpositionen (Verhältniswörter) und Verben (Tätigkeitswörter) schmücken den Text nicht nur. Sie erläutern die Sachverhalte in einer Weise, daß vor dem geistigen Auge des Lesers plastische Bilder von Dingen und Lebewesen entstehen.

Die Beziehungen der lebenden, leblosen und gedachten Gegenstände zueinander werden unter anderem durch die vier Fälle Nominativ (der Vater), Genitiv (des Vaters), Dativ (dem Vater) und Akkusativ (den Vater) ausgedrückt. Der zweite Fall zum Beispiel, der Genitiv, drückt eine Zugehörigkeit im weitesten Sinne aus. Warum schreibt Thomas Mann nicht Willensgenauigkeit, sondern Genauigkeit des Willens? Mit dem Willen hat sich Thomas Mann ein Leben lang auseinandergesetzt. Der Wille ist hier das Gedachte, der Begriff, dem er Abstrakta der Eigenschaft zuweist. Behutsamkeit, Umsicht, Eindringlichkeit und Genauigkeit gehören hier grammatisch gesehen zum Willen. Warum hat er nicht geschrieben, daß die Arbeit der Vormittagsstunden einen behutsamen, umsichtigen, eindringlichen und genauen Willen erfordert habe? Vielleicht, weil durch die adjektivischen Beifügungen der Wille als fertiger, ausgeprägter, abrufbarer erschienen wäre. Gerade aber das Maß des Willens zu finden, zwischen Behutsamkeit und Umsicht einerseits und Eindringlichkeit und Genauigkeit andererseits, ist eines der Probleme Gustav Aschenbachs. Substantive sind schwergewichtig und fordern die ganze Aufmerksamkeit der literarischen Figur und des Lesers.

Das Schreiben und das Lesen

Kommentarlos sind wir zunächst über das „Fortschwingen" in Thomas Manns Text auf Seite 13 hinweggegangen. Ist Fortschwingen nicht eigentlich ein Verb, ein Tätigkeitswort, noch dazu eines aus dem Bereich der Technik? „Fortschwingen des Triebwerkes"? Aus dem Verb „fortschwingen" hat Thomas Mann ein Substantiv gemacht. Diesen Vorgang nennt man in der Grammatik eine Konversion.

Aber, wie beim Konvertieren im Alltagsleben sind auch bei der grammatischen Konversion Umsicht und Vorsicht geboten. Durch Konversion erhalten wir eine bestimmte Gruppe von Substantiven, nämlich Abstrakta. Sie bezeichnen Geschehen oder Vorgänge, ohne den Abschluß oder das Ergebnis des Geschehens einzu-

DAS SUBSTANTIV

schließen. Thomas Mann hat das Substantiv eines anhaltenden Geschehens mit einem technischen Begriff verbunden. Und nur, weil der substantivierte Infinitiv „Fortschwingen" etwas Gedachtes, einen Begriff bezeichnet, konnte Thomas Mann den gesamten Ausdruck, das „Fortschwingen des Triebwerkes", auf eine andere, metaphorische (bildliche) Ebene übertragen. Aus dem konkret Technischen wird etwas im ganzen Abstraktes: „das Fortschwingen des Triebwerkes in seinem Innern".

Das Tüpfelchen auf dem „i"

> In der Zukunft wird durch das Zusammenwachsen von Datenverarbeitung und Technischer Kommunikation, durch Bildschirmtext im Haushalt und durch Datenverarbeitungsnetze in der öffentlichen Verwaltung, im Geldverkehr, im Handel und im Versicherungswesen eine neue Form von Dienstleistungen entstehen, die dem einzelnen Bürger die Inanspruchnahme von öffentlichen und privaten Dienstleistungen von zu Hause aus ermöglichen. Dies wird Lernprozesse erfordern, sowohl bei denjenigen, die Dienstleistungen anbieten, als auch bei denjenigen, die sie in Anspruch nehmen. (Der Bundesminister für Forschung und Technologie, Informationstechnik)

Bei dieser Beschreibung haben wir wenig Hoffnung, daß hier je etwas sinnvoll zusammenwachsen wird. Zumindest das Schreiben scheint eben doch nicht jedermanns Sache zu sein. Sollte die Dienstleistung ähnlich ausfallen wie ihre Beschreibung, besteht auf ihre „Inanspruchnahme" wenig Aussicht. Doch wollen wir uns zunächst nicht bei der übergroßen Häufung der Substantive in diesem Text aufhalten. Uns interessiert das Verb, das zum Hauptwort wurde, der substantivierte Infinitiv: „das Zusammenwachsen". Zusammenwachsen ist wider Erwarten das einzige anspruchsvolle Wort in diesem Text voller Imponiervokabeln. Es ist das Wort, das den Text sozusagen „rettet" und ihm den Anstrich unendlichen Fortschritts verleiht. Warum?
In der Sprachgeschichte können wir recht genau zurückverfolgen, wann zum ersten Mal substantivierte Infinitive gebraucht wurden. Es waren die Mystiker, die im 13. Jahrhundert ein neues Wortbildungsmittel fanden, den Austausch zwischen den Wortarten. Sie verwendeten Verben, Adverben und Adjektive in einer Satzgliedrolle, die normalerweise einer anderen Wortart, hier dem Substantiv, vorbehalten war:

> daz wesen, daz sin, daz tuon, daz hoeren, daz anehaften, daz minnen

Die substantivierten Infinitive stammen aus einer Zeit, in der versucht wurde, das „Unsagbare" sagbar zu machen, und zwar auf deutsch. Klerikale Schriften wurden im Mittelalter in lateinischer Sprache verfaßt. Die Mystiker aber wollten das innere Erleben der Unsagbarkeit Gottes in ihrer Muttersprache ausdrücken. Dabei schufen sie Wendungen, die, von der mittelalterlichen Schreibweise abgesehen, wie moderne Philosophie klingen:

ein aller ding vergessen, ein sin selbs vermissen, ein wol warnemen des menschen inwendigkeit

Kraft und Fülle, mystische Glut stecken in Mechthild von Magdeburgs Schrift „Das fließende Licht der Gottheit" (um 1290). Ein wenig Kraft und Fülle steckt auch in dem Wort „Zusammenwachsen". Substantivierte Infinitive haben nämlich keine Endlichkeit. Dies hat wohl auch der Autor unseres Imponiertextes gespürt, als er die Substantive „Zukunft" und „Zusammenwachsen" seiner Dienstleistungsutopia voranstellte. So etwas geschieht meist nicht bewußt, nicht dadurch, daß der Autor sich Rechenschaft über Wortinhalte ablegt. Es geschieht, weil eine über Jahrhunderte gewachsene Sprache auch den Schreiber schlechtester Texte zuweilen einholt und den Sieg davonträgt. Diese Tüpfelchen Sprachgefühl machen manchen Text erträglich, aber nicht mehr.

Die Mystik hat die Sprache der Philosophie geprägt, indem sie die Unendlichkeit sagbar machte. Auch in einem der beliebtesten zeitgenössischen Werke der Sozialpsychologie geht es um einen substantivierten Infinitiv. „Ist Lieben eine Kunst?" fragt Erich Fromm und unterscheidet sorgsam zwischen der dauerhaften Anstrengung, die er Lieben nennt, und dem Augenblicksgefühl der nicht weniger abstrakten Liebe. Die Konversion ist ein Wortbildungsmittel, das noch immer funktioniert. Jede Wortart, die die traditionelle Grammatik kennt, kann zum Substantiv werden.

Verb	leben	das Leben („Das Leben auf dem Dorfe")
Adjektiv	schrecklich	der Schreckliche („Iwan der Schreckliche")
Artikel	das	das Das („Das Das ist der Artikel des Neutrums")
Pronomen	sein	die Seinen („Er liebt die Seinen")
Numerale	eins	die Eins („die römische Eins")
Adverb	heute	das Heute („das Heute genießen")
Präposition	für, wider	das Für, das Wider („das Für und Wider eines Falles abwägen")
Konjunktion	aber	das Aber („das ewige Aber")
Interjektion	ah, oh	das Ah, das Oh („begleitet von vielen Ahs und Ohs…")

Informationsklitterung

In vielen Substantiven, die wir bilden, stecken Verben. Einige dieser Substantivbildungen machen einen Text oft sehr schwerfällig. Statt „Inanspruchnahme" können wir, ohne daß sich an der nackten Information etwas ändert, auch „in Anspruch nehmen" sagen. Die Häufung von Substantiven macht einen Text nicht nur unnötig

DAS SUBSTANTIV

schwerfällig, sie erschwert auch das Verständnis. Viele Substantive hängen an einem einzigen Verb. Ein einzelner Fuß muß viele Köpfe tragen. Und bei vielen Substantiven bekommt ein Text schon mal stilistische Plattfüße. Er wird undifferenziert, wenn nicht falsch.

Nehmen wir unseren Text zur Informationstechnik. Der Autor mag viel von technischen Informationssystemen verstehen, sein eigenes ist jedoch unvollkommen. Wenn wir den Text verstehen wollen, merken wir bald, daß das Zusammenwachsen schon an grammatischen Hürden scheitert.

Das Zusammenwachsen bezieht sich auf die „Datenverarbeitung" und die „Technische Kommunikation". Dem Zusammenwachsen folgt ein „von" mit dem Dativ. Der Bildschirmtext ist vom Zusammenwachsen bereits ausgeschlossen. Der erste Satz lautet also: „In der Zukunft werden Datenverarbeitung und Technische Kommunikation zusammenwachsen." Aber da war noch ein „Durch", und es folgen zwei weitere „Durchs". Was geschieht wodurch?

Eine neue Form von Dienstleistungen wird entstehen

- durch das Zusammenwachsen ...,
- durch Bildschirmtext im Haushalt und
- durch Datenverarbeitungsnetze   in   der öffentlichen Verwaltung,
                                                im   Geldverkehr,
                                                im   Handel und
                                                im   Versicherungswesen.

Zunächst bezweifeln wir, daß so viele Dinge nur eine neue Form hervorbringen werden, und das gleich von mehreren Dienstleistungen. Das Substantiv „Form" sagt außerdem überhaupt nichts aus. Es ist als Information nichts wert.

Welch seltsames Wesen, das über Datenverarbeitungsnetze verfügt! Auch ein Versicherungswesen wird das nicht fertigbringen. Nicht nur bei diesem Wesen hat den Autor das Sprachgefühl verlassen, sondern auch bei den Abstrakta Verkehr und Handel. Zwar hat es sich eingebürgert, Handel und Verkehr als Konkreta zu verwenden, doch wird dadurch nichts richtiger. Der Begriff Handel ist nicht nur falsch verwendet, er führt hier zur Roßtäuscherei. Gemeint ist nämlich gar nicht der Handel, sondern der Großhandel. Mit anderen Worten, nur die großen Kaufhäuser können sich Datenverarbeitungsnetze leisten, die denen der Stadtverwaltungen vergleichbar sind. Wir schreiben also:

> In der Zukunft werden Datenverarbeitung und Technische Kommunikation zusammenwachsen. Das könnte so aussehen: Jeder Haushalt verfügt über Bildschirmtext, der an die Datenverarbeitungsnetze der öffentlichen Verwaltungen, der Banken, der Versicherungen und der Kaufhäuser angeschlossen werden kann. Der Bürger nimmt die öffentlichen und privaten Dienstleistungen von zu Hause aus in Anspruch. Damit das klappt, müssen alle Beteiligten dazulernen.

WÖRTER

Daß hier der „einzelne" etwas in Anspruch nehmen kann, schreiben wir nicht. Der Bürger steht ja bereits im Singular. Ebenso können wir uns den „Prozeß" sparen, denn der ist bereits im schlichten Wort „lernen" enthalten.
Ist unsere kleine Verbesserung nicht viel verständlicher? Sollen wir also substantivierte Infinitive meiden, weil sie den Sätzen die Füße stehlen, auf denen sie stehen? Viele substantivierte Infinitive können und wollen wir nicht ersetzen: „Das Schreiben bereitet ihm Schwierigkeiten." Andere sind lange schon lexikalisiert und werden nicht mehr als substantivierte Infinitive empfunden: „Das Leben ist schön." Wenn wir substantivierte Infinitive bewußt, als Stilmittel, einsetzen, können wir manchen Satz aus seiner Erstarrung reißen. „Die Überfrachtung mit Substantiven ist eine Zeiterscheinung." Kein schöner Satz. Schon gar keiner, der seinem Inhalt gerecht wird. „Das Überfrachten mit Substantiven ist eine Zeiterscheinung." Das klingt schon lebendiger. Auf das Überfrachten, auf das, was mit vielen Texten getan wird, kommt es uns an. Das Vermeiden von Substantiven soll nicht zum Prinzip erhoben werden. „Es ist eine Zeiterscheinung, Texte mit Substantiven zu überfrachten", bedeutet, daß eine Zeiterscheinung unter anderen Zeiterscheinungen gemeint ist. Der substantivierte Infinitiv aber betont, daß das Überfrachten das Typische ist.
Substantive auf „-ung" kann man häufig, aber längst nicht immer ersetzen. In Fällen, in denen es möglich ist, bringt der substantivierte Infinitiv mehr Schwung und Lebendigkeit in den Satz. Der Minister mag auf die „Forschung für die Zukunft" pochen, dem Werbetexter wäre das „Forschen für die Zukunft" sicher lieber.

Zur Streckung gebracht

Es passiert uns immer wieder. Wir kaufen ein Buch, dessen Titel Spannendes verspricht. Das Thema interessiert uns brennend. Dennoch legen wir das Buch nach kurzer Zeit wieder aus der Hand. Das Buch ist schwer verständlich, es verlangt ein Maß an Konzentration, das wir auf Dauer nicht aufbringen können. Der Text steckt voller Begriffe, voller Substantive. Ein schwergewichtiger Sachverhalt jagt den anderen. Wir stellen uns die Frage: „Kann man das denn nicht anders ausdrücken?"
Besonders Autoren hochoffizieller Texte meinen oft, ihrem Text das Gewicht der Weltkugel verleihen zu müssen. Eine dünne Broschüre wiegt zentnerschwer. Auch unser Autor der „Informationstechnik" hat Blei vergossen, als er die Ziele der Bundesregierung in Worten formte. Das klingt dann so:

1) Verbesserung der marktwirtschaftlichen Rahmenbedingungen und damit auch der Wettbewerbsfähigkeit der Bundesrepublik und Europas mit besonderem Gewicht auf Risikokapital, Marktöffnung und innovationsorientierter öffentlicher Beschaffung.
2) Motivierung der Menschen, sich der technischen Herausforderung zu stellen, durch Information über Zukunftsoptionen und durch verstärkte Berücksichtigung der Informations- und Kommunikationstechniken im Bildungsbereich.

DAS SUBSTANTIV

3) Belebung innovationsorientierter Märkte durch zukunftsorientierten Ausbau der Kommunikationsinfrastruktur und Innovationen im Endgerätebereich.
4) Verbreiterung der Technologiebasis zur langfristigen Sicherung der Verteidigungsfähigkeit der Bundesrepublik.
5) Verstärkung und Konzentration …

Es reicht! Jeder der fünf Punkte beginnt mit einem Substantiv auf „-ung". In jedem dieser Substantive steckt ein Verb: „verbessern", „motivieren", „beleben", „verbreitern", „verstärken".
Die Substantive auf „-ung" sind eine weitere Gruppe der Verbalabstrakta, wie sie der Duden nennt. Die Substantive auf „-ung" bezeichnen nicht nur, wie die substantivierten Infinitive, den Geschehensablauf. Sie bezeichnen darüber hinaus auch den Abschluß oder das Ergebnis eines Geschehens. Können Sie sich nun vorstellen, warum Texte mit vielen Substantiven auf „-ung" so schwergewichtig daherkommen? Ja, die Texte sind nicht nur voller Abstrakta, sie drängen dem Leser auch lauter Ergebnisse auf. Und bei Ergebnissen muß man manchmal erst darüber nachdenken, wie sie zustande gekommen sind. In unserem Beispiel handelt es sich sogar um vorweggenommene Ergebnisse, also Abschlüsse künftiger Geschehnisse.
Unverbesserlich gutgläubige Menschen pflegen selbst Politiker zuweilen beim Wort zu nehmen. Vielleicht hat sich unser Autor deshalb gescheut, Roß und Reiter direkt und unverblümt zu nennen. Hätte er verständlicher, lesbarer schreiben wollen, hätte er jedesmal den Täter nennen müssen. Die Bundesregierung will „verbessern", „motivieren", „beleben", „verbreitern" und „verstärken". Es ist eine ganze Menge, was sie da tun will. Mit Substantiven auf „-ung" allerdings kommt es nur zu einer recht verhaltenen Täterschaft, zu Versprechen, die man vielleicht so richtig ernsthaft doch nicht einlösen will?
Natürlich ist die letzte Frage nur eine rhetorische Frage. Schließlich handelt es sich in einer Broschüre über Informationstechnik nicht um Wahlversprechungen. Wie leicht hätte der Autor seine „Innovationsorientierung" dynamisch und kraftvoll, positiv und belebend in Worte kleiden können!

> Die Bundesregierung fördert die Informationstechnik, weil sie die marktwirtschaftlichen Rahmenbedingungen verbessern will. Wenn sie den Einsatz von Risikokapital unterstützt, Märkte öffnet und Ländern und Gemeinden hilft, auf dem neuesten Stand der Technik zu bleiben, dann steigert sie damit die Wettbewerbsfähigkeit der Bundesrepublik und Europas.

Na ja, vielleicht traut man Bonner Amtsstuben soviel Aktivität gar nicht zu, hat Angst vor der eigenen Courage. Dann kann man getrost bei Substantiven auf „-ung" bleiben. Nur, damit beraubt man die Sprache ihrer lebendigen Wirkung.

WÖRTER

„Politik für das Leben" macht man nicht mit toten Texten

Wer sich in seinem Leben ein Ziel gesetzt hat, für das er mit all seiner Kraft eintritt, der muß andere Leute überzeugen. Er muß reden und er muß schreiben. Umwelt- und Naturschutz sind Ziele, die einen hohen Einsatz verlangen können. In „Politik für das Leben" schreibt H. Weinzierl, daß der Mensch allmählich seine Mitgeschöpfe, die Tiere und Pflanzen, vernichtet. Warum?

> Die Weltbevölkerungsentwicklung war schneller als prognostiziert. Die sogenannten medizinischen „Fortschritte" haben die Art Mensch nicht gesünder gemacht, die Lebenserwartung ist wieder im Sinken. Die Luftverschmutzung wird (trotz der retardierenden Programme) in den nächsten zwei Jahrzehnten erst noch eskalieren. Die Wasservorräte sinken, die Meere veröden, die Schere zwischen Wüstenbildung und Wälderschwund öffnet sich unaufhaltsam und das Siechtum der Wälder hat den gesamten Erdball erreicht.

Obwohl das Engagement des Autors spürbar wird, wirkt der Text nicht hautnah. „Politik für das Leben" – das geht alle an. Ein Text, der sich für das Leben einsetzt, sollte selbst leben, sollte lebendige Sprache in toter Zeit sein.
Mit der „Weltbevölkerungsentwicklung" müssen wir uns genauer befassen. Der Begriff ist aus sage und schreibe drei Abstrakta zusammengesetzt. Wenn wir herausfinden wollen, was mit diesem Bandwurm eigentlich gemeint ist, setzen wir die Begriffe um, so daß sie sich aufeinander beziehen, und erhalten: Entwicklung der Weltbevölkerung. „Die Entwicklung der Weltbevölkerung war schneller als prognostiziert." Was heißt das nun? Meint der Autor die Entwicklung von einer kleinen zu einer großen Zahl von Menschen, oder meint er die Entwicklung von einer niederen zu einer höheren Art? Erst aus dem Zusammenhang erkennen wir, was er meint. Der Begriff aber bleibt ungenau, wie man die Sache auch dreht und wendet.
Mit den weiteren Substantiven auf „-ung" werden wiederum Ergebnisse präsentiert, die in der Zukunft liegen: „Lebenserwartung", „Luftverschmutzung", „Wüstenbildung". Aber, nur verwaltete Menschen haben eine „Lebenserwartung". Spricht der Autor von verwalteten Menschen? Will er gar verwaltete Menschen ansprechen? Wohl kaum. Er verpatzt die Gelegenheit, seine Leser zu rühren, zu wecken. Die Botschaft nämlich, die er in blasses, nichtssagendes Verwaltungsdeutsch packt, ist hart: „Ihr Leben wird kürzer sein, als Sie sich noch vor kurzem erhoffen konnten. Die Krankheiten breiten sich wesentlich schneller aus, als sie erforscht werden können."
„Die Luftverschmutzung wird (trotz der retardierenden Programme) in den nächsten zwei Jahrzehnten noch eskalieren." Wieder fehlt der Täter. Wer verschmutzt die Luft? Und, um wessen Programme handelt es sich?
Wieviel kraftvoller wirkt demgegenüber „Die Wasservorräte sinken, die Meere veröden", obwohl der Autor das falsche Verb gewählt hat. Vorräte können nur sinken, wenn sie schließlich irgendwo versinken. Vorräte können zur Neige gehen und Quellen können versiegen. „… die Schere zwischen Wüstenbildung und Wälderschwund öffnet sich unaufhaltsam." Ein schönes Bild, nur, was soll es bedeuten? Nehmen wir

einmal an, der Autor hat sagen wollen, „… die Schere von Wüstenbildung und Wälderschwund öffnet sich unaufhaltsam", so sind wir auch noch nicht viel klüger. Wüstenbildung und Wälderschwund hängen irgendwie zusammen, aber wie? Auch der letzte der vier Sätze, „und das Siechtum der Wälder hat den gesamten Erdball erreicht", klärt uns darüber nicht auf. Wir bleiben auf Vermutungen angewiesen: „Die Vorräte trinkbaren Wassers gehen zur Neige, die Meere veröden und so unaufhaltsam, wie immer größere Flächen der Erde zu Wüste werden, so unaufhaltsam schwinden die Wälder, denn das Siechtum der Wälder hat den gesamten Erdball erreicht."

Unvornehme „Davonstehlung"

Es ist modern, eine „Zielsetzung" zu haben, statt sich ein Ziel zu setzen. Ebenso beliebt ist es, eine „Aufführung" durchzuführen, also etwas aufzuführen. Und manch einem wird die Durchführung seiner Urlaubung durch Hahnkrähung oder Hundbellung vergällt. Sie treten in Bezweifelung der Vermöglichung solcher Wortbildungen? In der Korrespondenz sind ähnlich zweifelhafte Ung-getüme nicht unüblich.

> In Beantwortung Ihres Schreibens vom … teilen wir Ihnen mit, daß wir Ihr Angebot annehmen. Ihre Beauftragung gilt ab heute. Wir erwarten die Erstellung einer Konzeption bis zum … Die Frage des Drucks wurde noch nicht zur Entscheidung gebracht. Hier ist eine gesonderte Vereinbarung zu treffen.

Solch ein Brief wirkt unpersönlich, „von oben herab". Wer entscheidet hier etwas? Lauter Apparatschiks, die sich aus der Verantwortung davonstehlen? Irgendwer muß doch entscheiden, und wenn mehrere entscheiden müssen, warum dann nicht: „Wir haben noch nicht entschieden, wann gedruckt wird. Das müssen wir ein anderes Mal vereinbaren."? Ebenso scheint es den Auftraggeber nicht zu kümmern, wer eine Konzeption erstellt. Wenn es ihn doch kümmert, warum schreibt er dann nicht: „Bitte legen Sie bis zum … eine Konzeption vor."?
Der Briefautor scheint es, wie die Politiker, zu lieben, durch Substantivbildung auf „-ung" vornehm im Hintergrund zu bleiben. Gerade Verwaltungspolitiker beherrschen es meisterhaft, sich aus der Verantwortung zu stehlen, wenn die „Inbetriebnahme des Blocks III eines Atomkraftwerkes erfolgt". Ebenso kann kein Bürger gegen die „Sperrung der Ringstraße" protestieren. Wo und bei wem?
Wendungen wie „In Beantwortung Ihres Schreibens" sind völlig überflüssig. Worauf sich der Schreiber bezieht, steht im Betreff. Das gleiche gilt für die „Beauftragung". Der Sprachkritiker R. W. Leonhardt klagt, daß sich „in plus -ung" ausbreitet „wie ein Krebsgeschwür": „in Erwiderung", „in Ergänzung", „in Überschätzung", „in Vervollständigung", „in Befolgung", „in Verwirklichung" und so fort. Und, ist es nicht wahr?

WÖRTER

Lesen wir nicht oft genug einen Brief, in dem ähnliche Wendungen wie die folgenden vorkommen:

> In Vervollständigung (Ergänzung) Ihrer Unterlagen übersenden wir Ihnen ...
> In Erwiderung auf Ihr Schreiben vom ... teilen wir Ihnen mit ...
> In Befolgung Ihrer Anweisungen haben wir das Gerät in einem staubarmen Raum aufgestellt.
> In Verwirklichung Ihrer Auflagen haben wir alle Bedingungen des Wartungsvertrages erfüllt.

Wie überflüssig sind diese Wendungen! Es reicht, wenn wir schreiben: „Für Ihre Unterlagen übersenden wir Ihnen...", „Wir haben das Gerät in einem staubarmen Raum aufgestellt", „Wir haben alle Bedingungen des Wartungsvertrages erfüllt". Das Suffix (die Nachsilbe) „-ung" funktioniert ausgezeichnet, um aus Verben Substantive zu bilden. Besonders Verben mit Vorsilben bieten sich an: bewältigen – Bewältigung, zerstören – Zerstörung, erhalten – Erhaltung. Einige dieser Substantive auf „-ung", besonders Substantive ohne Vorsilbe, sind zu Sach-, Raum- oder Personenbezeichnungen geworden: Ordnung, Anhörung, Kleidung; Wohnung, Siedlung; Bedienung. Und bei einigen kann man nicht mit Sicherheit sagen, ob sie noch Geschehensabläufe und deren Ergebnis bezeichnen, oder ob sie bereits zu Sachbezeichnungen geworden sind: Entwicklung, Zuweisung, Auseinandersetzung.
Zwischen Anwendung, Aufwendung und Zuwendung gibt es feine Bedeutungsunterschiede. Problematisch kann eine Ableitung auf „-ung" werden, wenn keine Vorsilbe da ist wie in „Streckung". Ableitungen von Verben ohne Vorsilben treten häufig in Konkurrenz zu älteren Ableitungen, bei denen das „-ung" bereits abgefallen ist: Beweisung – Beweis. Es gibt auch Doppelformen, ältere und jüngere Ableitungen von ein und demselben Verb, deren Bedeutungen schon sehr weit voneinander entfernt liegen. Älter: „Grab" und „Verstoß"; jünger: „Grabung" und „Verstoßung".

Wenn Sie eine kleine Stilübung versuchen wollen, können Sie die folgenden Texte verbessern:
 a) In Verkennung Ihrer Aufgabe haben Sie sich nur unwesentlichen Details zugewandt.
 b) Die Entwicklung der Datenverarbeitung in den Betrieben hat die Anpassung der Sachbearbeitungsvorgänge an das ständig steigende Rationalisierungsniveau zu einem unentbehrlichen Teil moderner Dienstleistung gemacht.
 c) Die Lieferung erfolgt in der nächsten Woche.
 d) Die Berichtigung des Sachverhalts kann erst nach einer Besprechung mit allen Beteiligten vorgenommen werden.

■ *Lösungen siehe Seite 50f.*

Daß man Ung-Getüme aber nicht in jedem Falle zur Strecke bringen kann, davon handelt das nächste Kapitel.

DAS SUBSTANTIV

Das Erhalten – die Erhaltung – der Erhalt

Wenn Sprachkritiker die „Substantivitis" beklagen, meinen sie meistens Texte voller Substantive auf „-ung". Manch einer nimmt sich diese Kritik zu Herzen, und wo immer er ein Ung-Getüm erspäht, ersetzt er es durch den substantivierten Infinitiv. Aus den Sätzen

> Der Stadtkonservator rät zur Erhaltung des Bauwerks. Energetisch sinnvoll wäre eine Mauerwerksfüllung aus wärmespeicherndem Gestein.

macht er

> Der Stadtkonservator rät zum Erhalten des Bauwerks. Energetisch sinnvoll wäre das Füllen des Mauerwerks mit wärmespeicherndem Gestein.

Aber so einfach geht das nicht. Wer hier korrigiert hat, hat den Sinn verändert. Kann man denn zum Erhalten eines Bauwerks raten? Bekommt jemand das Bauwerk geschenkt oder verliehen wie eine Ehrenurkunde? Und, drängt sich Ihnen nicht auch das Bild fleißiger Bauarbeiter auf, wenn vom Füllen die Rede ist? „Füllen des Mauerwerks mit wärmespeicherndem Gestein" hieße, daß die Handwerker nun umgehend zur Tat schreiten, um das Mauerwerk zu füllen. Das ist hier aber gar nicht gemeint, denn konkret geht es um die Füllung, nicht das Füllen. Vielleicht wird man auch ganz auf eine Füllung verzichten und statt dessen lieber auf anderem Wege isolieren. „-ung"-Ableitungen aus Verben ohne Vorsilben kann man oft gar nicht ersetzen. Auf dieselbe Art und Weise, wie zwischen der Füllung, dem Resultat, und dem Füllen, einem Vorgang, ein erheblicher Unterschied besteht, bedeuten auch die Ordnung und das Ordnen, die Schreibung und das Schreiben, die Lesung und das Lesen jeweils etwas anderes. Beide Formen, der substantivierte Infinitiv und das Substantiv auf „-ung", sind fest in unserem Wortschatz verankert. Auch die „Wirkung eines Menschen" ist etwas anderes als das „Wirken eines Menschen". Es empfiehlt sich, beides sorgsam zu trennen.

Haben Sie Lust zu einer kleinen Übung? Wie muß es heißen?
  a) Das Prüfen/die Prüfung der Bücher beansprucht eine Menge Zeit.
  b) Das Prüfen/die Prüfung hat keine Besonderheiten ergeben.
  c) Das Lösen/die Lösung eines Kreuzworträtsels bringt Kurzweil.
  d) Das Klären/die Klärung der Abwässer ist Aufgabe des Klärwerks.

■ *Lösungen siehe Seite 51*

Anders verhält es sich oft mit „-ung"-Ableitungen aus Verben, die Vorsilben haben. Sie gehören zum großen Teil zu den „aufwendigen Verhältnissen", für die in der Korrespondenz soviel Zeit und Geld verschwendet wird. „Beantwortung" ist solch ein

WÖRTER

Wort. „Beantwortung" ist die „-ung"-Ableitung aus „beantworten", und „beantworten" ist eine Parallelform zu „antworten". Daß man etwas beantwortet und nicht nur schlicht antwortet, mag möglich und nötig sein. Aber an Stelle der „Beantwortung" reicht häufig auch die „Antwort". Klingt nicht „unsere Antwort auf Ihre Frage lautet …" besser als „unser Beantwortung Ihrer Frage lautet …"? Aber Vorsicht! Erhalten ist nicht einfach eine Parallelform zu halten.

Auch „Antwort" ist eine Ableitung, und zwar eine ohne Endung. Unsere Sprache hat als Hochsprache weitgehend die Fähigkeit verloren, Ableitungen ohne Endungen zu bilden. Hier und da kommt es in der Sprache der Wissenschaft und der Technik noch einmal vor, daß ein endungsloses Substantiv gebildet wird wie zum Beispiel „Abrieb". Damit ist der Verschleiß von Reifen gemeint.

Die männlichen Substantive ohne Endung sind in der Regel aus Formen starker Verben wie „binden, band, gebunden" abgeleitet: Ruf, Wuchs, Sprung. Die weiblichen basieren auf schwachen Verben wie „fragen, fragte, gefragt": Antwort, Dauer, Feier, Heirat, Rast. Aus den Verben, von denen sie abgeleitet sind, kann man auch substantivierte Infinitive bilden: das Rufen, das Wachsen, das Springen, das Antworten, das Feiern, das Heiraten, das Rasten. Eine „Rufung" ist so wenig möglich wie eine „Antwortung". (Mehr zu starken und schwachen Verben ab Seite 63.)

Zum Wortfeld ethischer Werte gehören einige Substantive, die weder konkurrierende Infinitivformen haben, noch in einen unedlen Wettstreit mit einer „-ung"-Form treten können: Mut, Treue, Kraft, Zucht, Stand. Warum? Hier funktioniert die Ableitung umgekehrt. Zum Substantiv „Treue" zum Beispiel wurde erst im Mittelhochdeutschen ein Verb gebildet, das heute „betreuen" heißt. Bei Mut liegt die Verbwurzel im Indogermanischen, der rekonstruierten, vorgeschichtlichen „Muttersprache" der sogenannten indogermanischen Sprachenfamilie, also auch des Deutschen. Das heutige „vermuten" ist eine jüngere Bildung. (Am Rande: Indogermanisch nennt man heute auch Indoeuropäisch. Darunter verstehen die Sprachhistoriker eine Gruppe von Sprachen, die in Wortschatz und Formenbildung stark übereinstimmen. Je älter die Sprachformen sind, desto größer sind Übereinstimmungen. Den Namen bekam die Sprachenfamilie nach ihren 1823 bekannten südöstlichsten [Inder] und nordwestlichsten [Germanen] Mitgliedern.)

Bitte erklären Sie die Unterschiede:
   a) Sichtung – Sichten – Sicht
   b) Züchtung – Züchten – Zucht
   c) Grabung – Graben – Grab
   d) Fassung – Fassen – Faß
   e) Schwingung – Schwingen – Schwung

Lösungen siehe Seite 52

DAS SUBSTANTIV

Suffixerei – eine Sprachkrankheit?

Sicher nicht. „-ung" ist nur ein zeittypisches Suffix (Nachsilbe), eines, das als wertneutral empfunden wird. Das gilt nicht unbedingt für das Suffix „-(er)ei", das gleichfalls den Verben angehängt werden kann. Wenn wir von „Fragerei", „Bummelei", „Rennerei", „Meckerei", „Sucherei" und so fort sprechen, dann meinen wir, daß hier ein wenig zuviel des Guten getan wird. Das „Fragen" kann in „Fragerei" ausarten. Wenn „-(er)ei" mit Personen- oder Tiernamen verbunden wird, ist der Zusammenhang manchmal nicht ganz ernst zu nehmen: „so eine Ferkelei", „lauter Schurkereien". Das Suffix zeigt also Bedeutungsnuancen in eine bestimmte Richtung an; vielleicht fiel ihm diese Aufgabe zu, weil es im 14. Jahrhundert, als das Suffix aus dem Französischen in die deutsche Sprache übernommen wurde, noch keine „Mockiererei" gab.

Das Deutsche hat eine ganze Reihe von Suffixen, mit denen auch andere Wortarten als Verben substantiviert werden können. Die meisten unserer Substantivsuffixe stammen aus voralthochdeutscher Zeit. Einige davon hatten eigene Wortbedeutungen, die auch heute noch nachwirken. Die Nachsilbe „-heit" kommt von gotisch „haidus", die Art und Weise. Im Althochdeutschen bedeutet „heit" „persönliche Art", „Wesen", „Rang", heute: „Gottheit, Hoheit, Bosheit". Im Mittelhochdeutschen kommt in der gleichen Bedeutung „-keit" hinzu: „Bitterkeit, Neuigkeit". Mit „-heit" („-keit") werden keine Ableitungen aus Verben gebildet, nur aus Substantiven und Adjektiven: also „Gott", „böse", „bitter". „Schlauheit", „Freiheit", „Schüchternheit", „Fröhlichkeit" liegen Adjektive zugrunde.

Althochdeutsch „scaft" bedeutet „Beschaffenheit, Ordnung, Form" und mittelhochdeutsch „schaft" „Geschöpf, Gestalt, Eigenschaft". Diese Bedeutungen haben sich in „Mannschaft, Nachbarschaft, Botschaft, Freundschaft, Gewerkschaft, Patenschaft, Kanzlerschaft, Regentschaft" erhalten.

Der Übersichtlichkeit halber wollen wir nur noch das Suffix „-tum" erwähnen, ein mißbrauchtes Suffix. „-tum" kommt von althochdeutsch „tuom", das „Urteil, Gericht, Recht, Fähigkeit, ruhmwürdige Handlung, Ruhm" bedeutet, und ist noch lebendig in: „Mannestum, Offizierstum, Volkstum". Als Wörter wie „Epigonentum" gebildet wurden, war man des Heldentums vielleicht schon überdrüssig. Seit im Nationalsozialismus allerdings Gruppenbezeichnungen auf „-tum" mißbraucht wurden („Deutschtum, Judentum"), ist das Ableitungssuffix in Verruf geraten.

Ein Grund für die häufige Verwendung von Suffixen kann darin bestehen, daß schlicht Bezeichnungsnotwendigkeiten entstehen. Wenn wir heute so viele Substantive auf „-ung" gebrauchen, heißt das auch, daß wir häufig mit Abläufen und ihren Ergebnissen konfrontiert werden. Deshalb kann man sich auch nicht aus Prinzip gegen den vielfachen Gebrauch von Substantiven oder gegen den Gebrauch von Substantiven auf „-ung" stellen. Dadurch, daß Menschen immer mehr „Sachen" und „Sachverhalte" schaffen, brauchen wir auch neue Wörter, müssen wir neue Sachen und Sachverhalte benennen. Die Suffixe sind ein wesentliches Mittel, Bedeutung zu differenzieren und neue Bedeutungen zu schaffen.

WÖRTER

Dennoch macht sich mancher über die zeitgenössische Substantivitis lustig, wie zum Beispiel Günter Grass. In „Hundejahre" parodiert er den Philosophen Heidegger mit Wortschöpfungen wie „Verendlichung", „Seinsentlastung", „Zuhandenheit", „Hinausgesprochenheit", „Hinblicknahme", „Offenbarkeit", mit anderen Worten: „Nichts wird laufend nachvollzogen und substantiviert."

Wie man Substantivabstrakta sinnvoll zusammenstellen kann, zeigt ein Abschnitt aus „Dialektik der Aufklärung" von M. Horkheimer und Th. W. Adorno:

> Leichtgläubigkeit jedoch, Widerwille gegen den Zweifel, Unbesonnenheit im Antworten, Prahlerei mit Bildung, Scheu zu widersprechen, Interessiertheit, Lässigkeit in eigener Forschung, Wortfetischismus, Stehenbleiben bei bloßen Teilerkenntnissen: dies und Ähnliches hat die glückliche Ehe des menschlichen Verstandes mit der Natur der Dinge verhindert und ihn statt dessen an eitle Begriffe und planlose Experimente verkuppelt: die Frucht und Nachkommenschaft einer so rühmlichen Verbindung kann man sich leicht vorstellen.

Wie man Hauptwortketten sprengt

Im Grunde ist es recht einfach, Hauptwortketten zu sprengen. „-ung"-Wörter tragen häufig die Schuld an umständlichen Formulierungen. Ein Beispiel aus der Korrespondenz:

> Sehr geehrtes Mitglied,
>
> die abschließende Bearbeitung Ihrer Angelegenheit nimmt wider Erwarten noch etwas Zeit in Anspruch. Wir bitten Sie deshalb um Geduld und danken für Ihr Verständnis.

Es handelt sich um den Brief einer Krankenkasse, und zwar um einen der Standardbriefe, deren Sätze als Textbausteine in den Computern der Sachbearbeiter gespeichert sind. Die „Angelegenheit" ist besser als „Vorgang". Sie stört uns auch nicht, wohl aber die „Bearbeitung" und das gewichtige „Zeit in Anspruch nehmen". In „Bearbeitung" steckt das Verb „bearbeiten", und statt „Zeit in Anspruch nehmen" kann man auch „Zeit brauchen" schreiben. Wenn wir nun davon ausgehen, daß Speicherplatz Geld kostet, sparen wir nicht nur Worte. Wir formulieren:

> Wir brauchen noch etwas Zeit, um Ihre Angelegenheit zu bearbeiten.

Das „wider Erwarten" ist überflüssig. Für uns, den Empfänger des Briefes, ist es völlig uninteressant, ob die Versicherung normalerweise oder „wider Erwarten" noch Zeit braucht. Uns interessiert nur, daß unsere „Angelegenheit" bearbeitet wird. Im übrigen versendet die Versicherung diesen Zwischenbescheid bei jeder „Angelegenheit".

DAS SUBSTANTIV

Auch den nächsten Satz des obigen Beispiels kann man kürzer und ansprechender formulieren:

> Bitte haben Sie Geduld. Vielen Dank.

Das „deshalb" ist genauso überflüssig wie das „wider Erwarten". Wenn wir die Sätze jetzt umstellen, besänftigen wir den Korrespondenzpartner, bevor er erfährt, daß seine „Angelegenheit" noch nicht bearbeitet wurde.

> Bitte haben sie Geduld. Wir brauchen noch etwas Zeit, um Ihre Angelegenheit zu bearbeiten.
>
> Vielen Dank.

Gehen wir verschwenderisch mit „-ung"-Wörtern um, versäumen wir nur allzu oft die Gelegenheit, stilistisch flüssig und ansprechend zu schreiben. Wir bilden derart viele Substantive, daß wir schließlich auf verstaubte, nicht ganz passende Verben zurückgreifen müssen. Solche Verben, ein wenig zu schwach auf der Brust, um dem Satz Leben einzuhauchen, sollen dann den ganzen Bombast tragen. Die Tätigkeiten, das Lebendige, haben wir bereits unter „-ung"-Wörtern vergraben. Wieder unsere Versicherung:

> Leider konnte bis heute keine abschließende Bearbeitung der uns vorgelegten Rechnung erfolgen.

„Erfolgen", was für Verb! Zwischen folgen und erfolgen gibt es keinen solch grundlegenden und lebenswichtigen Unterschied wie zwischen trinken und ertrinken. Erfolgen ist eine Folge der „-ung"-Seuche. Am Ende des Briefes heißt es schließlich:

> Nunmehr möchten wir Sie bitten, uns die benötigten Auskünfte zu geben, damit eine abschließende Bearbeitung vorgenommen werden kann.

Am Rande: Möchte die Versicherung nur bitten, oder bittet sie? In jedem Fall scheinen sich die Sachbearbeiter in die anonyme „Bearbeitung" verliebt zu haben. Man läßt die Bearbeitung erfolgen, man nimmt die Bearbeitung vor. Ja, wer denn? Wo sitzen denn die, durch die die Bearbeitung erfolgt? Wird die Bearbeitung an einen Subunternehmer abgegeben? Ist man selbst zu vornehm zu bearbeiten? Wohl kaum. Was passiert eigentlich, wenn man eine Rechnung bearbeitet? Hat die Versicherung gar Fälscher angestellt, um ihre Zahlungen niedrig zu halten? Wenn nicht, warum schreibt sie uns dann, daß die Rechnung erst bearbeitet werden muß, bevor sie beglichen wird? Denn wir hoffen doch inständig, daß sie beglichen wird.

> Die Rechnung, die Sie uns vorgelegt haben, konnten wir noch nicht begleichen. Bitte geben Sie uns noch folgende Auskünfte …

WÖRTER

Ein weiterer Textausschnitt, der an „-ung"-Geschwülsten und Verbschwäche leidet, stammt aus einem Zeugnis.

> Frau Gramm war mit der Erledigung der Korrespondenz, die zum größten Teil selbständig bearbeitet wurde, mit der Überwachung des Mahn- und Klagewesens sowie mit der Führung der Personal-, der Kunden- und der Lieferantenkartei betraut.

„Betraut sein" ist eine Verlegenheitsschöpfung, ein schwaches Gerüst aus Partizip plus Hilfsverb. Und darauf soll der Satz sicher ruhen? Außerdem ist der Satz viel zu lang, und er wirkt passiv. Welchen Eindruck hat der Leser von Frau Gramm? Ist sie genauso passiv wie der Satz? Können wir sie lediglich „betrauen"? Oder schritt sie für ihren Arbeitgeber zuweilen auch zur Tat? Wenn ja, können wir getrost schreiben:

> Frau Gramm erledigte die Korrespondenz, und zwar zum größten Teil selbständig. Sie überwachte das Mahn- und Klagewesen, und sie führte die Personal-, die Kunden- und die Lieferantenkartei.

Auch der folgende Brief ist nicht mehr und nicht weniger als normale Alltagskorrespondenz. Gerade wenn es um Vereinbarungen, Verträge, Käufe und Verkäufe geht, meinen wir manchmal, wir müßten alles ganz genau und „bombensicher" in „-ung"-Wörter verpacken.

> Sehr geehrte Frau …,
>
> aufgrund der Vereinbarung vom … überweisen wir Ihnen den nachstehend errechneten Betrag: … Eine Rechnungstellung Ihrerseits war nicht notwendig.
>
> Wir weisen darauf hin, daß alle Nebenkosten aus dem oben angeführten Betrag von Ihnen zu tragen sind.

Der erste Fehler besteht darin, daß die „Vereinbarung" im ersten Satz des Briefes steht. Sie gehört in den Betreff. Daß der Betrag „nachsteht", sehen wir auf den ersten Blick, und daß er „errechnet" wurde, setzen wir voraus. Wie man einen Betrag nachstehend errechnet, das haben wir noch nicht herausgefunden. Die „Rechnungstellung" ist ein Ung-Getüm reinsten Wassers. Unser Verbesserungsvorschlag:

> Unsere Vereinbarung vom …
>
> Sehr geehrter Frau …,
>
> wir überweisen Ihnen – eine Rechnung wäre nicht nötig gewesen – … DM. Bitte denken Sie daran, daß Sie die Nebenkosten tragen müssen.

DAS SUBSTANTIV

Juristen müssen sich genau ausdrücken. Sie sind wie Ingenieure, Techniker, Kommunikationswissenschaftler, Handwerker, Versicherungskaufleute und viele andere Fachleute an ihre Fachausdrücke gebunden. Eine Verfügung ist etwas anderes als eine Verordnung, und wenn ein Rechtsanwalt nicht zwischen „–besitzer", „Inhaber" und „Eigentümer" unterscheiden könnte, hätte er bald keine Mandanten mehr. Dennoch finden wir manchmal juristische Texte, die gar nicht so genau sind, wie sie beim ersten Lesen scheinen. Das gilt auch für den folgenden Absatz aus den „Reisekostenrichtlinien" eines Vereins:

> Bei angeordneten Dienstreisen von Mitarbeitern in das Ausland gelten für Auslandstagegeld und Auslandsübernachtungsgeld die jeweiligen Pauschsätze gemäß den Vorschriften der Auslandsreisekostenverordnung des Bundes, die Bestandteil dieser Reisekostenrichtlinien sind.

Ordnen hier die Mitarbeiter Dienstreisen an, oder werden die Dienstreisen höheren Orts angeordnet? In „gemäß den Vorschriften" können wir keinen tieferen Sinn entdecken. Wer vermutet in einer Verordnung etwas anderes als „Vorschriften"? Ebenso überflüssig ist: „die Bestandteil dieser Reisekostenrichtlinien sind". Wenn die Vorschriften gelten, sind sie dann nicht automatisch „Bestandteil"? Das wichtigste fehlt: die „Höhe" der Vergütungen und die schlichte Tatsache, daß die Mitarbeiter das Geld **erhalten**. Die folgende Formulierung ist nicht nur kürzer, sie ist auch präziser.

> Werden Dienstreisen ins Ausland angeordnet, erhalten die Mitarbeiter Tage- und Übernachtungsgelder in Höhe der Pauschsätze der Auslandsreisekosten-Verordnung des Bundes.

Manchmal werden wir mit „-ung"-Wörtern geradezu erschlagen. Die Briefautoren verschenken Verben, verschenken Bewegung und Lebendigkeit, indem sie ihr Anliegen mit Substantiven zuschütten.

> Sehr geehrter Herr ...,
>
> in Vorbereitung von Überlegungen, die Betreuung der Altstipendiaten zu verbessern, haben wir versucht, den Kreis der Altstipendiaten vollständig zu erfassen. Wir würden uns freuen, wenn Sie den Kurzerhebungsbogen vollständig ausfüllen würden und damit dazu beitrügen, daß wir unsere Unterlagen im notwendigen Umfange ergänzen und korrigieren können.
>
> Über Vorschläge zur Verbesserung der Altstipendiatenbetreuung freuen wir uns.

Der erste Vorschlag, den wir machen, lautet: den Briefstil verbessern. Eine Reihe von Dingen werden bereits getan: es wird vorbereitet, überlegt, betreut, verbessert, versucht, erfaßt. Dennoch klingt der Brief steif und distanziert. Er beginnt mit einer der überflüssigen Floskeln aus „in plus -ung": „in Vorbereitung von ..."

WÖRTER

Nehmen wir den Sinn von „in Vorbereitung von Überlegungen" einmal unter die Lupe. Kann man Überlegungen vorbereiten? Oder ist es so, daß Überlegungen selbst ein Teil der Vorbereitungen zu was auch immer sind? Beim Überlegen selbst kommt ja noch nichts heraus. Erst wenn die Überlegungen in Worte oder in die Tat umgesetzt werden, ist etwas Greifbares vorhanden. „In Vorbereitung von Überlegungen" kann man nichts erfassen, ja, man will nicht einmal erfassen, was man erfassen zu wollen vorgibt. Der Kreis der Altstipendiaten ist bekannt, denn sonst hätte der Brief niemanden erreicht. Man möchte Auskünfte über diese Personen einholen, ihre Daten erfassen. Der ganze Satz hat keinen rechten Sinn, obwohl wir ungefähr verstehen, was gemeint ist. Im schlimmsten Falle fragt sich der Korrespondenzpartner: „Was meint der Schreiber eigentlich? Was soll ich nun tun?" Nehmen Sie sich lieber die Zeit, noch einmal über den Sinn Ihrer Formulierungen nachzudenken. Am Ende sparen Sie Zeit, Kraft und Geld. Unser Vorschlag:

> Wir möchten unsere Altstipendiaten besser betreuen. Dabei haben wir ein Problem: unsere Daten sind überholt. Bitte helfen Sie uns. Schicken Sie den Kurzerhebungsbogen ausgefüllt an uns zurück.
>
> Vielleicht wissen Sie schon, wie wir es besser machen können. Dann lassen Sie's auch uns wissen. Vielen Dank.

Es gibt Fälle, da ärgern wir uns heftig über dieses oder jenes. Ratsam ist dann meist, den „bösen Brief" nicht sofort zu schreiben, sondern ein wenig zu warten, bis der Ärger etwas abgeklungen ist. Verärgerung oder Entrüstung sind schlechte Ratgeber beim Briefeschreiben. Greifen wir dennoch sofort zur Feder, kommen Briefe wie der folgende heraus. Eine Nichtigkeit verschanzt sich hinter imposanten „-ung"-Wörtern.

> Sehr geehrter Herr ...,
>
> es handelt sich bei dem Fahrradabstellplatz auf meinem Grundstück um eine Einrichtung, die zur Benutzung nur meinen Hausbewohnern zur Verfügung steht. Da ich nicht verpflichtet und auch nicht bereit bin, für die Besucher meiner Hausbewohner Abstellplätze zu schaffen, bitte ich Sie, das Fahrrad ihres Besuches von dem Fahrradabstellplatz zu entfernen.

Abstellplätze für Besucher schaffen, wer wollte so etwas auch von einem Hausbesitzer verlangen! Im übrigen bezweifeln wir, daß ein solcher Brief viel Aussicht auf Erfolg hat. Man will etwas erreichen. Führt man nichts anderes als Imponiergehabe im Gepäck, lockt das beim Empfänger höchstens ein belustigtes oder ein müdes Lächeln hervor. Versuchen Sie es auf eine nettere Art. Vor allem sagen Sie dem Adressaten, was Sie von ihm erwarten, was er tun soll. Pochen Sie nicht ausschließlich auf dem „Ich" herum: Ich bin nicht bereit, ich bin nicht verpflichtet, ich, ich ich ... Wer soviel Egoismus zu Papier bringt, kann kaum noch darauf hoffen, daß andere ihn verstehen.

DAS SUBSTANTIV

Am besten hätte der Hausbesitzer diesen Brief an den Mieter gar nicht geschrieben. Dennoch: Wir wollen ihn zur Übung aufgreifen. Suchen Sie zunächst die Verben, und denken Sie daran, den guten Ton zu wahren. Mit sachlicher Ausdrucksweise erreicht man bei den meisten Menschen mehr als mit Vorwürfen, Drohungen, Belehrungen und ironischen Bemerkungen.

Formulieren Sie positiv, höflich und sachlich.

■ *Lösung siehe Seite 53.*

Der folgende Text ist Diktierpraxis. Wahrscheinlich müssen viele Sekretärinnen täglich viel Überflüssiges schreiben, weil ihre Chefs mit Ketten von Substantiven auf „Nummer sicher" gehen wollen und dabei vergessen, daß noch immer die Tat zum Resultat führt.

> Auftrag
>
> Hiermit wird Ihnen folgender Auftrag erteilt:
>
> Der Auftrag zur Herstellung einer Broschüre mit dem Arbeitstitel „Unternehmensgründung leicht gemacht" umfaßt für Sie folgende Aufgaben und wird hiermit zum Auftrag erteilt.
>
> Bestandteil des Auftrages ist die Erstellung eines Exposés und eines kompletten Konzeptes. Die gesamte redaktionelle Arbeit umfaßt alle notwendigen Recherchen, auch Änderungen, die möglicherweise von unserem Auftraggeber erfolgen, alle anfallenden Honorare, alle Nebenkosten, incl. Änderungen, Konzept und Artikelkorrekturen, incl. zweimaligem Korrekturlesen bis zur Druckreiferklärung. Weiterhin ist von Ihnen ein genauer Terminplan detailliert zu erstellen.

Ein ganz normaler Auftrag? Vielleicht. Auch ohne viermalige „Auftragserteilung" hätte daraus ein Auftrag werden können. Der Beauftragte weiß nun so genau, was ihm alles bevorsteht, daß er diesen Auftrag vielleicht gar nicht annimmt. Der Auftraggeber aber hätte nicht nur kürzer formulieren können, er hätte auch darauf achten müssen, daß er nicht einzelne Aufgaben des Auftrags doppelt vergibt.
Es sind hier nicht nur die „-ung"-Wörter, die den Text schwerfällig machen. Es sind auch die Kombinationen von Substantiven und Verben, die den Text unnötig strecken. Statt „Auftrag erteilen" kann man auch „beauftragen" schreiben, statt „Änderungen, die vom Auftraggeber erfolgen" kann man „Änderungen des Auftraggebers" schreiben und statt „Bestandteil sein" reicht „besteht aus". Das „zweimalige Korrekturlesen" kann ganz eingespart werden, wenn es doch gilt, bis zur Druckreiferklärung Korrektur zu lesen. Das kann ein einmaliges, das kann aber auch ein fünfmaliges Korrekturlesen bedeuten. Unser Verbesserungsvorschlag:

WÖRTER

Auftrag über eine Broschüre mit dem Arbeitstitel
„Unternehmensgründung leicht gemacht"

Sehr geehrter Herr …,

wir freuen uns, daß Sie wieder für uns arbeiten wollen. Sie beherrschen die Materie. Deshalb sind wir jetzt schon von einem guten Ergebnis überzeugt.

Der Auftrag umfaßt im einzelnen:

- Exposé, Konzept und Terminplan,
- Recherchen und Redaktion, auch bei Änderungen des Auftraggebers,
- Korrekturen bis zur Druckreiferklärung.

Honorare und Nebenkosten tragen Sie selbst.

Prüfen Sie, wenn Sie die folgende Liste umständlicher Formulierungen lesen, ob Sie nicht selbst manchmal dazu neigen, Sachverhalte unnötig zu substantivieren. Häufig werden immer wieder dieselben Verben strapaziert. Wie Sie sich einfacher, besser und vor allem verständlicher ausdrücken können, das steht in der zweiten Spalte.

bringen

in Abzug bringen	–	abziehen
in Anrechnung bringen	–	anrechnen
zur Anzeige bringen	–	anzeigen
zur Ausschüttung bringen	–	ausschütten
zur Auszahlung bringen	–	auszahlen
zur Durchführung bringen	–	durchführen
in Erfahrung bringen	–	erfahren
zur Verrechnung bringen	–	verrechnen

machen

die Eröffnung machen	–	eröffnen
die Feststellung machen	–	feststellen
eine Mitteilung machen	–	mitteilen

nehmen

in Angriff nehmen	–	bearbeiten
in Anspruch nehmen	–	beanspruchen, brauchen
Einsicht nehmen	–	einsehen

DAS SUBSTANTIV

vornehmen

eine Betrachtung vornehmen	–	betrachten
eine Änderung vornehmen	–	ändern
eine Buchung vornehmen	–	buchen

andere

Anweisung geben	–	anweisen
Begründung geben	–	begründen
einem Umstand Rechnung tragen	–	berücksichtigen
keinem Zweifel unterliegen	–	nicht bezweifeln
der Bewilligung unterliegen	–	bewilligen
Rücksichtnahme walten lassen	–	Rücksicht nehmen
zur Benutzung kommen	–	gebrauchen
in Wegfall kommen	–	wegfallen
zur Lieferung gelangen	–	liefern, geliefert werden
in Berücksichtigung ziehen	–	berücksichtigen
in Erwägung ziehen	–	erwägen
in Bezug setzen	–	(sich) beziehen
ins Benehmen setzen	–	ansprechen
die Hoffnung haben	–	hoffen
einen Kauf tätigen	–	kaufen
eine Kontrolle durchführen	–	kontrollieren
zur Liquidierung schreiten	–	liquidieren
die Möglichkeit bieten	–	anbieten
in Rechnung stellen	–	berechnen
Verzicht leisten	–	verzichten
eine Zahlung erbringen	–	zahlen
in Zusammenhang stehen	–	zusammenhängen
Ausdruck verleihen	–	ausdrücken

An unserem Auftragstext haben wir allerdings noch mehr zu kritisieren als das Wortgeklingel und die gespreizte Sprache. Das lesen Sie im nächsten Kapitel.

Von Rückantworten und Vorbedingungen

Wird ein genauer Terminplan noch genauer, wenn er detailliert ist? Und wenn die „gesamte redaktionelle Arbeit alle notwendigen Recherchen umfaßt", so hat der Auftraggeber mit dieser Formulierung dreimal sichergestellt, daß alle ihm wichtiger erscheinenden Arbeiten ausgeführt werden.

WÖRTER

Vorsilben (Präfixe) sind besonders beliebt, wenn es darum geht, Substantive unserer Muttersprache in zweifelhafter Weise zu bereichern. Dazu gehört das zum Präfix ohne Bedeutung verkommene „rück-":

> Für die Rückantwort benutzen Sie bitte den Freiumschlag.

So will es ein Verein, der einen lohnenden Gewinn verspricht, wenn das Mitglied, das am Preisausschreiben teilnimmt, ein neues Mitglied hinzugewinnt. Eine Krankenkasse kündigt an:

> Bei Nichtinanspruchnahme unserer Leistungen nach § 1 Absatz 1 bis § 5 Absatz 4 erfolgt eine Beitragsrückerstattung von ...

Bringt eine „Rückerstattung" in Mark und Pfennig mehr als eine „Erstattung"? Doch wohl nicht. Beim Verb „erfolgen" ist nicht nur die Vorsilbe „er-" überflüssig; das Verb kann ersatzlos gestrichen werden. Das Verb, das wir brauchen, steckt schon in der „Inanspruchnahme":

> Nehmen Sie unsere Leistungen nach § 1 Absatz 1 bis § 5 Absatz 4 nicht in Anspruch, erstatten wir Ihnen den Beitrag in einer Höhe von ...

Es geht nicht immer kürzer, wohl aber gefälliger, persönlicher und vor allem verständlicher. So wenig die deutsche Sprache eine „Rückerstattung" braucht, so wenig bedarf sie einer „Rückvergütung". Es reicht, wenn ein Energieversorgungsunternehmen Ihr Guthaben an Kilowattstunden vergütet. Ob „vergütet" oder „rückvergütet", der Zählerstand bleibt derselbe.
Die Polizei stellt Schilder mit der Aufschrift „Stau" auf. Die Zeitung aber möchte es ein wenig dramatischer:

> Der Unfall ereignete sich kurz vor neun Uhr. Dem Polizeibericht läßt sich entnehmen, daß der Fahrer den Rückstau auf der B 8 zu spät bemerkt hat.

Sinnvollem Sprachgebrauch, so formuliert der Sprachkritiker Leonhardt seine Faustregel, entspricht „rück-" nur dann, wenn auch die entgegengesetzte Richtung denkbar ist, die dann meistens mit „hin-" oder „vor-" oder „fort-" bezeichnet wird: „Rückschritt" und „Fortschritt", „Hinflug" und „Rückflug", „Rücksicht" und „Vorsicht". Einen „Vorstau" gibt es deshalb nicht, weil sich vorwärts nichts stauen kann, und es gibt keine „Vorantwort", weil die Antwort immer zurückgegeben wird. So will es die Wortbedeutung.
Aber Sprache ist nicht immer logisch. Auch wenn es keine „Vorversicherung" gibt, so ist eine „Rückversicherung" für die meisten Gesellschaften dennoch unentbehrlich. Eine „Rückversicherung" ist die Versicherung einer Versicherung. Hier wird „noch einmal" versichert. Daß noch einmal etwas getan wird, spielt auch bei den Bildungen „Rücksprache halten" und „rückfragen" eine Rolle.

DAS SUBSTANTIV

„Rück-"-Wörter sind besonders beliebt, aber nicht die einzigen Wörter mit überflüssigen Vorsilben.

> Nach Überprüfung der Leistungen im dritten Obergeschoß hat der Kunde erhebliche Mängel in der Ausführung durch die von Ihnen beauftragte Firma festgestellt. Er verlangt umgehend die Abänderung folgender Mängel: …

Mängel kann man nicht ändern, schon gar nicht abändern; man kann sie beheben. Wenn Sie zu Ihrem Schneider gehen, verlangen Sie dann eine Abänderung oder Umänderung? Wahrscheinlich verlangen Sie doch eine Änderung, und zwar in einer Schneiderei, die sich folgerichtig Änderungsschneiderei nennt. Und, was wird bei einer Überprüfung mehr getan als bei einer Prüfung. Vielleicht in diesem Fall „noch einmal" geprüft? Im behördlichen Sprachgebrauch ist es allerdings üblich, Personen zu überprüfen.

Weiße Schimmel und schwarze Raben

> Sie verlangen die Herabminderung des Preises auf ein Niveau, das nicht einmal die Unkosten deckt.

Das schrieb ein Malermeister einem Haus- und Grundbesitzer, der für die Renovierung mehrerer Häuser unbillige Rabatte verlangte. Mag der Zorn auch noch so gerecht und groß sein, „Herabminderung" bedeutet nicht mehr als „Minderung" und die „Unkosten" sind nicht höher als die „Kosten", die der Malermeister in Material und Arbeitslohn für seine Angestellten vorschießen muß.
Auch die „Sachprobleme" haben es in sich. Werden Problemlösungen nicht immer für Sachen oder Sachverhalte gefunden? Warum müssen dann Sachprobleme gelöst werden, wenn Probleme bereits schwer genug zu lösen sind?
Manch einer geht gar so weit und macht einen „Vorentwurf" für die Lösung eines Sachproblems. In der Bedeutung des Wortes Entwurf ist das „vor" aber schon enthalten. Der Problemlöser tut etwas, bevor ihm der große Wurf gelingt. Vielleicht legt er auch zwei oder drei Entwürfe vor. Wird der erste Entwurf dann zu einem „Vorvorentwurf"?
Sind „runde Kreise", „alte Greise", „kaltes Eis", „saurer Essig", „Zwischenpausen", „lauter Krach", „große Riesen", „kleine Zwerge", „schwarze Neger", „weißer Schnee", „süßer Zucker", „nasses Wasser" und so fort Doppelausdrücke, die uns zum Schmunzeln bringen, so überrascht uns die Werbung schon einmal mit „gedanklichen Überlegungen", die im Resultat nichts anderes als eine Häufung sinngleicher Ausdrücke sind.
Aus der rüstigen Großmutter wird, dank eines Wundermittels, ein Mensch voll „vitaler Lebenskraft". Ein Antiquitätenhändler bietet „seltene Raritäten" feil. Die Produkte einer Elektronikfirma rangieren auf dem Weltmarkt an „vorderster Spitze". Techni-

sche Apparaturen sind zuverlässig, weil sie bis ins „einzelne Detail" geprüft wurden, und der Erlkönig eines neu entwickelten Modells von Mercedes konnte beim „Testversuch" beobachtet werden.

„Doppelt gemoppelte" Ausdrücke wie „Testversuch" nennen Sprachwissenschaftler „Tautologie". Dies ist die Wiederholung eines Begriffs durch zwei gleiche grammatische Redeteile. Die Wiederholung eines Begriffs durch zwei verschiedene grammatische Redeteile heißt „Pleonasmus". Demzufolge ist die „seltene Rarität" ein Pleonasmus. Mit „Tautologie" bezeichnet man in der Rhetorik auch die Aneinanderreihung mehrerer gleichbedeutender Wörter, um Eindringlichkeit hervorzurufen: „nackt und bloß", „einzig und allein" „immer und ewig", „voll und ganz", „eine kohlrabenschwarze Nacht". Pleonasmen können als „Redeschmuck" verwendet werden, damit das Gesagte nachdrücklicher wirkt: „Ich habe es mit eigenen Augen gesehen!" Pleonasmen in der Korrespondenz oder in Vorträgen verleihen den Worten selten Nachdruck. Häufiger verraten sie Unkenntnis der verwendeten Begriffe:

> Der Vertrag hat seine fundamentale Grundlage in beiderseitigem Vertrauen.
> Wir lassen nicht an den Grundsatzprinzipien unseres Unternehmens rütteln.

Was ist das Fundament eines Hauses anderes als seine Grundlage, auf der es steht? Das gleiche gilt für das Vertrauen, das entweder ein Fundament oder eine Grundlage hat. Ein Unternehmen kann allein mit seinen Grundsätzen oder ausschließlich mit seinen Prinzipien auskommen. Wo immer sie auftauchen, die Pleonasmen, klingt es schnell schwülstig, selbstgefällig, riecht es nach Übertreibung.

Verbessern Sie bitte:
   a) Nur bei uns genießt der Kunde diese besonderen Privilegien!
   b) Ein Wodka wie brennendes Feuer am urgemütlichen Kamin!
   c) In gegenseitiger Übereinkunft wurde Herr ... aus dem Vertrag entlassen.
   d) Wir bieten den perfekten Kundendienst-Service!

■ *Lösungen siehe Seite 53*

Zusammensetzungen richtig behandeln

Eines Abends überraschte uns eine Ansagerin der ARD mit einer bemerkenswerten Ankündigung:

> Wenn Sie über ein Stereogerät verfügen, können Sie diesen Film im Zweitonkanalsystem empfangen.

Was die Ansagerin sagen wollte, war „Zweikanaltonsystem", nur, der semantische Additionsteufel hat ihr einen Strich durch die Rechnung gemacht.

DAS SUBSTANTIV

Bisher haben wir hauptsächlich davon gesprochen, daß beliebig viele Substantive aus anderen Wortarten abgeleitet werden können. Es gibt noch eine weitere Möglichkeit, neue Substantive zu bilden: die Zusammensetzung. Zusammensetzungen sind Wörter, die aus zwei oder mehreren selbständig vorkommenden Wörtern gebildet werden:

Eisenbahn, Zahnlücke, Brieföffner, Schiffahrt, Postinspektor;
Eisenbahnwaggon, Zahnlückenfüllung, Dampfschiffahrt, Oberpostinspektor;
Donaudampfschiffahrt, Oberpostinspektorsfahrrad;
Donaudampfschiffahrtsgesellschaft, Oberpostinspektorsfahrradlampe.

Warum verstehen wir selbst ein Wort wie „Donaudampfschiffahrtsgesellschaftskapitänswitwenrentenabholstelle"? Weil das Verständnis solcher Wortbildungen vom letzten Wort her gebildet wird. Das letzte Wort ist das Grundwort, das Wort, worum es letztendlich geht. In unserem Beispiel ist es die „Stelle", wo Witwen von Kapitänen der Gesellschaft, die mit Dampfschiffen die Donau befahren, ihre Rente abholen können.
Alle Wörter vor dem Grundwort „Stelle" sind Bestimmungswörter. Sie sagen uns, wie das Ding ist oder wo das Ding ist oder was das für ein Ding ist und so fort. Wenn wir nun zum Zweikanaltonsystem zurückkehren, können wir eine Treppe mit Bestimmungsstufen bauen:

System (was für ein System?)
Tonsystem (woher kommen die Töne?)
Kanaltonsystem (wieviel Kanäle?)
Zweikanaltonsystem (starke Leistung!)

Wenn wir eine dieser Stufen vertauschen, dann kommen wir bereits auf Stufe zwei dem semantischen Additionsteufel auf die Spur:

System (was für ein System?)
Kanalsystem (für Abwässer?)
Tonkanalsystem (Sieh da, ein Kanal für Töne!)
Zweitonkanalsystem (nur für zwei Töne? Schwach!)

Zusammensetzungen wie „Zweikanaltonsystem" locken uns rasch aufs Glatteis. Wie schnell haben wir uns da versprochen! Die (korrekte) Formulierung der Ansagerin drängt auf Kürze. Sendesekunden kosten Geld, viel Geld, wie wir wissen. Also sagt sie:

Wenn Sie über ein Stereogerät verfügen, können Sie diesen Film im Zweikanaltonsystem empfangen: die deutsch synchronisierte Fassung und die französische Originalfassung.

WÖRTER

Könnte sie statt dessen nicht sagen:

> Wenn Sie ein Gerät besitzen, dessen Tonsystem zwei Kanäle hat, können Sie die deutsch synchronisierte und die französische Originalfassung empfangen.

Was ist gewonnen? Verständlichkeit. Allerdings fällt das plakative Wort weg, das jedem Verkäufer von Fernsehgeräten als schlagkräftiges Reizwort dienen mag, weil es übers Fernsehen allerorts bekannt wurde. Ist das ein Verlust?
Oft werden „zusammengesetzte" Substantive durch Zusammensetzung und Ableitung gebildet. Ein Beispiel:

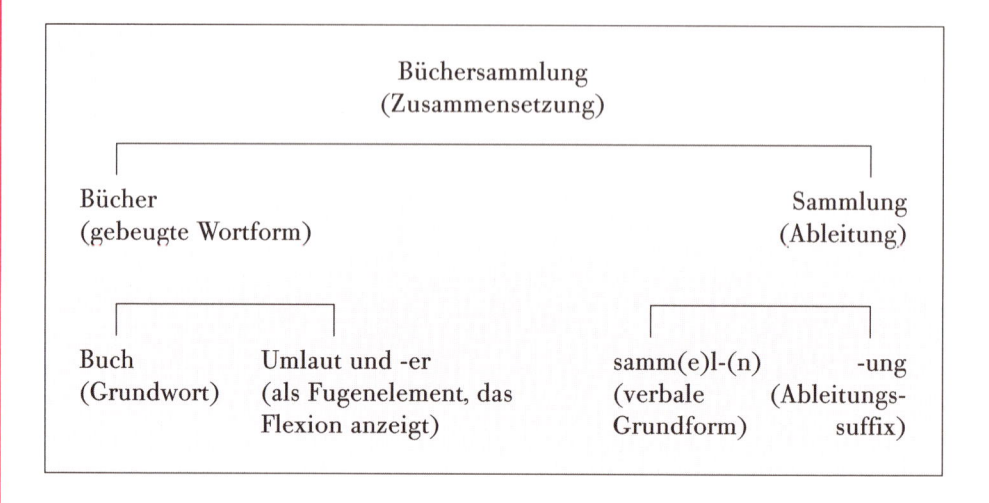

```
                        Büchersammlung
                       (Zusammensetzung)
            ┌─────────────────────────────────┐
     Bücher                              Sammlung
(gebeugte Wortform)                     (Ableitung)

   ┌──────────┬──────────┐         ┌──────────┬──────────┐
  Buch      Umlaut und -er        samm(e)l-(n)       -ung
(Grundwort) (als Fugenelement, das  (verbale      (Ableitungs-
             Flexion anzeigt)      Grundform)      suffix)
```

Die Bedeutungsverhältnisse in diesen Wortbildungen ergeben sich einerseits aus der Bedeutung der Grundwörter, andererseits aus den Ableitungsvorgängen. Es geht nicht um ein Buch, sondern um „Bücher", und es geht nicht ums Sammeln, sondern um eine Sammlung, die greifbar, die benutzbar ist. Beim Wort „Büchersammlung" haben wir nur eine der beiden Ableitungen ein wenig verändert, und schon kommen wir von der Sache auf den Menschen. Oder wir leiten das verbale Grundwort gar nicht ab, dann geht es ums „Büchersammeln".
Es gibt im heutigen Sprachgebrauch die Tendenz, allzuviel zusammenzusetzen und abzuleiten. Dabei kommen nicht nur Sprachmonster, sondern manchmal auch kuriose Bildungen heraus, die leider nur zu ernsthaft als rationale Sprache feilgeboten werden. Es handelt sich jedoch um eine etwas zweifelhafte Rationalität. Ähnlich, wie aus dem Tonsystem, das zwei Kanäle hat, das Zweikanaltonsystem wurde, wird aus dem Mann, der uns ein Ohr leiht, der „Ohrleiher",

– aus einem Gespräch, das man unter vier Augen führt, das „Untervieraugengespräch",

DAS SUBSTANTIV

- aus der Analyse der Versorgungsbedingungen die Versorgungsbedingungenanalyse,
- aus der Ausführungsverordnung der Wasserwirtschaft die Wasserwirtschaftsausführungs-Verordnung und so fort.

„Ausführungsverordnung" selbst ist bereits ein Wort, das wegen seiner Länge und Trockenheit wenig Sympathie erweckt. In deutschen Amtsstuben wird „der Einfachheit halber" gerne ein Wort an das andere gehängt. Heraus kommen Wortungetüme, die man sich auf der Zunge zergehen lassen muß. Aus der „Verordnung über die Zulassung von Pestiziden" wird, so steht es wortwörtlich in manchen Texten, „kurz: Pestizidzulassungsverordnung". Kurz? Wenn der Schreiber die „Verordnung über die Zulassung von Pestiziden" in seinem Text häufiger erwähnen muß, warum spricht er dann nicht noch kürzer nur von der „Verordnung"?
Was viele Schreiber in falsch verstandener Rationalität meinen an Zeichen sparen zu müssen, fügt der Leser an Zeit, die er beim Verstehen zusetzen muß, doppelt und dreifach hinzu.
Zusammensetzungen bergen ihre Tücken, und manch einer stolpert über Ableitungsklippen. In einem Geburtstagsgruß an den Chef hieß es:

Daß der Betrieb sich ständig vergrößert, verdanken wir Ihrem Unternehmensgeist.

Und warum schreibt man dies dem Chef, wenn es der Geist des Unternehmens ist, der es zum Blühen bringt (durch nächtliches Spuken oder was auch immer)? „Unternehmergeist" war gemeint. Bleibt noch der „Unternehmungsgeist", den wir sonntags zuweilen brauchen. Auch die folgenden Sätze aus der Geschäftskorrespondenz enthalten Stolpersteine.

Unser Ruf gründet im Vertrauensverhältnis unserer Kunden.
Selbstverständlich schaut unser Außenhandelsmitarbeiter, Herr Müller, gerne einmal bei Ihnen vorbei.
Wir bitten Sie um etwas Geduld. Bis zur Erledigung Ihrer Angelegenheit werden noch einige Sachbearbeitervorgänge notwendig.

Verhältnisse, so scheint es, stecken voller Überraschungen. Oder wundert es Sie nicht, wenn eine Firma ihren Ruf dem Vertrauen verdankt, das ihre Kunden ineinander haben? Der Genitiv kann ein tückischer Fall sein. Man nennt ihn auch den Possessivfall, einen Fall, der einen Besitz anzeigt. Also besitzen die Kunden und niemand sonst das Verhältnis des Vertrauens.
Der Irrtum im zweiten Satz wiegt schwer, wenn auch weniger grammatisch als inhaltlich. Früher hießen sie Vertreter, die Mitarbeiter im Außendienst. Außenhandel betreiben sie trotz vornehmerer Berufsbezeichnung dennoch selten. Wir wollen nicht bezweifeln, daß so mancher Gang eines Sachbearbeiters notwendig wird, bis eine Angelegenheit erledigt ist, aber sind „Vorgänge eines Sachbearbeiters" möglich? Wohl kaum.

WÖRTER

Wo stecken die Fehler? Bitte formulieren Sie verständlicher?
 a) Radarerkennungsgeräte stehen im Flugsicherungsdienstgebäude.
 b) Aus Bandwurmsatzschreibern werden niemals gute PR-Textmacher.
 c) Fremdwörteraneinanderreiher sind Imponiergehabemenschen.
 d) Exportmöglichkeitenverkenner gehören nicht in Weltfirmenspitzensessel.

Lösungen siehe Seite 54

Fremdwortfeindschaft – Fremdwortsucht

Fremdwörter – sie werden oft geschmäht, selten gelobt, aber häufig gebraucht. Wenn jemand selten Fremdwörter verwendet, heißt das noch lange nicht, daß er „einfach" schreibt. Ein Beispiel gibt uns Hans Magnus Enzensberger, wenn er Taschenbuchausgaben beschreibt:

> Harmlos, beinah leichtfertig, wie ein anmutiges Spielzeug, steht der neue Baum der Erkenntnis vor den gläsernen Ladentüren, in den Bahnhofshallen, in den spiegelnden Bazar-Passagen unserer Großstädte: ein elegantes Mobile aus weißlakkiertem Blech. (H. M. Enzensberger, Einzelheiten 1, Bewußtseins-Industrie)

Aber so phantasievoll und poetisch geht's nicht immer zu, wenn wenig Fremdwörter benutzt werden. Die Verständlichkeit eines Textes hängt selten von der Anzahl der Fremdwörter oder der deutschen Wörter ab, die darin vorkommen. Wir brauchen uns nur an die bombastischen Neubildungen unter den Hauptwörtern zu erinnern: Verkaufsförderungsschwerpunkt, Kernkraftwerksmüllwiederaufbereitungsanlage. Fremdwörter muß man wie deutsche Wörter an der richtigen Stelle einsetzen. Wenn wir uns über die Bedeutung eines Fremdwortes nicht völlig sicher sind, sollten wir lieber einmal zuviel nachschauen, da wir sonst nur ein mitleidiges Lächeln ernten.

> In der Zeitung war die Rede von der Konfusion der Flughäfen Köln/Bonn und Düsseldorf.
> Wir nehmen Ihre Ware in Konzession.

Wir verstehen, daß die Konfusion groß ist, wenn zwei Flughäfen fusioniert werden sollen. Die Flughäfen aber werden, da sie keine menschlichen Wesen sind, der Verwirrung entgehen. Vielleicht braucht der Betreiber eines „Second-hand-shops" eine Konzession. Die Waren aber kann er nur in Kommission nehmen. Nicht weniger peinlich ist es, wenn man sich eines Fremdwortes bedient, dessen Bedeutung man nur ungefähr im Griff hat.

> Gravierende Entscheidungen werden in unserem Unternehmen nur von den oberen Hierarchien getroffen.

DAS SUBSTANTIV

Fremdwörter richtig anzuwenden ist manchmal Glücksache. „Belastende Entscheidungen werden in unserem Unternehmen nur von den oberen Rangordnungen getroffen", so heißt der Satz auf gut deutsch. Der Schreiber aber meinte „schwerwiegend" statt „belastend" oder „erschwerend", und er wollte auch sicher nicht „Rangordnungen", sondern Menschen in führenden Positionen mit Entscheidungsbefugnis ausstatten. Diese Menschen gehören dann zu den oberen „Hierarchieebenen" eines Unternehmens. Unser Vorschlag:

> Schwerwiegende Entscheidungen werden in unserem Unternehmen nur auf den oberen Ebenen getroffen.

Ein gehäufter Gebrauch von Fremdwörtern bedeutet nicht unbedingt, daß im Text tatsächlich wichtige, der Sache angemessene Aussagen gemacht werden.

> Die in unserem Kolloquium induzierte Typisierung implizierte Kontextstrukturen für Interaktionsrituale, deren Sukzessionen Alternativen kognitiver oder identifikativer oder sozialer oder struktureller Assimilation evident werden ließen.

Sicher ist dieser Satz nicht ganz ernst gemeint. Aber er ist ein Beispiel dafür, wie man simple Sachverhalte hinter einer Sammlung von Fremdwörtern verbergen kann. Aber, klingt der Satz nicht gewichtig, erscheint sein Schreiber nicht als besonders klug und gebildet? Jemand, der so viele Fremdwörter beherrscht, macht bei seinen Mitmenschen sicherlich Eindruck, auch dann, wenn der Satz, ins „Normaldeutsche" übersetzt, nicht viel mehr sagt als: „Wir führten das Gespräch so, daß jeder sein wahres Gesicht zeigen konnte."

Manche Leute empfinden Fremdwörter als zeitgenössische Waffen, ihre Feinde zu besiegen. Je mehr sie auftrumpfen, desto mehr erschrickt der Feind. Daß er dennoch nicht tödlich getroffen zu Boden sinkt, liegt daran, daß der Angreifer seine Waffen nicht sorgfältig wählt. Der bekannte deutsche Soziologe Alphons Silbermann beschimpft seine östlichen Gegner folgendermaßen:

> Der Grundsatz all dieser Ansichten lautet: Massenkommunikation liefert einen wichtigen Beitrag, indem sie die Dialektik individueller sozialer Bedürfnisse und Interessen hervorbringt.

Wir, mit unseren bescheidenen Kenntnissen des Griechischen, wir fragen uns, bedeutet „dia" nicht immer, daß „zwei" beteiligt sind, zwei Menschen, zwei Richtungen, zwei Ecken wie in Dialog, Diameter, Diagonale? Wo aber steht etwas von der Dialektik von was und was? Nehmen wir den Duden zur Hand, so lesen wir, daß „Dialektik" innere Gegensätzlichkeit bedeutet. Der Autor kann aber nicht ernsthaft meinen, daß Massenkommunikation, also zum Beispiel das Fernsehen, die inneren Gegensätze der sozialen Bedürfnisse und Interessen des einzelnen hervorbringt? Wenn, dann könnte das Fernsehen sie höchstens zeigen, oder? Wer auf der Höhe der Zeit sein will, der ergeht sich in Anglizismen und Amerikanismen. Der redet zum Beispiel so:

WÖRTER

> Sie kennen ja die Problematik mit dem Venture-capital! Ohne Knowledge-transfer sollte man nichts riskieren.

Oh, wie weltmännisch. Hier läßt einer, der ständig zwischen München, New York und Timbuktu hin- und herjettet und Entscheidungen über die Anlage eines Risikokapitals nach London datext, schnell mal ein paar kluge Worte fallen. Der wünscht seinen Angehörigen nicht mehr „Fröhliche Ostern", sondern „Happy Eastern". Der startet seinen Portable-Computer auch nicht, der „bootet" ihn. Der ist ein Allrounder, der engagiert sich für seine Memoiren eine Ghost-Writerin.
Doch soll nicht der Eindruck entstehen, wir seien ganz und gar gegen Anglizismen oder Amerikanismen. Die Wörter „College" oder „Computer" sind nicht zu ersetzen. Es ist auch fraglich, ob „Manager" oder „Leasing" oder „Franchising" ersetzt werden können, und „Rückfluß" bedeutet etwas anderes als „Feedback" und „cool" etwas anderes als „kühl".
Doch gibt es noch eine andere Möglichkeit, sich der Anglizismen zu bedienen: „Gib ihm eine Chance!" Da hört man deutlich das englische „Give him a chance!" heraus. Ebenso: „Er wurde gefeuert." (He was fired.) Andere Anglizismen, die in den deutschen Satzbau einfließen, sind weniger bereichernd. Da untertitelt der Globus-Wirtschaftsdienst seine Grafik wie folgt:

> Die Energieimporte der Bundesrepublik sanken im vergangenen Jahr nach dem Höhepunkt in 1985 auf 46,7 Milliarden DM.

Warum „in 1985"? Warum nicht schlicht „1985"? Solcherlei Anglizismen machen nichts leichter, nichts verständlicher, nichts rationeller. Ihr Einsatz „macht keinen Sinn", ein überflüssiger Anglizismus, der sich einzubürgern beginnt, denn schließlich können wir hier gut deutsch sagen: „hat keinen Sinn" oder „(er)gibt keinen Sinn". Auch das „Rückrufen" oder der „Rückruf" geht auf das Konto nicht notwendiger Bereicherungen. Warum sollte man jemanden per Telefon „zurückrufen" wollen, wenn man ihn auch „wieder anrufen" kann, womit man ausschließt, daß er zurückkommt.
Die Fremdwortsucht ist nicht ausschließlich eine Erscheinung unserer Tage, wenn auch über die Zeit die sprachlichen Quellen, aus denen geschöpft wird, nicht die gleichen geblieben sind. So wie manche heute voller Ehrfurcht über den großen Teich schielen, hat man in früheren Zeiten bewundernd auf unser Nachbarland Frankreich geblickt. Ausgesprochene Verfechter der Fremdwörter aber hat es zu keinen Zeiten gegeben.
Im 17. und 18. Jahrhundert, bis in die Zeit Friedrich II., war Französisch die „Alamode-" und „Hof-Sprache". Wer zu den besseren Schichten gehörte oder gehören wollte, der sprach französisch oder französisch durchsetztes Deutsch. Er „französisierte", wie man damals zu sagen pflegte. Friedrich II. hielt das Deutsche für eine grobe Bauernsprache, weshalb er sich nur widerwillig der Mühe unterzog, seine Kenntnis der deutschen Sprache zu verfeinern. Erst durch das nachdrückliche sprachreformerische Wirken Johann Christoph Gottscheds (1700–1766) kam es all-

DAS SUBSTANTIV

mählich zur Ausbildung einer alle sozialen Schichten durchdringenden deutschen Sprachpflege. Friedrich II. indessen unterhielt sich lieber mit Voltaire über französische Kunst und französische Literatur.

In Zeiten jedoch, da Fremdwörter in der Bildungssprache überhand zu nehmen drohten, schlossen sich immer wieder Menschen in Sprachvereinen zusammen, die die Fremdwörter energisch bekämpften. 1921 schrieb Karl Kraus, was seiner Meinung nach von der sprachlichen Deutschtümelei zu halten ist: „Wer deutsch kann, hat auch zwischen Fremdwörtern Spielraum, es zu können, und wer es nicht kann, richtet nur im weiteren Gebiet Schaden an."

Die Fremdwortfeinde und Puristen sind nicht ausgestorben, obwohl unser heutiger Sprachgebrauch das vermuten lassen könnte.

> Weh denen, die die Sprache morden,
> in denen Deutsche stark geworden.

Diese Zeilen stammen nicht aus Kaiser Wilhelms Zeiten. Sie wurden 1970 in der Zeitschrift „Der Sprachpfleger" in gotischen Lettern abgedruckt und standen 1972 auf einer Postkarte, die Redakteure des Blattes „Die Deutsche Schrift" einem ihrer Hefte beilegten.

Wer es mit der Fremdwortfeindschaft allerdings so richtigt ernst meint, der müßte auch folgende Wörter aus seinem Vokabular verbannen:

> Mauer, Keller, Ziegel, Fenster, Küche, Schlüssel, Wein, Kelter.

Es sind dies alles Wörter lateinischen Ursprungs. Da die Germanen zur Zeit der ersten Feldzüge noch keine festen Häuser errichteten, blieben nicht nur Kenntnisse zur Bauart fester Häuser, sondern auch die entsprechenden Bezeichnungen für die Gegenstände in Germanien zurück. Ebenso übernahmen die Germanen das Keltern von den Römern. Im Zuge der Christianisierung kamen dann Wörter wie „predigen", „Altar", „Kloster", „nüchtern" hinzu.

Aus dem mittelalterlichen Latein stammen Wörter wie „Akademie", „Klasse", „studieren" und Wörter, die zum Bereich Buchdruck gehören: „illustrieren", „korrigieren", „Format". Kein Kaufmann kann heute mehr ohne Wörter auskommen, die ihren Ursprung im Italienischen haben: „netto", „Prozent", „Bank", „Konto".

Bemühungen, der deutschen Sprache zu ihrem Recht zu verhelfen, sie zu reinigen und zu pflegen, beginnen nicht erst mit Martin Luther. Im Grunde sind die ältesten Sprachdenkmäler des deutschen Sprachraums vom Ende des achten Jahrhunderts bereits Ausdruck des Willens, sich von der Vorherrschaft des Lateinischen zu befreien, das über die längste Zeit deutscher Geschichte die Bildungssprache war. Luthers Bibelübersetzung vom Lateinischen ins Deutsche war nicht die erste. Vor der Lutherbibel von 1522 gab es bereits 14 gedruckte Übersetzungen. Doch Luther war der erste, der sich um einen volksnahen Übersetzungsstil bemühte, der lebendige, gesprochene Sprache verwendete statt der lateinisch beeinflußten abstrakten Sprachkünsteleien seiner Vorgänger.

WÖRTER

Besonders interessant ist das Wirken der Sprachvereine im 17. Jahrhundert, deren Mitglieder versuchten, viele lateinische Ausdrücke durch deutsche zu ersetzen. Diese Sprachvereinigungen trugen bemerkenswerte Namen wie „Fruchtbringende Gesellschaft zur Pflege der deutschen Muttersprache". Philipp von Zesen (1616–1689) gehörte als ein hervorstechendes sprachschöpferisches Talent dieser Gesellschaft an. Er ersetzte erfolgreich viele Bildungen aus dem Lateinischen und Griechischen durch deutsche Wörter: „Gesichtskreis", „Bücherei", „Schaubühne", „Sinngedicht", „Vollmacht", „Anschrift", „Hochschule", „Jahrbuch", „Oberfläche", „Schauspieler", „Tiergarten". Weniger erfolgreich waren Eindeutschungen wie „Gesichtserker" für „Nase", denn unsere „Nase" ist gleichfalls lateinischen Ursprungs. Auch heute noch gibt es Freunde des deutschen Wortes, die „Kränkling" statt „Patient", „Anspinst" statt „Intrige", „Gehebe" statt „Relief", „Staatssame" statt „Politik" und einiges Merkwürdige mehr sagen, hören, lesen und schreiben möchten.
Im 19. Jahrhundert setzten sich Sprachreiniger wie Johann Heinrich Campe (1746–1818) zum Ziel, ein „Wörterbuch zur Erklärung und Verdeutschung der unserer Sprache aufgedrungenen fremden Ausdrücke" zu schaffen. Erfolgreich waren die Eindeutschungen „Eßlust", „Zerrbild", „Ausflug", „befähigen", „Bittsteller", „buchen", „Emporkömmling", „enteignen", „Stelldichein", „Weltall".
Einige der Fremdwörter, die verdrängt werden sollten, existieren auch heute noch. Nur haben sie eine etwas andere Bedeutung als die deutsche Entsprechung. In den meisten Fällen empfinden wir es als Bereicherung, wenn uns mehrere sinnähnliche Wörter für dieselbe Sache oder denselben Sachverhalt zur Verfügung stehen. Wir können stilistisch differenzieren. Wer wollte behaupten, daß die Wörter „Kosmos", „Universum", „Weltall" haarscharf dasselbe bedeuten? Auch kann man schlecht sagen:

Damit bist Du bei mir an die falsche Anschrift geraten!

Bestenfalls kommt Unverständnis dabei heraus. Man kann nur an die falsche Adresse geraten, jedoch eine falsche Anschrift angeben, notieren und so weiter.
Daß mit Deutschtümelei manches nicht gerade einfacher oder verständlicher wird, zeigen uns die Versuche, alle lateinischen Ausdrücke aus der Grammatik ins Deutsche zu übertragen. Dabei kamen solch bemerkenswerte Sprachmonster heraus wie die „rückbezüglichen Fürwörter", Fürwörter, die eine „Rückbeziehung" haben. Schöpfungen wie „Mehrstufe" für „Komparativ" oder „Meiststufe" für „Superlativ" muten an wie Sprachunterricht im Kindergarten. Daneben gibt es dann gleich noch ein paar weitere Begriffe für dieselbe Sache wie „Steigerungsstufe" oder „Höchststufe". Hier können Wortfreunde frei wählen und verwirren.
Fremdwörter sind ungenau, heißt es oft. Sprachkritiker führen dann Wörter wie „Organisation", „Know-how", „Innovation", „Highlight" oder „interessant", „profiliert", „amüsant" ins Feld. Es sind dies Modewörter, die als Zeitzeichen so lange strapaziert werden, bis sie uns als bloße Worthülsen, die beliebig mit Inhalt aufgefüllt werden können, nichts mehr sagen. Selbst das Wort „Technologie" sagt uns mittlerweile alles und gar nichts mehr und wird in Zusammenhängen gebraucht, wo der Begriff Tech-

DAS SUBSTANTIV

nik angebracht wäre. Aber „Technologie", was eigentlich die Lehre von der Technik heißt, klingt um soviel moderner und fortschrittlicher, daß es Rednern und Schreibern völlig gleichgültig ist, ob sie hier den Wortsinn aus dem Griechischen biegen und brechen. Ähnlich ist es den Wörtern „Trauma" und „Kontrahent" ergangen. Aus der „Wunde" (Trauma) ist in Mißdeutung des Wortlautes (Vulgäretymologie) ein „Traumerlebnis" geworden und aus dem „Vertragspartner" (Kontrahent) ein „Gegner". Aber, einmal anders herum gefragt, wie genau sind rein deutsche Sätze? Hier drei Beispiele:

> Gib mir mal das Ding da! Mach' deinen Kram alleine! Tu', was du nicht lassen kannst.

Fachsprachen und Expertendeutsch

Viele Fremdwörter sind, besonders wenn es um Gebiete der Wissenschaft geht, auf denen international ein Austausch des Wissens stattfindet, einfach unentbehrlich. Selbst der Wissenschaftler, der kein Sprachkünstler ist, kann sich mit seinem japanischen, amerikanischen oder französischen Kollegen in Begriffen seines Faches verständigen. Die wissenschaftlichen Ausdrücke der Medizin, der Chemie, der Technik, der Biologie, der Physik sind meist lateinischen oder griechischen Ursprungs. Vergleichen Sie:

> Die Autopsie konstatierte die Existenz eines sanguinolent tingierten Serums im Perikardium.
> The autopsy stated the existence of a sanguinarily tinted serum in the pericardium.
> L'autopsie constatait l'existence d'un serum sanguinolent dans le pericardium.

Mediziner schrecken vor solchen Sätzen nicht zurück. Und, obwohl die Autopsie eigentlich nichts konstatieren kann, wird der deutsche Satz ebenso in England wie in Frankreich verstanden werden. Auf normaldeutsch heißt er im übrigen: „Bei Öffnung der Leiche zeigte sich, daß der Herzbeutel blutig gefärbte Flüssigkeit enthielt."
Zudem haben sich die meisten Wissenschaftler der Welt geeinigt, ihre Ergebnisse auch in Englisch zu publizieren. In Englisch können diese Ergebnisse von den Datenbanken, die international zugänglich sind, abgerufen werden.
Auch deutsche Wörter können fremde Wörter sein oder wie Fremd-Wörter erscheinen. Wir brauchen nur an verschiedene Fachsprachen des Handwerks zu denken. Was sind „Winkelhaken", „Schusterjungen", „Kopfleisten", drei Begriffe aus der Satztechnik? Was sind „Schwinggreifer", „Schleppsauger", „Zahnflanken", „Ziehmarken", vier Begriffe aus der Drucktechnik? Und was sind „Ausbinder", „Strupfen", „Pauschen"? Der Pferdefreund mag es wissen. Viele der Wörter aus Fachsprachen haben Eingang in unsere Alltagssprache gefunden, allerdings in einer übertragenen Bedeutung. In den Sätzen

WÖRTER

> Der Laden ist eine Fundgrube!
> Er treibt Raubbau an seiner Gesundheit.

werden zwei Begriffe aus der Bergmannssprache verwendet: „Fundgrube" und „Raubbau". Weitere Ausdrücke aus der Bergmannssprache sind: „Ausbeute", „bestechen", „Stichprobe", „zutage fördern", „reichhaltig", „Anreicherung", „verwittern". Ebenso selbstverständlich wie vom Zutagefördern eines Geheimnisses sprechen wir davon, daß die Wirtschaft mal wieder „angekurbelt" werden müsse. Auch wenn heute kein Auto mehr angekurbelt wird, ist uns das Wort aus dem Bereich des Kraftverkehrs geblieben.

Lösungen

Zur Aufgabe auf Seite 26: Kleine Stilübung.

a) In Verkennung Ihrer Aufgabe haben Sie sich nur unwesentlichen Details zugewandt.

Wendungen mit „in plus -ung" verraten zuweilen eine gewisse Scheu vor Konjunktionen wie „um zu", „damit" und „weil". „In Verkennung" verweist auf eine Begründung. Deshalb möchten wir als Verbesserung für diesen Satz folgende Formulierung vorschlagen:

> Sie haben sich nur unwesentlichen Details zugewandt, weil Sie Ihre Aufgabe verkannt haben.

Hier liegt die Betonung auf den „unwesentlichen Details", die jemand als Resultat seiner Arbeiten vorgelegt hat. Wollen wir das Gewicht auf die „Aufgabe" legen, müssen wir Haupt- und Gliedsatz umstellen.

> Da Sie Ihre Aufgabe verkannten, wandten Sie sich nur unwesentlichen Details zu.

Um eine Wiederholung von „haben" gleich zweimal hintereinander zu vermeiden, haben wir das Präteritum statt des Perfekts gewählt.

b) Die Entwicklung der Datenverarbeitung in den Betrieben hat die Anpassung der Sachbearbeitungsvorgänge an das ständig steigende Rationalisierungsniveau zu einem unentbehrlichen Teil moderner Dienstleistung gemacht.

Worum geht es bei diesem Satz eigentlich? Unterstellen wir einmal, daß mit der „modernen Dienstleistung" kundenorientiertes Verhalten auf dem Verwaltungssektor gemeint ist. Dann geht es um schnellere und unkomplizierte Abwicklung von Verwaltungsaufgaben. Unser Verbesserungsvorschlag:

> Immer mehr Betriebe nutzen die Vorteile der modernen Datenverarbeitung: schnelle und unkomplizierte Abwicklung von Verwaltungsaufgaben. Dieser Trend wird auch den Konservativsten bald zwingen, sich anzupassen.

Ohne Kommentar verbessern wir die beiden letzten Sätze der Übung:

> c) Die Lieferung erfolgt in der nächsten Woche.

Wir liefern in der nächsten Woche.

> d) Die Berichtigung des Sachverhalts kann erst nach einer Besprechung mit allen Beteiligten vorgenommen werden.

Wir können den Sachverhalt erst berichtigen, wenn wir mit allen Beteiligten gesprochen haben.

Zur Aufgabe auf Seite 27: Wie muß es heißen?

Nur eine Tätigkeit kann eine Menge Zeit beanspruchen. Deshalb muß es heißen:

> a) Das Prüfen der Bücher beansprucht eine Menge Zeit.

Wird das Ergebnis, die Tätigkeit einbezogen, sprechen wir von der „Prüfung".

> b) Die Prüfung hat keine Besonderheiten ergeben.

Nur wenn jemand ein bereits ausgefülltes Kreuzworträtsel liest, kann ihm dessen Lösung Kurzweil bringen. Gemeint war aber wiederum die Tätigkeit des Lösens:

> c) Das Lösen eines Kreuzworträtsels bringt Kurzweil.

Eine „Aufgabe", so meinen wir, ist in der Regel gleichfalls mit einer Tätigkeit verbunden. Also heißt es:

> d) Das Klären der Abwässer ist Aufgabe des Klärwerks.

Am Rande: Fragen kann man gleichfalls klären. Von der Antwort können wir die „Klärung" einer Frage erwarten, die hoffentlich zu einem Ergebnis führt.

WÖRTER

Zur Aufgabe auf Seite 28: Erklären Sie die Unterschiede.

a) Sichtung – Sichten – Sicht

Nicht alles, was ähnlich klingt, ist auch ähnlich. „Sicht" ist eine Substantivableitung zu „sehen". „Die Sicht ist schlecht" heißt: Wir können etwas schlecht sehen. Können wir auch schlecht „sichten"? Ja und nein. „Sichten" kommt eigentlich aus dem Niederdeutschen und bedeutet „sieben" im Sinne von „auswählen". Die Ähnlichkeit mit „sehen" und „Sicht" hat in der Seemannssprache zu einer zweiten Bedeutung geführt, nämlich „erblicken". Heute ist es gang und gäbe, alles mögliche zu sichten. „Das Sichten aller Probleme hat uns Tage gekostet." Und: „Nach Sichtung aller Probleme sind wir zu einem Entschluß gekommen." Hier hat das Sichten zu einem Ergebnis geführt.

b) Züchtung – Züchten – Zucht

„Zucht" ist eine Substantivableitung von „ziehen". Im Mittelhochdeutschen bedeutete „Zucht" unter anderem „feine Sitte und Lebensart". Ein wenig von dieser Bedeutung klingt noch in der Wendung „Zucht und Ordnung" nach. „Züchten" wurde wiederum von „Zucht" abgeleitet. Die Bedeutung von „züchten" verengte sich schnell auf „nähren, aufziehen", besonders von Pflanzen und Tieren. Das Ergebnis des „Züchtens" ist das, was wir heute eine „Züchtung" nennen.

c) Grabung – Graben – Grab

Das „Grab", die „Grube", der „Graben" sind Substantivableitungen von „graben". Die älteste Ableitung ist „Grab". Als seine Bedeutung sich auf „zur Leichenbestattung dienende Grube" verengte, bildeten sich die anderen von „graben" abgeleiteten Substantive heraus, die andere „Vertiefungen in der Erde" als eben nur das „Grab" bezeichneten. Das „Graben" allerdings ist eine Tätigkeit, die zu allen möglichen Vertiefungen in der Erde führen kann, nicht nur zum „Grab". Und eine „Grabung" läßt manchmal auf Schätze stoßen.

Aufgabe d) und e) können Sie selbst erkunden. Sicher haben Sie unsere Hilfsmittel schon erkannt: Duden, Band 7, Das Herkunftswörterbuch, und Duden – Das große Wörterbuch der deutschen Sprache in 6 Bänden.

DAS SUBSTANTIV

Zur Aufgabe auf Seite 35: Formulieren Sie positiv, höflich und sachlich.

Unser Vorschlag:

Sehr geehrter Herr ...,

seit einigen Tagen steht das Fahrrad Ihres Besuchers auf dem Hof. Dadurch ist es ein wenig eng geworden. Niemand hat etwas dagegen, wenn einmal einen Tag lang ein viertes Rad auf dem Hof steht. Wollen Sie aber das Rad Ihres Besuchers für eine längere Zeit unterstellen, so bitte ich Sie höflichst, Ihren Keller zu benutzen.

Vielen Dank.

Zur Aufgabe auf Seite 40: Verbessern Sie bitte:

a) Nur bei uns genießt der Kunde diese besonderen Privilegien!

Das Besondere steckt bereits in den Privilegien, den Vor- oder Sonderrechten. Also genießt der Kunde entweder „Privilegien" oder „besondere Vorteile".

b) Ein Wodka wie brennendes Feuer am urgemütlichen Kamin!

Der Vergleich ist falsch gezogen. Der Wodka kann „brennen wie Feuer". „Wie brennendes Feuer" legt nahe, daß es auch Feuer gibt, das nicht brennt.

c) In gegenseitiger Übereinkunft wurde Herr ... aus dem Vertrag entlassen.

Gibt es Übereinkünfte, die nicht auf Gegenseitigkeit beruhen? Wohl kaum.

d) Wir bieten den perfekten Kundendienst-Service!

„Service" ist das „neudeutsche" Wort für Kundendienst.

WÖRTER

**Zur Aufgabe auf Seite 44: Wo stecken die Fehler?
Bitte formulieren Sie verständlicher.**

a) Radarerkennungsgeräte stehen im Flugsicherungsdienstgebäude.

Sind „Radarerkennungsgeräte" Geräte zur Erkennung durch Radar oder von Radar? Durch Radar, werden Sie sagen. Das ist sicher richtig, aber grammatisch noch lange nicht eindeutig. Wir wissen, daß die „Radarerkennung" eine Erkennung durch Radar ist. Hüten Sie sich vor Analogiebildungen. Eine „Flugsicherung" ist eine Sicherung von Flügen und nicht durch Flüge. Unsere Verbesserung:

Geräte zur Radarerkennung stehen im Gebäude des Flugsicherungsdienstes.

b) Aus Bandwurmsatzschreibern werden niemals gute PR-Textmacher.

Das Wort „Textmacher" bereitet Bauchschmerzen. „Texter" ist sicherlich besser als „Textmacher", zumal die Endung „-er" das „machen" immer einschließt. Manchmal, und das schlagen wir hier vor, können wir „Bandwurmwörter" auch durch Relativsätze entflechten. Allerdings brauchen wir dann ein weiteres Verb. Dieses Verb trägt dazu bei, das Verständnis eines Satzes zu erleichtern.

Schreiber, die Sätze in der Länge von Bandwürmern formulieren, taugen nicht als PR-Texter.

Auf die gleiche Weise entflechten wir die Wörter des nächsten Satzes:

c) Fremdwörteraneinanderreiher sind Imponiergehabemenschen.

Menschen, die lauter Fremdwörter aneinanderreihen, tragen Imponiergehabe zur Schau.

d) Exportmöglichkeitenverkenner gehören nicht in Weltfirmen-Spitzensessel.

Sind „Weltfirmenspitzensessel" Sessel gehobener Qualität, die nur in Weltfirmen stehen? Gemeint ist wohl etwas anderes, nämlich Sessel, in denen die „Spitzen" der Weltfirmen sitzen. Unser Vorschlag:

Führungskräfte, die Exportmöglichkeiten verkennen, gehören nicht an die Spitze einer Weltfirma.

DAS VERB

„Am Verbe hängt, zum Verbe drängt …"

„Panta rhei – alles fließt." Ob dieser eine Satz, der dem griechischen Naturphilosophen Heraklit zugeschrieben wird, den Gedanken enthält, der das Geheimnis der Welt aufschließt? Von einem Augenblick zum nächsten ist nichts mit sich selbst identisch, weil dazwischen die Zeit liegt. In der Zeit liegt die Bewegung, und Bewegung bedeutet unablässige Veränderung. Diese beständige Veränderung drücken wir in der Sprache in „Zeitwörtern", in Verben, aus.
„Ich schlafe" – wo ist die Bewegung in diesem Satz, werden Sie fragen, und bedeutet „ich ruhe" nicht, daß sich nichts „bewegt"? Das schon. Doch das Geheimnis liegt in der Zeit. Selbst wenn Sie „ruhen", bewegt und verändert sich Ihr Körper. Wir werden nämlich älter.
Die Sprache kann den Geheimnissen der Welt immer nur mangelhaft und unvollkommen nachspüren. Wenn es stimmt, daß „alles fließt", befinden wir uns dann nicht mit dem auf Papier gedruckten Wort immer schon im Widerspruch zur wirklichen Welt? Gedruckte Sprache ist erstarrte Sprache. Was uns in gedruckter Sprache an Bewegung und Veränderung, an das Fließen in der Welt erinnert, das sind vor allem die Verben.
Viele Grammatiker haben sich den Kopf darüber zerbrochen, welche Wortart wohl die wichtigste im Satz ist. „Hauptwort" – das klingt, als ob es auch das „Haupt" eines Satzes sein könnte. Um herauszufinden, ob das so ist, haben die Grammatiker „Bäume" gezeichnet, sozusagen Stammbäume der Sätze. Die Sprachwissenschaftler oder Linguisten gingen der Frage nach den Abhängigkeitsverhältnissen der einzelnen Wortarten nach. Warum man das überhaupt wissen wollte, fragen Sie? Nun, weil wir Sätze bauen können, ohne zu wissen, was wovon abhängt. Wir haben das Sätzebauen gelernt, zunächst durch reichlich Nachahmung. Schließlich haben wir diese unsere Fähigkeit mit ein wenig eigener Schöpferkraft verziert.
Stellen Sie sich nun vor, ein Computer sollte diese Sätze nachbauen, gar unsere deutschen Sätze ins Englische übertragen. Das kann er nicht, solange wir ihm nicht „sa-

gen", wie er es anstellen soll. Also mußte zunächst herausgefunden werden, wo eigentlich der Dreh- und Angelpunkt eines Satzes steckt – beim Verb! Das Verb entscheidet nämlich darüber, wie viele Substantive und andere Wortarten in einem Satz vorkommen können. In unseren Abschnitten zu den Substantiven haben wir im schlechteren Falle aufgezeigt, daß sehr, sehr viele Substantive an einem einzigen Verb hängen können.
Noch einmal ein Beispiel dafür, daß die Verben nicht gerade als die eindrucksvollsten Teile der Sätze verwendet werden.

> Die mehrheitlich bedeutende Stellung der Teilnehmer im Unternehmen läßt zum einen auf die Kompetenz und Qualität der Antworten schließen, zum anderen wird daraus deutlich, daß es in den Firmen noch so gut wie keine Spezialisten auf diesem Gebiet gibt.

Die Verben heißen „schließen lassen", eine Verbkombination, die hier dem Sinn nach das Passiv vertritt, dann „deutlich werden" und „geben".
Wenn alles „zum Verbe drängt", dann erkennen wir aus diesem Satz auch recht deutlich, warum alles „am Verbe hängt". Wirkt der Satz nicht gestelzt und distanziert? Bereits bei der Hauptworthäufung hatten wir kritisiert, daß sich ein Schreiber zuweilen durch die Anhäufung von Ung-Getümen aus der Verantwortung für seinen Satz und letztendlich aus der Verantwortung für die „Tätigkeit", von der sein Satz handelt, davonstiehlt. Sie erinnern sich an die „Sperrung der Ringstraße"? Die Substantive trifft nicht allein die „Schuld". Zur Überfrachtung eines Satzes mit Substantiven gehören meist auch die unpersönlichen Verbkonstruktionen.
Das Passiv ist sicherlich die Verbform, die die größte Distanz nicht nur zwischen Schreiber und Gegenstand, sondern auch zwischen Schreiber und Leser legt. Warum? Versuchen wir, das im Satz „Der Mann wurde erschossen" herauszufinden. Wie viele Personen sind beteiligt? Zwei. Die Rede ist allerdings nur von einer, dem Mann. Von ihm wird die schlichte, unkommentierte Tatsache berichtet, daß er erschossen wurde. Von wem? „Der Mann wurde von dem Polizisten erschossen." Auch dieser Satz ist noch immer schlicht und objektiv, tatsachenorientiert. Auch die Erweiterung „Der Mann wurde von dem Polizisten aus Versehen erschossen" läßt uns nicht an der bedrückenden Wahrheit des Satzes zweifeln.

Zeitzeichen Passiv?

Das Passiv ist keine „schlechte" Zeit, die wir auf jeden Fall meiden sollten. Wenn wir den „Täter" nicht kennen, ist es dann nicht angemessen zu sagen: „Ich wurde angefahren"? Das Passiv hat, wie jede andere grammatische Zeit, bestimmte Funktionen. Aktiv (Tatform) und Passiv (Leideform) kann man in Anlehnung an ihre lateinische Bezeichnung (Genus verbi – Singular; Genera verbi – Plural) als zwei „Geschlechter" der Verben auffassen. Es sind zwei Formen, in denen die meisten Verben auftreten

DAS VERB

können: „Der Man wird vom Polizisten erschossen" oder „Der Polizist erschießt den Mann". Leo Weisgerber hat die beiden „Geschlechter" der Verben einmal als „täterzugewandt" (Aktiv) und „täterabgewandt" (Passiv) bezeichnet. Die „Geschlechter" der Verben sind also Sehweisen. Nennen wir den Täter, oder lassen wir ihn weg? Was wollen wir betonen? Den Vorgang, den Zustand oder den Täter?

Wir können uns entscheiden. Was ist uns wichtig? Und, welche Art von Text schreiben wir? In der Sprache der Wissenschaft und der Verwaltung, in Gesetzestexten, Anordnungen und Gebrauchsanweisungen wird häufig das Passiv bevorzugt, weil es Formulierungen erlaubt, die den Handelnden unbezeichnet lassen. Wenn kein Handelnder da ist, verliert die Handlung ihren Charakter als Handlung und wird zu einem Vorgang – gelöst vom Handelnden. Der Vorgang erscheint als ein „so ist es" oder als ein „so soll es sein", „so muß es sein".

> Der funktionalistische Ansatz wurde besonders in der sog. Prager Linguistik entwickelt und vertreten. (K.-D. Bünting, Einführung in die Linguistik)

Eine historische Tatsache. Wir glauben dem kompetenten Autor, dem Fachmann, daß es wohl „so ist".

> Häufig vorkommende Berechnungen wie Logarithmieren, Radizieren, Berechnung von Zufallszahlen usw. werden meist als sogenannte „Standardfunktionen" vom BASIC-Übersetzer fertig zur Verfügung gestellt. (Borkens/Isfort/Klippstein/Quinke, Informatik für kaufmännische Schulen)

Das sollte so sein. Schließlich sind die Zeiten, in denen wir die Wurzeln auf dem Rechner noch nach Rechenformeln gezogen haben, längst vorbei.

> Bei den Verbänden der Krankenkassen werden als Organe der Selbstverwaltung je eine Vertreterversammlung und ein Vorstand nach näherer Bestimmung ihrer Satzungen gewählt. (Reichsversicherungsordnung)

Das ist so. Der Gesetzgeber hat das so bestimmt. Also wird es auch so gemacht.

> Durch das Drehen des Knopfes 11 für den Programmspeicher 1 wird der gewünschte Kanal eingestellt. (Gebrauchsanweisung)

Eine logische Wenn-dann-Bestimmung. Zuwiderhandlung sinnlos. Das Passiv muß nicht trocken sein. Es kann als Stilvariante eingesetzt werden. Aktiv und Passiv im Wechsel – den „Täter" betonen oder ihn unbetont lassen. Ein Satz von einem engagierten Historiker:

> Nachdem die Institutionen der Bundesrepublik Deutschland einmal eingerichtet sind, können sie um so reibungsloser funktionieren, als das Korn, das die politische Maschinerie mahlen muß, schon aussortiert ist: Die großen Entscheidungen sind

WÖRTER

schon gefallen, bevor überhaupt die Mechanismen existieren, mit denen Entscheidungsprozesse eingeleitet werden können. (Alfred Grosser, Geschichte Deutschlands seit 1945)

Muß es in der ersten Zeile nicht heißen „eingerichtet worden sind" statt „eingerichtet sind"? Kann, muß nicht. Beim Zustands- oder sein-Passiv ist das „worden" getilgt, weil das Vorgangspassiv wie in „eingerichtet worden sind" nicht mehr als Vorgang, als Handlung oder Prozeß, sondern als das Ergebnis der Vorgänge, Handlungen oder Prozesse aufgefaßt wird. Das Passiv, hier als Zustandspassiv verwendet, erlaubt das Weglassen des „worden".
Die Verben, die in Alfred Grossers Satz aktivisch verwendet werden, lauten: „funktionieren, mahlen, fallen, existieren"; die passivischen Verbformen sind: „eingerichtet sein, aussortiert sein, eingeleitet werden". Nach der Reihenfolge der Verben haben wir eine harmonische und ausgewogene Folge der genera verbi: Passiv – Aktiv – Aktiv – Passiv – Aktiv – Aktiv – Passiv. Eingangs steht ein Zustand, es folgt Handlung, unterbrochen von wiederum einem Zustand, „aussortiert sein", und es folgt wiederum Handlung, die in einen zukünftigen, möglichen Vorgang mündet. Hier wurde Sprache souverän gehandhabt, grammatische Möglichkeiten werden treffend genutzt.
Mit dem Passiv spielen oder mit dem Passiv manipulieren? Die Grenzen sind oft fließend. Wenn es heißt: „Die Steuerreform wurde beschlossen", könnte das nicht eine Formulierung sein, die darauf abzielt, den „Volkszorn" ins Leere gehen zu lassen. Kein Täter in Sicht, niemand, dem wir unsere Meinung sagen können. Der Anonymus „Fiskus" hat wieder einmal zugeschlagen. Und doch greift da jemand im schlechteren Falle in unsere Taschen.
Mit dem Passiv können wir auch „Barrikaden" errichten. Wer gesteht schon gerne, daß er einmal Angst hatte? Und wenn wir dies zugeben, sagen wir dann „Ich hatte Angst vor dem Pferd", oder sagen wir eher so etwas wie „Mir wurde angst und bange"? „Mir wurde" – durch wen oder wodurch? Das lassen wir dabei im unklaren. Ist das Pferd wirklich der Grund für die Angst, oder ist es das eigene Hasenherz, die Angst vor etwas Unbekanntem, mit dem wir noch nicht umgehen können?
Das Passiv kann auch „barmherzig" sein. „Das Kind wurde geschlagen", heißt es dann, um die Aufmerksamkeit davon abzulenken, daß es die eigenen Eltern waren, die da schlugen, oder vielleicht der Lehrer, dem in einer schwachen Stunde die Hand ausgerutscht ist. Aus diesem Grunde lassen wir den „Täter" oftmals aus, um unser Verständnis zu bekunden.
Dennoch, die deutsche Sprachwelt versinkt keinesfalls in der „Täterabgewandtheit". Nur 7 Prozent aller finiten Verbformen entfallen auf das Passiv. Wenn wir vom „Zeitzeichen" Passiv sprechen, meinen wir oft gar nicht die genera verbi, sondern den Inhalt vieler verbaler Konstruktionen. Hinter „Es wird beschlossen,..." kann eine Vielzahl von Aktionen stecken. Das aktivische „Er ruht" hingegen macht nicht gerade den Eindruck größter Aktivität. Unsere grammatischen Kategorien für die Verbformen decken sich also nicht unbedingt mit den Verbinhalten.
Das Passiv muß die handelnde Person nicht nennen. Wird sie genannt, kann sie mit den Verhältniswörtern (Präpositionen) „von" oder „durch" angeschlossen werden.

DAS VERB

Allerdings sind diese Präpositionen nicht beliebig gegeneinander austauschbar. Immer wenn es um den eigentlichen „Täter" geht, schließen wir mit „von" an. Ebenso, wenn der „Täter", oder hier besser: die Ursache, eine Sache ist oder etwas Abstraktes.

> Der Buchdruck wurde von Johannes Gutenberg erfunden.
> Die Wanderer wurden vom Regen überrascht.
> Er wurde von seinen Vorstellungen gefangen gehalten.

„durch" macht, wenn es drauf ankommt, einen kleinen, aber feinen Unterschied aus. „Er wurde durch eine johlende Menge aufgehalten" bedeutet, daß die Menge ihn zufällig aufhielt, indem sie ihm das Weiterkommen erschwerte. Wird er aber „von einer johlenden Menge aufgehalten", steht ihm eventuell Schlimmes bevor. Sie hält ihn absichtlich auf, will etwas von ihm, im Zweifelsfall nichts Gutes.
Wenn wir sagen, das Passiv ist unpersönlich, dann meinen wir damit, daß wir es hier mit einer Verbform zu tun haben, bei der etwas Persönliches, der „Täter" oder der Handelnde fehlen kann. Allerdings gibt es aktivische Verbformen, bei denen der „Täter" gleichfalls fehlt. Und auf diese Formen beziehen wir uns häufig, wenn wir davon sprechen, daß unsere Sprache immer unpersönlicher, immer distanzierter wird. Unsere Sprache kennt unpersönliche Ausdrücke wie „es gibt", die gar kein Passiv bilden können. Erinnern wir uns an unser erstes Zitat in diesem Kapitel:

> Die mehrheitlich bedeutende Stellung der Teilnehmer im Unternehmen läßt zum einen auf die Kompetenz und Qualität der Antworten schließen, zum anderen wird daraus deutlich, daß es in den Firmen noch so gut wie keine Spezialisten auf diesem Gebiet gibt.

„Deutlich werden" ist die einzige Passivform des Satzes. Aber, ist „es gibt" aktivisch? Der Form nach schon. Und inhaltlich? Ein Zustand – unpersönlich und nichtssagend wie viele der Wendungen mit „man". Wörter wie „es" und „man" leiten allzu häufig Allerweltsformeln ein. Eines haben diese Formeln mit dem Passiv gemeinsam: Auch hier ist kein „Täter" in Sicht. Der Wendung „es gibt" folgt in unserem Falle die unspezifische Mengenangabe „so gut wie keine". Ist eine Formel wie „es gibt" akzeptabel? Sie ist zumindest keine stilistische Glanzleistung. In solchen Formeln stottern wir herum, wenn wir zum Beispiel eine Fremdsprache ungenügend beherrschen: Im Französischen heißt es dann beständig „il y a ..." und im Englischen „there is ...". Besonders die Umgangssprache kennt ähnliche Formeln; aktivisch: „Es hat viele Tiere"; passivisch: „Es wird hiergeblieben".
Nehmen wir uns nun das „schließen lassen" vor. „Sich lassen" nennt der DUDEN eine „Konkurrenzform" zum Vorgangspassiv. „Das Fenster läßt sich nicht schließen" bedeutet, daß das Fenster nicht geschlossen werden kann. Es klemmt. „Sie läßt sich ausführen" bedeutet, daß sie ausgeführt wird. „Sie läßt sich das Buch schicken" heißt, daß sie veranlaßt hat, daß ihr das Buch geschickt wird. Und schließlich: „... läßt auf Kompetenz und Qualität schließen" bedeutet – oder unterstellt? –, daß auf Kompetenz und Qualität geschlossen werden kann.

WÖRTER

Wie ist nun unser Satz zu beurteilen? Er enthält eine Konkurrenzform zum Passiv, eine Passivform und einen unpersönlichen Ausdruck. Ein Satz, so abwechslungsreich wie dienstags Regen, mittwochs Nebel und donnerstags wieder Regen. Gestalten wir unseren Satz einmal etwas abwechslungsreicher:

> Weil die Teilnehmer in den Unternehmen mehrheitlich eine bedeutende Stellung einnehmen, vermuten wir, daß deren Antworten kompetent und qualifiziert sind.

Halt! Jetzt müßten wir anschließen: „Daraus wird deutlich, daß..." Aber woraus wird was deutlich? Daraus, daß wir etwas vermuten? Doch wohl kaum. Der Originalsatz enthält einigen Unsinn. Entweder sind die Antworten vorhanden, und die Firmen verfügen über Spezialisten, oder die Antworten sind nicht da und die Firmen noch auf der Suche nach den Spezialisten. Unser Schreiber ist einem recht verbreiteten Irrtum aufgesessen. Er meint, daß Passivkonstruktionen, weil sie „distanziert" sind, auch unverbindlich seien. Dieser Irrtum wird um so deutlicher, wenn wir uns im Aktiv zum „Täter" bekennen. Und der Täter ist gar nicht die „mehrheitlich bedeutende Stellung". Die Täter sind wir, die wir auf etwas schließen lassen wollen. Wir fahren fort:

> Dennoch verfügen die Firmen zur Zeit erst über wenige Spezialisten.
> Oder:
> Die Antworten sollten uns nicht darüber hinwegtäuschen, daß die Firmen zur Zeit erst über wenige Spezialisten verfügen.

Schade! Das Passiv wollten wir gar nicht verdrängen. Aber, vielleicht ist ein wenig klarer geworden, warum das Passiv manchmal in Mißkredit gerät. Keine Sprachform ist unverbindlich, nur der Inhalt kann es sein. Jedoch, auch bei inhaltlicher Unverbindlichkeit kommen wir um grammatische Verbindlichkeit nicht herum.
Die Sprache hält noch eine ganze Reihe weiterer Konkurrenzformen zum Passiv bereit.

> Sie bekommt/erhält/kriegt das Kind zugesprochen. – Das Kind wird ihr zugesprochen.
> Das gehört verboten. (regional- oder umgangssprachlich) – Das muß verboten werden.
> Das Geschrei ist kaum zu ertragen. – Das Geschrei kann nicht ertragen werden.

Ein Rückgriff auf passivische Ausdrucksweisen bietet sich dort an, wo die Sprache nicht immer streng logisch ist. Oft ist dies bei Wendungen der Fall, bei denen das Subjekt keine Person ist und das Verb rückbezüglich, also mit „sich" gebraucht wird.

> Die Tür öffnet sich. – Die Tür wird geöffnet.
> Der Vorhang schließt sich. – Der Vorhang wird geschlossen.
> Das Buch verkauft sich gut. – Das Buch wird gut verkauft.

DAS VERB

Häufig gebrauchte Konkurrenzformen zum Passiv stecken auch in den folgenden Satzkonstruktionen:

> In allen Aufsätzen des Buches kommt immer wieder Begeisterung für die Sache zum Ausdruck. – In allen Aufsätzen des Buches wird immer wieder Begeisterung für die Sache zum Ausdruck gebracht.
> Das Verfahren findet in der Chemie seine Anwendung. – Das Verfahren wird in der Chemie angewendet.
> Die Situation gewährte auch den kleinen Dingen Beachtung. – Auch den kleinen Dingen wurde Beachtung gewährt.
> Das Gespräch warf viele Fragen auf. – Viele Fragen wurden in dem Gespräch aufgeworfen.

Allerdings sind Satzkonstruktionen wie „Das Verfahren findet in der Chemie seine Anwendung" nur möglich, wenn Verbalgefüge wie „Anwendung finden", „zum Ausdruck kommen", „Beachtung finden" und „Fragen aufwerfen" im substantivischen Teil ein Verb zum Grundwort haben, also: „anwenden", „ausdrücken", „beachten", „fragen". Von manchen Verbalsubstantiven hatten wir jedoch im ersten Kapitel behauptet, daß sie einem Text nicht unbedingt stilistische Glanzlichter aufsetzen, ja sogar häufig das Verständnis erschweren. In vielen Fällen ist das Passiv vorzuziehen. Spätestens jetzt müssen wir unsere Prozentangaben zur Verwendung des Passivs in der deutschen Gegenwartssprache in Zweifel ziehen. Also doch „Zeitzeichen Passiv"? Hinter dem Gebrauch passivischer Ausdrucksweisen scheint häufig ein Bedürfnis nach Distanz, nach Objektivität zu stecken; ein Bedürfnis, etwas festzuschreiben und ein für allemal festzulegen, was in Wirklichkeit fließend ist. Aber die Dinge sind nicht fest. Sie sind fließend, und die Verben sind die Wortart, die dem Fließen der Welt in der Sprache gerecht werden. Auch das Passiv schreibt die Dinge nicht fest. Das scheint nur so. Wenn „es heißt", daß „etwas beschlossen wurde", dann sind es noch immer Menschen gewesen, die das getan haben.

Vom ziellosen „gefolgt werden"

Manche Verben sind „zielend", manche „ziellos". So will es die deutsche Übersetzung der grammatischen Begriffe aus dem Lateinischen: transitiv und intransitiv. Was bedeuten diese Begriffe für den grammatischen Umgang mit den Verben?
Ein transitives Verb ist ein Verb mit einem Akkusativobjekt: „Der Hund beißt den Jungen." „Beißen" hat eine Ergänzung im vierten Fall. Bei der Umwandlung ins Passiv wird das Akkusativobjekt zum Subjekt: „Der Junge wird vom Hund gebissen." Es gibt Verben, die ohne jede Ergänzung auskommen: „Es regnet", „Vater schläft", „Die Männer arbeiten". Einige Verben werden nur mit einem Akkusativobjekt verbunden: „Der Lehrer lobt den Jungen." Wieder andere Verben müssen mindestens zwei Ergänzungen haben: „Peter schenkt seinem Freund ein Buch." Nach „schenken"

steht ein Dativ- und ein Akkusativobjekt. „Der Professor legt das Buch ins Regal." „Legen" kommt nicht ohne ein Akkusativ- und ein Präpositionalobjekt aus. „Legt das Buch" oder „stellt den Stuhl" geben ohne die Ergänzung, die auf die Frage „Wohin?" antwortet, keinen Sinn.
Meist sagt uns unser Sprachgefühl, welche Ergänzung ein Verb benötigt. Aber ist das Sprachgefühl auch immer zuverlässig? Wird schon einmal etwas verwechselt, durcheinandergeworfen? Sehen Sie sich einmal die folgenden Sätze an:

> In dem Beschluß, der auf dem letzten Kreisparteitag gefaßt wurde, stand, daß mindestens eine Frau im Rat vertreten sein soll.
> Der Dieb fuhr, gefolgt von der Polizei, bei der nächsten scharfen Kurve gegen einen Baum.

Ganz normales Pressedeutsch. Aber, kann es zutreffen, daß wirklich nur eine einzige Frau vertreten werden soll, oder sollten nicht lieber viele Frauen durch mindestens eine vertreten werden? Oder, kann es zutreffen, daß der Dieb von der Polizei gefolgt wird? Richtig wird „vertreten" im folgenden Satz verwendet:

> Der Ministerpräsident wurde bei der Eröffnung der Ausstellung von seinem Staatssekretär vertreten.

Anstelle des Ministerpräsidenten erscheint der Staatssekretär. Klar ausgedrückt wird, was auch gemeint ist. Der Ministerpräsident kann ebenso „von seinem Staatssekretär" wie „durch seinen Staatssekretär" vertreten werden. Dativ und Akkusativ richten sich bei beiden Präpositionalobjekten nicht nach dem Kasus, den das Verb verlangt, sondern nach dem Kasus, den die Präpositionen „von" und „durch" verlangen. Es muß aber heißen: „Der Staatssekretär vertritt seinen Ministerpräsidenten." In der Regel wird ein Dieb nicht „gefolgt". Die Polizei kann ihn nicht „folgen", sie kann ihn „verfolgen". Oder aber, sie folgt ihm, dem Dieb. Manchmal steht auch zu lesen: „Bundeskanzler Helmut Kohl, gefolgt von Frau Marianne ..." Auch ein Bundeskanzler kann nicht gefolgt werden. Daß er verfolgt wird, wollen wir hier gar nicht erst mutmaßen. „Folgen" steht in Verbindung mit dem Dativ; „verfolgen" in Verbindung mit dem Akkusativ und kann deshalb das Passiv bilden.
Viele Verben ohne Vorsilben sind intransitiv. Mit Vorsilben werden sie zu transitiven Verben, das heißt: sie können das Passiv bilden.

> Er schläft. – Die Zeit wird verschlafen.
> Die Laterne leuchtet. – Das Haus wird beleuchtet.
> Er steigt auf den Stuhl. – Der Stuhl wird bestiegen.
> Der Mann arbeitet. – Das Werkstück wird bearbeitet.

DAS VERB

„Buk" oder „backte" der Bäcker das Brot?

Manche Verben werden schwach, manche stark gebeugt; lateinisch: „flektiert" (allgemein: beugen) oder „konjugiert" (Beugen der Verben, im Gegensatz zum „Deklinieren", dem Beugen von Substantiven und Adjektiven). Wird ein Verb stark gebeugt, so wechselt es in den verschiedenen Zeiten den sogenannten Wurzelsilbenvokal. Noch im Althochdeutschen konnten die verschiedenen „Muster", nach denen starke Verben konjugiert wurden, in „Klassen", die sogenannten Ablautreihen, eingeteilt werden. Inzwischen hat der Lautwandel im Deutschen über die Jahrhunderte verschiedene Merkmale aufgehoben oder angeglichen. Einige Beispiele für stark konjugierte Verben nach den alten Ablautreihen:

	Infinitiv	1. Singular Präsens	1./3. Singular Präteritum	Partizip Perfekt
1.	reiten	reite	ritt	geritten
	ziehen	ziehe	zog	gezogen
2.	liegen	liege	lag	gelegen
	bieten	biete	bot	geboten
3.	binden	binde	band	gebunden
	werfen	werfe	warf	geworfen
4.	stehlen	stehle	stahl	gestohlen
5.	geben	gebe	gab	gegeben
6.	fahren	fahre	fuhr	gefahren

Die schwachen Verben werden alle gleich gebeugt. Sie enden im Singular des Präteritums auf „-te/-test/-te" und im Plural des Präteritums auf „-ten/-tet/-ten". Auch das Partizip Perfekt endet regelmäßig auf „-t" und hat mit den starken Verben die Vorsilbe „ge-" gemeinsam: „sagen, sagte, gesagt"; „arbeiten, arbeitete, gearbeitet"; „machen, machte, gemacht".

Im Kapitel über die Substantive haben wir darauf hingewiesen, daß Sprache sich immerfort verändert. Wir passen die Sprache beständig einer veränderten Welt an. Wir schaffen neue Begriffe für neue Dinge oder vergessen Begriffe, wenn die Gegenstände und Sachverhalte, die dazugehören, sich überlebt haben. Wer wollte behaupten, daß wir mit einer deutschen Sprache auf dem Stand des Jahres, sagen wir, 1920 unsere heutige Welt angemessen würden erfassen können? Wer das ernsthaft meint, muß bei dem Wort „Computer" eine Sprechpause einlegen. Aber auch das Regelwerk, die Grammatik, verändert sich. Wir werfen die selbstgemachten Normen über Bord, wenn sie nicht mehr taugen. Das dürfen und das müssen wir.

WÖRTER

Welchen Gesetzen des Sprachwandels die einzelnen Teile der Grammatik auch immer unterliegen, eines scheint offensichtlich: daß Sprachwandel nämlich den „Gesetzen" der Bequemlichkeit folgt. Sei's so. Fest steht, daß jedes neue Verb, das unsere Sprache aufnimmt, schwach flektiert wird, so wie „freizeiten, freizeitete, gefreizeitet", um eine jener überflüssigen, dennoch typischen Neubildungen zu zitieren. Allgemein kann man sagen, daß sich die Flektion der Verben von der schwierigen starken zur einfachen schwachen entwickelt, aber das nicht von heute auf morgen. Solche Entwicklungen brauchen in der Regel Jahrhunderte, manchmal sogar länger. Gerade diese Entwicklungen sind es, die uns zuweilen in unserem Sprachgebrauch verunsichern. Heißt es nun: „Der Bäcker backte das Brot", oder heißt es „Der Bäcker buk das Brot"? Heißt es: „ich frage – ich frug" (denn es heißt ja auch „ich schlage – ich schlug" und „ich trage – ich trug")? Was halten Sie von „Ich drasch das Stroh" oder „Das Licht brennte noch lange"?

„Brennen, brannte, gebrannt" besitzt den Wechsel im Wurzelsilbenvokal, der typisch für starke Verben ist. Das Verb zeigt im Präteritum und Partizip Perfekt jedoch schon die Endungen der schwachen Verben. Die nächste „logische" Stufe der Sprachentwicklung wäre: „brennen, brennte, gebrennt". Doch wird das wohl kaum der Fall sein, jedenfalls solange nicht, wie wir in Druckerzeugnissen miteinander kommunizieren und Wert auf allseitige Verständlichkeit legen.

Bei „fragen – frug" liegt der Fall etwas anders. Das starke „fragen" ist schon lange aus der deutschen Sprache verschwunden und unser „fragen" will eindeutig schwach sein. Also heißt es: „fragen – fragte – gefragt". Wer „frug" verteidigt, muß auch „gefragen" sagen. „drasch" von „dreschen" ist so veraltet wie „hub" von „heben", „schwur" von „schwören" und „ward" von „werden". Auch entwickeln sich die einzelnen Formen eines starken Verbs durchaus nicht immer gleichmäßig hin zur schwachen Flektion. Zwar heißt es heute häufiger: „Er dingte einen Mörder" als „Er dang einen Mörder", doch heißt es seltener „Er hat einen Mörder gedingt" als „Er hat einen Mörder gedungen". Jeweils beides ist richtig und zulässig.

Nun können Sie folgende Fragen beantworten:
  Was ist älter, „backte" oder „buk"?
  Wohin tendiert der Sprachgebrauch?

Lösungen siehe Seite 80

Das Feld verbaler Schwierigkeiten ist noch lange nicht abgegrast. Die starken Verben haben lange schon die Fähigkeit verloren, neue Verben in ihre „Klassen" aufzunehmen. Die Notwendigkeit, neue Sachverhalte zu bezeichnen, ist aber immer gegeben. Neues entsteht aus dem Alten, so auch in der Sprache. Was lag sprachgeschichtlich näher, als zunächst auf völlige Neubildungen zu verzichten und statt dessen schwache Nebenformen zu den starken Verben zu bilden? Diese Nebenformen erhielten andere, wenn auch verwandte Bedeutungen. Viele Verben unterscheiden sich in der Grundform, dem Infinitiv, überhaupt nicht. Dafür haben ihre jeweils starken oder schwachen Vergangenheitsformen aber eine Bedeutungsteilung erlebt. Heißt es

DAS VERB

„Er wurde aufgehangen" oder „Er wurde aufgehängt"?
„Ich habe mich erschrocken" oder „Ich habe mich erschreckt"?

„aufgehangen" und „aufgehängt" haben dieselbe Grundform „hängen". Allerdings gehörte „hing, gehangen" früher zur Grundform „hangen", die aber verloren gegangen ist. Auch wurden Verbrecher nicht „gehängt", sondern „gehenkt". „Henken" ist transitiv. „Der Henker henkt den Verbrecher." Wenn überhaupt, dann wird der Verbrecher, in der transitiven Form, „aufgehängt".
Nun widersprechen wir uns, meinen Sie, weil wir vorher behauptet haben, daß Vorsilben Verben transitivieren können? Wir betonen: können. Der Platz, den „aufgehangen" einnehmen könnte, ist von „aufgehängt" besetzt. Wir haben den Mantel zwar aufgehängt; aber: Der Mantel hat am Haken gehangen.
„Ich habe mich erschrocken!" Das ist nicht nur grammatisch unmöglich. „Erschrecken, erschrak, erschrocken" ist intransitiv und muß deshalb mit dem Dativ stehen. Möglich sind: „Er ist darüber erschrocken", „Bin ich erschrocken!". Das Kunststück aber, uns selbst willentlich und vorsätzlich zu erschrecken, das mache uns erst einmal jemand vor! Das transitivite „Ich habe mich erschreckt" ist richtig, wenn es auch im reflexiven Gebrauch, „sich erschrecken", als Umgangssprache gilt. Richtig sind auch: „Erschrecke die Tiere nicht", „Seine dürre Gestalt erschreckte sie", „Hast Du ihn erschreckt!".

Wie muß es heißen?
　„Das Eis zwischen ihnen ist geschmelzt" oder „Das Eis zwischen ihnen ist geschmolzen"?

Lösungen siehe Seite 80

Einige der intransitiven starken Verben haben schwache Nebenformen gebildet, die auch in der Grundform nicht identisch sind: „dringen – drängen", „erlöschen – löschen", „ertrinken – ertränken", „fallen – fällen", „liegen – legen", „saugen – säugen", „sitzen – setzen", „trinken – tränken", „verschwinden – verschwenden", „winden – wenden". Sie bieten kaum Schwierigkeiten. Wer würde schon auf die Idee kommen und sagen: „Das Blatt hat sich gewunden."?
Sicher, es muß heißen: „Das Blatt hat sich gewendet." Aber, kann man denn nicht sagen: „Der Wurm windet sich."? Doch, das kann man. Hier hält die deutsche Sprache wieder einen ihrer „Tricks" bereit. Reflexiv, also rückbezüglich, wird ein intransitives Verb zu einem transitiven Verb: „Er ist in sich gedrungen." Manche Verben benötigen, um reflexiv zu werden, eine der Konkurrenzformen zum Vorgangspassiv: „Sie hat sich fallenlassen", „Sie hat ihn sitzenlassen".

WÖRTER

Wendige Verben wollen keinen Aufwand

Die Transitivierung – auch in diesem Abschnitt kommen wir nicht an ihr vorbei. Mit Hilfe von Vorsilben lassen sich intransitive Verben in transitive Verben verwandeln: „Die Feuerwehr dringt in das Gebäude ein", „Er muß den Becher bis zur bitteren Neige austrinken". Weitere Beispielsätze ließen sich mit „einfallen", „aussaugen", „umwinden" und so fort formulieren. So weit, so gut.

> Wir spielen auf einem Platz. – Wir bespielen einen Platz.
> Wir hängen Kugeln in den Weihnachtsbaum. – Wir behängen den Weihnachtsbaum mit Kugeln.

Die „be-"-Sätze beschwingen nicht. Sie trumpfen mächtig auf. Die Vorsilbe „be-" kann deutlich machen, daß wir die Herren der Dinge sind. Wir „bespielen" und „behängen". Die Dinge haben sich ruhig und willig zu verhalten. Wir ergreifen von ihnen Besitz. Kein Gedanke daran, froh zu sein, daß sie einfach vorhanden sind. Ebenso können wir Menschen zum Objekt unseres Willens machen, wenn wir sie „beurteilen", „belobigen", „bestrafen", „benutzen", „beherrschen", „bevormunden", „beatmen", „belästigen", „besudeln", „bemitleiden", „betreuen", „bekochen", „beraten", „bewerten". Ob es ihnen nützt oder schadet, unser eigener, höchstpersönlicher Wille ist das Maß des „Betuns".

Manchmal kann die Vorsilbe einen kleinen, aber feinen Bedeutungsunterschied anzeigen: Wer nach einer Sache „trachtet", hat sie vorher vielleicht „betrachtet", mit den Augen in Besitz genommen. Empfangen wir einen Freund, „begrüßen" wir ihn. Schreiben wir ihm einen Brief, „grüßen" wir ihn herzlich. Nicht jeder, der seine Schuld „kennt", „bekennt" sie auch.

In manchen Fällen ist die Vorsilbe „be-" überflüssig.

> Dichter Nebel behinderte die Sicht. Der Lkw war randvoll mit Stahl beladen. Der Fahrer befürchtete, daß er bei einer Geschwindigkeit über 40 km/h die Pkws vor ihm nicht mehr rechtzeitig würde erkennen können. Deshalb bedankte er sich bei seinen Kollegen, die ihn rechtzeitig über Funk gewarnt hatten.

Wir haben uns an die „Sichtbehinderungen" der Verkehrsdurchsagen gewöhnt. Die Sichthinderungen würden zwar reichen, aber sei's drum. Nach unserem Geschmack hindert der Nebel die Sicht. Ebenso würden wir uns damit zufrieden geben, wenn es hieße: „Der Fahrer fürchtete, daß er…" Oder „befürchten" Sie sich vor einem Drachen? Zuweilen steht „be-" auch im Zeichen des Schwulstes einer aufgeblähten Sprache wie bei „bedanken". Sicherlich kennen Sie solche Floskeln wie: „Ich bedanke mich." Warum sagen wir nicht: „Ich danke Ihnen"? Haben wir vielleicht gar niemandem zu danken, wenn wir „Ich bedanke mich" sagen? Warum lassen wir offen, wem unser Dank gilt? Klingt nicht „Er dankte seinen Kollegen" statt „Er bedankte sich bei seinen Kollegen" glatter, schöner, verbindlicher?

DAS VERB

Oft bedeutet das „be-" auch nur, daß ein Gegenstand mit einer Sache versehen, etikettiert, verziert, bearbeitet wird; ein Schuh wird „besohlt"; ein Auto wird „bereift"; Flußläufe werden „begradigt"; Wände werden „beschmiert"; eine Diskothek wird „beschallt"; ein Film wird „belichtet".
Finden Sie Verben mit der Vorsilbe „be-" nun atemberaubend oder atemraubend. Raubt Ihnen das den Verstand? Beraubt es Ihnen den Verstand? Oder, beraubt Sie das des Verstandes?
Schon die Hauptwörter haben gezeigt, daß wir mit Vorsilben viel Papierdeutsch produzieren können. Bei den Verben verhält sich das nicht viel anders.

> Im August vorigen Jahres haben wir Sie zum ersten Mal angeschrieben.
> Der Sache nach hat er aufgezeigt, daß er viel Sachverstand besitzt.
> Zwecks Publikation der Rede müssen einige Formulierungen dringend abgeändert werden.

„… haben wir Sie angeschrieben." Vielleicht wird deutlich, was es mit dem „Anschreiben" auf sich hat, wenn wir ein wenig umformulieren: „Wir haben Sie anschreiben lassen." Rückt das nicht in gefährliche Nähe zum „Anschreibenlassen" beim Kaufmann, beim nächsten Kneipenwirt? Sicher, im Zeitalter der Kreditkarten ist das Anschreibenlassen nicht mehr üblich. Weil die eine Bedeutung eines Wortes in den Hintergrund tritt, wird es möglich, das Wort in einer anderen Bedeutung zu verwenden. In unserem Falle aber hätte genügt: „Im August vorigen Jahres haben wir Ihnen zum ersten Mal geschrieben."
Gestatten Sie uns weitere Assoziationen in unserem Spiel mit der Sprache! Zwar werfen wir nur wenig Ballast über Bord, wenn wir überflüssige Vorsilben vermeiden. Dennoch, stilistisch macht es schon einen Unterschied, ob jemand etwas „aufgezeigt" oder ob jemand etwas „gezeigt" hat. Das Aufzeigen erinnert uns an das eilfertige Fingerschnipsen mit der Bedeutung: „Hier, Herr Lehrer, nehmen Sie mich dran. Ich weiß die Antwort. Ich bin ein kluges, wenn auch vorlautes Bürschchen." Wer wirklich Sachverstand besitzt, dem reicht es, ihn zu zeigen, wenn er gefordert ist.
Während wir „anschreiben" und „aufzeigen" beim schleichenden Bedeutungswandel erwischt haben, verhält sich die Sache beim „Abändern" ein wenig anders. Das „ab-" ist schlicht überflüssig. Es verleiht nicht einmal den eventuell gewünschten Nachdruck.
Es gibt noch eine ganze Reihe anderer Verben, die mancheiner gerne mit Überflüssigem schmückt. Da werden Verträge „abgeschlossen", statt „geschlossen". Die Lebenshaltungskosten „steigen" nicht einfach nur, sie „steigen an". Eine Versicherung wird „aufgekündigt", statt schlicht „gekündigt" und so fort. Allen Vorsilben ist in diesen Fällen gemeinsam, daß sie den Texten stilistische Schwergewichte anhängen.

> Den Spielplan finden Sie im beiliegenden Programm ausgedruckt.

„Ausdrucken" ist eine Neuschöpfung. Gedruckt wird schon länger. Die Neuschöpfung hat ihre Berechtigung dort, wo eben nicht „gedruckt" wird. Etwas ausdrucken

WÖRTER

lassen können wir mit dem Drucker, der an einen Computer angeschlossen ist. Aber handelt es sich bei der schriftfixierten Version des Spielplans tatsächlich um einen Ausdruck?

> Unter der Ägide des Herrn …, einem Newcomer in diesem Geschäftsbereich, ist es gelungen, die Büroorganisation vollkommen durchzurationalisieren.

Hier stellt sich uns das Problem ein wenig anders. Ist das „durch" vor „rationalisieren" wirklich überflüssig? Es gibt die Tendenz, Fremdwörtern – hier Verben – Vorsilben voranzustellen, die verstärkenden Charakter haben; „aufoktroyieren" und „durchrationalisieren" sind zwei Paradebeispiele. Gemessen an der ursprünglichen Wortbedeutung werden diese Verben zu Tautologien. Aber, ist uns die ursprüngliche Wortbedeutung wirklich präsent? Oder haben beide Wörter inzwischen eine etwas andere, vielleicht erweiterte, vielleicht unscharfe Bedeutung angenommen?

Das Verb „oktroyieren" bedeutet eigentlich „verleihen". Wir verwenden es jedoch meistens in der Bedeutung „aufzwingen", „aufdrängen"; und hier hat sich parallel zur Form des deutschen Wortes „aufoktroyieren" verbreitet. „Rationalisieren" heißt „vereinheitlichen", „straffen", „zweckmäßiger gestalten". Mit einem vorangestellten „durch" möchte der Schreiber oder Sprecher vielleicht ausdrücken, daß er nun ein Optimum im Zusammenwirken aller Produktionsfaktoren erreicht hat. Auch wenn beide Neuschöpfungen nicht unbedingt logisch sind – wir scheinen damit leben zu müssen.

Das „vollkommen" vor „durchrationalisieren" ist allerdings fehl am Platze und fügt der Tautologie eine weitere hinzu. Das Wort, das hier – wenn schon – besser paßt, ist „völlig". „Vollkommenheit", so heißt es, ist nur wenigen menschlichen Werken beschieden.

Die Vorsilbe „ver-" ist besonders vielseitig. Nur zu oft aber ist sie Ausdruck einer „verrationalisierten" Sprache. Als produktives Wortbildungsmittel kann das kleine, anhängliche Stückchen Sprache jegliche Lebendigkeit verraten und verkaufen. Es kann guten Sprachgebrauch verschlechtern, verbeamten, verzetteln, sogar verunmöglichen. Es verabfolgt Versprachlichungen, die kaum zu verkraften sind.

> Die gegenwärtigen Ölpreise verunmöglichen eine kostengünstige Verwendung pflanzlicher Öle als Kraftstoffe.

Finden Sie nicht auch, daß dieser Satz ein wenig verunfallt ist? Was ist „verunmöglichen" anderes als „unmöglich machen"?

Etwas besonderes ist die Vorsilbe „er-". Sie kündet von Wachstum und Werden, allerdings fast nur noch in der Poesie. Unsere Alltagssprache geht nicht gerade liebevoll mit dieser Silbe um.

> Zur Konferenz am 10.11. … sollte die Abteilung Marketing eine Konzeption zur Absatzstrategie unserer neuen Produkte „…" erstellen. Nach dem Sturz des Dollars erfordern die allgemeine Marktlage und die Situation unserer Mitbewerber ra-

DAS VERB

sches Handeln. Unsere Außendienstmitarbeiter, die vollzählig anwesend waren, sollten verbindliche Anweisungen erhalten. Außer einigen unverbindlichen mündlichen Äußerungen von Herrn ... ist bis heute leider nichts erfolgt. Dieser Zustand ist nicht mehr tragbar.

Oh, er meint es ernst, unser Schreiber. Die Situation behagt ihm gar nicht. Dennoch hätte er sich genauer, besser ausdrücken können. Keiner der Empfänger seiner Nachricht würde ihn in Anbetracht der Lage fragen: „Die Konzeption sollte zwar erstellt werden, aber sollte sie auch vorgelegt werden?" Wir erdreisten uns, genau das wissen zu wollen. Was sagt das Modewort „erstellen" eigentlich? Alles und nichts. In unserem Falle sollte die Konzeption geschrieben und dann auf der Konferenz vorgelegt werden.
Nehmen wir uns des nächsten „er-" an. „Nach dem Sturz des Dollars erfordert die allgemeine Marktlage ..." „Erfordert"? Nein, die Marktlage fordert etwas. Sie fordert, etwas zu tun, und zwar rasch. Das abmildernde, oder besser, das verwässernde „er-" wäre nicht nötig gewesen. Die Lage ist ernst. Also fordern wir auch vom Schreiber, daß er fordere, denn sonst folgt vielleicht nichts daraus. Oder erfolgt nichts daraus? Durch „halten" oder „erhalten" werden zwei recht unterschiedliche Tätigkeiten bezeichnet. In diesem Falle drückt die Vorsilbe „er-" ein zielgerichtetes Bestreben aus. Ähnlich: „erforschen", „erwerben", „erarbeiten". Das Bestreben kann auch ein weniger „gutes" Ziel haben wie in „erheiraten" und „erschwindeln" oder gar „ermorden". In unserem Beispiel werden drei „er-"-Verben verwendet, die den Text stilistisch nicht gerade bereichern: „erstellen", „erfordern", „erfolgen". Was fehlt uns, wenn wir sie streichen?
Lassen Sie uns nun zu den erfreulicheren Dingen der Sprache kommen. Sie kennen „Errötend folgt er ihren Spuren"? In Ableitungen von den Adjektiven ist die Vorsilbe „er-" häufig weit besser aufgehoben. Aus Adjektiven können „er-"-Verben der Zustandsveränderung gebildet werden: „erröten", „ergrauen", „erlahmen", „erblassen", „erblinden", „erkranken", „ermüden" und so fort. Unsere Alltagssprache zeigt die Tendenz, „er-" in diesem „schönen" Sinne zu verdrängen. Manche Autoren schreiben nicht mehr über die „erblühende" Blume, sondern über die „aufblühende" Blume. Es scheint dies eine Kurzformel für die beiden Tatsachen zu sein, daß die Blume erst aufgeht und dann blüht. Nun ja, manchmal mag man's wohl so genau nicht wissen. Man faßt zusamen. Wir bestehen auf dem „er-", denn gerade darin hat die deutsche Sprache ein Mittel, die Bewegung und Beweglichkeit der Welt sprachlich vorzuführen. Allerdings ist es unüblich zu „erblauen"; „blau werden" ist sprachlich besser. Während mit „ab-", „an-", „durch-", „nach-", „über-" nur Verben abgeleitet werden, sind die Vorsilben „be-", „er-", „ver-" wesentlich flexibler. Kommen wir noch einmal auf „be-" und „ver-" zurück. Beide Vorsilben sind, was den Stil betrifft, besonders interessant. Zuweilen können wir wählen, ob wir das Grundverb ohne Vorsilbe mit einem Präpositionalobjekt oder das Verb mit Vorsilbe und einem Akkusativobjekt verwenden wollen. Ein Beispiel:

Er spottet über seinen Ausbilder. – Er verspottet seinen Ausbilder.

WÖRTER

Der feine semantische Unterschied, das heißt, der feine Unterschied in der Bedeutung der beiden Sätze, geht aus der jeweiligen Lesart hervor. Im ersten Satz liegt etwas mehr Gewicht auf der Tätigkeit des Spottens: Jetzt spottet er über seinen Ausbilder; gestern hat er noch über ihn gelacht. Im zweiten Satz sind wir geneigt, mit Verwunderung festzustellen, daß er seinen Ausbilder verspottet, nicht seinen Kollegen. Auch in Sätzen mit mehreren Objekten stellen sich durch die Vorsilbe semantische Unterschiede ein.

>Im Winter streuen die Mieter des Erdgeschosses Sand auf den Bürgersteig.

Hier liegt die Betonung auf den „Mietern des Erdgeschosses".

>Im Winter bestreuen die Mieter des Erdgeschosses den Bürgersteig mit Sand.

Nicht Asche, nicht Salz, nein, Sand müssen sie streuen, die Mieter des Erdgeschosses. In diesen Sätzen geht es lediglich um Unterschiede. Welchen Satzteil wollen wir betonen? Wählen wir unsere Verben sorgfältig!
Manchmal stehen „ver-" und „er-" in Opposition zueinander, dann, wenn sie zur sogenannten „semantischen Differenzierung" genutzt werden. „Der Mann erblaßt", aber „Die Sonne verblaßt". „Das Mädchen erbleicht", und „Die Farbe verbleicht"; „er-" und „ver-" zeigen hier den Unterschied zwischen Lebewesen und Sache an. Stilistisch wenig erfreulich wird die Sprachkunst, wenn im Falle mancher Adjektive das „ver-" als Ableitungsmittel schlicht übersehen oder umgangen wird.

>Als durch Bankrott arm gewordenem Mann verweigerte ihm jede Bank der Stadt weitere Kredite.

„arm geworden" ist umständlich und klingt schwerfällig. Wenn schon eine stilistisch gehobene Ebene angestrebt wird, dann möge man sich des Mannes als eines „verarmten" annehmen!

Möchten Sie die folgenden Sätze stilistisch verbessern?
  a) Was die Dauer der Konferenz anbetrifft, können wir Ihnen keine Auskünfte geben.
  b) Die Einstellung der Bewerbers kann zum 1. Januar erfolgen.
  c) Durch einen Arbeitsunfall blind geworden, ließ er sich dennoch nicht entmutigen.

Lösungen siehe Seite 81

DAS VERB

„Haben" oder „sein"?

In dieser „Spruchweisheit" werden „sein" und „haben" als Vollverben verwendet. Mit „sein", „haben" und „werden" bilden wir normalerweise unsere „zusammengesetzten Zeiten". Zusammengesetzt heißen die Zeiten, weil im Gegensatz zu den „einfachen Zeiten" entweder der Infinitiv oder das Partizip Perfekt oder der Infinitiv und das Partizip Perfekt von einer flektierten Form der Hilfsverben begleitet wird. Das ist Ihnen zu kompliziert? Dann schauen wir uns noch einmal gemeinsam die Zeiten im Deutschen an, und zwar nach dem „guten, alten" Schema der lateinischen Grammatik.

	Präsens	Perfekt
Singular		
1. Person	ich liebe	ich habe geliebt
2. Person	du liebst	du hast geliebt
3. Person	er liebt	er hat geliebt
Plural		
1. Person	wir lieben	wir haben geliebt
2. Person	ihr liebt	ihr habt geliebt
3. Person	sie lieben	sie haben geliebt
	Präteritum	Plusquamperfekt
Singular		
1. Person	ich liebte	ich hatte geliebt
2. Person	du liebtest	du hattest geliebt
3. Person	er liebte	er hatte geliebt
Plural		
1. Person	wir liebten	wir hatten geliebt
2. Person	ihr liebtet	ihr hattet geliebt
3. Person	sie liebten	sie hatten geliebt

WÖRTER

	Futur I	Futur II
Singular		
1. Person	ich werde lieben	ich werde geliebt haben
2. Person	du wirst lieben	du wirst geliebt haben
3. Person	er wird lieben	er wird geliebt haben
Plural		
1. Person	wir werden lieben	wir werden geliebt haben
2. Person	ihr werdet lieben	ihr werdet geliebt haben
3. Person	sie werden lieben	sie werden geliebt haben

Transitive Verben bilden das Perfekt mit „haben", intransitive bilden es mit „sein". Also: „ich bin gelaufen, ich war gelaufen, ich werde gelaufen sein". Diese Verben können kein Passiv bilden. Das Passiv von „lieben" wird, hier in Kurzform, folgendermaßen gebildet: Präsens: „ich werde geliebt"; Perfekt: „ich bin geliebt worden"; Präteritum: „ich wurde geliebt"; Plusquamperfekt: „ich war geliebt worden"; Futur I: „ich werde geliebt werden"; Futur II: „ich werde geliebt worden sein". Die Zeiten des Passivs werden mit dem Hilfsverb „sein" und dem Hilfsverb „werden" gebildet. Allerdings gibt es auch ein reines „sein"-Passiv: „der Baum ist schön gewachsen gewesen". So, nun haben wir uns in Erinnerung gerufen, wie viele Zeiten es im Deutschen gibt. Es sind, verglichen mit Sprachen wie dem Russischen, gar nicht so viele. Und weil es gar nicht so viele sind, gehen wir im Deutschen mit der „Zeitenfolge" nicht besonders streng um. Dennoch reicht es, um einiges immer wieder falsch zu machen.

> Wir wollen Ihnen noch einmal die Konditionen in Erinnerung rufen, zu denen Sie zugesagt hatten zu liefern.

Sind Sie mit diesem Satz einverstanden? Wir hoffen nicht! Ist dort nicht etwas miteinander in Verbindung gebracht worden, das sich gar nicht verträgt? Präsens und Präteritum. In unserer Tabelle stehen Präsens und Präteritum untereinander, ebenso stehen Perfekt und Plusquamperfekt untereinander. Diese beiden Zeitenpaare, die in der Gruppe der „einfachen" und der „zusammengesetzten" Zeiten jeweils untereinander stehen, sind wie feindliche Brüder. Sie vertragen sich selten miteinander.

> So hatte Ursula ein ganz und gar eigenes Werk vollendet, das ihr nicht flott von der Hand ging, sondern das sie mit großer Geduld, großer Leidenschaft und großer Disziplin entwickelte.

Wir freuen uns über jeden Satz mit richtigem Gebrauch der Zeitenformen. Unser Autor hat Plusquamperfekt und Präteritum zumindest formal richtig zusammenge-

DAS VERB

bracht: „hatte geschaffen" mit „ging" und „entwickelte". In unserer kleinen Zeitentabelle stehen die Zeiten nebeneinander. Sie drücken ein Verhältnis der Vergangenheit und Vorvergangenheit aus.
Aber, wie steht's mit dem Inhalt? Es ist von drei bereits der Vergangenheit angehörenden Geschehnissen die Rede. Zwei davon liegen, wenn der Inhalt des Satzes mit ein wenig Logik betrachtet wird, vom Zeitpunkt des Sprechens oder des Schreibens aus betrachtet, weiter zurück. Erst entwickelt die Künstlerin, was ihr nicht flott von der Hand geht, und dann erst kommt das Werk zustande. Oder? Unser Autor war sich zwar im klaren darüber, das nicht alles gleichzeitig geschehen konnte, doch dann stellte er die Zeitenfolge auf den Kopf.

> So vollendete Ursula ein ganz und gar eigenes Werk, das ihr nicht flott von der Hand gegangen war, sondern das sie mit großer Geduld, großer Leidenschaft und großer Disziplin entwickelt hatte.

So sind die Zeiten unserer Meinung nach richtig herum „gedacht" und geschrieben. Kehren wir zurück zu unserem Satz, der an die versprochenen Konditionen erinnert. Zur Gegenwart im Hauptsatz paßt nur die einfache Vergangenheit, das Perfekt. Wieder ein Blick auf unsere Tabelle: Präsens und Perfekt stehen harmonisch nebeneinander. Also muß es heißen:

> Wir wollen Ihnen noch einmal die Konditionen in Erinnerung rufen, zu denen Sie zugesagt haben zu liefern.

Noch ein Wort zum Verhältnis von Präsens und Perfekt. Wir dürfen denkend an unsere Sätze herangehen und zuweilen nach dem Sinn fragen. Die Zusage, an die in unserem Satz erinnert wird, gilt nämlich noch. Es handelt sich um eine Sache, die in der Gegenwart noch „andauert", oder besser gesagt, die für die Gegenwart hier noch immer von entscheidender Bedeutung ist.
Noch einmal ein paar Beispiele:

> Die Polizei hatte schon lange den Verdacht gehabt, daß er selbst der Täter war, der die Filiale der Hypobank ausgeraubt hat.

Welch grausame Mixtur. Da hat die Polizei einen Verdacht, noch bevor die Bank ausgeraubt wird. „Er war der Täter, der geraubt hat" – bedeutet das nicht, daß er zwar immer noch geraubt hat, aber nicht mehr Täter ist? Die Zeiten vertragen sich ganz und gar nicht mit dem Inhalt des Satzes. Richtig hätte es heißen müssen:

> Die Polizei hatte schon lange den Verdacht, daß er selbst der Täter war, der die Filiale der Hypobank ausgeraubt hatte.

Einen Verdacht haben und noch immer Täter sein, das paßt inhaltlich und zeitich zueinander. Wollen wir die Tat als punktuelles, abgeschlossenes Ereignis sehen, können

WÖRTER

wir auch schreiben: „... daß er selbst der Täter gewesen war ..." Der Raub aber gehört in jedem Falle der Vorvergangenheit an, in der die Täterschaft und der Verdacht begründet werden.

> In der Galerie Zobelmann stellt sie nur aus, was sie in der letzten drei Jahren geschaffen hat.

Richtig? Richtig. Manchen Zeitgenossen hingegen gelingt es, sogar in der Verbindung von Plusquamperfekt und Zukunft einen Sinn erkennen zu können.

> Unser Personal wird, weil wir in der letzten Vorweihnachtszeit schlechte Erfahrungen gemacht hatten, in diesem Jahr einen zweitägigen Kurs besuchen.

Was ist dazu noch zu sagen? Nichts, außer daß sich Futur I und Plusquamperfekt ganz und gar nicht vertragen. Es muß heißen: „... weil wir in der letzten Vorweihnachtszeit schlechte Erfahrungen gemacht haben ..." Futur I und Präsens können kombiniert werden; ebenso Futur I und Perfekt:

> Er ist bereits gegangen und wird erst morgen wiederkommen.

Perfekt und Futur II passen gleichfalls zueinander:

> Er ist zwar schon gegangen, wird aber die Vorstandsvorlage bis morgen früh vorbereitet haben.

Und selbstverständlich hat niemand etwas gegen die Kombination von Futur I und Futur II:

> Ich denke, daß die Regale bald leer sein werden und es sich wieder einmal gezeigt haben wird, daß unser Werbekonzept beim Kunden Anklang findet.

Präsens – Futur I – Futur II – Präsens. Das ist zwar nicht besonders schön, aber korrekt. Möglich ist auch folgendes:

> Er rechnet aus, wieviel er in diesem Jahr verdienen wird und wieviel er am Ende der nächsten zehn Jahren verdient haben wird.

Präsens – Futur I – Futur II. Das Futur II drückt die Vollendung von etwas Zukünftigem innerhalb eines bestimmten Zeitraumes aus.
Wie schnell greifen „Romanciers" und Werbeleute daneben.

Haben Sie Lust, die folgenden Sätze zu korrigieren?
    a) Zehn rote Rosen hatte er ihr geschenkt, nur um ihr zu zeigen,
        wie sehr er sie liebt.

b) Wird das Meer den Himmel berührt haben, steht die Zeit still.
c) ‚Attacke, Attacke', rief er seinen Holzfiguren zu, denn General zu sein wie sein Vater fasziniert ihn noch immer.

Und was stimmt hier nicht?
d) Der Zug wird gerade angehalten und deshalb voraussichtlich eine halbe Stunde später eintreffen.

Lösungen siehe Seite 81 ff.

„Will er", „möchte er" oder „mag er"?

Modalverben – manchmal geben sie reichlich Anlaß zum Schmunzeln. Haben Sie auch schon gehört, daß jemand von sich behauptet: "Ich würde sagen wollen"? Will er nun, oder will er nicht? Mit Modalverben können wir die Bedeutung unserer Aussagen variieren, sie in den Bereich des Möglichen verweisen, sie als reine Vermutung kennzeichnen, sie als Notwendigkeit darstellen, als Forderung, als Absichtserklärung, als Wunsch, als Erlaubnis oder Zwang. Mit anderen Worten: Wir können „können", „dürfen", „müssen", „mögen", „sollen", „wollen".
Nicht nur mit Hilfe dieser sechs Modalverben können wir die Bedeutung unserer Aussagen verschieben; es gibt noch eine ganze Reihe weiterer modifizierender Verben. Zum Beispiel: „pflegen", „scheinen", „vermögen", „drohen" und so fort. Der grammatische Unterschied: Die Modalverben bilden mit dem Infinitiv des Vollverbs ein mehrteiliges Prädikat. „Er darf gehen."; „Sie kann schwimmen." Die modifizierenden Verben sind durch ein „zu" mit dem Infinitiv des Vollverbs verbunden. „Er pflegt mittags zu ruhen."; „Der Baum droht umzufallen." Selbstverständlich können „pflegen" und „drohen" auch als Vollverben verwendet werden: „Die Mutter pflegt das kranke Kind."; „Er droht ihm mit dem Finger." Vollständig aufgezählt heißen die modifizierenden Verben: „bleiben", „brauchen", „glauben", „heißen", „helfen", „hören", „hoffen", „lernen", „machen", „pflegen", „scheinen", „sehen", „versuchen", „wissen". Weil „lassen" und „brauchen" den Infinitiv ohne „zu" anschließen können, zählen manche Grammatiker auch „lassen" und „brauchen" zu den Modalverben. „Er läßt sich gehen." „Du brauchst nicht (zu) warten." Was ist falsch an den folgenden Sätzen?

Am Samstag hätte er nicht arbeiten gebraucht.
Sie hat ihren Wagen vor einer Garageneinfahrt stehen gelassen.
Wir dürfen mutmaßen, daß er bereits seit frühester Kindheit gut hat malen gekonnt.

Kleine Regelwidrigkeiten! Hängt von der flektierten Form eines Modal- oder Hilfsverbs ein Modalverb ab, dem ein Infinitiv vorausgeht, muß dieses Modalverb selbst im Infinitiv stehen und nicht in der Form der Partizips Perfekt. Also:

WÖRTER

> Am Samstag hätte er nicht arbeiten zu brauchen.
> Sie hat ihren Wagen vor einer Garageneinfahrt stehen lassen.
> Wir dürfen mutmaßen, daß er bereits seit frühester Kindheit gut hat malen können.

Zwei Infinitive bringen manchmal Schwierigkeiten mit sich. Wie ist die Wortstellung? Nehmen wir einen Satz aus einer Rede:

> Auf diesem Blatt sind die Forderungen fixiert, die die Politiker werden zu erfüllen haben, wenn sie es ernst meinen mit dem Umweltschutz.

Irgendwie klingt das nicht ganz richtig, oder? Die Wortstellung im Satz ist häufig eine Stilfrage. Wir neigen dazu, den Satz, so wie er ist, nicht zu akzeptieren. Lieber hätten wir gehört:

> Auf diesem Blatt sind die Forderungen fixiert, die die Politiker zu erfüllen haben werden, wenn sie es mit dem Umweltschutz ernst meinen.

Wir bemängeln hier die Wortstellung in zwei Fällen. Womöglich hat der Redner diese „Verstellungen" aber bewußt gewählt, weil er etwas anderes hat betonen wollen, nämlich: Die Politiker haben etwas zu erfüllen, sie müssen! Und das besser heute als morgen. Was sie zu erfüllen haben, betrifft den Umweltschutz und nichts anderes als den Umweltschutz.
Modalverben und nichtssagende Aussagen verhalten sich häufig wie unzertrennliche Geschwister. Ein Beispiel aus einem Interview mit einem Künstler. Der Künstler: „Die Arbeiten müssen sehr entschieden sein und gleichzeitig manches offen lassen." Berechtige Frage des Interviewers: „Wie findet Entschiedenheit statt?" Antwort: „Das läßt sich nicht beschreiben." Wissen Sie nun mehr? Wir auch nicht, wenn wir auch hätten mögen wollen.
Oder hätten wir möchten wollen? Nein, „ich möchte/wir möchten" sind eigentlich Formen des Konjunktivs II von „mögen". Die Formen haben aber inzwischen die Funktion des Indikativ Präsens, allerdings nur, wenn es um einen Wunsch geht. „Ich möchte nach Hause." Geht es um eine Vermutung, verwenden wir die „Original"-Präsensform von mögen. „Er mag ganz nett sein."
Und wohin gehört nun „ich möge" und „wir mögen"? Das ist der Konjunktiv Präsens von „mögen", und damit wären wir schon mitten im nächsten Kapitel der Grammatik, dem Konjunktiv.

Probleme mit dem Konjunktiv?

> Georg arbeitet unter anderem an einem Buch „Über den Konjunktiv in der deutschen Sprache unter Berücksichtigung des althochdeutschen, des mittelhochdeutschen und des frühneuhochdeutschen Satzbaus".

DAS VERB

In einem seiner fünf Arbeitszimmer türmen sich, in Kisten und Kästen gestapelt, die auf dieses Thema bezüglichen Exzerpte aus den Werken älterer und neuerer Schriftsteller, und an der Tür des Konjunktiv-Zimmers hängt ein Schild mit der drohenden Aufschrift: „Consecutio temporum!"

So stellt Erich Kästner den Lesern seinen Freund Georg Rentmeister vor, dessen (fiktives) Tagebuch er in dem Bändchen „Der kleine Grenzverkehr" veröffentlichte. Georgs Werk über den Konjunktiv ist bis heute nicht erschienen. Wahrscheinlich hat er inzwischen etwas Besseres zu tun, als Konjunktive zu sammeln. Wenn nicht, dann sei Georg eines gesagt: „Consecutio temporum" kann uns nicht mehr schrecken, jedenfalls nicht mehr sehr.
„Consecutio temporum" heißt Zeitenfolge. Würde die Zeitenfolge ähnlich wie im Lateinischen gelten, dann müßte es heißen: „Er teilte den Reportern mit, daß der Präsident angekommen wäre." Das aber ist falsch. Es muß heißen: „Er teilte den Reportern mit, daß der Präsident angekommen sei." Warum?

Regel 1:
Die indirekte Rede wird grundsätzlich im Konjunktiv wiedergegeben, und zwar im Konjunktiv I.

Was bedeutet Konjunktiv I? Im Gegensatz zum Indikativ (= Wirklichkeitsform: „ich bin, du bist, er ist ..."; „ich war, du warst, er war ...") ist der Konjunktiv („ich sei, du sei(e)st, er sei ..."; „ich wäre, du wär(e)st, er wäre ...") „zeitlos". Sein Inhalt ist **nicht** Gegenwart („sei") oder Vergangenheit („wäre"). Auch wenn im Hauptsatz „Er teilte den Reportern mit, ..." Präteritum, eine Zeit der Vergangenheit, steht, folgt im abhängigen Gliedsatz, der die indirekte Rede enthält, der Konjunktiv I. „Er sagte mir vor einiger Zeit, daß er immer montags ins Kino gehe."
Aber keine Regel ohne Ausnahmen. Bei vielen Verben können wir die Formen des Konjunktivs I nicht mehr von den Formen des Indikativs Präsens unterscheiden. Die Formen „ich werde, wir werden, ihr werdet, sie werden" lauten im Indikativ und im Konjunktiv I gleich. Die Formen „du wirst/du werdest" und „er wird/er werde" hingegen unterscheiden sich deutlich voneinander. Wenn es also heißt „Sie teilten uns mit, daß sie erst gegen 5 Uhr kommen werden", können wir den Konjunktiv, in dem die indirekte Rede wiedergegeben werden muß, nicht erkennen. Hier gilt:

Regel 2:
Wenn es eine Form des Konjunktivs I nicht mehr gibt, wird die indirekte Rede im Konjunktiv II wiedergegeben.

Sie teilten uns mit, daß sie erst gegen 5 Uhr kommen würden.

Oder:

Sie teilten uns mit, daß sie erst gegen 5 Uhr kämen.

WÖRTER

Von „sie kommen" gibt es die Konjunktivform nämlich auch nicht mehr. Also steht der Konjunktiv II.

Im Konjunktiv wird aber nicht nur die indirekte Rede wiedergegeben. Wenn wir uns anschauen wollen, was der Konjunktiv sonst noch ausdrücken kann, müssen wir zunächst ein paar Worte zum „Inhalt" des Konjunktivs sagen. Salopp ausgedrückt ist der Inhalt des Konjunktivs I die „Möglichkeit" und der Inhalt des Konjunktivs II die „Unmöglichkeit". Ein Beispiel:

Konjunktiv I: Gott sei Dank!
(drückt einen erfüllbaren Wunsch oder eine erfüllbare Aufforderung aus.)

Konkunktiv II: Ich wünsche, daß die Sonne schiene. Das wäre schön.
(drückt einen Wunsch aus, der nicht erfüllbar, sondern „irreal" ist. Es regnet nämlich.)

Der Konjunktiv I ist uns besonders aus sakralen Zusammenhängen geläufig. „Gott bewahre uns vor dem Übel." „Er möge der Versuchung widerstehen." Das liegt vor allem am Inhalt des Konjunktivs I. Wenn jemand sagen würde „Ich wünsche, daß die Sonne scheine!", hieße es, daß er zaubern kann. „Ich wünsche, daß sich der Vorhang erhebe!", ist möglich. Der Aufforderung, die in dem Konjunktiv „erhebe" steckt, kann durchaus jemand folgen.

Der Konjunktiv II, der auch „Irrealis" genannt wird, ist uns außerhalb der indirekten Rede geläufiger als der Konjunktiv I. „Wenn er doch käme!" Er kommt aber nicht. „Wenn er schneller liefe, könnte er eine Medaille gewinnen." Er läuft zur Zeit aber nicht schneller und gewinnt deshalb auch keine Medaille.

Was halten Sie von folgenden Sätzen?

Er sagt, er komme nicht.
Er sagte, er komme nicht.
Er wird sagen, er komme nicht.

Alle sind richtig. Der Konjunktiv I „komme" unterscheidet sich vom Indikativ des Präsens „kommt". Sind die nächsten beiden Sätze auch richtig?

Er sagte, er könne nicht kommen.
Wir sagten, wir könnten nicht kommen.

Ja, das sind sie. „könne" unterscheidet sich formal von „kann". Im zweiten Satz aber muß der Konjunktiv II stehen, da die 1. Person Plural Indikativ und die 1. Person Plural Konjunktiv I beide „können" lauten.

Wer schon einmal Protokoll geführt hat, weiß, wie ihn diese „Regeln zum Konjunktiv" quälen können. Beim Protokoll geben wir immer indirekte Rede wieder. Das kann so aussehen:

DAS VERB

Abschließend erläutert Herr Peters, daß gerade hier bei Bewährung die Chance bestehe, zur Ausbildungsleiterin aufzurücken. Er betont, daß gerade für eine verheiratete Frau mit Kindern eine solche Lehrtätigkeit, da nur halbtags auszuüben, ideal sei. Dies um so mehr, als das Gehalt ungefähr dem gleichkomme, was sonst für eine ganztägige Büroarbeit bezahlt werde.

Da wir es hier mit realen Möglichkeiten zu tun haben, heißen die Formen des Konjunktivs „bestehe", „sei", „komme", „werde".
Da der Konjunktiv auf gut deutsch „Möglichkeitsform" heißt, verleitet dies viele dazu zu glauben, daß er auch an unmöglichen Stellen möglich wird. Oder umgekehrt verleitet die „Wirklichkeitsform" unsichere „Konjunktivisten" dazu, lediglich Mögliches für Wirkliches zu halten.

> Wie genußreich könnte ihr Frühstück sein, wenn Sie ... auf den Tisch bringen.
> Die Polizei würde mehr erreichen, wenn sie großzügiger wird.

Wenn das Wörtchen „wenn" nicht wär'. Sinn macht „wenn + bringen" nicht. Genuß, so behauptet der Werbetexter, entsteht nur, wenn Sie etwas „täten", was Sie ja (noch) nicht tun, nämlich das angepriesene Produkt auf den Tisch „brächten". Der zweite Satz hat den gleichen Fehler. Wenn schon im Hauptsatz „würde" steht, ist es nur sinnrichtig, auch im Nebensatz „würde" zu schreiben. Jedoch scheint uns hier der Konjunktiv im Haupt- und im Nebensatz entbehrlich: „Die Polizei wird mehr erreichen, wenn sie großzügiger wird."
Das „daß" ist eine Hürde, die oft nicht leicht zu nehmen zu sein scheint. Eindeutig muß Konjunktiv stehen, wenn im daß-Satz indirekte Rede steht.

> Der Professor führte aus, daß Nordlichter Erscheinungen des Erdmagnetismus seien.

Aber, handelt es sich auch im folgenden Satz um indirekte Rede?

> Er rasselt die Regeln herunter, als wüßte er nicht, daß er die Prüfung bereits bestanden hat.

Es muß in der ganz normalen Zeitenfolge des Indikativs „hat" heißen und nicht „habe". Er hat ja bestanden, und niemand zweifelt daran, weder direkt noch indirekt. Auch muß es „wüßte" heißen, weil er in Wirklichkeit „weiß". Er tut nur so, als ob er es nicht wüßte. Überhaupt verweist „als ob" oft nur zu deutlich auf den „Irrealis", den Konjunktiv II. Dennoch steht in der Zeitung:

> Er machte eine Verbeugung, als ob es gelte, das letzte Herz im Sturm zu gewinnen.

„gelte" ist Konjunktiv I, vom Präsensstamm abgeleitet: „gilt – gelte". Hier muß aber der Irrealis, „gälte", stehen, abgeleitet vom Stamm des Präteritums: „galt".

WÖRTER

Bleibt noch das vielverwendete „würde" zu erwähnen. In zwei Fällen hat „würde" seine Berechtigung; es kann dort stehen, wo Konjunktiv I und II sich nicht vom Indikativ unterscheiden: „Sie sagen, daß sie gehen würden." „Würde" kann aber auch der Irrealis des Hilfsverbs „werden" sein, und zwar im Passiv oder in der Zukunft. „Wider besseres Wissen behauptete der Arzt, der Patient würde bald genesen." Formal ist „würde" Konjunktiv II, inhaltlich Irrealis Futur. Oder: „Wenn ich betrogen würde, träfe mich das sehr." Hier ist „würde" Irrealis Passiv.

Welche der Formen ist richtig?
- a) Der Major wies darauf hin, daß es sich in dem genannten Punkt um eine Verleumdung handelt/handele.
- b) Er tut so, als ob ihm die Arbeit zuwider sei/wäre.
- c) Er spricht von den Dingen seiner Phantasie, als steht/stehe/stünde fest, daß es sie gibt/gebe/gäbe.

Lösungen siehe Seite 83

Lösungen

Zur Aufgabe auf Seite 64: Bitte beantworten Sie folgende Fragen.

Was ist älter, „backte" oder „buk"? Wohin tendiert der Sprachgebrauch?

Natürlich ist „buk" älter. Der Sprachgebrauch tendiert zur Verwendung der schwachen Form „backte".

Zur Aufgabe auf Seite 65: Wie muß es heißen?

„Das Eis zwischen ihnen ist geschmelzt" oder „Das Eis zwischen ihnen ist geschmolzen"?

Das Grundwort „schmelzen" hat zwei Bedeutungen. Als intransitives Verb bedeutet „schmelzen" „flüssig werden", als transitives „flüssig machen". Also heißt es: „Das Eis ist geschmolzen", aber: „Die Sonne schmelzt das Eis". Der Gebrauch der starken und schwachen Formen von „schmelzen" verhält sich jedoch zur Tendenz der Sprachentwicklung genau umgekehrt. Das schwache Verb ist aus der Mode gekommen. Das starke hat sich durchgesetzt. Landauf, landab heißt es: „Die Sonne schmilzt den Schnee", „Das Gold wird geschmolzen", „Sie schmolz das Wachs".

DAS VERB

Zur Aufgabe auf Seite 70: Möchten Sie die folgenden Sätze stilistisch verbessern?

a) Was die Dauer der Konferenz anbetrifft, können wir Ihnen keine Auskünfte geben.

Welches Bedürfnis nach sprachlicher Klarheit erfüllt das „an" in „anbetrifft"? Wir fürchten: gar keine; „betrifft" reicht unserer Meinung nach. Doch, muß hier unbedingt ein Relativsatz stehen? Wir schlagen vor:

Über die Dauer der Konferenz können wir Ihnen keine Auskünfte geben.

b) Die Einstellung des Bewerbers kann zum 1. Januar erfolgen.

„Erfolgen" gehört zu den Verben, die nicht nur unschön, sondern auch in der Breite ihrer Bedeutung schwer zu fassen sind. Das Verb wird recht undifferenziert gebraucht – „folgen" ist hier nicht gemeint. Das Verb wird in seiner grammatischen Funktion als Konkurrenzform zum Passiv eingesetzt. Jedoch sehen wir keinen stilistischen Gewinn darin, das „echte" Passiv zu meiden:

Der Bewerber kann zum 1. Januar eingestellt werden.

c) Durch einen Arbeitsunfall blind geworden, ließ er sich dennoch nicht entmutigen.

„Blind werden" ersetzt hier ein Verb, in dem das Werden in der Vorsilbe aufgehoben ist: „erblinden". An die Stelle des Adverbs und des Partizips Perfekt von „werden" setzen wir das Partizip Perfekt von „erblinden".

Durch einen Arbeitsunfall erblindet, ließ er sich dennoch nicht entmutigen.

Zur Aufgabe auf Seite 74 f.: Bitte korrigieren Sie die folgenden Sätze.

Wie schnell greifen „Romanciers" und Werbeleute daneben. Haben Sie Lust, die folgenden Sätze zu korrigieren?

a) Zehn rote Rosen hatte er ihr geschenkt, nur um ihr zu zeigen, wie sehr er sie liebt.

Plusquamperfekt plus Präsens ist eine Zeitenkombination, deren Teile schlecht zueinander passen. Daß diese Zeitenfolge keinen Sinn hat, ergibt sich aus der Logik des Satzinhaltes: Er liebt sie jetzt, aber die Rosen hat er ihr bereits in ferner

WÖRTER

Vergangenheit geschenkt. Das Blumengeschenk soll jedoch ein Ausdruck von Zuneigung sein. Beides soll ursächlich miteinander in Verbindung stehen. Das muß auch in den im Satz verwendeten Zeiten zum Ausdruck kommen:

> Zehn rote Rosen hatte er ihr geschenkt, nur um ihr zu zeigen, wie sehr er sie liebte.

Warum haben wir nun Plusquamperfekt und Präteritum gewählt? Die Erzählzeit der Literatur ist grundsätzlich das Präteritum. In Erzählungen, Romanen und so fort bezeichnet das sogenannte „epische Präteritum" nicht die reale Vergangenheit, sondern die fiktionale Gegenwärtigkeit. Ein Autor, der Erzählungen schreibt, berichtet über die Gegenwärtigkeit seiner Einbildungskraft. Das epische Präteritum zeigt lediglich an, daß es sich bei einem Text um eine Erzählung oder einen Roman handelt und nicht um einen historischen Tatsachenbericht. Wenn in unserem korrigierten Satz nun „liebte" steht, dann nicht, weil der Held der Erzählung seine Angebetete nicht mehr liebt. Das Präteritum ist in der Literatur nur eines der vielen Mittel, die Brücke zur fiktiven Handlung, zur erzählten Zeit, zu schlagen.

> b) Wird das Meer den Himmel berührt haben, steht die Zeit still.

Ist das logisch? Futur II, die „vollendete" Zukunft, und Präsens? Liegt das Stillstehen der Zeit nicht auch in der Zukunft? Müßte es nicht lauten: „Wird das Meer den Himmel berührt haben, wird die Zeit stillstehen"? Zweimal „wird" am Anfang der beiden Gliedsätze klingt nicht schön. Lassen wir den Satz in beiden Teilen im Futur stehen, werden wir diese stilistisch unschöne Wiederholung nicht vermeiden können. Helfen wir uns aber mit einem konditionalen „wenn", können wir das „wird" des Futurs in einem der Gliedsätze weglassen.

> Wenn das Meer den Himmel berührt, wird die Zeit stillstehen.

> c) ‚Attacke, Attacke', rief er seinen Holzfiguren zu, denn General zu sein wie sein Vater fasziniert ihn noch immer.

Es muß heißen: „..., faszinierte ihn noch immer"; „noch immer" ist kein hinreichender Grund, von der Erzählzeit Präteritum abzuweichen. Im epischen Präteritum der Literatur sind auch Sätze wie „Morgen war Weihnachten" möglich.

Und was stimmt hier nicht?

> d) Der Zug wird gerade angehalten und deshalb voraussichtlich eine halbe Stunde später eintreffen.

Das „wird" ist kein „wird" des Futurs, sondern des Passivs. Der zweite Gliedsatz aber muß im Futur stehen. Das „wird" des zweiten Gliedsatzes könnte nur wegge-

DAS VERB

lassen werden, wenn es sich um dieselbe Zeit handelte: „Der Zug wird angehalten werden und deshalb voraussichtlich eine halbe Stunde später eintreffen." In diesem Satz steht das Futur einmal im Aktiv und einmal im Passiv. Im Falle unseres Beispielsatzes muß es wiederholt werden:

Der Zug wird gerade angehalten und wird deshalb voraussichtlich eine halbe Stunde später eintreffen.

Zur Aufgabe auf Seite 80: Welche Form ist richtig?

a) Der Major weist darauf hin, daß es sich in dem genannten Punkt um eine Verleumdung handelt/handele.

„weist darauf hin" heißt, daß es im nachfolgenden Gliedsatz um eine Äußerung des Majors geht. Dort wird also indirekte Rede wiedergegeben, und indirekte Rede muß im Konjunktiv stehen. Die richtige Form ist „handele".

b) Er tut so, als ob ihm die Arbeit zuwider sei/wäre.

„als ob" verweist auf den irrealen Gehalt einer Aussage. Die dazu passende Zeit ist der Irrealis, der Konjunktiv II. Die richtige Form ist „wäre", denn logisch betrachtet sagt uns der Satz, daß ihm die Arbeit gar nicht zuwider ist. Er tut nur so.

c) Er spricht von den Dingen seiner Phantasie, als steht/stehe/stünde fest, daß es sie gibt/gebe/gäbe.

Nun müssen wir ein wenig spitzfindig werden. Im zweiten Gliedsatz steht zwar nur ein schlichtes „als", jedoch in der Bedeutung von „als ob". Es muß also „stünde" heißen. Der zweite Fall ist schwieriger zu entscheiden. Zunächst: Handelt es sich um indirekte Rede? Nein. Ein erster Grund für den Konjunktiv fällt also weg. Handelt es sich bei „…, daß es sie gibt/gebe/gäbe" um einen Wunsch oder eine Aufforderung? Auch nicht. Die Irrealität der Dinge seiner Phantasie wird bereits in „stünde" festgehalten. Wir finden keinen Grund für eine Konjunktivform. Also schlagen wir vor:

Er spricht von den Dingen seiner Phantasie, als stünde fest, daß es sie gibt.

DAS ADJEKTIV

Eigenschaften – Marktplatz der Sensationen?

Der „rasende Reporter" Egon Erwin Kisch begründete die Weltgeltung des deutschsprachigen Journalismus. Reihung und Häufung von Einzelheiten, eine erschütternde und überzeugende Sprache der Fakten kennzeichneten seinen Stil. Er charakterisierte exakt Milieu, Sprache und Zeitkolorit. Unter der schnellen Feder mancher seiner Kollegen gerinnen jedoch Ereignisse auch dann zur Sensation, wenn sie eigentlich nichts hergeben. Ein sprachliches Mittel, das Adjektiv, ist besonders geeignet, einen an Tatsachen armen Text so aufzubauschen, daß er nach etwas aussieht. Die Adjektive seien die Hände, meinte Karl Kraus, als er die Funktionen der drei Wortarten „Hauptwort", „Zeitwort" und „Beiwort" beschrieb. Die Hände? Was können wir mit unseren Händen tun? Wir können etwas gestalten, etwas formen, den Dingen eine spezifische Qualität verleihen. Wir streichen eine Wand grün und nicht blau, formen einen Schneeball rund und nicht eckig, biegen ein Eisen krumm und nicht gerade.
Zuvor (Seite 10) haben wir Karl Kraus nicht vollständig zitiert. Den bissigen Nachsatz wollen wir Ihnen nun nicht länger vorenthalten.

> Das Hauptwort ist der Kopf, das Zeitwort ist der Fuß, das Beiwort sind die Hände.
> Die Journalisten schreiben mit den Händen.

Die Journalisten handwerkeln also. Zuwenig Kopfarbeit, zu viele monströse Hauptwörter, zu viele farblose Verben, gekrönt von einer Flut von Adjektiven, die den mageren Text herrichten. Und tatsächlich, wie leichtfertig wird mit schwergewichtigen Eigenschaften in banalen Zusammenhängen operiert! Jemand gibt „grundsätzlich" keine Interviews. Heißt das „Nein, und zwar grundsätzlich", oder heißt das „Zwar grundsätzlich nein, aber ..."? Im zweiten Fall hat er eben keine Grundsätze. Gibt es etwas „absolut" Richtiges, eine „absolute" Garantie, so wie es einen „absoluten Nullpunkt" gibt? Was bedeutet dieses „absolut"? Die Frage werden wir hier nicht beant-

DAS ADJEKTIV

worten. Das haben weit größere Geister vor uns versucht, zum Beispiel der Philosoph Georg Wilhelm Friedrich Hegel.

Erinnern wir uns an Wilhelm von Humboldt, der Sprache einen Weg nennt, die Welt in das Eigentum des Geistes umzuschaffen. Wenn wir nun eine Tendenz zur ungenauen, phrasenhaften Charakterisierung der Dinge feststellen, ist das nicht ein Ausdruck zu großer Distanz zu den Dingen in unserer Welt? Das „Umschaffen" klappt hier und da nicht richtig. Oder anders ausgedrückt: Wir wissen oft nicht, worüber wir schreiben.

Verstehen wir Karl Kraus einmal willkürlich anders. Nehmen wir die „Hände" wörtlich. Wir formen nur noch selten etwas direkt mit unseren eigenen Händen. Im Laufe der Zeit haben wir uns „künstliche Hände" geschaffen, um aus einem Material wie dem Stahl solche Dinge wie eine Autokarosserie zu formen. Mit der Form ändert sich auch der Inhalt. Immer wenn Form und Inhalt sich ändern, entstehen andere, neue Eigenschaften. Und weil wir die vielen formenden und verändernden Arbeitsschritte nicht kennen, fällt es uns schwer, mit dem Kopf zu schreiben. Also sprechen wir gedankenlos, vielleicht auch suggestiv, von „reinem Edelstahl" – was immer das ist.

Im ersten Kapitel zu den Substantiven ging es um das „Was". Im zweiten Kapitel zu den Verben ging es um die Bewegung: „Woher" und „Wohin". Im Kapitel über die Adjektive wird es um das „Wie" gehen. Wie sind Form und Inhalt der Dinge beschaffen? Wie unterscheiden sie sich von anderen, ähnlichen? Wie können wir die Umstände charakterisieren, in denen sie sich befinden.

Stellen wir einmal eine Frage nach der Beschaffenheit. Wie ist der Mann, der gerade über die Straße geht? Es ist ein dünner Mann – ein großer, dünner Mann – ein großer, dünner, dunkelhaariger Mann – ein großer, dünner, dunkelhaariger, schlacksiger Mann – ein großer, dünner, dunkelhaariger, schlacksiger, junger Mann und so fort. Mit jedem Adjektiv fügen wir „zeichnend" Striche hinzu, die beim Leser ein Bild hervorrufen. Schauen wir einmal, wie verschiedene Autoren ihre Sprachbilder malen.

> Die drei Weisen aus dem Morgenlande sind nicht mehr zu erkennen. Der große, leuchtende Stern, auf dem sie samt der Heiligen Familie aufgemalt sind, dreht sich unentwegt so schnell im Kreis, daß er wie eine rotgolden leuchtende Sonne unter dem alten Gebälk des Hauses beim Seppenbauern steht. Und die fünfzehn Männer, die in der Dunkelheit mit hochaufgeschlagenen Mantelkragen, mächtigen Schals und dicken Pudelmützen davorstehen, spielen und singen, sind nur als Silhouetten auszumachen. (Aus der Reisebeilage einer Tageszeitung)

Wie sind die Dinge beschrieben? Der Stern ist „groß" und „leuchtend", die Sonne „rotgolden" und „leuchtend". Das Gebälk ist „alt". Die Mantelkragen sind „hochaufgeschlagen", die Schals „mächtig" und die Pudelmützen „dick".

Der Autor bedient sich sogenannter Topoi. Unter einem Topos verstehen wir heute sprachliche Gemeinplätze, geprägte Formeln, Phrasen, Wendungen, Zitate, Bilder, Embleme, Motive, die ihre Individualität, ihre Unmittelbarkeit verloren haben. Es sind vorgeprägte Schilderungen wie Landschaftskulissen mit „anmutigen Hügeln", „sanften Winden", einer „goldenen Sonne" und so fort.

WÖRTER

Der „leuchtende Stern" begegnet uns vielerorts, so auch in unserer Reisebeschreibung. Aus dem Wortfeld „groß" wählt der Autor ein Wort, das keine Assoziationen weckt. Der Stern ist nicht mächtig – das sind die Schals –, nicht riesig, nicht gewaltig, nur groß. Er hat keine besonderen Farben, keine individuelle Konsistenz, keine Eigenarten außerhalb des Gewohnten. Und er leuchtet. Sterne leuchten in Texten zu häufig, um beim Lesen einer solchen Beschreibung eine ursprüngliche, naiv romantische Entdeckerfreude zu wecken.

Ob die Sonne nun „golden", „rotgolden" oder „gelbgolden" leuchtet – das Bild, das der Autor gewählt hat, ist alt und abgenutzt. Es sagt uns nichts mehr. Die Sonne ist papiergolden geworden. Ebenso ist ein Gebälk immer „alt" oder „morsch". Die „hochaufgeschlagenen" Mantelkragen sind zwar auch ein Topos, jedoch wollen sie nicht so recht ins Bild passen. Sie entstammen dem Literaturgenre der Kriminalromane, in deren Düsternis und Kälte sie ihren Platz haben. Auch die „mächtigen" Schals und die „dicken" Pudelmützen reißen den Text nicht aus seiner leiernden Phrasenhaftigkeit.

Am Rande: Das nebenstehend abgedruckte Bild der Reisebeschreibung straft den Text Lügen. Es zeigt keine Schals, sondern weite, wollene Umhänge mit pelzgefütterten Schalkragen; keine Pudelmützen, sondern spitz zulaufende, schmalkrempige Filzhüte mit hellseidenem Hutband, in dem ein Gamsbart steckt.

Wenden wir uns einer anderen Reisebeschreibung zu.

> Hingegen zeigen sich der Gesandtschaftsbeamte und der Generalkonsul auf dem Bahnsteig in Charkow mit tadellosem Scheitel und unzerknittertem Kragen, und der präsumtive Zuschneider von Teheran hat sogar eine neue Weste an, dunkelgelb mit grauem Passepoil. (Egon Erwin Kisch, Rußland in der Eisenbahn)

Die Adjektive sind wesentlich sorgfältiger und mit Absicht gewählt. Sie hinterlassen einen besonderen, individuellen Eindruck. Der Scheitel ist nicht schlicht „gerade", er ist „tadellos". Der Kragen ist nicht „glatt", sondern „unzerknittert". Warum ausgerechnet unzerknittert? Das Wort mag beim aufmerksamen Leser Assoziationen hervorrufen, möglicherweise die, daß die Kragen der anderen anwesenden Personen „zerknittert" sind und sich die beschriebene Person gerade durch diese Äußerlichkeit von den anderen unterscheidet. Ein wenig Ironie spielt mit. Das kommt besonders im Adjektiv „präsumtiv" zum Ausdruck, einem gewichtigen Wort aus der Rechtswissenschaft. Es bedeutet: der „vermutliche" Zuschneider, der Mann, von dem der Autor annimmt, daß er der Zuschneider ist. Diese Annahme wird auf ironische Weise ergänzt, wenn wir uns die Farben der Weste vorstellen. „dunkelgelb"; könnten wir das nicht als augenzwinkerndes Synonym für „schmutzig" auffassen? Gar, wenn wir obendrein erfahren, daß die Weste grau paspeliert ist?

Gute Autoren lassen dem Leser Raum für die Phantasie. Sie meißeln nicht mit stumpf gewordenen Werkzeugen ein ewig gleiches Bild. Sie lassen den Leser zwischen den Zeilen lesen. Diese Kunst finden wir potenziert zum Beispiel in Zeilen des Schriftstellers Heinrich Mann.

DAS ADJEKTIV

Sie ließ auch ihre fließenden Schleier auseinandergleiten, sich wieder schließen, und ihren blauen Blick machte sie abwechselnd ernsthaft, anzüglich, spöttisch und ganz still. Jedesmal ließ diese kluge und höchst ehrenhafte Dame den feurigen Liebhaber sich Hoffnungen machen. (Heinrich Mann, Die Vollendung des Königs Henri Quatre)

Heinrich Mann „spielt" mit den Topoi. Diese Szene ist fast Karikatur. Mann ironisiert die bei Hofe übliche Koketterie einer Edeldame. Natürlich kann ein Blick nicht „blau" sein. Doch sind die „blauen Augen" schon so sehr Topos, daß Mann sie zum „blauen Blick" verkürzen kann. Obendrein verläuft der ironische Bruch entlang der aufgezählten, sorgfältig aneinandergereihten Adjektive: „ernsthaft, anzüglich, spöttisch", die sich steigernde Aktion, und „ganz still", die überraschende, künstliche Ruhe.

In unserem Beispieltext über die drei Weisen aus dem Morgenlande haben wir das Adjektiv „schnell" ausgespart. Es hieß dort: „... dreht sich unentwegt so schnell im Kreis ..." Hier können wir nicht fragen: Wie ist das Ding? Dennoch ist „schnell" ein Adjektiv, allerdings hier nur auf der Ebene der Wortarten. Im Satz hat „schnell" die Funktion eines selbständigen Satzgliedes als prädikatives oder adverbiales Satzadjektiv: „sich schnell drehen". Adverb heißt nichts anderes, als daß ein Wort einem Verb beigefügt wird und im entsprechenden Satz zum Verb gehört. In adverbialer Funktion treten die Adjektive immer unflektiert auf und geben Auskunft darüber, wie etwas vor sich geht oder geschieht.

> Er schreibt fleißig. – Das Windrad dreht sich schnell. – Er lächelt freundlich. – Sie ruft laut.

Auch als Attribute (Beifügungen) zu einem weiteren Adjektiv oder einem Adverb bleiben die Adjektive unflektiert.

> Die Explosion verursachte einen entsetzlich lauten Knall.
> Die Fahne hing weit oben.

Gleichfalls unflektiert bleiben die Adjektive, wenn sie beim Substantiv prädikativ gebraucht werden – zum Beispiel in Verbindung mit Verben wie „sein", „werden", „bleiben", „wirken", „finden" und so fort.

> Der Vortrag wirkt langweilig. – Die Sprache ist schlicht.

Das unflektierte Adjektiv als Attribut zum Substantiv finden wir heute in der Sprache der Werbung und der Presse. Meist wird es nachgestellt: „Schauma mild"; „Henkell trocken".

Nachgestellte Adjektive begünstigen eine reißerische Diktion: „Fußball brutal". Sie reizen auch dazu, diese Diktion zu verspotten:

WÖRTER

> Das war nicht ‚Leben pur', wie das ZDF sein Fernsehspiel angekündigt hat. Das war ‚Krampf total'.

Als Attribute zum Substantiv treten die Adjektive meist in flektierter Form auf. Ihre Flexion richtet sich nach dem Substantiv, dessen Merkmale und Eigenschaften, Art und Beschaffenheit, Verfassung und Zustand sie charakterisieren können: der blaue Planet, des blauen Planeten, dem blauen Planeten.
Das Adjektiv kann schmückend sein. Das ist eine seiner wesentlichen Funktionen. Gerade in dieser Funktion ist die Phantasie des Schreibers gefragt. Lesen Sie einmal folgende Ausschmückungen:

> reizendes Tal, große Bäume, rauschendes Flüßchen, entzückender Ausblick, hohe Berge, erlesene Architektur, schöne Bilder

Die Attribuierungen sind langweilig, viel zu allgemein und „abgeklappert". Sind die folgenden besser oder schöner?

> behagliches Bett, verblüffendes Rätsel, breitausladendes Tal, zartgrüne Erlen, tiefverschneiter Berg, hallende Gänge

Nein. Wir finden, daß sie ebenso allgemein sind. Die Stilebene hat gewechselt. Der Autor ist eine Stufe höher geklommen. Doch die Stilebene allein bewahrt auch nicht vor Allgemeinplätzen. Attribuierungen sollten charakteristisch sein. Sie sollten das Besondere hervorheben. Das Besondere aber fliegt uns nicht am Schreibtisch zu. Das Besondere müssen wir zunächst einmal sehen, dann denkend erfassen und schließlich in Worte kleiden.

> Aber auch Mahlkes Rücken, eine streckenweis käsige, von den Schultern abwärts krebsrot verbrannte Fläche, der sich immer wieder beiderseits der reibbrettartig durchtretenden Wirbelsäule neuverbrannt die Haut schälte, wurde mit Graupeln beworfen und von wandernden Schauern verzogen. Gelbliche Lippen hatten blaue Ränder und entblößten Mahlkes klappernde Zähne. Mit großen ausgelaugten Händen versuchte er, beide Knie, die sich an den muschelüberzogenen Schotts aufgescheuert hatten, festzuhalten und so seinem Körper, auch seinen Zähnen Widerstand zu bieten. (Günter Grass, Katz und Maus)

Das eine vom anderen unterscheiden

Beschäftigen wir uns einmal eingehender mit dem Sinn und Zweck der Adjektive. Substantive bezeichnen Dinge, Lebewesen, Sachverhalte, Verben deren Bewegung oder Zustand. Die Adjektive beschreiben die Eigenschaften der Dinge, Lebewesen, Sachverhalte und der Bewegung. Aber, wollen wir in einem einzigen Text alle Eigen-

DAS ADJEKTIV

schaften erfahren? Das wollen und das können wir gar nicht. Wo anfangen, wo aufhören? Dennoch lohnt es sich durchaus, wenn wir uns einmal vor Augen führen, welche Eigenschaften die Dinge, Lebewesen und Sachverhalte haben können. Es sind nicht endlich viele Eigenschaften, sondern unendlich viele. Welche davon wollen wir mitteilen, welche erfahren?

Reiche mir bitte das rote Kleid.

Es muß das rote Kleid sein, nicht das blaue oder das grüne. Mit „rot" ist situationsgebunden ausreichend bestimmt, welches Kleid es sein soll, vorausgesetzt, daß nicht zwei rote Kleider zur Auswahl stehen. Dann müßte es heißen: „Reiche mir bitte das lange, rote Kleid."
Wir haben soeben behauptet, daß die Dinge, Lebewesen und Sachverhalte unendlich viele Eigenschaften besitzen. Was bedeutet das? Eigenschaften können wir auf unterschiedlichen Ebenen beschreiben. Nehmen wir zum Beispiel die „Gesteine". Auf der physikalisch-chemischen Ebene sind sie „anorganisch", „fest" und „kristallisiert", auf der bautechnischen Ebene können sie „porös" oder „wetterbeständig" oder „bindend" sein. Und auf der literarischen Ebene mögen wir sie als „karg", „abweisend" und „farblos" beschreiben.
Trotz der vielfältigen Eigenschaften sind die stehenden Wendungen für die Beschreibung der Dinge Legion. Warum werden bestimmte Substantive immer wieder mit denselben Adjektiven gekoppelt? Lesen Sie selbst:

gesunder Menschenverstand, beißende Ironie, grobe Fahrlässigkeit, dunkle Ahnung, konstante Bosheit, krasser Gegensatz, schroffer Widerspruch, dringendes Anliegen, breite Öffentlichkeit, sträflicher Leichtsinn, triftige Gründe, bitterer Ernst, unabdingbare Voraussetzung, entscheidende Bedeutung, heilloses Durcheinander, gravierende Tatsache, offene Frage

Alle diese Adjektive haben eine verstärkende Funktion. Aber nicht nur das. Sie schreiben die Funktion eines Substantivs in gewisser Weise fest, als gäbe es keinen „originellen Menschenverstand", keine „versteckte Ironie", „schwerwiegende Fahrlässigkeit", „hellgesichtige Ahnung", „beißende Bosheit", keinen „sanften Gegensatz", „heftigen Widerspruch", kein „stilles Anliegen", keine „empörte Öffentlichkeit", keinen „wunderlichen Leichtsinn" und so fort. Es gibt originellere Attribuierungen als die unsrigen. Wir müssen sie aus der Situation heraus finden. Es lohnt sich, nach treffenden Eigenschaften zu suchen. Das schärft unseren Verstand und trimmt die Genauigkeit des sprachlichen Ausdrucks.
Im soziologischen Sinne gibt es sogar eine „geschlossene Frage"; der Gefragte kann nur mit „ja" oder „nein" antworten. Im Alltag werden wir wahrscheinlich häufiger mit „offenen Fragen" konfrontiert. Kann eine Frage „dumm", „entnervend", „unangebracht", „leise" sein? Gibt es „gewitzte" oder „bange" Fragen?
Eine Frage kann eigentlich nicht „dumm" sein. Sie kann ja nicht denken. Aus dem gleichen Grunde kann sie auch nicht „gewitzt" sein. Ebenso ist es der Frage kaum

möglich, „leise" zu sein. Sie lebt und bewegt sich nicht. Und um „bang" zu sein, müßte sie Furcht empfinden können. Streng logisch müßten wir sagen: Die Frage ist „dumm", „entnervend", „unangebracht", „leise", „gewitzt", „bange" gestellt. Jedoch wollen wir „bange", „leise" oder „gewitzte" Fragen keinesfalls aus dem Sprachgebrauch verbannen. Sprache lebt nicht nur von der „nackten" Strenge eines nur geradlinigen Verstandes. Sprache lebt auch – bleiben wir bei den Begriffen der Logik – von der „Attributionsanalogie". Schließlich sind wir Menschen ja diejenigen, die Fragen stellen. Warum also sollten wir nicht von „bang gestellter Frage" auf „bange Frage" verkürzen dürfen? Damit übertragen wir die Eigenschaft des Fragen stellenden Menschen auf die Frage.
Das Übertragen der Eigenschaften von einem Objekt auf ein anderes kann uns mißlingen, wenn wir nicht sorgfältig und bewußt wählen. Mit „blauen Blicken" ähnlich souverän umgehen wie Heinrich Mann können die meisten unter uns sicher nicht. Dennoch bieten die Attribuierungen ein weites Feld für metaphorische Ausdrucksweisen: „tapferes Herz", „benzidrinsüchtige Schatten", „schwellende Polster". Wer Sprache nur auf begriffliche Deutlichkeit verpflichtet, beraubt sie einer wesentlichen Funktion: des assoziativen, sinnfälligen Ausdrucks. Sprache dient nicht nur dazu, die Wirklichkeit zu „addieren" oder zu „substrahieren". Mit Hilfe der Metapher können neue Erfahrungsbereiche erschlossen werden.

> … der Heilige Geist, ausgegossen in die Sprachen, erlesen, kostbar, die Quintessenz, funkelnd, destilliert, süß, bitter, giftig, heilsam … (Wolfgang Koeppen, Tauben im Gras)

Der Autor charakterisiert die Widersprüchlichkeit der Dinge. Treffsicher können dies vielleicht nur Schriftsteller wie Wolfgang Koeppen. Unsere metaphorischen Attribuierungen sind oft Gratwanderungen. Sicher müssen wir sie deshalb nicht ausschließlich den Könnern überlassen. Wir plädieren hier lediglich für die gedankliche Sorgfalt, für die bewußte Entscheidung.

Der siebenköpfige Familienvater

Attribuierte Substantive sind häufig ein ergiebiger Quell verbaler Komik. Sie reizen zu ständig neuen Fügungen. Weniger komisch wird es, wenn solche Fügungen eben nicht bewußt fomuliert wurden.
Sagen Sie einmal ehrlich: Kaufen Sie sich auch einen „warmen Mantel" für den Winter? Ja? Dann machen Sie Ihren Händler einmal darauf aufmerksam, daß es doch eine recht sinnlose Investition ist, die Mäntel ständig warm zu halten. Uns reicht ein „wärmender Mantel", auch wenn sich der „warme Mantel" in der Umgangssprache eingebürgert hat. Ihm haftet nichts Poetisches an, und doch nimmt kaum jemand Anstoß. Nicht einmal der „technische Reisende" stößt auf lauten Widerspruch, obwohl es sich nicht um einen Roboter, sondern um einen Menschen handelt. Und viele Geschäfts-

DAS ADJEKTIV

leute träumen vom „reißenden Absatz", obwohl sie sich wahrscheinlich wehrten, risse der Absatz tatsächlich.

Mit den unpoetischen und weniger exakten Attribuierungen können wir auch reichlich Papierdeutsch produzieren. Da legt jemand eine „steuerbegünstigte Bescheinigung" vor, obwohl er die Gunst des Finanzamtes für sich selbst erhofft. Da sprechen Politiker von der „weltraumtechnischen Zukunft", als könnten wir die Zukunft in verschiedene Disziplinen unterteilen. Da spricht ein Bürgermeister von der „gemeindeübergreifenden Sportanlage", die sich nicht etwa über zwei oder mehrere Gemeinden erstreckt, sondern lediglich von mehreren Gemeinden genutzt wird.

Oft sind es die Tautolgien, die unsere Texte besonders papierdeutsch werden lassen und statt des erhofften Nachdrucks nur lächelnde Müdigkeit hervorrufen. Da gibt es in der „realen Wirklichkeit" „diffizile Probleme", die sich durch „verschiedene Alternativen" lösen lassen.

Schwieriger, komischer, mißverständlicher wird die Attribuierung, wenn es um zusammengesetzte Substantive geht. Dann nämlich bezieht sich das Adjektiv inhaltlich auf die ganze Zusammensetzung, oder genauer gesagt, auf das Grundwort der Zusammensetzung, und das steht immer am Schluß.

> kleines Kindergeschrei, saure Gurkenzeit, fünfstöckiger Hausbesitzer, siebenköpfiger Familienvater

Nicht das Geschrei ist „klein", nicht die Zeit „sauer", nicht der Besitzer „fünfstöckig" und nicht der Vater „siebenköpfig". Es handelt sich jeweils um das Geschrei kleiner Kinder, die Zeit der sauren Gurken, den Besitzer eines fünfstöckigen Hauses und den Vater einer fünfköpfigen Familie.

Zugegeben, die „Zeit der sauren Gurken" will uns nicht so recht aus der Feder fließen. Die „saure Gurkenzeit" will sich der Kritik entziehen. Warum? Neben dem Verstand und dem sauberen Denken gibt es eben doch das Sprachgefühl. Die „Zeit der sauren Gurken" erinnert mehr an saisonale Tätigkeiten einer Hausfrau denn an „flaue Geschäftszeiten", in denen nichts passiert, keine Aufträge eingehen. Mißverständnissen können wir abhelfen, indem wir schreiben: „die Sauregurkenzeit".

Unpräzise Attribuierungen sind gang und gäbe. Manche bleiben uneindeutig, auch wenn wir verstehen, was gemeint ist:

> Er kommt in seiner Analyse zu dem Schluß, daß die staatliche Agrarpolitik mit ihrer Konzeption der vorzeitigen Ruhestandsregelung für Landwirte und der Flächenstillegung keinen Ausweg aus der nicht mehr zu finanzierenden Überschußsituation und der ökologischen Problematik findet.

Ist die Regelung „vorzeitig"? Wohl kaum. Es handelt sich um eine Regelung zum vorzeitigen Ruhestand. Oder: Ist die Situation nicht mehr „zu finanzieren"? Auch das ist eigentlich nicht gemeint. Die Überschüsse sind nicht mehr zu finanzieren. Fremdwortbeladen analysieren, einen gewichtigen, langen Satz konstruieren und zweifelhaft attribuieren – finden Sie das überzeugend?

WÖRTER

Was ist falsch an den folgenden Sätzen?
   a) Die lebensräumliche Instandsetzung ehemaliger Tagebaue bleibt unabdingbare Forderung der Gemeinde.
   b) Dank Raupen schwerster Bauart werden Rodungen durchgeführt, Humus ab- und aufgetragen, Stein- und Felssprengungen, Erdbewegungen und Entwässerungsmaßnahmen durchgeführt.
   c) Die planierten Strukturveränderungen des Bodens führen zu Verlusten in der Wasserspeicherfähigkeit.
   d) Er zeigte sich als ununterbrochener Störer und fortwährender Schwätzer.

Lösungen siehe Seite 106 f.

„Stattgefundene Gespräche"

Erinnern Sie sich an unsere Ausführungen über transitive und intransitive Verben? Transitive bilden die Vergangenheit mit „sein", intransitive mit „haben". Warum das hier wichtig ist? Auch mit Partizipien können wir attribuieren, allerdings nur unter bestimmten Voraussetzungen. Um ein Substantiv mit einem Partizip Perfekt adjektivisch zu schmücken, muß es das Partizip eines transitiven Verbs sein:

   der Mann ist verunglückt – der verunglückte Mann
   der Text ist geschrieben – der geschriebene Text
   der Termin ist ausgefallen – der ausgefallene Termin

So weit, so gut. Aber:

   der Autor hat geschrieben – der „geschriebene" Autor?
   der Abend hat gefallen – der „gefallene" Abend?
   die Frau hat gestanden – die „gestandene" Frau?

Während der „geschriebene" Autor und der „gefallene" Abend offenkundig keinen Sinn ergeben, ist es regional- oder umgangssprachlich wohl möglich, eine Frau als eine „gestandene" Frau zu bezeichnen. Doch bedeutet dies weniger, daß sie irgendwo gestanden hat, als daß sie eine Frau von Durchsetzungskraft ist.
Die Partizipien Perfekt der intransitiven Verben dürfen nicht adjektivisch gebraucht werden. Das ist nicht in allen Fällen so klar wie in dem des „geschriebenen Autors".

   Sie schreiben uns, daß Ihnen Herr … im vor einer Woche stattgefundenen Gespräch eine sechsmonatige Gewährleistung zugesagt habe.

Das „stattgefundene" Gespräch ist ein Gespräch, das stattgefunden hat. Und weil nicht sein kann, was nicht sein darf, gibt es das „stattgefundene" Gespräch im korrek-

DAS ADJEKTIV

ten Sprachgebrauch nicht. Der Briefautor hätte sich auf mancherlei Art aus dem oft „stattfindenden" Fehler heraushelfen können: „im vor einer Woche geführten Gespräch", „im Gespräch, das vor einer Woche stattfand", „im vor einer Woche stattfindenden Gespräch". Sie wundern sich? Ein „vor einer Woche stattfindendes Gespräch" ist nach Duden erlaubt, auch wenn das Gespräch bereits der Vergangenheit angehört. Das Partizip Präsens gilt als zeitlos und „vor einer Woche" verweist in diesem Zusammenhang auf einen Zeitpunkt in der Vergangenheit. Uns behagt das nicht sehr. Das Sprachgefühl stellt sich quer. Wir plädieren für den Gliedsatz:

> Sie schreiben uns, daß Ihnen Herr ... in dem Gespräch, das vor einer Woche stattfand, eine sechsmonatige Gewährleistung zugesagt habe.

Und noch etwas. Handelt es sich hier um eine „zugesagte Gewährleistung"? Ja. Denn die Gewährleistung ist zugesagt.
Attribuierende Partizipien sind nicht immer schön, doch manchmal notwendig. Was halten Sie von diesem Satz?

> Unsere kürzliche Vereinbarung lautet, daß die Arbeitsgruppe „Gesprächsführung" das Seminar am 17./18. März 19.. vorbereiten wird.

Unsere „kürzliche Vereinbarung"? Kann eine Vereinbarung kürzlich sein? Offensichtlich fehlt doch etwas. Und weil etwas fehlt, wurde flugs aus dem Adverb ein Adjektiv. Wie wäre es mit der „kürzlich getroffenen Vereinbarung"? Der Nebensatz ist mißverständlich. Wird die Arbeitsgruppe das Seminar am 17. und 18. März vorbereiten, oder soll sie ein Seminar vorbereiten, das am 17. und 18. März stattfinden wird, also „das am 17./18. März stattfindende Seminar"? Wir vermuten letzteres. Doch genannt wird hier genau genommen der Termin der Vorbereitung.
Attribuierende Partizipien können auch in sogenannten Partizipialsätzen stehen. Zusammen mit Adverbien, Substantiven, Präpositionen und so fort bilden sie eine Partizipialgruppe: „wie oben erwähnt", „aus dem Gefängnis entwichen", „die Einbahnstraße umgehend". Sie erweitern unsere stilistischen Möglichkeiten, wenn wir auch hier gewisse Regeln beachten. Wir dürfen Partizipialsätze nur dann verwenden, wenn sich die Gruppe eindeutig auf ein Satzglied des übergeordneten Satzes bezieht. Das ist meist das Subjekt.
Regelwidrigkeiten wären halb so schlimm, wenn es dadurch nicht immer wieder zu Sprachunfällen käme. Lesen Sie selbst:

> Seit Donnerstag letzter Woche verbraucht, konnte die Firma ... erst am Dienstag drei weitere Paletten 120-g-Karton Chromolux silber liefern.

Eine „verbrauchte" Firma liefert? Wie ist das möglich? „Verbraucht" bezieht sich auf „Firma ...". Der Schreiber wollte mit diesem Satz einer Aktennotiz wohl nur mitteilen, daß einige Tage lang nicht gedruckt werden konnte, weil man auf den 120-g-Karton warten mußte. Besser hätte er sein Anliegen in zwei Sätzen ausgedrückt:

WÖRTER

> Seit Donnerstag letzter Woche war der 120-g-Karton Chromolux silber verbraucht. Die Firma ... konnte erst am Dienstag drei weitere Paletten liefern.

Weil es manchmal ganz und gar sinnwidrig ist, die Partizipien auf das Subjekt des übergeordneten Satzes zu beziehen, fallen die regelwidrigen Partizipialkonstruktionen oft nicht besonders ins Gewicht:

> Er brachte sein Auto, von einem Laster angefahren, in die Werkstatt.

Es scheint uns selbstverständlich, daß nur ein angefahrenes Auto in eine Werkstatt gebracht werden kann. Das geht auch aus dem Satz, der folgt hervor: „Kotflügel und Tür auf der rechten Seite waren beschädigt." Dennoch: Auch wenn „von einem Laster angefahren" hinter „Auto" steht, bezieht sich die Partizipialkonstruktion noch lange nicht auf „Auto". Sie bezieht sich auf „er". Und nur, weil alles andere unsinnig wäre, beziehen wir die Partizipialgruppe auf „Auto".
Wehe aber, wenn die Partizipialgruppen durchaus auf das Subjekt des übergeordneten Satzes bezogen werden können. Dann werden zumindest sprachlich schiere Wunder möglich:

> Von Nicolaus August Otto erfunden, stellte die Stadt Köln den ersten betriebsfähigen Viertaktmotor, 1867 von dem in Köln lebenden Kaufmann zur Serienreife gebracht, mehrere Wochen in der japanischen Stadt Kyoto aus.

Wir stellen uns einfach einmal dumm. Wir wissen nicht, daß die Stadt Köln auf eine bald 2000jährige Geschichte zurückblicken kann. Unter dieser Voraussetzung kommen wir aus dem Staunen nicht mehr heraus. Nicolaus August Otto hat nicht nur den sogenannten „Ottomotor" entwickelt, eine Leistung, die allein bereits durchaus beachtenswert ist. Nein, er hat obendrein auch noch die Stadt Köln „erfunden". Etwas Vergleichbares ist wahrscheinlich noch niemandem gelungen.
Spaß beiseite. Da das Subjekt des übergeordneten Satzes bereits von der ersten Partizipialgruppe „besetzt" ist, bezieht sich die zweite völlig korrekt auf das Objekt, den „Viertaktmotor".

Wollen Sie erklären, was an dieser Satzkonstruktion mißverständlich ist?
> Vom Richter selbst zerschlagen, entsetzte sich nicht nur Eve über den zerbrochenen Krug.

■ *Lösung siehe Seite 107*

Was sollen wir stilistisch von Partizipialkonstruktionen halten? Manche Stilisten hegen keine große Liebe zu „an der Tür stehend" oder „Auto fahrend" oder „das Eisen biegend". Solche Konstruktionen seien undeutsch und dem lateinischen Satzbau entlehnt.
Häufig wirken Partizipialkonstruktionen ein wenig steif:

DAS ADJEKTIV

Zum Himmel aufschauend, erblickte sie einen großen Austernfischerschwarm.

„aufschauend" – das klingt etwas überhöht. Ein Gliedsatz würde der Konstruktion die stilistische Steife nehmen:

Als sie zum Himmel aufschaute, erblickte sie einen großen Austernfischerschwarm.

Wenn es nicht so wichtig ist, daß sie gerade in dem besonderen Moment aufschaut, könnte das Partizip auch ganz wegfallen.

Am Himmel erblickte sie einen großen Austernfischerschwarm.

Haben Sie Lust zu einer weiteren Übung? Wollen Sie die folgenden Konstruktionen umformulieren?
- a) Auf der Matte liegend, genoß er die entsprechenden Klänge psychedelischer Musik.
- b) Er verlangte, auf dem Totenbett liegend, noch einmal Papier und Feder.
- c) Schließlich hielt er die Rede, die von ihm verlangt wurde, doch mit leiser Stimme vortragend.

Lösungen siehe Seite 107 f.

Senden wir „beiliegend"?

Berüchtigt sind die Partizipien „beiliegend" und „anliegend" oder auch „anhängend". Sie tummeln sich in unseren Briefen.

Dem beiliegenden Prospekt können Sie alle wissenswerten Einzelheiten entnehmen.

Richtig? Richtig. Wer ist „beiliegend"? der Prospekt.

Bitte entnehmen Sie dem anhängenden Schreiben des Gerichtes die genaue Begründung des Urteils.

Auch richtig. Aber:

Anliegend senden wir Ihnen unseren neuen Katalog.

Wer ist anliegend? Der Katalog? Nein. Vergleichen wir die Sätze. In den ersten beiden Sätzen ist die Rede vom „beiliegenden Prospekt" und vom „anhängenden Schrei-

WÖRTER

ben". Und im dritten? Dort ist die Rede vom „anliegenden senden". Oder nicht? Wenn wir nun genau überlegen, müssen wir zugeben, daß wir uns soeben selbst anliegend senden wollten. Warum?

Der Teufel steckt nicht so sehr im Detail als in der Satzfunktion. Die Partizipien werden beim „beiliegenden Prospekt" und beim „anhängenden Schreiben" adjektivisch verwendet. „Anliegend senden" – hier ist das Partizip ein Adverb. Und deshalb bezieht sich „anliegend" nicht auf den „Katalog", sondern auf „senden".

Wenn auch das „anhängende Schreiben" korrekt ist, so ist es doch keine stilistische Schönheit. Was können wir statt „anliegend" oder „beiliegend" schreiben? Vielleicht „Beigefügt senden wir Ihnen unseren neuen Katalog"? Nein, das macht auch keinen Sinn. Für „beigefügt" gilt nämlich dasselbe wir für „anliegend". Wir versprechen wiederum, uns selbst beizufügen.

Muß es überhaupt ein Partizip sein, mit dem wir darauf hinweisen, daß unserem Schreiben noch etwas beiliegt? Schreiben wir doch schlicht:

Wir senden Ihnen unseren neuen Katalog.

Oder:

Hier ist unser neuer Katalog.

Unserem Brief liegt ein Prospekt bei, dem Sie alles Wissenswerte entnehmen können.

Oder:

Alles, was Sie wissen möchten, finden Sie in dem Prospekt, den wir beigefügt haben.

Die Urteilsbegründung des Gerichts haben wir Ihnen beigelegt.

Oder:

Sie möchten die genaue Begründung des Urteils erfahren? Dann lesen Sie bitte das Schreiben des Gerichts.

Haben wir in diesen Sätzen nicht erwähnt, daß unserem Brief etwas „beiliegt", setzen wir an den Schluß das Wort „Anlage".

Einige weitere Unarten aus der Korrespondenz erscheinen uns an dieser Stelle erwähnenswert. Haben Sie schon einmal von einem „Unterzeichner" einen Brief erhalten oder von einem „Unterzeichnenden" oder „Unterzeichneten"? Uns erreichen gar Briefe von „Linksunterzeichneten" und „Rechtsunterzeichneten".

Wir halten das für Unsinn. Aber die Macht der Gewohnheit hat den „Unterzeichneten" korrekt werden lassen. Ist „Unterzeichnender" eine solch dauerhafte und

DAS ADJEKTIV

beständige Existenzform wie „Gewerbetreibender"? Und schließlich, haben denn die Leute, die da unterzeichnen, keinen Namen? „Der Unmensch mag es nicht leiden, wenn die Leute ‚ich' und ‚du' sagen." (Dolf Sternberger)
In einem Brief, der „besonders freundlich" sein und den Geschäftspartner beschwichtigen sollte, fanden wir die folgenden Schlußsätze:

> Einer schriftlichen Antwort bedarf es nicht. Der Unterzeichner wäre erfreut, in den nächsten Tagen fernmündlich von Ihnen zu hören, daß unsere Anregung von Ihnen aufgegriffen wird.

Der „Unterzeichner" paßt zu der gestelzten Antwort, deren es nicht „bedarf", und der Anregung, die „aufgegriffen" werden soll. Aber ist ein solcher Brief persönlich? Ein freundlicher Brief klingt bei uns ein wenig anders:

> Sie müssen uns nicht schreiben. Rufen Sie Herrn Müller an. Er würde sich freuen, wenn Sie uns zustimmen könnten.

Oder:

> … Wir würden uns freuen, wenn Sie uns zustimmen könnten.

Eine andere Unart ist das „obige" Schreiben. „obig" ist ein Unwort. Wenn es kein Unwort ist, fordern wir die Einführung von „untig".

> Bezug nehmend auf Ihr obiges Schreiben und eingedenk unserer untigen Ausführungen, teilen wir Ihnen mit, daß wir nun ganz und gar der lateinischen Diktion verfallen sind.

Da ist es wieder, das steife und entbehrliche Partizip. Steht nicht bereits in der Bezugzeichenzeile, dem Betreff, worauf wir uns beziehen? Ist der Brief tatsächlich ein „obiger"? Befindet er sich dort, wo wir es behaupten, nämlich oben?

Haben wir es „schwer" oder „schwierig"?

Sind „schwer" und „schwicrig" leicht oder „schwierig" zu unterscheiden? Nichts von beidem. Sie sind schwer zu unterscheiden. Einen Text zu formulieren kann eine schwierige Arbeit sein, eine 500-kg-Hantel zu heben eine schwere. Schwierig ist eine Arbeit, wenn sie besondere Kenntnisse, Fähigkeiten und Fertigkeiten verlangt. Eine schwere Arbeit hingegen erfordert einige körperliche oder geistige Anstrengung. Textformulierung kann also auch eine schwere Arbeit sein. Doch sind die Bedeutungsunterschiede für die Schwierigkeiten mit „schwer" und „schwierig" nicht unbedingt entscheidend.

WÖRTER

Was die Unterscheidung von „schwer" und „schwierig" erst richtig schwierig macht, ist das Problem des grammatisch richtigen Gebrauchs. Ist „schwierig" in den folgenden Sätzen das richtige Wort? Entscheiden Sie nach Ihrem Sprachgefühl.

Zwischen einem eßbaren Waldchampignon und einem giftigen Knollenblätterpilz ist oft schwierig zu unterscheiden.
Manche Gesteinsarten sind schwierig zu bestimmen.

Beide Male steht „schwierig" zu Unrecht – vor dem Infinitiv. „schwierig" verträgt sich nämlich nicht mit dem Infinitv, ob mit oder ohne „zu". Es heißt auch: „Das Wetter ist schwer vorherzusagen." Richtig hätte es in den beiden Sätzen oben heißen müssen: „... schwer zu unterscheiden" und „... schwer zu bestimmen".
An die Stelle des Infinitivs kann ein mit „-bar" oder „-lich" abgeleitetes Adjektiv treten. Auch mit solchen „Nachfolgern" verträgt sich „schwierig" nicht. Daher:

Auf dem Polizeifoto ist er nur schwer erkennbar.
Seine Ausführungen sind schwer begreiflich.

Tja, manchmal sind die Regeln der Grammatik nur schwer zu verstehen.
Auch „auf" und „offen" sind Stolpersteine der Grammatik. Wie klingt Ihnen der Satz im Ohr: „Machen Sie die Tür bitte einmal offen"? Sie hören Mißtöne? Wir auch. Das Wort „offen" bezeichnet einen Zustand oder die Art und Weise, in der etwas geschieht:

Das Paket war bereits offen, als es ankam.
Wir haben uns offen über das Thema ausgesprochen.

In den beiden Sätzen handelt es sich, adjektivisch ausgedrückt, um ein „offenes Paket" und eine „offene Aussprache". Das Wörtchen „auf" hingegen ist immer nur adverbial zu verwenden. Es gibt keine „aufe Tür" und kein „aufes Gespräch". Aber warum ist „Die Tür ist auf" nicht richtig?
„auf" hat eine ganz bestimmte Bedeutung, ob es nun als Adverb Teil des Prädikates ist oder Teil solcher Verben wie „aufmachen", „aufbrechen", „aufreißen"; „auf" bezeichnet eben keinen Zustand, sondern ist Mittel zur Darstellung einer Handlung.

Schließen Sie bitte die Tür auf. Aber: Die Tür steht offen.
Reiß' keine alten Wunden auf! Aber: Der Brief ist offen.

Auch „nötig" und „notwendig" haben es in sich:

Ich habe es nicht notwendig, erst einmal richtiges Deutsch zu lernen.

Das mag manch einer denken. Allerdings verrät er, wenn er diesen Satz ausspricht, wie nötig er es hat.

DAS ADJEKTIV

„nötig" und „notwendig" sind nicht einfach voneinander abzugrenzen. Wenn wir dem ursprünglichen Wortsinn nachspüren, können wir mit ein wenig Sprachgefühl dennoch das richtige Wort wählen. „notwendig" bedeutet, daß hier die „Not gewendet" werden muß. Es ist ein anspruchsvolles Wort. „Es ist notwendig, dem Verunglückten zu helfen." „nötig" wäre hier nicht falsch, aber der Sache nicht angemessen. Wenn wir jedoch „nötig" und „notwendig" nur schwer abgrenzen können, wieso behaupten wir dann, „es nicht notwendig haben" sei falsch? Weil „notwendig" nicht mit „haben" stehen darf. So einfach ist das. Also können wir, je nach dem, welches Gewicht wir der Sache beimessen, schreiben:

Es ist notwendig, Deutsch zu lernen.

Wir müssen schreiben:

Er hat es nötig, Deutsch zu lernen.

Mit „völlig" und „vollkommen" verhält es sich ähnlich wie mit „nötig" und „notwendig". Besinnen wir uns zunächst wiederum auf den ursprünglichen Sinn von „vollkommen". „Rembrandts ‚Mann mit dem Goldhelm' ist ein vollkommenes Gemälde." Oder: „Kein Mensch ist vollkommen." Kein Mensch ist perfekt, ohne Fehler. Übertragen Sie diese Bedeutung nun auf: „Sie sind vollkommen verrückt." Das ist reine Schmeichelei. Doch, können Sie sich vorstellen, daß etwas „vollkommen neu" ist? Wir nicht. Die Neuheit selbst kann nicht „vollkommen" sein. Hingegen kann eine neue Maschine durchaus eine „völlig neue Maschine" sein.
Verwenden Sie „ganz", „alle" und „halb" immer richtig? Dann sprechen Sie sicher nicht von den „halben Einwohnern Norddeutschlands" – eine genau genommen grausame Angelegenheit –, sondern von der „Hälfte der Einwohner Norddeutschlands". Ebenso halten Sie nicht die „ganzen Schrauben" in der Hand – es sei denn, die anderen seien zerbrochen –, sondern „alle Schrauben".
Karl Hirschbold, ein österreichischer Sprachpfleger und -kritiker, fragte einmal in einer seiner Glossen, wer sich denn eigentlich als „regelmäßiger", „häufiger" oder „seltener" Radiohörer fühle, da die Rundfunkanstalten doch so besonders stolz auf ihre „häufigen Hörer" seien. Fühle man sich als solcher, müsse man sich konsequenterweise auch einen „täglichen Turner" oder „deutlichen Sprecher" nennen. Er bezweifelte aber, daß jemand, der groß schreibe, tatsächlich ein großer Schreiber sei. Was ist geschehen? Hier wurden Adverbien statt auf eine Tätigkeit auf die tätigen Personen bezogen. Ein „seltener Hörer" hat die Eigenschaft, „selten" zu sein, und ein „täglicher Turner" das Charakteristikum, „täglich" zu sein. Oder? Daß eine Person nicht „täglich" sein kann, ist leicht einzusehen. Aber wie verhält es sich mit „selten"? Sprechen wir nicht zuweilen von einem „selten leckeren Essen" und meinen damit, daß es „besonders" lecker war? In der Umgangssprache ist aus dem temporalen Adverb ein Adverb des Grades geworden. Trotzdem: „Die Galerie Hoffman zeigt selten gute Künstler" heißt nicht, daß sie Bilder besonders guter Künstler ausstellt, sondern daß sie nur dann und wann, eben selten, einen guten Künstler engagiert.

WÖRTER

Wir haben einigen Sprechern „aufs Maul geschaut". Haben sie den Dingen und Umständen die richtigen Eigenschaften zugestanden?
a) Wer behauptet, der Bund treibe mit seiner Finanzierungspolitik die Länder in den Ruin, redet vollkommenen Unsinn.
b) Es gibt Leute, die haben es nicht notwendig zu grüßen.
c) Diese Aufgabe wird schwierig zu lösen sein.

Lösungen siehe Seite 109

Nebenbei. Beim Lesen einer Presseerklärung fiel uns auf, daß die sogenannte „Parallelbeugung" der Adjektive nicht unbedingt in unserem Sprachgefühl verankert ist.

Der Bund fordert die Einführung einer Stickstoffabgabe auf mineralischem und organischen Dünger.

Stehen mehrere Adjektive vor einem Substantiv, werden sie auf die gleiche Weise flektiert. Dabei ist es unerheblich, ob sie durch ein „und", ein „oder" oder ein Satzglied voneinander getrennt werden. Wir sprechen von einem „netten, ausgeglichenen Menschen". Wir schreiben auf „glattem, weißem Papier". Wir rechnen mit „erheblicher, und zwar dauerhafter Anstrengung". Der Satz aus der Presseerklärung hätte lauten müssen:

Der Bund fordert die Einführung einer Stickstoffabgabe auf mineralischen und organischen Dünger.

Wir vermuten, daß der Autor sich nicht entscheiden konnte, mit welchem Fall „auf" steht. Er hat einen Kompromiß gewählt. Jedoch steht nur das räumlich verwendete „auf" (auf dem Tisch) mit dem Dativ.

„Eigenschaftsmäßig" betrachtet – Adjektivzusammensetzungen

„Kundenorientiert" und „identitätsorientiert" sind zwei werbewirksame Adjektivkomposita. Jüngst haben clevere Marketing-Strategen ihre Verkaufskonzepte auf diesen Komposita aufgebaut. Das Partizip „orientiert" ist dabei das Trendanhängsel, das morgen schon wechseln kann.
Es lassen sich bestimmte Bereiche ausmachen, in denen die adjektivischen Zusammensetzungen besonders häufig anzutreffen sind: in der Sprache der Wirtschaft und der Werbung, aber auch in der Sprache der Technik.
Stellen Sie sich vor, Sie müßten in einem Unternehmen die Beschäftigten des Außendienstes „ausrichten". Wie sollen sie handeln, die Verkäufer? Hier eine Auswahl:

DAS ADJEKTIV

praxisnah, bedarfsgerecht, kundenfreundlich, zielorientiert, ertragreich, wettbewerbsfähig, zweckmäßig, produktivitätsverbessernd, zukunftsträchtig, nachfragebedingt, werteorientiert, kostenbewußt, prämienbegünstigt, leistungsgerecht

Ist es eine versteckte Form der Substantivitis, die sich hier breit macht? Jedes der Wörter hat im ersten Teil ein Substantiv: „Praxis", „Bedarf", „Kunde", „Ziel", „Ertrag" und so fort. Häufig wird dabei flott und sorglos Bedeutung inflationiert. In vielen Anzeigen lesen wir von einer „leistungsgerechten Bezahlung". Was ist das eigentlich? „Leistung" und „gerecht" sind schwerwiegende Begriffe. Vielleicht ist es auch übertrieben, wenn wir uns hier einmal so sehr auf die „Wurzeln" der Wörter konzentrieren. Aber, geht nicht in „leistungsgerecht" ein Teil der Bedeutung – das Versprechen, gerecht zu sein – ein wenig unter?

Auch in unsere Zeitungs- und Alltagssprache schleichen sich verstärkt die Adjektivkomposita ein. Da ist von „gesellschaftsbedingter Kriminalität", von „gruppensolidarischem Verhalten" und „frauenspezifischen Problemem" die Rede. Und wenn wir nicht mehr wissen, wie wir uns ausdrücken sollen, wird vieles „-technisch". Probleme werden „arbeitstechnisch" bewältigt, Risiken „versicherungstechnisch" abgedeckt und „Beziehungskisten" „partnertechnisch" geklärt. Finden Sie solchen Sprachgebrauch nicht auch vollverbesserungsbedürftig, weil hier sprachwandelmäßig bedeutungsinflationstechnisch gehandwerkelt wird?

Wortehen dieser Art haben einen unbestreitbaren Vorteil. Sie verkürzen. Aber sie haben auch einen unbestreitbaren Nachteil. Sie können so sehr verkürzen, daß es uns kaum noch möglich ist, den Sinn eines Satzes zu erfassen:

> Landeskulturelle Pflanzenbaumaßnahmen mit wertbestimmenden Eigenschaften für bestimmte Arten und Verwendungszwecke entziehen sich zur Zeit einer absatzorientierten agrarindustriellen Beurteilung.

Wir können keinen „kompositaträchtigen" Beispielsatz finden, der gedanklich einwandfrei ist. Immer und immer wieder stoßen wir auf ungenaue Aussagen, wenn wir versuchen, einen Satz wie den zitierten in normales Deutsch zu übertragen. Hier unsere Interpretation:

> Maßnahmen des Pflanzenbaus auf Landesebene können den Wert bestimmter Arten beeinflussen. Wofür die Arten verwendet werden sollen, ist noch unklar. Und ob sich der industrielle Pflanzenbau überhaupt einmal lohnen wird, das kann zur Zeit auch noch niemand beurteilen.

Unsere Übersetzung ist eine Zeile länger. Sie zeigt unserer Meinung nach, daß in solchen mit Komposita beschwerten Satzmonstern eigentlich nicht viel Sinnträchtiges drinsteckt. Es handelt sich oft nur um stilistischen Qualm, der sich in hauchdünnen Rauch auflöst.

Auch die Fachsprachen der Technik, der Forschung und Entwicklung, der Wissenschaft gehen nicht gerade sparsam mit Komposita um:

oberflächenveredelt, wirkungsgradverbessert, heizenergiesparend, temperaturwechselempfindlich, fließrichtungsabhängig, reaktionsfähig, viskositätsstabilisiert, druckwassersicherheitstechnisch, rückstandsanalytisch

Und schließlich die Werbung. Hier werden bemerkenswert eigenwillige Komposita kreiert, die knapp und einprägsam die Eigenschaften eines neuen Produktes auf den Punkt bringen sollen. Wer kennt sie nicht, die „wäschefreundlichen" Waschmittel, die „handmilden" Seifen, die „hautpflegenden" Lotionen, den „magenfreundlichen" Kaffee. Wir haben uns an diese Art Wortschöpfungen schon so sehr gewöhnt, daß Werbetexter immer waghalsigere Kompositionen finden, um unsere Aufmerksamkeit für sie zu gewinnen. Sie entdecken die „sonnenfruchtigen" Säfte und die „knusperzarte" Schokolade, ob's nun zusammenpaßt oder nicht.

Was lange währt ...

Manche gehen sehr großzügig mit Zeit und Kosten um, zumindest auf dem Papier.

    Wir gratulieren Ihnen zum 50jährigen Firmenjubiläum.

Fünfzig Jahre soll es dauern, das Jubiläum? Wenn die Firma es standesgemäß begehen will, wird sie wohl bald ruiniert sein.
Wie lange dauerte der Dreißigjährige Krieg? Wenn diese Frage dumm ist, warum reden wir dann vom 50jährigen Jubiläum?

    Er vollendet heute sein 30jähriges Berufsjubiläum.

Er feiert heute, daß er 30 Jahre lang jubilieren durfte. Was mag der Mann wohl von Beruf sein?
Einige Grammatiker haben nichts gegen das 50jährige Jubiläum einzuwenden, weil es sich „eingebürgert" hat. Diese Fachleute bitten wir um Rat. Vielleicht können sie uns weiterhelfen. Wie lange nämlich dauerte das Fest zur zehnjährigen Wiederkehr der Mondlandung?
Die Adjektivendung „-ig" steht immer dann, wenn von einer Zeitspanne die Rede ist. Das „-ig", das bei Zeitbestimmungen die Dauer angibt, hat einen Kontrahenten, nämlich „-lich".

    Bei Einführung dieser Maschinen empfehlen wir, Ihre Mitarbeiter in einem
    zweiwöchentlichen Kurs zu schulen.

Wir bezweifeln, daß gemeint ist, was dort geschrieben steht. Bei einem Kurs, der alle zwei Wochen stattfindet, ist das Ende der Schulung kaum abzusehen. Wann sollen die Mitarbeiter die Maschinen bedienen können? Die Endung „-lich" gibt bei Zeitbe-

DAS ADJEKTIV

stimmungen nicht die Dauer, sondern die regelmäßige Wiederkehr an: „wöchentliche Besprechung", „jährliche Wartung, „zweimonatliches Treffen", „halbstündlicher Busverkehr". Eine halbstündige Fahrt hingegen dauert eine halbe Stunde. Und ein einmonatiges Treffen mag so gerade an der Grenze des Erträglichen liegen.

Die Endungen „-ig" und „-lich" haben noch mehr Sprachklippen zu bieten. Erhalten sie „fremdsprachlichen" oder „fremdsprachigen" Unterricht? Im besseren Falle beides. „Fremdsprachlicher" Unterricht hat die fremde Sprache zum Gegenstand. Ihr Lehrer unterrichtet Sie über die fremde Sprache, erklärt Ihnen den Satzbau, die Aussprache und so fort, und zwar in deutsch. Wenn er jedoch den fremdsprachlichen Unterricht „fremdsprachig" abhält, dann nur zu Ihrem Besten. Er spricht nämlich in dieser fremden Sprache, und Sie können die ungewohnten Laute und Syntagmen viel leichter nachahmen.

Mit „-lich" und „-bar" haben wir gleichfalls unsere Schwierigkeiten. Ein „vergeßlicher" Mensch hat die Eigenschaft, häufiger etwas zu vergessen. Wenn er etwas erledigen will, läßt er einiges aus. Er vergißt es zu tun. Wenn wir nun vom „unvergeßlichen" Heinrich George sprechen, wollen wir dann hervorheben, daß er ein Mensch war, der niemals etwas vergessen hat? Der „Unvergeßliche" ist gängiger Sprachgebrauch geworden, obwohl natürlich der „Unvergeßbare", der, der nicht vergessen werden kann, gemeint ist.

Passivische Bedeutung hat „-bar". Der Pilz ist „eßbar"; er kann gegessen werden. Die Wahrheit ist „erkennbar"; sie kann erkannt werden. Der Satz ist unverzichtbar; er kann „nicht verzichtet werden"? „unverzichtbar" ist eine Neubildung unseres Jahrhunderts. Ohne Rücksicht auf die Grammatik – denn mit „-bar" können wir eigentlich nur Abjektive aus transitiven Verben ableiten – werden im Neudeutschen auch intransitive Verben schleichend zu transitiven Verben. Für weitere Neubildungen empfehlen wir Verben, die mehreren Verbklassen angehören: Die Versammlung wird demnächst nicht mehr begonnen, sie wird „beginnbar". Ob diese Neubildung wohl „unsterbbar" ist?

Sind „unverzichtbare" Verträge nun „veränderlich" oder „veränderbar"? „veränderlich" wären sie, wenn sie selbständig zur Veränderung neigen könnten. Das Wetter ist „veränderlich" und keinesfalls „veränderbar". Es kann nicht verändert werden – nur Petrus kann es verändern, so sagt man. Aber Petrus legitimiert kein „veränderbares" Wetter.

Die Endung „-mäßig" ist ein Ableitungsmittel, das immer größere Verbreitung findet. Oft ist „-mäßig" schlicht überflüssig. Ein anderes Mal steht es aus Verlegenheit ums richtige Wort, oder es fungiert als Lückenbüßer. Zuweilen wird es mit „-gemäß" verwechselt. Vom stilistischen Wert wollen wir schweigen.

> Wir beraten Sie bei allen wurst- und fleischmäßigen Einkäufen. – Wir beraten Sie beim Einkauf von Wurst und Fleisch.
> Anbei erhalten Sie eine prospektmäßige Beschreibung Ihres Kurortes. – ... eine Beschreibung in Prospektform.
> Wir suchen einen Text, der inhaltlich, formal und umfangmäßig in unser Konzept paßt. – ... und nach seinem Umfang ...

WÖRTER

> Wir erwarten von allen unseren Mitarbeitern, daß sie sich im Zweifelsfalle weisungsmäßig verhalten. – ... weisungsgemäß (= der Weisung angemessen) verhalten.

Ebenso wie „-mäßig" grassiert „-weise". Ursprünglich waren Wörter wie „stückweise", „ruckweise", „zwangsweise" Adverbien. Sie konnten nur im Zusammenhang mit Verben gebraucht werden. Also: „stückweise verkaufen", „ruckweise anfahren", „zwangsweise versteigern". Heute werden sie vielfach als Adjektive verwendet, auch dort, wo es (noch) nicht zulässig ist. Substantive, die mit „stückweise" oder „ruckweise" attribuiert werden, müssen noch immer eine Tätigkeit oder ein Geschehen ausdrücken: „stückweiser Verkauf, „ruckweise Entwicklung", „ratenweise Bezahlung". Strenge Stilisten wenden sich gegen die „ausnahmsweise Beurlaubung" und die „versuchsweise Einführung", weil nicht von fortschreitenden oder wiederholten Tätigkeiten die Rede ist. Vielleicht ist „-weise" damit zu streng beurteilt. Widersinnig wird „-weise" jedoch, wenn von „leihweisen Geräten" oder „kiloweisem Konzeptpapier" die Rede ist. Hier möchten wir daran erinnern, daß mit „-weise" gebildete Wörter als Adverbien besser aufgehoben sind:

> Wir stellen Ihnen die Geräte leihweise zur Verfügung.
> Um ein Buch zu schreiben, brauchen wir kiloweise Konzeptpapier.

Ist an den folgenden Beispielsätzen etwas falsch?
  a) Wir gratulieren Ihnen zum fünfzigjährigen Bestehen Ihres Unternehmens.
  b) Immer diese leidlichen Geldsorgen.
  c) Was halten Sie von einer „probeweisen Anstellung", einer „teilweisen Abschrift" und einem „stufenweisen Abbau"?

■ *Lösungen siehe Seite 109*

Gesteigerter Unsinn?

Urteilen und Bewerten beruhen auf Vergleichen. Die Vergleichsformen „gut – besser – am besten" drücken nicht immer eine „Steigerung" aus, wie wir dies in älteren Grammatiken lesen können. „Dem Kranken geht es besser, aber es geht ihm noch lange nicht gut." Oder: „Das eine Kleid ist schöner als das andere, aber schön sind sie beide nicht." Erst durch das Vergleichen gelangt der Betrachter zu der Ansicht, daß eines der Kleider „gesteigerte" Schönheit besitzt.

Manche Adjektive entziehen sich dem Vergleich: „endgültig", „schriftlich", „wörtlich", „ganz", „einzig", „halb", „kinderlos", „eckig", „rund", „zweifach", „erstklassig", „entgegengesetzt", „tot" und so fort. Nichts kann „endgültiger" sein als „endgültig", nichts „mündlicher" als „mündlich", nichts „einziger" als „einzig". Dennoch kann der eine Sprachstil „lebendiger" sein als der andere, obwohl lebendig eigentlich nicht

DAS ADJEKTIV

gesteigert werden kann. Das „vergleichsunfähige" Adjektiv lebendig wird zu einem Eigenschaftswort mit übertragener Bedeutung.

Auch viele Adjektive mit der Vorsilbe „un-" sind vergleichsunfähig: „unbekannt", „ungültig", „unbrauchbar", „ungeschminkt", „unrasiert". Sie bezeichnen einen „Nullpunkt", der keine Schattierungen zuläßt: „gültig" oder „nicht gültig", „rasiert" oder „nicht rasiert". Wie sollten wir solche Eigenschaften auch steigern? Ungültigster oder am nichtesten gültig?

Andere Adjektive mit „un-" drücken lediglich einen Grad aus. „Unglücklich", „unangenehm", „unhöflich", „unverträglich" haben keinen Nullpunkt. Der eine kann durchaus „unhöflicher" oder „unglücklicher" sein als der andere; die Süßspeise „unverträglicher" als vegetarische Kost.

Doch Vorsicht bei Adjektiven mit der Vorsilbe „un-". Sie verführen den unaufmerksamen Schreiber zur doppelten Verneinung, was bekanntlich Bejahung bedeutet:

> Denn der Guru ist kein unwillkommener Heimkehrer, und auch wenn sich die erhitzten Gemüter in Puna in den letzten Monaten etwas beruhigt hatten, die Stadt wäre ihn lieber heute als morgen los.

Der Guru ist entweder „ein unwillkommener" oder „kein willkommener" Heimkehrer. Wie sollen wir uns sonst erklären, daß die Stadt ihn lieber heute als morgen los wäre?

Kann jemand „erkälteter" sein als ein anderer? Nein, kann er nicht, zumindest nach den Regeln der Grammatik nicht. Partizipien stehen zwischen den Wortarten Verb und Adjektiv. Sie dürfen nur gesteigert werden, wenn ihr adjektivischer Charakter überwiegt und ihre verbale Herkunft besonders bei übertragener Bedeutung zurücktritt. Es muß heißen: die „lauter schreienden Kinder"; es kann heißen: ein Kleid in den „schreiendsten Farben" dieses Sommers.

Einige Partizipien werden nicht mehr als solche empfunden: „aufregend", „bezaubernd", „überzeugend", „verrückt". Sie dürfen gesteigert werden: die „überzeugendste Rede", der „verrückteste Einfall", die „bezeichnendste neudeutsche Redensart". Vorsicht bei zusammengesetzten Partizipien. Ist das folgende Beispiel richtig?

> Die rote Villa, auf dem höchstgelegensten Berg stehend, gilt als die besteingerichtetste der Stadt.

Hier wird doppelt gesteigert. „höchst-" und „best-" sind bereits Superlative, die höchste Steigerungsstufe. Das Partizip zu steigern ist nicht nur falsch, es ergibt auch keinen Sinn. Dennoch liest man schon einmal von der „meistbesuchtesten Ausstellung" oder dem „größtmöglichsten Aufwand" und den „bestgemeintesten Ratschlägen". Haben wir damit die am besten passendsten Beispiele genannt? Ja? Ergebensten Dank!

Zusammengesetzte Partizipien, die durch die Zusammensetzung einen neuen Sinn erhalten, werden im zweiten Teil gesteigert: „hochfliegendste Pläne", „zartfühlendste Worte" und „wohltuendste Maßnahmen".

WÖRTER

Einzelne Wörter ziehen Steigerungsfehler an wie das Licht die Motten. Trotz allen Widersinns finden wir sie immer wieder gesteigert. Da beteuert jemand, daß er „in keinster Weise" dies oder jenes gesagt habe. Oder jemand gibt weinerlich zum besten, daß diese oder jene Frau die „einzigste" sei, die er je geliebt habe.

Bei einigen Fremdwörtern scheint es manchem Werbetexter nicht aufzufallen, daß sie gleichfalls nicht zu steigern sind. Diese Leute wundern sich dann, wieso sie trotz „maximalster Anstrengungen" nur „minimalste Erfolge" erzielen, und das in „optimalster Weise". „maximal" ist die höchste, „minimal" die niedrigste und „optimal" die beste Stufe.

Besonders tückisch ist „möglichst". Einige Zeitgenossen sind „möglichst überall" dabei, kommen „möglichst nirgends" zu spät und lassen „möglichst niemals" etwas Interessantes aus. Der Superlativ aber verlangt von den ihm folgenden Eigenschafts- und Umstandswörtern den höchstmöglichen Grad. „möglichst viel", „möglichst wenig", „möglichst oft" bedeuten: „so viel", „so wenig", „so oft wie möglich". „Möglichst wenig" hat Sinn, weil „möglichst" vor einem Wort steht, das gesteigert werden kann. Aber wie steigern wir „überall", „nirgends" und „niemals"? Sollten wir solche Wortfügungen dann nicht möglichst immer meiden? So immer wie möglich?

Lösungen

Zur Aufgabe auf Seite 92: Was ist falsch an den folgenden Sätzen?

    a) Die lebensräumliche Instandsetzung ehemaliger Tagebaue bleibt unabdingbare Forderung der Gemeinde.

Man kann sich nur schwer vorstellen, wie eine „lebensräumliche Instandsetzung" vor sich gehen soll. Die „Instandsetzung der Lebensräume" ist gemeint. „unabdingbare Forderung" ist ein stilistisch schlechter Allgemeinplatz. Überzeugender wäre eine „Forderung, auf die die Gemeinde nicht verzichten wird."

    b) Dank Raupen schwerster Bauart werden Rodungen durchgeführt, Humus ab- und aufgetragen, Stein- und Felssprengungen, Erdbewegungen und Entwässerungsmaßnahmen durchgeführt.

Kann eine (Tier-, Pflanzen-, Bau-)Art schwer sein? Wenn nicht, kann es auch keine „schwerste Bauart" geben. Die Fügung hat sich trotzdem eingebürgert. Aber warum sprechen wir nicht einfach von „schweren Planierraupen".
Erinnern Sie sich an das Kapitel über die Verben. Der Satz enthält einen zusätzlichen Fehler. Sie haben ihn schon gefunden? Richtig. Es muß heißen: „... werden Rodungen durchgeführt, wird Humus ab- und aufgetragen, werden Stein- und Felssprengungen ..." Es herrscht keine Übereinstimmung oder Kongruenz in Kasus und Numerus.

c) Die planierten Strukturveränderungen des Bodens führen zu Verlusten in der Wasserspeicherfähigkeit.

Natürlich sind die „Strukturveränderungen des planierten Bodens" gemeint.

d) Er zeigte sich als ununterbrochener Störer und fortwährender Schwätzer.

Kann ein Mensch „unterbrochen" oder „fortwährend" sein? Abgesehen von aller Sinnwidrigkeit – „unterbrechen" und „währen" bilden ihre Vergangenheit mit „haben". Sie sind intransitiv. Mit den Partizipien Perfekt intransitiver Verben dürfen wir nicht attribuieren.

Zur Aufgabe auf Seite 94: eine mißverständliche Satzkonstruktion.

Vom Richter selbst zerschlagen, entsetzte sich nicht nur Eve über den zerbrochenen Krug.

Eine delikate Angelegenheit. Wir nehmen mit Erstaunen zur Kenntnis, daß der Richter Adam Eve zerschlagen hat. Nicht nur geschlagen, gleich zerschlagen! Für einen gar so schlechten Burschen haben wir ihn bislang noch nicht gehalten. Allerdings können wir diese frech behauptete Tatsache Heinrich von Kleists „Zerbrochenem Krug" nicht entnehmen. Oder wollte uns der Schreiber – mit untauglichen Mitteln zwar – vielleicht nur verraten, daß der Richter selbst den Krug zerschlagen hat?

Zur Aufgabe auf Seite 95: Formulieren Sie bitte die folgenden Konstruktionen um.

a) Auf der Matte liegend, genoß er die entspannenden Klänge psychedelischer Musik.

Wir verbessern:

Während er auf der Matte lag, genoß er die entspannenden Klänge psychedelischer Musik.

Aber, was ist besonders schön an der Konjunktion „während"? Daß sie am Satzanfang steht, verleiht ihr obendrein besonderes Gewicht. Die Zeitgleichheit müssen wir hier nicht betonen. Der nächste Satz gefällt uns am besten. Er ist so „schön einfach":

WÖRTER

Er lag auf der Matte und genoß die entspannenden Klänge psychedelischer Musik.

b) Er verlangte, auf dem Totenbett liegend, noch einmal Papier und Feder.

Für die Umformulierung dieses Satzes bieten sich die Konjunktionen „während" oder „als" an:

Er verlangte, als er auf dem Totenbett lag, noch einmal Papier und Feder.

Schön finden wir diesen Satz nicht. Er wirkt papierdeutsch. Uns reizen hier andere Möglichkeiten. Zunächst können wir das „liegend" ohne Informationsverlust weglassen:

Er verlangte auf dem Totenbett noch einmal Papier und Feder.

Doch sind wir keinesfalls aus Prinzip gegen eine Partizipialkonstruktion. Uns fehlt in diesem Satz nur ein kleines Wort, das der Partizipialgruppe besonderes Gewicht und damit die Aufmerksamkeit des Lesers für einen besonderen Umstand verleiht. Unser Vorschlag:

Er verlangte, schon auf dem Totenbett liegend, noch einmal Papier und Feder.

c) Schließlich hielt er die Rede, die von ihm verlangt wurde, doch mit leiser Stimme vortragend.

In diesem Satz hingegen halten wir das „vortragend" schlicht für überflüssig.

DAS ADJEKTIV

Zur Aufgabe auf Seite 100: korrekte Eigenschaften?

a) Wer behauptet, der Bund treibe mit seiner Finanzierungspolitik die Länder in den Ruin, redet vollkommenen Unsinn.

Mit dem „vollkommenen Unsinn" hat der Redner seinen Kontrahenten eine Belobigung ausgesprochen. Wir argwöhnen, daß er „völligen Unsinn" meinte.

b) Es gibt Leute, die haben es nicht notwendig zu grüßen.

„notwendig" darf nicht mit „haben" stehen. Die Leute haben es nicht „nötig" zu grüßen.

c) Diese Aufgabe wird schwierig zu lösen sein.

Nein. Diese Aufgabe wird „schwer" zu lösen sein; „schwierig" kann nicht vor einem Infinitiv stehen, ob mit oder ohne „zu".

Zur Aufgabe auf Seite 104: Enthalten die folgenden Beispielsätze Fehler?

a) Wir gratulieren Ihnen zum fünfzigjährigen Bestehen Ihres Unternehmens.

Nein. Es ist nichts anderes gesagt, als daß das Unternehmen seit fünfzig Jahren besteht.

b) Immer diese leidlichen Geldsorgen!

„leidlich" und „leidig" werden manchmal verwechselt; „leidlich" heißt soviel wie „zureichend", „annehmbar" (Es geht uns leidlich gut. Wir hatten leidliches Wetter. Er ist ein leidlich guter Schüler), „leidig" hingegen soviel wie „unangenehm", „lästig" (Das ist ein leidiges Thema. Alter Fisch hat einen leidigen Geruch von Fäulnis). Es geht also um „leidige Geldsorgen".

c) Was halten Sie von einer „probeweisen Anstellung", einer „teilweisen Abschrift" und einem „stufenweisen Abbau"?

Wir hoffen, daß Sie von der „probeweisen Anstellung" nichts halten. Man kann jemand „auf Probe" anstellen. Bei der „teilweisen Abschrift" und dem „stufenweisen Abbau" handelt es sich um Streitfragen. Immerhin drücken „Abschrift" und „Abbau" eine Tätigkeit aus. Wir bevorzugen die „Abschrift in Auszügen" und den „Abbau in Stufen".

DER ARTIKEL

Das Glied der Satzglieder

Unser Wort Artikel kommt vom lateinischen Wort „articulus". Es bedeutet „kleines Gelenk", „Glied", auch „Abschnitt" und „Teilchen". Die Artikel sind die unauffälligsten „Teilchen" im Satz. Dennoch ist „die" das meistgebrauchte Wort. Gleich danach folgt „der", und „das" nimmt in der Reihenfolge der zehn häufigsten Wörter die Position sieben ein. Wie neigen dazu, den Artikel für eine unwichtige Wortart zu halten. Machen wir die Probe aufs Exempel, und lassen wir die Artikel einfach einmal weg:

> dritte Gestalt auf linken Seite Feuers entdeckte Irrlicht erst nach einer Weile ...

Der Satz ist nicht mehr zu verstehen. Er stammt aus Michael Endes „Unendlicher Geschichte" und heißt im Original: „Die dritte Gestalt auf der linken Seite des Feuers entdeckte das Irrlicht erst nach einer Weile..." Machen wir noch einmal eine Probe, und wir werden Überraschendes feststellen:

> Berufsberater bei Arbeitsämtern berät Jugendliche und Erwachsene bei Berufswahl oder bei Berufsfortbildung.

Das ist zwar Telegrammstil, aber durchaus zu verstehen. Wir haben ebenso viele Artikel, nämlich vier, eingespart wie im Satz von Michael Ende. Im Original heißt er: „Der Berufsberater bei den Arbeitsämtern berät Jugendliche und Erwachsene bei der Berufswahl oder bei der Berufsfortbildung." Eine simple Satzstruktur, die einzige Präposition ist „bei". Neben dem Nominativ kommt nur der Dativ vor. Michael Endes Satz ist sehr viel komplizierter. Er enthält Substantive in allen vier Fällen: „Irrlicht" – Nominativ, „Feuer" – Genitiv, „Seite" und „Weile" – Dativ, „Gestalt" – Akkusativ. Dieser kleine Hinweis soll uns genügen. Wir wollten nur demonstrieren, daß unsere Artikel eine um so wichtigere Rolle spielen, je komplizierter die Verhältnisse im Satz sind.

DER ARTIKEL

Der Artikel ist eine relativ „junge" Wortart. Das Substantiv kann ohne Artikel stehen, aber der Artikel nicht ohne Substantiv. Der Artikel hat eine untergeordnete Funktion. Er zeigt das Genus (Geschlecht), den Numerus (Einzel/Mehrzahl) und den Kasus (Fall) des folgenden Substantivs an. Der Artikel entstand erst auf der Schwelle zum Mittelhochdeutschen, als das Althochdeutsche begann, viele seiner vollen Endsilbenvokale zu verlieren, die Genus, Numerus und Kasus eines Wortes im Satz angezeigt hatten.
Im Grunde haben wir mit dem Artikel nur ein Problem. Wann steht er, und wann steht er nicht? Versuchen wir zunächst, Bedeutungsunterschiede herauszufinden:

> Die Berufsgenossenschaften haben unter Berücksichtigung der anzuzeigenden Arbeitsunfälle Zuschläge aufzuerlegen oder Nachlässe zu bewilligen. (RVO)

Nicht Wohnungsbau-Genossenschaften, sondern „die" Berufsgenossenschaften, bestimmte Genossenschaften, sind gemeint. Könnte es auch „unter der Berücksichtigung" heißen? Nein. Hier ist eine Formel geprägt worden. Der Artikel in „der anzuzeigenden Arbeitsunfälle" verweist wiederum auf bestimmte Arbeitsunfälle. Solche, die nicht anzuzeigen sind, weil unerheblich, wirken sich auch nicht auf Zuschläge oder Nachlässe aus. Warum stehen „Zuschläge" und „Nachlässe" ohne Artikel? Es sind keine bestimmten Zuschläge und Nachlässe gemeint. Es ist lediglich allgemein von Zuschlägen und Nachlässen die Rede. Bei bestimmten Zuschlägen, zum Beispiel Zuschlägen nach § XY, hätte es heißen müssen: „die Zuschläge nach § XY", so wie im folgenden Satz von „der" Höhe „der" Zuschläge die Rede ist.

> Die Höhe der Zuschläge und Nachlässe richtet sich nach der Zahl, der Schwere oder den Kosten der Arbeitsunfälle oder nach mehreren dieser Merkmale.

Der Artikel vor „Nachlässe" braucht nicht wiederholt zu werden, weil Kongruenz, also Übereinstimmung in Genus, Numerus und Kasus herrscht. Er muß vor „der Zahl", „der Schwere" und „den Kosten" stehen, weil die drei Substantive im Numerus nicht übereinstimmen. Hier machen wir leicht Fehler.

> Beim Bau eines Hauses sollte man heute die Größe der Fenster und Heizanlage nicht mehr alleine nach Schönheit und Kosten ausrichten.

Es hätte heißen müssen: „die Größe der Fenster und der Heizanlage". Zwar lauten die Artikel hier gleich, jeweils „der", doch stehen die Fenster im Plural, und die Heizanlage steht im Singular. „Schönheit" und „Kosten" werden hier als allgemeine Merkmale aufgefaßt und brauchen deshalb keinen Artikel.
Das Deutsche neigt zwar nicht zur Herausbildung eines einheitlichen Artikels oder zum Verlust der Generi. Dennoch schwindet der Artikel. Es gibt Bereiche, die federführend dem Artikel den Kampf angesagt haben. Das Amtsdeutsche verzichtet besonders gerne darauf:

WÖRTER

Wegeunfälle bleiben dabei außer Ansatz.

Es ist eine formelhafte Sprache, die sich da artikellos herausbildet. Viele dieser Formeln sind uns geläufig: „bei Fälligkeit", „bei Ablauf", „nach Vorschrift", „unter Anwendung", „nach Zustellung", „nach Zuständigkeit", „in Ergänzung". Bei einigen dieser Formeln schwankt der Gebrauch des Artikels: „in Einvernehmen" oder „im Einvernehmen"; „mit Wechsel" oder „mit dem Wechsel des Vorstands".
Sprechen wir von bestimmten Vorschriften, Anwendungen, Zustellungen und so fort, müssen wir die Formeln zugunsten des Artikels auflösen:

Sie meinen zwar, nach Vorschrift gehandelt zu haben, doch haben Sie die Vorschrift XY übersehen.
Nach Zustellung aller Unterlagen wäre die separate Zustellung der Vertragsbedingungen nicht mehr nötig gewesen.

Auch unsere Alltagssprache ist nicht frei von formelhaften, artikellosen Wendungen: „an Stelle – anstelle", „auf Grund – aufgrund", „unter Umständen", „mit Rücksicht". Weitere Formeln finden wir in der Kaufmannssprache: „auf Abruf", „nach Bedarf".
Zuvor haben wir behauptet, daß der bestimmte Artikel „der – die – das" gesetzt wird, wenn etwas Bestimmtes, Individualisiertes gemeint ist. Der bestimmte Artikel kann aber auch generalisieren. „Der Wert des Geldes" ist eine generalisierende Formel im Gegensatz zu: „der heute notierte Geldwert".
Sprechen wir vom „bestimmten" Artikel, dürfen wir auch den „unbestimmten" Artikel nicht ganz unerwähnt lassen. Mit dem unbestimmten Artikel wird aus der Menge gleichartiger Dinge ein beliebiges einzelnes hervorgehoben: „Eine schwarze Katze läuft von links über die Straße." Aber: „Es ist die Katze meines Nachbarn." Und wiederum: „Es ist eine der Katzen meines Nachbarn." Eine „unbestimmte" Katze aus der Menge „bestimmter" Katzen.
Häufig finden wir Präposition und Artikel zusammengezogen:

von + dem = vom, „vom Standpunkt des Arbeitgebers"
bei + dem = beim, „beim Überqueren der Fahrbahn"
über + das = übers, „übers Land fahren"
in + dem = im, „im Haus"
an + dem = am, „am Straßenrand"
zu + dem = zum, „zum Beispiel"
zu + der = zur, „zur Zufriedenheit"

In allen diesen Fügungen ist der Artikel unbetont. „Ich gehe zum Arzt" – das heißt: Ich bin krank und gehe nun zum Arzt, wobei zunächst einmal gleich ist, zu welchem Arzt. Aber: „Ich gehe zum Arzt, der in der Nähe eine neue Praxis aufgemacht hat" ist falsch. Ich gehe dann nämlich zu einem ganz bestimmten Arzt. In diesem Fall muß der Artikel stehen: „Ich gehe zu dem Arzt, der in der Nähe eine neue Praxis aufgemacht hat."

DER ARTIKEL

Bei manchen Fügungen steht zwischen der Präposition und dem Substantiv ein Adjektiv. Wird nun der Artikel mit der Präposition verschmolzen, oder steht gar kein Artikel? Diese Frage müssen wir mit Sprachgefühl entscheiden. Als Schreiber unserer eigenen Texte wissen wir, was wir betonen wollen: „Er verhalf ihm zu großem Erfolg" bedeutet, daß er ihm dauerhaft zum Erfolg, und zwar einem großen, verholfen hat. Erfolg ist betont. „Er verhalf ihm zum großen Erfolg" heißt, daß er ihm zum Durchbruch verholfen hat, dem einmaligen, bestimmten Erfolg.

Viele der Wendungen mit „zu" stehen immer ohne Artikel. Meist sind dies alte Fügungen aus dem mittelalterlichen Sprachgebrauch: „zu Bett gehen", „zu Grabe tragen", „zu Land und zu Wasser".

Doch „zu" bietet noch weitere Klippen. Schauen Sie sich den folgenden Satz an:

Nur so kommt er zur Zufriedenheit, die er sich immer gewünscht hat.

Ist das richtig? Wir meinen, nein. Das Relativpronomen „die" verlangt nach einer „Relation", einer Beziehung auf etwas Bestimmtes. Dies ist eine ganz besondere Zufriedenheit, nämlich die, die er sich immer gewünscht hat. Es muß heißen:

Nur so kommt er zu der Zufriedenheit, die er sich immer gewünscht hat.

Was ist falsch an dem folgenden Satz?
Über den Stand der Dinge im Iran und Afghanistan lesen Sie heute auf Seite 2.

Lösung siehe unten

Lösungen

Was ist falsch an dem folgenden Satz?

Über den Stand der Dinge im Iran und Afghanistan lesen Sie heute auf Seite 2.

Iran verträgt sich mit dem Artikel „der" recht gut, also auch mit der Dativform „im" aus „in" und „dem". Afghanistan ist jedoch grammatisch ein artikelloses Land. Es kann demnach keine Krise „im Afghanistan" geben. Richtig hätte der Satz lauten müssen:

Über den Stand der Dinge im Iran und in Afghanistan lesen Sie heute auf Seite 2.

Gar keinen Artikel zu setzen ist gleichfalls zulässig.

Über den Stand der Dinge in Iran und Afghanistan lesen Sie heute auf Seite 2.

DAS PRONOMEN

„ … bei mich, da lernst du deutsch."

Manche Leute verwechseln „mein" und „dein". Doch, so scheint es, haben diese Zeitgenossen weniger ein entspanntes Verhältnis zur Grammatik als zum Privateigentum. Wer „mir" und „mich" verwechselt, hat davon kaum einen Vorteil. Auch wenn wir nicht Sprecher einer Regionalsprache sind und Dativ und Akkusativ des Personalpronomens „ich" sehr wohl auseinanderhalten können, bereiten uns die Pronomina dennoch so manche Schwierigkeit.
Pronomina (Singular: Pronomen) sind Stellvertreter, und zwar Stellvertreter des Substantivs. In Genus, Kasus und Numerus richten sie sich nach dem Substantiv, das sie vertreten. „Der Mann läuft. – Er läuft." „Das Wasser fließt. – Es fließt."
Wir wissen, daß es verschiedene Arten der Pronomina gibt. Da sind zunächst die Personalpronomina „ich", „du", „er", „sie", „es", „wir", „ihr", „sie" und das Reflexivpronomen „sich". Sie vertreten Personen oder Sachen. Die Possessivpronomina bezeichnen ein Besitz- oder Zugehörigkeitsverhältnis „mein", „dein", „sein", „ihr", „sein", „unser", „euer", „ihr". Die Demonstrativpronomina verweisen auf eine Auswahl, geben einen Hinweis oder kennzeichnen einen Ort: „dieser", „jener", „solcher", „derjenige" und so fort. Die Relativpronomina leiten eine Aussage ein, die sich auf ein Substantiv des vorhergehenden Satzes bezieht: zum Beispiel „der", „welcher", „was". Die Interrogativpronomina, „Fragefürwörter", stehen am Anfang einer Frage nach Personen oder Sachen: „wer", „warum", „welcher" und so fort. Schließlich gibt es noch die Indefinitpronomina, die „unbestimmten Fürwörter": „irgendeiner", „jedermann", „nichts" und andere mehr.
Die Indefinitpronomina tragen ihren Namen nicht ganz zu recht. Eigentlich sind es gar keine Pronomina. Wofür stehen zum Beispiel „etwas" oder „nichts" oder auch manchmal „es"?

> Er will etwas kaufen. Aber er kann nichts kaufen. Er hat kein Geld. So ist es ihm auch recht.

DAS PRONOMEN

„etwas" und „nichts" stehen für nichts als „etwas" oder „nichts"; „es" läßt sich hier gleichfalls nicht ersetzen.

In der Korrespondenz können wir mit den Personalpronomina jonglieren wie mit kaum einer anderen Wortart. Es gehört sich nicht, so heißt es, einen Brief mit „ich" oder „wir" zu beginnen. Statt

> Ich kann Ihnen die gewünschten Auskünfte nicht geben.

schreiben wir

> Die gewünschten Auskünfte kann ich Ihnen nicht geben.

Das ist korrekt. Allerdings wird durch die Umstellung die Betonung verändert und damit auch ein wenig der Gedanke.

Kluge Psychologen „erfanden" den „Sie-Stil". Jeder von uns hört es nun einmal lieber, wenn von ihm statt vom anderen zuerst die Rede ist. Einige Briefanfänge:

> Sie schreiben uns, daß Frau Meier in der Zeit vom ... bis ... stationär behandelt wurde.
> Ihr Interesse an unserer Ware XY freut uns.
> Ihr Mitarbeiter, Herr ..., sagte uns zu ...
> Ihre Liefer- und Zahlungsbedingungen konnten uns überzeugen.
> Sie suchen eine Tätigkeit als Exportleiter. Diese Position wollen wir Anfang nächsten Jahres neu besetzen.

Erst „Sie", dann „wir". So ist es geschickter. Daß wir vom Korrespondenzpartner etwas wollen, verführt uns dazu, unser Anliegen in den Vordergrund zu stellen und Briefe mit „wir" oder „ich" zu beginnen:

> Wir sind in den vergangen Jahren immer korrekt und preiswert von Ihnen bedient worden.
> Ich halte es für meine Pflicht, Ihre Aufmerksamkeit auf die Notwendigkeit zu lenken, daß unser gespeichertes Schriftgut dringend überarbeitet werden muß.

„Wir sind bedient worden" legt nahe, daß wir alles als selbstverständlich hingenommen haben. Wir können, wenn wir wollen, den gleichen Sachverhalt im „Sie-Stil" als Leistung darstellen:

> Sie haben uns in den vergangenen Jahren stets korrekt und preiswert bedient.

„Ich halte es für meine Pflicht" mag vom Korrespondenzpartner so aufgefaßt werden, als halte man sich selbst für den einzigen, der dringende Dinge zur Sprache bringt. Alle anderen haben die Sache „verschlafen". Ob wir damit etwas erreichen? Sichern wir uns doch gleich zumindest das „geneigte Ohr".

WÖRTER

> Sicher stimmen Sie mir zu. Ich meine, daß unser gespeichertes Schriftgut dringend überarbeitet werden muß.

Natürlich muß der Brief nicht immer mit den Pronomina „Sie" oder „Ihr" beginnen. Doch sollte der Angesprochene zuerst zum Zuge kommen. Dann sprechen wir geschickterweise von uns.

Müssen wir jedoch einen Fehler zugeben, können wir schlecht mit „Sie" beginnen. Dort, wo nur ein „ich" oder „wir" am Anfang sinnvoll ist, brauchen wir uns keine übertriebene Mühe zu geben, „ich" oder „wir" vom Satzanfang wegzulocken. Zum Beispiel:

> Wir haben einen Fehler gemacht. Bitte entschuldigen Sie ...

Ganz geschickte Korrespondenten finden selbst in solchen Situationen noch zum Sie-Anfang:

> Sie haben recht: wir haben einen Fehler gemacht.

„von uns" und „von Ihnen" sind zwei Fügungen aus Präposition und Personalpronomen, die wir in Briefen häufig lesen müssen. Die Fügungen sind charakteristisch für den „es-Stil". Wir sprechen weder vom Partner noch von uns. Wir ziehen uns auf neutralen Boden zurück und sprechen von der Sache, auch dann, wenn es um uns oder um ihn geht.

> Die gewünschten Armaturen werden erst Anfang nächsten Jahres von uns geliefert werden können.
> Die von Ihnen gelieferten Bestecke haben erhebliche Mängel.
> Die von Ihnen am 03.01.19.. an uns übermittelte Nachricht hat uns erst am 10.01.19.. erreicht.

Im ersten Satz ist das Passiv völlig überflüssig. Der Satz wird steif und umständlich. An der Tatsache, daß wir wegen Produktionsengpässen die Armaturen nicht liefern können, ändert auch die Verwendung des Passivs nichts. Statt dessen können wir dem Adressaten schreiben:

> Wir können die gewünschten Armaturen erst Anfang nächsten Jahres liefern.

Das ist kürzer und klingt besser. Im zweiten und im dritten Satz sind „von uns" und „von Ihnen" schlicht überflüssig. Da wir dem Korrespondenzpartner wohl kaum etwas über „von anderen gelieferte Bestecke" schreiben werden, fehlt uns nichts, wenn wir schreiben:

> Die Bestecke haben erhebliche Mängel.

DAS PRONOMEN

Ebenso formulieren wir besser:

> Ihre Nachricht vom 03.01.19.. hat uns erst am 10.01.19.. erreicht.

So sind wir im dritten Satz auch die tautologische „übermittelte Nachricht" losgeworden.
„Ihrerseits" und „unsererseits" sind recht verstaubte Personalpronomina.

> Was Ihre Mängelrüge betrifft, so möchten wir unsererseits darauf hinweisen ...
> Bestehen Ihrerseits noch Bedenken?

Möchten Sie diese Sätze vielleicht selbst verbessern?

Lösungen siehe Seite 120

Ähnlich verstaubt ist „das Ihre": „Sie werden das Ihre dazu beitragen müssen." Hier stellt obendrein die Schreibung eine Schwierigkeit dar, denn „das Ihre" muß groß geschrieben werden, selbst wenn mit „Ihre" nicht der Korrespondenzpartner angesprochen wird. Es ist ein zum Substantiv erhobenes Pronomen. Vermeiden wir lieber „das Ihre". Schreiben wir: „Sie werden ihr(en)/Ihr(en) Teil dazu beitragen müssen." Hier wird durch die Groß- und Kleinschreibung deutlich, wessen Teil gemeint ist.
Daß wir nicht zu sparsam mit dem Anredepronomen „Ihr" umgehen sollten, bewahrheitet sich öfter, als uns lieb sein kann. „Ein Hut für zwei" nannte Karl Hirschbold den Fehler in folgendem Satz:

> Wenn Sie am Messestand Nr. ... Ihren Namen und Adresse deponieren, werden Sie bald verständigt, wo Sie sich „Ihren" Hundertwasser, Fuchs, Rainer oder Hrdlicka abholen können.

Hier hat jemand die Genera der beiden Substantive „Namen" und „Adresse" mißachtet. Herrscht keine Kongruenz, muß das Personalpronomen wiederholt werden: „Ihren Namen und Ihre Adresse".
„wir" ist nicht unbedingt gleich „wir". Wenn wir sagen, „Wir gehen jetzt nach Hause" meinen wir meistens auch „wir". Daneben gibt es ein unbestimmtes „wir", das in der Korrespondenz üblich geworden ist. Statt „Unser Haus hat sich verpflichtet, nur Qualität zu liefern" schreiben wir heute „Wir haben uns verpflichtet, nur Qualität zu liefern." Obwohl es unbestimmt ist, wird dieses „Wir" als persönlicher, direkter, verpflichtender empfunden.
Auf Versammlungen und in Reden ist ein „kollektives Wir" nicht unüblich. „Das dürfen und das können wir nicht hinnehmen." „Um den uns zustehenden Marktanteil zu erringen, müssen wir harte Aufbauarbeit leisten." Also: „Packen wir's an."
Schreibt man noch „Es grüßt Sie Ihr Müller/Meier/Schmitz"? Warum nicht? Es klingt verbindlich. Und Verbindlichkeit kann uns, wenn wir etwas erreichen wollen, sicher nicht schaden.

WÖRTER

Welche Rolle spielen „darum", „darauf", „darin", „daran", „darüber"? Die Pronominaladverbien ersetzen vor allem eine Präposition und das unscheinbare „es". Statt „Denken Sie bitte an es" schreiben wir „Denken Sie bitte daran". Auch andere Wörter als „es" können ersetzt werden. „Er hat es im Wasser gefunden." Wird „Wasser" ersetzt, heißt es dann „Er hat es in ihm gefunden"? Das klingt ein wenig seltsam, obwohl es korrekt ist. Besser klingt: „Er hat es darin gefunden."

Mit dem Reflexivpronomen „sich" gehen Sprachbewußte in den südlichen deutschsprachigen Regionen „logischer" um als gemeinhin üblich. Der deutsche Herausgeber von Peter Turrinis „Rozznjogd" hatte sich herausgenommen, den Meister zu korrigieren und eine Handlungsanweisung verbessert. Sie lautet: „Sie küssen sich." Auf einer Dichterlesung Turrinis in Österreich erhob sich Widerspruch, ja Gelächter. „Sie küssen sich. Das geht doch gar nicht. Wie soll man sich selbst küssen?" Dennoch ist „Sie küssen sich" in der deutschen Schriftsprache eine völlig korrekte Wendung, auch wenn sie nicht „logisch" ist. Wenn Mißverständnisse bei einem Satz wie „Die beiden Katzen putzen sich" entstehen können, ist es besser, „Sie putzen einander" oder „Sie putzen sich gegenseitig" zu schreiben.

Demonstrativpronomen wie „derselbe", „deren", „dessen" wirken in vielen Zusammenhängen verstaubt. Statt „Herr Direktor Meier und dessen Gattin" können wir sagen: „Herr Direktor Meier und seine Frau". Statt „Wir versichern nicht gegen Unfälle. Wir versichern gegen deren Folgen" können wir schreiben: „Wir versichern gegen ihre Folgen."

Aber, wessen Hut ist gemeint, wenn es heißt: „Er trug seines Vaters Krawatte und seinen Hut"? Wenn es des Vaters Hut ist, sollte es heißen: „... und dessen Hut."

Gegen „derselbe", „dieselbe", „dasselbe" führen Stilisten seit langem einen hartnäckigen Kampf. Diese Pronomina klingen nicht schön und sind leicht zu ersetzen. „Ich habe einen Brief geschrieben und werde denselben nun korrigieren." Warum denselben? „Ich habe einen Brief geschrieben und werde ihn nun korrigieren."

Häufig wird „derselbe" mit „der gleiche" verwechselt. „Derselbe" können wir nur bei völliger Übereinstimmung, bei Identität benutzen. „Derselbe Vorgang, den ich gestern erst weitergeleitet habe, liegt heute wieder auf meinem Tisch." Das ist richtig. Aber: „Du hast denselben Hut wie ich." Das kann nicht sein. Es ist ein anderer Hut, der lediglich dem meinen gleicht. Also: „Du hast den gleichen Hut wie ich."

Ein alleinstehendes „dieser", „diese, „dieses" hat schon manchen in die Irre geführt.

> Ständig bekam er Streit mit seiner Frau und mit seiner Schwiegermutter. Dabei hatte er diese selbst ins Haus geholt.

Wen? Seine Frau, seine Schwiegermutter oder beide? Entweder wir schreiben statt „diese" „letztere", was jedoch nicht schön klingt, oder wir nennen die Person erneut und schreiben „seine Schwiegermutter".

Probleme bereiten „der", „derer", „deren". Was ist falsch an dem folgenden Satz?

> Die Grenzen des Anstandes, innerhalb der sich ein Normalbürger bewegen darf, sind reichlich eng gezogen.

DAS PRONOMEN

Nach „innerhalb" muß der Genitiv stehen und nach „Grenzen" der Plural. Wie aber heißt der Genitiv Plural Femininum des Pronomens „die"? Heißt er „der", „derer" oder „deren"? Er heißt im Singular und im Plural „deren". „Die Grenze, deren Länge wir nicht kennen ..." Und: „Die Grenzen des Anstandes, innerhalb deren sich ein Normalbürger bewegen darf ..."

Das Pronomen „derer" darf nur substantivisch gebraucht werden. „Böse Zungen behaupten, daß die Zahl derer, die Deutsch können, immer mehr abnimmt.

Möchten Sie den folgenden Satz verbessern?

> Dies ist eine Aufgabe, deren Bewältigung nicht einfach ist und man sich auch nicht einfach machen kann.

Lösung siehe Seite 120

Relativpronomina bieten keine besonderen Schwierigkeiten. Autoren, die die Meinung vertreten, sie müßten schreiben „Autoren, welche die Meinung vertreten", haben noch die Worte ihres Deutschlehrers im Ohr, der eine Wiederholung um jeden Preis vermieden sehen wollte, auch um den Preis des Stils. „Welcher – welche – welches" ist ungebräuchlich geworden. Auch wenn dreimal „die" hintereinander steht – „Die, die die Meinung vertreten ..." –, formulieren wir lieber um in „Leute, die der Meinung sind", statt zu schreiben: „Die, welche die Meinung vertreten ..." Das klingt pastoral: „Der Herr, welcher ...".

Manchmal bereiten „das" und „was" Kopfschmerzen. Heißt es nun „Das Buch, was ich dir geschenkt habe", oder heißt es „Das Buch, das ich dir geschenkt habe"?

Nach einem Substantiv muß „das" stehen. Nach einem substantivierten Adjektiv steht „was". Besonders häufig steht „was" nach substantivierten Superlativen: „Das Schönste, was ich je gesehen habe." „Das Beste, was es je gab." Aber: „Das schönste Auto, das ich je gesehen habe." Und: „Das beste Waschmittel, das es je gab."

„Was" kann sich auch auf den gesamten Inhalt des vorhergehenden Satzes beziehen:

> Der Großvater bewies das an der Maispflanze, was ihm nicht schwer fiel.

Nach Indefinitpronomina und Zahlwörtern wie „etwas", „alles", „vieles", „manches", „weniges", „nichts" steht gleichfalls „was". Dennoch stört es manchen, wenn „etwas" in Verbindung mit „was" steht. Vielleicht schreibt deshalb mancher Schriftsteller „etwas, das". Es gibt schon einiges, was einem gegen das Stilgefühl gehen kann.

Beim Relativadverb „wo" haben wir unsere stilistischen Hemmungen. Ob Sie es nun glauben oder nicht, „wo" darf nicht nur mit örtlichem, sondern auch mit zeitlichem Bezug verwendet werden. Rudolf Walter Leonhardt hat einige Stellen aus der Literatur zusammengetragen, die das belegen: „Es gibt im Menschenleben Augenblicke, wo er dem Weltgeist näher ist als sonst", läßt Schiller den Wallenstein sagen. Und „... an dem Tage, wo Albano ins ministerialische Haus kam", schreibt Jean Paul. „In alten Zeiten, wo das Wünschen noch geholfen hat ...", erzählen die Brüder Grimm. Auch Nietzsche meidet das temporale „wo" nicht: „... jetzt, wo uns die Begeisterung ..."

WÖRTER

Selbst Thomas Mann schreibt: „Mayer wartete den Augenblick ab, wo sie ... sich gegen den Eingang wandten." Will man „wo" im Schillerschen Satz unbedingt gegen „als" austauschen, ändert sich mehr als nur einige Wörter: „... als er dem Weltgeist näher ..." Welche Zeitform folgt nun? Ist? Nein: war!

Sind die beiden folgenden Beispiele korrekt?
a) Es ist das alte Auto unseres Nachbarn, was solch einen Lärm macht.
b) Sie ist das Hübscheste, was ich je gesehen habe.

Lösungen siehe Seite 121

Lösungen

Zur Aufgabe auf Seite 117: Bitte korrigieren Sie die Beispielsätze.

Was Ihre Mängelrüge betrifft, so möchten wir unsererseits darauf hinweisen ...

Wenn „unsererseits" so wichtig ist, schreiben wir einfacher und besser:

Entgegen Ihren Ausführungen möchten wir darauf hinweisen ...

Bestehen Ihrerseits noch Bedenken?

Die Verbesserung dieses Satzes könnte lauten:

Haben Sie noch Bedenken?

Zur Aufgabe auf Seite 119: Möchten Sie den folgenden Satz verbessern.

Dies ist eine Aufgabe, deren Bewältigung nicht einfach ist und man sich auch nicht einfach machen kann.

Es herrscht keine Kongruenz in den Kasus. Wer oder was ist nicht einfach? „Deren Bewältigung" (Nominativ)! Wen oder was sollte man sich nicht einfach machen? „Deren Bewältigung" (Akkusativ)! Auch wenn Nominativ und Akkusativ des Pronomens „die" gleich lauten, muß das Pronomen dennoch wiederholt werden.

Dies ist eine Aufgabe, deren Bewältigung nicht einfach ist und deren Bewältigung man sich auch nicht einfach machen kann.

DAS PRONOMEN

Zur Aufgabe auf Seite 120: Sind die beiden Beispielsätze richtig?

a) Es ist das alte Auto unseres Nachbarn, was solch einen Lärm macht.

Natürlich muß es heißen: „… das alte Auto, das …" Auto ist ein Substantiv, also muß „das" stehen.

b) Sie ist das Hübscheste, was ich je gesehen habe.

Dieser Satz ist nicht ganz so einfach zu bewerten. Streng grammatisch beurteilt, ist der Satz korrekt. Nach einem substantivierten Superlativ steht „was". Jedoch, finden Sie es korrekt, sie – das Mädchen oder die Frau – als „das Hübscheste" zu bezeichnen? Warum nicht: „Sie ist die hübscheste, die ich je gesehen habe." Dann erledigt sich das Problem, daß „sie – das – was" nicht ganz zusamenpassen wollen, von selbst.

DAS NUMERALE

Eine Herausforderung an den Rechtschreibbewußten

Die Numerale, die Zahlwörter, sind keine Wortart im üblichen Sinn. Wir kommen diesen Wörter nicht so sehr über ihre Form als über ihre Bedeutung auf die Spur. Manche Numerale treten als Zahlsubstantive auf, „ein halbes Dutzend", manche als Adverbien, „uneins sein", manche als Adjektive, „die fünfte Kolonne", manche als Pronomen, „einzelne".
Die Groß- oder Kleinschreibung der Numerale bereitet uns manchmal Probleme. Wie wird „der erste" geschrieben? Immer, wenn eine Reihenfolge gemeint ist, schreiben wir „der erste" klein: „der erste von beiden", „die beiden ersten", „der erste beste", „das erste, was ich höre", „mit den ersten Sonnenstrahlen", „das soll fürs erste genug sein". Ist eine Rangfolge gemeint, wird „der Erste" groß geschrieben: „er ist Erster geworden", „das Geld kommt am Ersten". Wie mit „dem ersten", so gehen wir auch mit „dem letzteren" um, zumindest was die Groß- und Kleinschreibung betrifft. In der Formulierung „alle viere von sich strecken" wird „viere" klein geschrieben, auch wenn Sie „fünfe gerade sein lassen" wollen. Ein „Drittel" und ein „Viertel" werden groß geschrieben, wenn wirklich gezählt oder abgemessen wird. „Ein Viertel Wein bitte". Mit der Aufteilung des Jahres können Sie in zweifacher Weise verfahren: „ein Dreivierteljahr" oder „ein dreiviertel Jahr". Wenn eine Wortverbindung mit Numerale als feststehende Wendung, als Einheit begriffen wird, schreiben wir das Numerale der Fügung groß: „der Dreißigjährige Krieg", „die Sieben Weltwunder", „der Erste Weltkrieg". Aber: „die sieben Raben" und „die zwanziger Jahre". In den „Zwanzigern" – die Jahre von 1920 bis 1929 – wiederum wird groß geschrieben, weil das Numerale hier substantiviert ist.
Zwischen „beide" und „die beiden" gibt es einen kleinen Unterschied. Stellen Sie sich folgendes vor: Sie wollen zwei Freunde besuchen. Zuerst fahren sie zu dem einen, der aber nicht daheim ist, dann zu dem anderen, und dieser ist auch nicht zu

DAS NUMERALE

Hause. Sie haben also „beide" nicht angetroffen. Situation zwei: Sie sind mit einem Ehepaar verabredet und Sie treffen „die beiden" in einem Restaurant.

Noch eine Bemerkung zur Flexion. „In 5 Meter Höhe" wird nicht gebeugt, wohl aber „in einer Höhe von 5 Metern". Beim „Fassungsvermögen von 20 Litern" geht das Gemessene der Maßangabe voraus. Dekliniert werden muß auch, wenn die Maßangabe hinter einem deklinierten Wort steht: „Von den 800 Litern Heizöl haben wir erst 200 Liter verbraucht."

Sind die folgenden Beispiele richtig?

> 5-kg-Dose, 3/4-l-Flasche, 5-Zimmer-Wohnung, achtundachtzigtausend, fünf Millionen dreihundertvierzigtausendsiebenhundertachtundzwanzig, siebenmillionenmal, 3millionenfach, 8fach

Alle sind richtig, aber warum? Gründe gibt es dafür keine, nur Schreibkonventionen, und die finden wir in den Regeln des Duden zum Bindestrich und zur Zusammen- und Getrenntschreibung. „5-kg-Dose". „3/4-l-Flasche" und „5-Zimmer-Wohnung" sind Aneinanderreihungen mit Zahlen in Ziffern. Sie werden durchgekoppelt.

Alle in Buchstaben geschriebenen Zahlen unter einer Million werden zusammengeschrieben, also auch „achtundachtzigtausend"; über einer Million werden sie getrennt geschrieben: „fünf Millionen dreihundertvierzigtausendsiebenhundertachtundzwanzig". In Ableitungen und Zusammensetzungen wiederum schreiben wir auch diese Zahlen zusammen: „siebenmillionenmal" und „3millionenfach". Die Grundregel dazu lautet, daß Ableitungen, die eine Zahl enthalten, zusammengeschrieben werden, unabhängig davon, ob die Zahl in Buchstaben oder in Ziffern geschrieben wird: „8fach" und „achtmal".

DAS ADVERB

„Unter Umständen ..."

„Du bist klug", mag eine Mutter stolz zu ihrem Sohn sagen. Eine Feststellung, und zwar eine uneingeschränkte, nicht modifizierte Feststellung. Ein anderes Mal mag sie eine seiner besonderen Leistungen bestaunen und meinen: „Du bist eben klug" (im Sinne von „Deshalb kannst du das"). Oder sie ruft erstaunt aus: „Bist du vielleicht klug!" Aber kein Mensch ist vollkommen. An einem anderen Tage rutscht ihr heraus: „Du bist eben nur klug!" („Leider hast du zwei linke Hände.") Schließlich hat sie einmal schlechte Laune und nimmt es mit der gerechten Beurteilung nicht so genau. Sie tadelt: „Du bist keineswegs klug." Oder: „Du bist noch nie klug gewesen."
Alle diese Modifikationen, die einen großen Bedeutungsunterschied kennzeichnen, bringt eine kleine Wortart zustande: das Adverb. Als „reines" Adverb ist es der Form nach unveränderlich. Seine wichtigste Funktion besteht darin, die Umstände anzugeben, unter denen etwas geschieht. Diese Umstände können ortsgebunden (lokal), zeitgebunden (temporal), erweiternd oder einschränkend (modal) oder begründend (kausal) sein.
Das Adverb hat einen irreführenden Namen. Adverb bedeutet zum Verb gehörend. „Er hat sich sehr geärgert." Das Adverb „sehr" modifiziert das Verb „ärgern". Doch kann das Adverb auch als Attribut beim Substantiv, beim Adjektiv oder bei einem anderen Adverb stehen: „Das Bild dort gefällt mir" – Erläuterung zum Substantiv „Bild". „Sie strickt eine sehr lange Jacke" – Erläuterung zum Adjektiv „lang". „Sie besucht uns sehr oft" – Erläuterung zum Adverb „oft".
Im Satz können viele Adjektive und Partizipien die Funktion eines Adverbs wahrnehmen. „Er fährt langsam." Die Art und Weise zu fahren ist langsam. Im Satz „Er ist klug" ist „klug" ein prädikatives Adverb. Manche Grammatiker streiten darum, ob „häufig" nun ein Adjektiv oder Adverb ist. Unserer Meinung nach entscheidet die Funktion im Satz darüber, ob „häufig" nun ein Adverb oder Adjektiv ist. „Er kommt häufig" – Adverb. „Sein häufiges Kommen beunruhigt uns" – Adjektiv. Ebenso kann „selten" beiden Wortarten angehören. Setzen Sie es einfach an die Stelle von „häufig".

DAS ADVERB

Allerdings sind so manches Mal Mißverständnisse nicht auszuschließen, wenn ein Wort die Wortart wechselt. „Er bietet selten gute Leistungen" dürfte eigentlich nichts anderes bedeuten als „Seine Leistungen sind nur in wenigen Fällen gut". Dennoch hat sich in der Umgangssprache eine andere Bedeutung von „selten" in Fügungen wie „selten gut" oder „selten schön" herausgebildet. Hier ist „außerordentlich" oder „besonders" schön gemeint. Zumindest in der Schriftsprache sollten wir solch mißverständliche Fügungen vermeiden.

Das Adverb „umsonst" hat mittlerweile viele Bedeutungen angenommen. Etwas „umsonst" bekommen heißt heute soviel wie, etwas nicht bezahlen zu müssen. Daneben wird es in einer Fülle anderer Bedeutungen gebraucht.

> Er hat ihm das Buch nicht umsonst gegeben. (nicht zufällig)
> Er hat sie umsonst auf den Preisvorteil hingewiesen. (vergebens)
> Er hat ihn nicht umsonst gerade in diese Ausstellung geführt. (nicht ohne Grund)

Also Vorsicht bei „umsonst". Es könnte beleidigend wirken: „Nicht umsonst habe ich dir gerade dieses Geschenk gemacht."

Durch „-weise" lassen sich viele Substantive in Adverbien verwandeln: „schrittweise vorgehen", „blattweise aussortieren", „artenweise auszählen", „auszugsweise nachdrucken", „scheckweise bezahlen" und so fort. Treten gar zu viele „-weise" in einem Satz auf, könnten wir auch sagen: „Schritt für Schritt vorgehen", „Blatt für Blatt aussortieren", „nach Arten auszählen", „in Auszügen nachdrucken", „mit Scheck bezahlen". Was spricht dagegen, die Umstände manchmal durch ein Substantiv mit einer Präposition auszudrücken?

Einige Adverbien geraten sich immer wieder ins Gehege, zum Beispiel „her" und „hin". Dabei ist es gar nicht schwer, sie zu unterscheiden. Das Adverb „hin" bezeichnet die Bewegung vom Ort der bezeichneten Person oder Sache weg, „her" die Bewegung auf den Ort der bezeichneten Person oder Sache zu.

> Ich bin zu spät hingegangen. – Komm doch gleich mal herauf.

Es ist üblich geworden, ein Buch „herauszugeben" oder jemanden „herauszuwerfen". Dabei wird das Buch doch eigentlich vom Herausgeber „weggegeben", also „hinausgegeben". Es heißt nun mal „herausgeben" und „Herausgeber". Daß es „herauswerfen" heißt, ist noch nicht in allen deutschen Landstrichen beschlossene Sache. Hochsprachlich dürfen wir ruhig davon sprechen, daß jemand sein „Geld zum Fenster hinauswirft". Ein oft benutzter Ausweg: „rauswerfen". Das „her" wird in dieser Abkürzung nicht deutlich empfunden.

Was ist falsch an dem folgenden Satz?
> „Wenn Sie zu uns aufs Land hinauskommen, dann machen wir uns einen schönen Tag."

Lösung siehe Seite 127

WÖRTER

Auch mit „umher" und „herum" haben wir manchmal unsere Schwierigkeiten. „umher" bezeichnet eine unbestimmte „Kreuz-und-quer-Bewegung" wie in „umherirren". Bei diesem Verb wird die Planlosigkeit der Bewegung in beiden Teilen ausgedrückt. Das Adverb „herum" bezeichnet dagegen eine Kreisbewegung.

> Er schlich um die merkwürdigen Kisten und Kästen herum wie die Katze um den heißen Brei.

Die Grenzen zwischen „scheinbar" und „anscheinend" verwischen sich. Wahrscheinlich, weil sie nur mit Hilfe von Eselsbrücken auseinanderzuhalten sind. Wenn wir sagen wollen, daß etwas nur den Anschein habe und nicht der Wirklichkeit entspreche, dann benutzen wir „scheinbar". „Er ist scheinbar krank." „scheinbar", so können wir uns das merken, steht immer dann, wenn wir „nur" davorsetzen können: „Er ist nur scheinbar krank. In Wirklichkeit ist er gesund." Wollen wir hingegen ausdrücken, daß wir etwas nicht genau wissen, sondern nur vermuten, sagen wir: „Er ist anscheinend krank." Wir nehmen an, daß er krank ist. Er könnte aber auch im Urlaub sein.
Manchmal macht uns auch die Form eines Adverbs zu schaffen. Ein Endungs-*e* verweist in vielen Fällen auf die flektierte Form eines Adjektivs: „schöne Blume", „hohe Tür", „dicke Decke", „lange Schnur". Nur in der Umgangssprache dauert ein Urlaub „lang", in der Schriftsprache dauert er „lange".
Das adverbiale „was" verträgt sich nicht mit Präpositionen, zum Beispiel „um was", „an was", „auf was", „über was", „vor was".

> „Ich weiß nicht mehr, um was ich dich gebeten habe."

Dieser Satz ist falsch. Verschiedene Pronominaladverbien bieten sich zur Lösung der Unverträglichkeit an: „worum", „woran", „worauf", „worüber", „wovor". In Beispielen:

> Nun weiß ich wieder, worum ich dich gebeten habe.
> Sag mir, woran du denkst. (Nur in der Umgangssprache heißt es: ... an was du denkst.)
> Ich will ihnen gerne erklären, worauf es ankommt. (Und nicht: ... auf was es ankommt.)
> Wir sollten uns für die Besprechung einige Punkte notieren, worüber wir reden wollen. (Nicht: ... über was wir reden wollen.)
> Wollen Sie mir nicht erklären, wovor Sie Angst haben. (Falsch: ... vor was Sie Angst haben.)

Verbessern Sie bitte die folgenden Sätze:

> Um was es bei diesen Sätzen geht? Natürlich um das, an was Sie sich erinnern sollen.

■ *Lösungen siehe Seite 127*

DAS ADVERB

Lösungen

Zur Aufgabe auf Seite 125: Was ist falsch an dem folgenden Satz?

Wenn Sie zu uns aufs Land hinauskommen, dann machen wir uns einen schönen Tag.

Soll nicht der Angesprochene eine Bewegung aufs Land zu machen? Dann muß es heißen:

Wenn Sie zu uns aufs Land herauskommen, dann machen wir uns einen schönen Tag.

Zur Aufgabe auf Seite 126: Verbessern Sie bitte die folgenden Sätze.

Um was es bei diesen Sätzen geht? Natürlich um das, an was Sie sich erinnern sollen.

Es muß nicht nur heißen „Worum es bei diesen Sätzen geht" und „... woran Sie sich erinnern sollen", sondern auch „Natürlich darum, ..." Im Kapitel über die Pronomina haben wir geschrieben, daß „daran", „darum", „darin" Fügungen wie „an es, um es, in es" und so fort ersetzen.

DIE PRÄPOSITION

Schwierige Verhältnisse

Die Kleinsten sind manchmal die Größten, so auch in der Sprache. Winzlinge wie „ab", „an", „in", „um", „zu", „auf", „aus", „bei", „bis", „für", „mit", „von", „vor" regieren die in ihrer unmittelbaren Nähe stehenden Substantive und deren Begleitwörter. Alle der rund hundert Präpositionen haben eines gemeinsam: Sie verlangen einen bestimmten Kasus, wenn auch nicht alle den gleichen.

> Um (Genitiv) ihretwillen bin ich vor (Dativ) Kollegen Meier zur Messe gefahren, um während (Genitiv) der ersten drei Tage Auskunft über (Akkusativ) alle Ausstellungsgegenstände geben zu können.

Präpositionen kennzeichnen das Verhältnis, in dem zwei Personen, zwei Sachen oder eine Person und eine Sache zueinander stehen. „Ich gehe an den Strand" – ich gehe hin. „Ich gehe über den Strand" – ich passiere ihn. „Ich gehe den Strand entlang" (Akkusativ) und nicht die Straße entlang. Oder: „Ich gehe entlang dem Strand" (Dativ), weil er zwar schön, aber zu naß ist.
Präpositionen prägen viele stehende Wendungen. Dieselbe Präposition kann verschiedenartige Verhältnisse ausdrücken. „Ich gehe nach dem Abendessen aus" – temporal. „Ich gehe nach Hause" – lokal. „Er verlangt nach Schutz" – modal.
Zwei Schwierigkeiten sind es vor allem, die uns beim Gebrauch der Präpositionen zu schaffen machen. Zum einen ist es nicht immer leicht, den richtigen Kasus für das folgende Substantiv zu finden, und zum anderen ist es zuweilen recht schwer, überhaupt das richtige Verhältniswort zu finden. Beschäftigen wir uns zunächst damit, in welchem Fall verschiedene Präpositionen die Substantive regieren.
„statt", „während", „wegen", „trotz", „dank" sind schwierige Präpositionen. Sie stehen alle mit dem Genitiv.

DIE PRÄPOSITION

Statt des Regenmantels ziehe ich lieber eine Jacke an.
Während des Essens haben wir uns gut unterhalten.
Wegen seines Betragens wird er sich noch rechtfertigen müssen.
Trotz des schlechten Wetters werden wir einen Ausflug machen.
Dank seines Fleißes ist er schnell vorangekommen.

Einige Stilisten möchten das Beziehungswort zu „trotz" und „dank" gerne in den Dativ setzen. Warum? Der präpositionale Gebrauch von „trotz" entwickelte sich im 16. Jahrhundert aus dem formelhaften Gebrauch der Interjektion (Ausrufewort): „Trotz sei geboten"! Also läßt sich formulieren: „Trotz sei dem schlechten Wetter!" Warum soll es dann aber „trotz des schlechten Wetters" heißen? Es heißt ja auch nicht „es regnete trotzdes", sondern „es regnete trotzdem". Das gleiche gilt für „dank". Es heißt: „Dank sei deinem Fleiß!" Warum soll es nun „dank deines Fleißes" heißen? Vielleicht können wir beides gelten lassen. Wer auf dem Dativ besteht – „trotz" und „dank" standen früher mit dem Dativ –, der soll ihn benutzen, wenngleich der Genitiv trotz alledem üblich geworden ist.

„während" ist dort angebracht, wo zwei Ereignisse zeitlich zueinander in Beziehungen stehen. Sie währen beide gleich lange. Ist die Rede von einer Zeitspanne, ist „während" fehl am Platze. Nicht: „Das Wasser wird während der folgenden 20 Minuten erwärmt", sondern „Das Wasser wird in den folgenden 20 Minuten erwärmt".

Noch eine kurze Bemerkung zum Genitiv. Verben, die den Genitiv verlangen, bekommen vielfach statt des Genitivobjektes ein Präpositionalobjekt. Es heißt dann „Ich freue mich über das Erlebte" statt „Ich freue mich des Erlebten", „Er braucht sich wegen seines Fehlers nicht zu schämen" statt „Er braucht sich seines Fehlers nicht zu schämen". Vielleicht klingen die genannten Genitive etwas altväterlich. Aber wie steht es mit dem „Typoskript für ein Buch"? Kann es nicht auch das „Typoskript eines Buches" sein und der „Entwurf für einen Brief" auch der „Entwurf eines Briefes"? Schlimm wird es, wenn es heißt:

Der Redakteur nahm sich um das Thema an.

Oder auch:

Er wußte seit der letzten Dienstbesprechung um das Thema.

Er sollte sich „des Themas" annehmen und seit der letzten Dienstbesprechung „von dem Thema" wissen. Präpositionalobjekte mit „über", „an", „wegen", „um" ersetzen häufig das Genitivobjekt. So manch seltsame präpositionale Fügung macht sich breit, um zweifelhafte Abwechslung in den Sprachgebrauch zu bringen.

Leiden wir „an" oder „unter" Kopfschmerzen? Wir leiden „an Kopfschmerzen". Im Sommer können wir „unter der Hitze" leiden, im Winter „unter der Kälte", zuweilen „unter der Launenhaftigkeit" anderer Menschen, und wenn es schlimm kommt „unter der Einsamkeit". Hingegen leiden wir „an Rheuma" oder „an Migräne", an Krankheiten, die uns Qualen bereiten. Dann aber leiden wir wieder „unter Qualen".

WÖRTER

Die Präposition „unter" kommt oft zu kurz. Sie wird von „zwischen" bedrängt, und zwar dort, wo „zwischen" eigentlich nichts zu suchen hat.

> Für den Bezug können Sie zwischen mehreren Qualitäten wählen: Baumwolle, Baumwoll-Cord und Leinen.

Sie können sich zwischen zwei Stühle setzen, und Sie können zwischen zwei Felswänden in ein tiefes Loch fallen. Wählen aber können wir nur „unter mehreren Qualitäten" und „unter verschiedenen Möglichkeiten". Manchmal mischt sich auch „zwischen" zu oft in einen Satz ein:

> Das muß zwischen der Bundesregierung und zwischen dem Bundesrat ausgehandelt werden.

Das Deutsche hat keine Verlaufsform. Umgangssprachlich sagen wir „er ist am Fahren". Er fährt gerade. Mancher von uns weiß, daß „am tun sein" nicht gerade feiner Sprachgebrauch ist, und er verbessert sich, indem er sagt: „Er ist im Fahren begriffen." Umständlicher geht's kaum noch. Schöner und einfacher schreiben wir: „Er ist beim Fahren."

„für" steht mit dem Akkusativ. Es verführt uns zum falschen Kasus, wenn dem Präpositionalobjekt mit „für" eine Apposition folgt.

> Sie sind für unseren Herrn Meier, dem Leiter der Exportabteilung, genau der richtige Mitarbeiter.
> Ein aufregendes Konzert ist für kommenden Freitag, dem 7. Oktober, zu erwarten.

Die Appositionen sind jeweils Erläuterungen zum Präpositionalobjekt, das im Akkusativ steht. Also muß auch die Apposition im Akkusativ und nicht im Dativ stehen: „... Herrn Meier, den Leiter der Exportabteilung" und „... kommenden Freitag, den 7. Oktober ..." Nicht nur in Appositionen gehen wir sorglos mit „für" um, das den Akkusativ verlangt.

> Für Ihre treuen Dienste und der damit verbundenen Sorgfalt danken wir Ihnen.

„für" bezieht sich ebenso auf „Dienste" wie auf „Sorgfalt". „Für die treuen Dienste danken wir" und „Für die damit verbundene Sorgfalt danken wir". Also muß es richtig heißen:

> Für Ihre treuen Dienste und die damit verbundene Sorgfalt danken wir Ihnen.

„ab" ist ein Wörtchen, das wir strenggenommen nur für Ortsangaben verwenden sollten. Gegen einen Zug „ab Frankfurt" oder Waren „ab Werk" können wir nichts einwenden. Es sind Fahrplan- und Formularwendungen im Telegrammstil. Doch hat sich das handliche „ab" auch als Zeitangabe festgesetzt und steht nun gleichberech-

DIE PRÄPOSITION

tigt neben „von ... an": „ab heute", „ab jetzt", „ab morgen", „ab 1. September". Aber Vorsicht! Die Zeitangaben mit „ab" dürfen nur mit einem anhaltenden Geschehen, nicht mit einem Augenblicksgeschehen verbunden werden. Richtig: „Die Bücher sind ab 1. April (vom 1. April an) lieferbar"; falsch: „Das Buch erscheint ab 1. April (vom 1. April an)."

Schwierigkeiten bereiten „mit und ohne". Warum? Sie wollen sich nicht mit dem gleichen Kasus zufriedengeben. „mit" steht mit dem Dativ: „mit jemandem gehen"; „ohne" steht mit dem Akkusativ: „ohne jemanden gehen". Trotzdem fragt sich manch einer, „ob sie mit oder ohne ihren Begleiter kommt". Die Frage aber muß lauten: „Kommt sie mit ihrem oder ohne ihren Begleiter?"

Gegen die Präposition „gegen" sind wir mißtrauisch geworden. Zu Unrecht, denn „gegenüber" bedeutet soviel wie „auf der anderen Seite". Dennoch finden wir Sätze wie

> Er hat eine tiefe Abneigung gegenüber allem Schriftlichen.

Was befindet sich denn „gegenüber"? Ach, „gegen alles Schriftliche" ist gemeint! Oder:

> Wir haben Ihnen gegenüber bereits mehrfach ausgeführt, daß wir Ihrem Konzept in der vorliegenden Form nicht zustimmen werden.
> Unser Vertrauen Ihnen gegenüber ist nicht mehr gerechtfertigt.

Die Modepräposition „gegenüber" ist im ersten unserer beiden Sätze schlicht überflüssig. Im zweiten muß eine andere Präposition stehen.

> Unser Vertrauen in Sie ist nicht mehr gerechtfertigt.

Einige der kleinen Präpositionen liegen manchmal im Streit miteinander. Haben Sie auch Vertrauen „zur Regierung" und Ihre Gedanken „Ähnlichkeit zu" denen des Kanzlers? Wir wollen keine Antwort, sondern Sie nur darauf aufmerksam machen, daß wir das „Vertrauen in" und die „Ähnlichkeit mit" bevorzugen. Haben Sie eine andere „Auffassung über" den Gebrauch dieser Präpositionen oder lieber eine andere „Auffassung von" deren Gebrauch?

„Ich möchte mir keinesfalls anmaßen, Sie zu belehren, aber ein bißchen reizt es mich schon, eine kritische Anmerkung machen zu dürfen", schrieb uns ein Leser unserer Fachzeitschriftenbeiträge und meinte weiter: „Auf Seite ... schreiben Sie ‚bei der Ausführung in Stahl'. Diese Ausführung, die Sie dort ansprechen, mag zwar ‚in' Freiburg hergestellt werden, aber ‚in Stahl': Wo liegt das?"

Ein Blick in den Duden lohnt sich immer. „in" mit dem Dativ dient zur „Angabe des Sichbefindens". „Er lebt in einer Wohngemeinschaft." „in" mit dem Akkusativ gibt ein Ziel an, „auf das hin eine Bewegung stattfindet". Wir können ebenso „in die Stadt gehen" wie „in eine Partei eintreten". Wiederum mit dem Dativ wird „in" „zur Angabe eines Zeitpunktes oder Zeitraumes" verbunden. „Er war in zwei Tagen mit seiner Ar-

WÖRTER

beit fertig" und „In diesem Sommer hat es viel geregnet". Schließlich, und das ist es, worauf es uns hier ankommt, kann „in" auch modal gebraucht werden. „Die Decke ist in vielen Farben ausgemalt." Die Präposition „in" kann also räumlich, zeitlich und modal verwendet werden. Und, sie kann die nicht ganz unwesentlichen Beziehungen zwischen „Objekten" herstellen: „Er ist in sie verliebt", „Ich habe in Ihnen einen guten Verbündeten".

Die Präpositionen sind schwierig genug. Dennoch glauben manche Schreiber, mit einer Präposition allein nicht auskommen zu können.

> Die Entführer reagierten auf von Regierungsseite gestellte Forderungen mit einer weiteren Entführung.
> Beständig schreibt er von unter verschiedenen Bedingungen lebenden Menschen.
> Das Vertrauen in für Gespräche offene Verhandlungspartner wächst.
> Wegen für das nächste Jahr zu erwartender Mehrbelastungen wurden in der Ministerrunde heftige Vorwürfe laut.

Solche Sätze begegnen uns gar nicht so selten. Denken Sie nur an das modisch gewordene „mit an Sicherheit grenzender Wahrscheinlichkeit". Zwei aufeinanderfolgende Präpositionen sind immer schlecht. Sie erschweren das Verständnis. Oft tragen adjektivisch gebrauchte Partizipien die Schuld an den „doppelten Verhältnissen". Wir vermeiden zwei hintereinander stehende Präpositionen, indem wir einen Nebensatz bilden. Das entspricht vielleicht nicht dem zeilensparenden Stil der Zeitungsmeldungen, ist aber verständlicher, lesbarer.

> Die Entführer reagierten mit einer weiteren Entführung auf die Forderungen, die von Regierungsseite gestellt wurden.
> Beständig schreibt er von Menschen, die unter verschiedenen Bedingungen leben.

Oder wir setzen, wenn unbedingt Zeilen gespart werden müssen, wenigstens einen Artikel zwischen die beiden Präpositionen:

> Das Vertrauen in die für Gespräche offenen Verhandlungspartner wächst.
> Wegen der für das nächste Jahr zu erwartenden Mehrbelastungen ...

Möchten Sie auf Fehlersuche gehen?

a) Wir müssen den Rahmen abstecken, innerhalb dem wir uns bewegen können.
b) Unser Angebot ist reichhaltig. Und doch werden wir es von April ab noch erweitern.
c) Er leidet unter seiner schweren Krankheit.
d) Sie unterhielten sich in englisch.
e) Nahe beim ‚Alten Posthof' baut die Sparkasse ein Schulungszentrum.
f) Unseres Erachtens nach wird die ... AG bald in Zahlungsschwierigkeiten kommen.

DIE PRÄPOSITION

g) Die Y-Halle liegt vis-a-vis des roten Backsteingebäudes.

Wie kann es auch heißen?
a) Er schrieb an seinen Brieffreund in USA.
b) Wir essen heute außer Hauses.

Worin besteht der Unterschied?
Er macht Fehler um Fehler. – Er macht Fehler über Fehler.

Lösungen siehe Seite 137 f.

Aufgeblasene Verhältnisse

Sie beginnen mit „gemäß". Das Wort ist nicht nur als Wortbildungsmittel, sondern auch als Präposition recht beliebt.

Alle Mitarbeiter haben sich Ihren Anweisungen gemäß verhalten.

Hier hätte es genügt, schlicht zu schreiben:

Alle Mitarbeiter haben sich nach Ihren Anweisungen verhalten.

Die alten, kurzen Präpositionen scheinen aus der Mode zu kommen. Neue Verhältniswörter blasen die Sprache auf. Bombastische Umschreibungen werden möglich, die nichts verständlicher machen und darüber hinaus nur selten einen Sachverhalt wirklich genauer fassen. Uns drängt sich der Verdacht auf, daß es manchmal die ungeklärten, verschwommenen Verhältnisse selbst sind, die zu solchen Umschreibungen verführen. Präpositionale Fügungen helfen oft, gedankliche Schwächen zu vertuschen.

Im Interesse der Überlastung unseres Personals sind wir gezwungen, die Freizeitanlage über Weihnachten zu schließen.

Nicht „im Interesse der Überlastung", sondern wenn schon, dann „im Interesse der Entlastung". Aber, könnte nicht auch „wegen der Überlastung" geschlossen werden müssen?
Häufig verwendete Modepräpositionen sind „bezüglich" oder „in bezug auf". Man findet sie allerorten, besonders in der geschäftlichen Korrespondenz. Wer von uns hat noch keinen Brief erhalten, in dem von ihnen die Rede ist?

Bezüglich Ihres Schreibens vom … teilen wir Ihnen mit …

WÖRTER

Einfacher geht es mit „auf". „Auf Ihr Schreiben vom ... teilen wir Ihnen mit ..." In die gleiche Kategorie gehört „anläßlich".

> Wir danken für die vielen Glückwünsche und Geschenke, die uns anläßlich unserer Hochzeit erreicht haben.

Sagt „zu" denn nicht das gleiche wie „anläßlich" aus. Bekommt die Hochzeit mehr Gewicht, wenn wir daraus einen Anlaß machen? Hin und wieder begegnet uns in ähnlichen Zusammenhängen „in Anbetracht".

> In Anbetracht der dringend notwendigen Renovierungsarbeiten ist die Bibliothek vom ... bis ... geschlossen.

Das riecht nach Amtsschimmel. Die Bibliothek kann auch „wegen" der dringend notwendigen Renovierungsarbeiten geschlossen bleiben. Dennoch ist uns „in Anbetracht" noch eine winzige Spur sympathischer als „angelegentlich", eine Präposition die nach unserem Geschmack ganz und gar künstlich und geziert klingt. Sie will hoch hinaus und fällt doch stilistisch tief nach unten.

> Angelegentlich des Festaktes zum zwanzigjährigen Bestehen unserer Einrichtung wies der Minister erneut darauf hin, welch herausragende Rolle die privaten Bildungsstätten heute spielen.

„angelegentlich" paßt recht gut zum dürftigen Inhalt des schwülstigen Satzes. Schwulst können wir auch mit „angesichts" und „vermöge" produzieren.

> Angesichts dieser Zumutung konnte er sich nicht enthalten zu bemerken, daß die Firmenziele wohl ohne eine kräftige Aufstockung des Werbeetats nicht würden erreicht werden können.
> Vermöge einigen Nachdenkens gelang es ihm schließlich, das Problem zu lösen.

Beim ersten Satz wurde eine Stilebene zu hoch gegriffen. Das verleitet zu „angesichts" statt „bei dieser Zumutung"; „vermöge" ist ein recht altväterliches Wort und wirkt deshalb schwülstig. „Nach einigem Nachdenken" kommt er zu den gleichen Ergebnissen.
Nicht alle Präpositionen sind schwülstig. Einige sind „nur" umständlich.

> Seitens der Abteilung Computergestützte Entwicklung bestehen keine Einwände gegen das neue CAD-System.

„In der Abteilung ... bestehen ..." hätte es heißen können, oder „Von der Abteilung sind keine Einwände zu erwarten", wenn's denn steif sein soll. Uns allerdings gefällt am besten:

DIE PRÄPOSITION

Die (Mitarbeiter der) Abteilung Computergestützte Entwicklung (haben) hat keine Einwände gegen das neue CAD-System.

Wir können „vermittels", „mittels" oder „mit Hilfe von" etwas zur Tat schreiten.

Mittels erweiterter Gesundheitsvorsorge wird es möglich sein, allgemein die Kosten im Gesundheitswesen zu senken.
Herrn ... ist es gelungen, vermittels neuer Gesprächstechniken zum erfolgreichsten Außendienstmitarbeiter zu werden.
Es ist fraglich, ob mit Hilfe der neuen EG-Milchverordnung tatsächlich eine Qualitätsverbesserung der Milch erreicht werden kann.

Genauso könnte es heißen „bei erweiterter Gesundheitsvorsorge" oder „mit erweiterter Gesundheitsvorsorge". Der Außendienstmitarbeiter kann „mit neuen Gesprächstechniken" ebenso erfolgreich werden. Und: „Es fragt sich, ob mit der neuen EG-Milchverordnung tatsächlich eine Qualitätsverbesserung der Milch erreicht werden kann." Schlagen Sie den Nagel „vermittels eines Hammers" oder „mit einem Hammer" in die Wand? Drücken sie „aufs Knöpfchen", oder können Sie nur „vermittels eines Knöpfchens" drücken?
Die Präpositionen „inbegriffen", „einschließlich", „inklusive", „zuzüglich" haben sich fest etabliert. War das unbedingt nötig? 100 DM „und/plus" 14 % Mehrwertsteuer sind schließlich auch 114 DM. Ein Pkw kostet „mit" 14 % MWSt ebensoviel wie „einschließlich" oder „inklusive" 14 % MWSt.
Umgekehrt könnte es heißen „ohne" Mehrwertsteuer, statt „ausgenommen" oder „abzüglich". Auch ist uns kein Fall bekannt, in dem es unbedingt heißen müßte „mit Ausnahme von":

Mit Ausnahme von ... wird allen Angeklagten eine Verbindung zur Unterwelt nachgesagt.

Hier hätte „außer" den Sachverhalt ebenso deutlich gemacht.
Einige Präpositionen sind aus artikellosen Fügungen entstanden. Ursprünglich hatten viele dieser Fügungen Artikel. Zunächst hieß es „durch die Kraft seines Amtes", heute heißt es „kraft seines Amtes". Zu diesen Fügungen gehören auch „aufgrund" oder „auf Grund" und „an (der) Stelle" oder „anstelle". Beide Schreibweisen sind richtig. Für „anstelle" können wir auch hin und wieder „für" oder „statt" schreiben.

Da der Vorrat schneller zur Neige gegangen ist, als wir erwartet haben, empfehlen wir anstelle des gewünschten Titels Mozarts ‚Zauberflöte'.

Der Musikverlag hätte Mozarts „Zauberflöte" auch „für den gewünschten Titel" oder „statt des gewünschten Titels" empfehlen können. Aber: „Er kam an seiner Stelle" klingt besser als „Er kam statt seiner" oder „Er kam an seiner Statt".
Wenn es heißt:

WÖRTER

> Er erhielt die Stelle eines Abteilungsleiters EDV aufgrund seiner langen Berufserfahrung.

können wird ihm auch zugestehen, daß er die Stelle „wegen" seiner langen Berufserfahrung erhielt.

Zum guten Schluß möchten wir noch auf zwei beliebte Anglizismen hinweisen. „Ich treffe mich mit meiner Freundin" oder „Wir treffen uns morgen zum Mittagessen mit unseren Geschäftspartnern" heißt es in der gesprochenen Sprache. Die Wendung geht auf das englische „to meet with" zurück. Das Wörtchen „mit" ist hier überflüssig. Es heißt schon lange und noch immer: „Ich treffe meine Freundin" und „Wir treffen morgen zum Mittagessen unsere Geschäftspartner".

> Nach dem letzten Ausbruch muß er nun für mindestens sieben weitere Jahre ins Gefängnis.
> Ihm wurde für nur zehn Minuten Redezeit erteilt.

Auch diese Wendungen mit „für" sind englischer Sprachgebrauch: „for at least seven more years" und „for ten minutes". Es ist kaum verständlich, warum sich diese entbehrlichen Wörtchen gerade in den Zeitungen durchsetzen. Dort, so heißt es, liege die Würze ganz besonders in der Kürze. „Verdeutscht" heißen die beiden Sätze:

> Nach dem letzten Ausbruch muß er nun mindestens sieben weitere Jahre ins Gefängnis.
> Ihm wurden nur zehn Minuten Redezeit erteilt.

Das können Sie besser formulieren!
   a) Hinsichtlich des Preises haben sie sich nun endlich geeinigt.
   b) Die Auflage exklusive Werbe- und Freiexemplare beträgt 5000 Stück.
   c) Ihr Schreiben betreffs Steuerermäßigung haben wir an das zuständige Finanzamt Köln West weitergeleitet.
   d) Die Aufwendungen einschließlich aller Reparaturkosten sind bei weitem zu hoch.
   e) Letzten Meldungen zufolge ist der Dollarkurs wieder gestiegen.

■ *Lösungen siehe Seite 138*

DIE PRÄPOSITION

Lösungen

Zur Aufgabe auf Seite 132 f.: Möchten Sie auf Fehlersuche gehen?

    a) Wir müssen den Rahmen abstecken, innerhalb dem wir uns bewegen können.

„innerhalb" steht mit dem Genitiv. Also heißt es: „... innerhalb dessen wir uns bewegen können."

    b) Unser Angebot ist reichhaltig. Und doch werden wir es von April ab noch erweitern.

Hier herrscht die Konfusion der Verhältnisse. „ab April" hält manch einer für richtig; „von ... ab" ist eine Kombination aus „ab April" und „von April an". „von ... an" drückt das temporale Verhältnis korrekt aus.

    c) Er leidet unter seiner schweren Krankheit.,

Nein. „Er leidet an seiner schweren Krankheit", aber „unter Schmerzen".

    d) Sie unterhielten sich in englisch.

Wenn „in" geschrieben steht, dann auch „Englisch" oder „in englischer Sprache". Sonst muß es heißen „auf englisch", womit der Wortlaut gemeint ist.

    e) Nahe beim ‚Alten Posthof' baut die Sparkasse ein Schulungszentrum.

„nahe" mit dem Dativ zu verbinden ist richtig. Der Genitiv – „nahe des Hauses" – kommt vor, ist aber falsch! „nahe beim" oder „nahe bei dem" ist zuviel des Guten. „Nahe dem ‚Alten Posthof' baut die Sparkasse ein Schulungszentrum" halten wir für korrekt.

    f) Unseres Erachtens nach wird die ... AG bald in Zahlungsschwierigkeiten kommen.

„unserers Erachtens" ist hochtrabend und „nach" ist hier überflüssig. Unser Vorschlag:

    Wir meinen, daß die ... AG bald in Zahlungsschwierigkeiten kommen wird.

    g) Die Y-Halle liegt vis-a-vis des roten Backsteingebäudes.

WÖRTER

„vis-a-vis" steht mit dem Dativ!

Die Y-Halle steht vis-a-vis dem roten Backsteingebäude.

Wie kann es auch heißen?

a) Er schrieb an seinen Brieffreund in USA.

Das Verb „schreiben" kommt ohne „an" aus.

Er schrieb seinem Brieffreund (Dativ) in USA.

b) Wir essen heute außer Hauses.

„außer" in Verbindung mit dem Genitiv wird unmodern. Es kann heute heißen:

Wir essen heute außer Haus(e).

Worin besteht der Unterschied?

Er macht Fehler um Fehler. – Er macht Fehler über Fehler.

Im ersten Fall wird ein Fehler nach dem anderen gemacht. „Fehler über Fehler machen" dagegen heißt, daß „immer mehr" Fehler gemacht werden.

Zur Aufgabe auf Seite 136: Das können Sie besser formulieren!

a) Hinsichtlich des Preises haben sie sich nun endlich geeinigt.
b) Die Auflage exklusive Werbe- und Freiexemplare beträgt 5 000 Stück.
c) Ihr Schreiben betreffs Steuerermäßigung haben wir an das zuständige Finanzamt Köln West weitergeleitet.
d) Die Aufwendungen einschließlich aller Reparaturkosten sind bei weitem zu hoch.
e) Letzten Meldungen zufolge ist der Dollarkurs wieder gestiegen.

Unsere Vorschläge:

a) Über den Preis haben sie sich nun endlich geeinigt.
b) Die Auflage ohne Werbe- und Freiexemplare beträgt 5 000 Stück.
c) Ihr Schreiben zur Steuerermäßigung haben wir ... weitergeleitet.
d) Die Aufwendungen sind mit allen Reparaturkosten bei weitem zu hoch.
e) Nach letzten Meldungen ist der Dollarkurs wieder gestiegen.

DIE KONJUNKTION

„Und sagte kein einziges Wort"

So nannte Heinrich Böll einen seiner Romane. Im Jahre 1953 noch konnten Deutschlehrer dem Schriftsteller einen solchen Titel nur verzeihen, indem sie über sich selbst hinauswuchsen. Mit „und" beginnt man keinen Satz. „und" verbindet Gleichartiges. Aber Schriftsteller kümmerten sich selten darum, was Deutschlehrer dachten.
Konjunktionen können Wörter, Wortgruppen oder Sätze miteinander verbinden. Der Duden unterscheidet sie nach ihren Funktionen. Nebenordnende Konjunktionen nennt er „und" und „oder". „wie" ist eine Satzteilkonjunktion, „um zu" eine Infinitivkonjunktion und „weil" ein unterordnendes Bindewort. Durch Konjunktionen können wir Aussagen aneinanderreihen, sie einander entgegensetzen, Aussagen einschränken, unterordnen, näher erläutern, vergleichen, begründen und so fort. Einige unserer Konjunktionen sind noch recht jung. Sie wurden für die Bildungssprache des 16. bis 18. Jahrhunderts „erfunden". Großer Beliebtheit erfreuen sich die meisten der Bindewörter dennoch nicht. Manche Schreiber scheinen lediglich drei Konjunktionen zu kennen: „und", „aber" und das unvermeidliche „daß".
Das kleine Wörtchen „und" hat es in sich. Meistens verhält es sich unauffällig und verbindet Gleichartiges: „Das Wetter ist kalt und feucht." Auch nebengeordnete Sätze können durch „und" verbunden werden: „Er tanzte und er lachte." Korrekt verwendet ist „und" blaß und uninteressant; „inkorrekt" verwendet ist es für einige Erzählstile unentbehrlich. Lesen Sie selbst.

> … oh ich mag mein Bett mein Gott das haben wir nun erreicht nach 16 Jahren in wieviel Häusern waren wir überhaupt Raymond Terrace und Ontario Terrace und Lombard Street und Holles Street und er läuft jedesmal fröhlich pfeifend durch die Gegend wenn wir wieder mal eine Rutschpartie machen seine Hugenotten oder den Froschmarsch und tut so wie wenn er den Männern groß hilft bei unsern paar Klamotten und Möbeln und dann das City Arms Hotel schlimmer immer schlimmer sagt Warden Daly …

WÖRTER

Die zitierte Textstelle stammt aus der „ganz großen Literatur". Wir haben nur einen kleinen Ausschnitt aus einem sage und schreibe in unserer Übersetzung 75 Seiten langen „Satz" gewählt. Er stammt aus dem berühmten letzten Kapitel des „Ulysses" von James Joyce (übersetzt von Hans Wollschläger). Joyce gibt darin die Gedanken der Molly Bloom als **inneren Monolog** wieder, der sein besonderes Gepräge in der Wiedergabe des Bewußtseinsstromes (Stream of consciousness-Technik), einer losen Folge von Bewußtseinsinhalten ohne Beachtung der Satzzeichen, erhält.

Uns interessiert hier besonders eine Stelle: „... in wieviel Häusern waren wir überhaupt Raymond Terrace und Ontario Terrace und Lombard Street und Holles Street und er läuft jedesmal fröhlich pfeifend durch die Gegend ..." Streng genommen handelt es sich bei dem letzten „und" um einen Satzbruch (Anakoluth), eine Folgewidrigkeit im grammatischen Satzbau. Die Fortführung eines Gedankens fällt aus der syntaktischen Konstruktion des Satzanfangs heraus.

Mit normaler Interpunktion könnte die Textstelle so aussehen: „In wieviel Häusern waren wir überhaupt? Raymond Terrace und Ontario Terrace und Lombard Street und Holles Street, und er läuft jedesmal ..." Hier stolpern wir über das „und". Irgend etwas stimmt da nicht. Es ist die Satzstellung, die uns nicht glatt, nicht sinnvoll erscheint. Müßte es nicht nach dem „und" heißen: „... und jedesmal läuft er fröhlich pfeifend durch die Gegend ..."? Ja, allein unter grammatischen Gesichtspunkten betrachtet müßte die Satzgliedfolge nach dem vorangestellten Beisatz Prädikat – Subjekt – Objekt lauten. Jedoch entspricht diese Satzstellung nicht unbedingt der gesprochenen Sprache, es sei denn, jemand spricht „wie gedruckt".

In der gesprochenen Sprache sind Satzbrüche durchaus üblich. Sie können Erregung oder Unmut ausdrücken.

> Es geschieht oft, daß, je freundlicher man ist, nur Undank wird einem zuteil.

Richtig hätte es nach dem letzten Komma heißen müssen: „..., einem nur Undank zuteil wird."

Der folgende Satzbruch hat sich so stark eingebürgert, daß wir ihn kaum als unrichtig empfinden:

> Wenn diese Zeilen in der Zeitung stehen und Sie lesen sie, dann werden Sie verwundert den Kopf schütteln.

Die Konjunktion „wenn" leitet einen Nebensatz ein; „und" verbindet Gleichartiges. Die Gliedsätze vor und nach dem „und" sind Nebensätze. Das „wenn" gilt auch für „und Sie lesen sie". Wenn wir nun formulieren „und wenn Sie lesen sie", fällt uns die falsche Wortstellung sogleich auf. Nach „und" muß die Satzgliedstellung die gleiche sein wie nach „wenn".

> Wenn diese Zeilen in der Zeitung stehen und Sie sie lesen, dann werden Sie verwundert den Kopf schütteln.

DIE KONJUNKTION

Bei wirklich gewichtigem Inhalt kann der Anakoluth Stilmittel sein. Gerade durch die „falsche Satzstellung" machen wir auf etwas aufmerksam, was uns besonders wichtig ist.

> Wenn sie mit ihrem Unternehmen an die Börse gehen und sie tun das tatsächlich, dann werden die Kurse über Nacht steigen.

Zur Verdeutlichung dieses absichtlichen Satzbruches würden wir den Satz gern so interpunktieren: „Wenn sie mit ihrem Unternehmen an die Börse gehen – und sie tun das tatsächlich –, dann werden die Kurse über Nacht steigen." Aber das ist Geschmackssache.
Sie haben bemerkt, worauf es uns ankommt? Auf das „absichtlich". Anakoluthe sind bewußt eingesetzte Stilmittel, die wir nicht überstrapazieren und die uns nicht zufällig unterlaufen sollten.
Eine alte Stilregel lautet: Beginne keinen Satz mit „und". Doch lesen Sie bitte einmal die folgenden Sätze:

> Und er hatte einen kleinen, kurzbeinigen Köter, der auf den ersten Blick keinen Cent wert und höchstens dazu geeignet schien, im Winkel zu hocken, dekorativ auszusehen und nach etwas Stehlbarem auf der Lauer zu liegen. ... Und er schien erstaunt und sah plötzlich ganz entmutigt aus und versuchte gar nicht mehr, den Kampf zu gewinnen und wurde daher schlimm zugerichtet.

Die Sätze entstammen Mark Twains „Der berühmte Springfrosch der Provinz Calaveras", der literarischen Fassung einer sogenannten „tall tale", einer mündlichen Erzählform des „unzivilisierten", aber originellen Mittleren Westens der USA gegen Ende des vorigen Jahrhunderts. Auch diese Geschichte wird im Stil der gesprochenen Sprache erzählt. Die Erzählung hat weder einen „richtigen" Anfang noch ein „richtiges" Ende. Geschichten werden fortlaufend erzählt – „und ... und ... und" ist eines der Stilmittel, das Fortlaufende zu charakterisieren. Wir sollten das kleine Wörtchen „und" als Stilmittel nicht unterschätzen. Zu häufig gebraucht, nutzt es sich ab.

Neben- oder unterordnen?

Gesprochene Sprache ist bekannte, vertraute Sprache. Die Konjunktion „und" verbindet Gleichartiges. Die Sprache der Werbung spielt mit der Wirkung des Vertrauten und setzt auf das Gleichartige. Hier ein Beispiel aus der Werbung für Gesellschaftskleidung:

> Wir machen es wie Blake Carrington. Und Sie?

141

WÖRTER

„Wir und Blake und Sie" – stilistisch wird hier Gleichartiges vorgetäuscht, und zwar mit Hilfe des gesprochenen Wortes, das wir jeden Tag hören und benutzen. „Ich werde heute nicht zu Mittag essen. Und Sie?"
Anders wirkt das Wörtchen „und" in diesen Sätzen:

> Zu einer echten Karnevalsparty gehören auch Luftschlangen, Luftballons, Girlanden und noch mehr Firlefanz. Und der ... hat alles, was man dazu braucht.

Ist das ein Glück. Wir brauchen etwas – Stoßseufzer der Erleichterung! –, und das Kaufhaus hat es.
Oft dient das Wörtchen „und" nur der fortlaufenden Anpreisung:

> Ab heute werden die Tage toller. Denn der ... hat jetzt eine Riesen-Abteilung nur für Narren aufgemacht. Mit Masken und Kostümen und Accessoires und Schminksachen ... kurz allem, was der echte Karnevalist zum bunten Treiben braucht. Solle mer se reinlasse? Aber klar!

Unser kleines Textbeispiel zeigt gleichzeitig, welche Konjunktionen die Werbung außer „und" gerne benutzt. „aber" ist wie „und" eine nebenordnende Konjunktion, doch keine anreihende (kopulative), sondern eine einschränkende (restriktive). „Er ist zwar klein, aber ganz schön kräftig." Unsere Erwartungen werden eingeschränkt; „aber" bedeutet hier, daß nicht alles, was wir mit „klein" verbinden, zutreffen muß.
Sätze mit „aber" bergen oft eine Aufforderung:

> Aber nicht vergessen: Nur bei uns ist ‚Heißer Preismarkt'.

Gemeint ist: Wenn Sie schon kaufen, dann schränken Sie Ihre Kaufabsicht auf unser Kaufhaus ein, denn „nur" bei uns ist heißer Preismarkt. Damit wären wir auch schon bei der dritten, in der Werbung recht beliebten Konjunktion: „denn". Auch „denn" ist nebenordnend, und zwar begründend (kausal). Die Konjunktion „denn" leitet die Begründung dafür ein, warum wir uns mit diesem und keinem anderen Kaufhaus einlassen sollen.
Die nebenordnenden Konjunktionen sind für die Sprache der Werbung so attraktiv, weil sich damit Dinge nebeneinanderstellen lassen, die nicht unbedingt zusammengehören müssen. Es bleibt Raum für Assoziationen. Formulieren wir den denn-Satz einmal um. Wählen wir dazu eine kausale, aber unterordnende Konjunktion:

> Ab heute werden die Tage toller, weil der ... eine Riesen-Abteilung für Narren aufgemacht hat.

Diesen Satz würde kein Werbetexter schreiben. Er klingt direkt und unverblümt nach Anmaßung. Toll würden die Tage nämlich auch dann, wenn das Kaufhaus seine Riesen-Abteilung für Narren verschlossen ließe. „denn" behauptet nicht wie die unterordnende Konjunktion „weil", andere Gründe auszuschließen; „weil" wird gemieden, selbst wenn es – wie im nächsten Beispielsatz – stehen könnte. Die werbliche Aussage würde zu kompliziert.

> ‚Heißer Preismarkt' ist das Zauberwort für Ihre besten Einkaufsgelegenheiten. Denn da zeigen wir Ihnen unsere volle Leistungsstärke auf ganzer Breite.

Die Zahl der nebenordnenden Konjunktionen ist zwar klein, aber sie werden häufig gebraucht. Uns fehlt noch das „oder".

> Wie bekommen Sie nach Weihnachten heißen Sand unter die Füße? Oder 9mal den heißesten Sound an die Hand?

„oder" ist eine ausschließende (disjunktive) Konjunktion. Ein Warenhaus wirbt mit einem Preisausschreiben. Wir können entweder Reisen oder Stereogeräte gewinnen. Das eine ist so attraktiv wie das andere.
Aus der großen Zahl der unterordnenden Konjunktionen finden wir in der Sprache der Werbung nur wenige vertreten. Unter der Abbildung einer Badezimmeruhr steht:

> … damit Sie auch im Bad wissen, wie spät es ist.

Sätze, die mit „damit" beginnen und einen Zweck oder eine Absicht ausdrücken, sind in der Werbung zu Stereotypen geworden. „Damit Sie heute schon von morgen sind" – eine recht zwingende Absicht, oder?

Zweifelhafte Satzverwandtschaften

Satzgefüge mit anspruchsvollen Konjunktionen gehören sicherlich nicht in die Werbung.

> … denn obgleich er gegen andere streng war, von ihnen alles verlangte, so blieb er selbst doch ein Schwächling, der um so mehr Angst hatte, als er sie anderen einzujagen bemüht war. (Thomas Mann, Tonio Kröger)

Die Konjunktionen „denn obgleich" sind kausal und einräumend (konzessiv); „denn" begründet und „obgleich" nennt einen Gegengrund ohne Einfluß. Die Konjunktion „so" ist hier konsekutiv und kennzeichnet die Folge einer Handlung; „als" wird modal verwendet – es leitet den Gliedsatz ein, der über das Mittel Auskunft gibt.
Bei weniger berufenen Schreibern sieht der Umgang mit den Konjunktionen folgendermaßen aus:

WÖRTER

> Er brach sich vor der Haustür, weil sie nicht genügend erhellt war, ein Bein, als er, wie er es immer getan hatte, noch einmal in die Anlagen gehen wollte, da diese sich in der Nähe seiner Wohnung befanden, die am Stadtrand, welcher sich an sanften Hügeln hinzog, lag, um die reine Abendluft zu atmen.

„weil" ist unterordnend kausal, „als" unterordnend temporal, „wie" unterordnend modal, „da" unterordnend kausal und „um – zu" eine Infinitivkonjunktion, mit der Infinitive angeschlossen werden. Allzu viele Unterordnungen verderben den Sprachbrei.

„daß" ist eine sehr anhängliche Konjunktion. Sie verleitet zur häufigen Verwendung, weil sie keine eigene Bedeutung hat. Seltener wird sie konsekutiv oder zur Kennzeichnung des Zweckes (final) eingesetzt.

> Er hatte schon so viel verspielt, daß er nicht mehr aufhören konnte.
> (konsekutiv – die Folge kennzeichnend)

> Er arbeitete schneller, (auf) daß er heute noch fertig wurde.
> (final – den Zweck oder die Absicht kennzeichnend)

Daß wir nicht mehrere „daß" in einem Satz verwenden sollen, ist eine ungeschriebene Stilregel. Dennoch finden wir mehrere „daß" sogar in Sätzen eines berühmten Stilisten des Neuhochdeutschen, Thomas Mann.

> Er wußte wohl, daß sie in diese Verbindung nicht aus Gründen der Liebe gewilligt hatte, aber er rechnete mit der Möglichkeit, daß diese vier Jahre, die Gewöhnung und die Geburt des Kindes vieles verändert haben konnten, daß Tony sich jetzt ihrem Mann mit Leib und Seele verbunden fühlen und aus guten christlichen und weltlichen Gründen jeden Gedanken an eine Trennung zurückweisen konnte.

In diesem Satz aus den „Buddenbrooks" bedeutet die Konjunktion „daß" nichts anderes als „daß". Mit „daß" können wir nicht viel falsch machen, wir können „daß" aber auch kaum ersetzen, da es keinen Stellvertreter unter den Konjunktionen hat. Wenn Autoren sich bemühen, die Zahl ihrer daß-Sätze gering zu halten, führt das zuweilen zu Fehlern.

> Der Boden ist nicht geeignet, um darauf zu spielen.
> Das Thema ist nicht brisant genug, um daraus den Leitartikel zu machen.

In keinen dieser Sätze gehört ein „um – zu". Die finale Infinitivkonjunktion dürfen wir nur verwenden, wenn das Subjekt des Hauptsatzes mit der dort genannten Handlung einen Zweck verfolgt, der im Nebensatz mit „um – zu" genannt wird. Fragen wir nun einmal nach dem Zweck, der verfolgt wird. „Der Boden ist nicht geeignet, um…" – was zu tun? Daß der Boden etwas will, davon ist in unserem Beispielsatz gar nicht die Rede. Ebenso im nächsten: „Das Thema ist nicht brisant genug, um…" – was zu

DIE KONJUNKTION

veranlassen? In beiden Sätzen sind „wir" – konkret: „die Spieler" und „die Redakteure" – die Subjekte der Nebensätze mit „um – zu". Deshalb müssen die beiden Sätze lauten:

> Der Boden ist nicht geeignet, daß wir darauf spielen.
> Das Thema ist nicht brisant genug, daß wir daraus den Leitartikel machen.

Strenge Stilisten fordern mit Recht für solche daß-Sätze den Irrealis: „… daß wir darauf spielten" und „… daß wir daraus den Leitartikel machten". Die Konstruktion wird uns einsichtiger, wenn wir den irrealen Inhalt auch durch die Konjunktion deutlich machen: „… als daß wir darauf spielten" und „… als daß wir daraus den Leitartikel machten". Beide Konjunktivformen können wir auch durch „… spielen sollten" und „… machen sollten" ersetzen.

> Das Thema ist nicht geeignet, um Stoff für einen Leitartikel herzugeben.

Dieser Satz ist korrekt. Im Hauptsatz wie im Nebensatz ist „Thema" das Subjekt. Das Thema ist nicht geeignet. Das Thema gibt keinen Stoff für einen Leitartikel her. Doch läßt sich das einfacher ausdrücken, auch ohne „daß" oder „um – zu".

> Das Thema gibt keinen Stoff für einen Leitartikel her.

Richtig ist auch dieser Satz:

> So unempfindlich ist der Redner nicht, um nicht zu merken, daß ihm keiner mehr zuhört.

Ein daß-Satz – „als daß er nicht merkte" – wird hier korrekt durch einen Satz mit „um – zu" ersetzt. Das Subjekt von Haupt- und um-zu-Satz ist dasselbe: „der Redner".

Ein weiterer beliebter daß-Ersatz ist die temporale oder kausale oder vergleichende oder konditionale Konjunktion „wenn".

> Er betonte, wie wichtig es ist, wenn beiden Fahrern Gelegenheit gegeben wird, ausreichend lange Ruhepausen einzulegen.

Hier darf „wenn" nicht stehen. Hier muß es heißen: „… wie wichtig es ist, daß beiden Fahrern Gelegenheit gegeben wird …" „wenn" gibt schlicht keinen Sinn. Auch wenn „wenn" nicht „daß" ersetzen soll, sind wir vom Nachdenken über den Wortsinn nicht entbunden.

Richtig verwendet wird „wenn" dagegen im Wahlspruch eines expandierenden Unternehmens.

> Wenn wir heute nichts tun, sind wir morgen von gestern.

WÖRTER

Mit dem bestimmte Voraussetzungen, Bedingungen kennzeichnenden konditionalen „wenn" schnellt leicht der Zeigefinger nach oben, es sei denn, wir strafen das „wenn" durch den Inhalt Lügen: „Wenn er heute nicht kommt, dann kommt er eben morgen."
„nachdem" verführt gleich zu mehreren Fehlern, denn „nachdem" kann in korrektem Deutsch nur einen Zeitsatz einleiten. Es ist eine temporale Konjunktion, und zwar der Vorzeitigkeit. Dennoch wird von „nachdem" mancherlei verlangt:

> Nachdem Sie unser erfolgreichster Kollege sind, könnten Sie uns eigentlich ein paar Ihrer Verkaufsgeheimnisse verraten.

Er wird es nicht tun, der erfolgreiche Mann, schon gar nicht „nachdem", sondern höchstens „weil" er der erfolgreichste Verkäufer ist. Immerhin spielt hier die Zeitebene noch mit hinein. Es hätte richtig heißen können: „Nachdem Sie unser erfolgreichster Kollege geworden sind ..." Beim Gebrauch von „nachdem" ist auf Vorzeitigkeit und Nachzeitigkeit zu achten. Im nachdem-Satz steht entweder das Plusquamperfekt und im Hauptsatz das Präteritum, oder im nachdem-Satz steht das Perfekt und im Hauptsatz das Präsens.

> Nachdem sich der Vorhang geöffnet hatte, sah man zunächst gar nichts.
> Nachdem sich der Vorhang geöffnet hat, sieht man zunächst gar nichts.

Manchen Autoren gelingt es, „nachdem" sinnwidrig kausal einzusetzen:

> Die beiden Männder weigerten sich, den Beamten zu folgen, nachdem diese sich nicht ausreichend legitimieren konnten.

Nein. Die Männer weigerten sich, „weil" oder „da" die Beamten sich nicht ausreichend legitimieren konnten.
Auch „obwohl" und „trotzdem" werden manchem zum Kummerpaar. „trotzdem" ist nur umgangssprachlich eine Konjunktion. In der Schriftsprache ist „trotzdem" Adverb. „Es geht ihm schlecht, doch lacht er trotzdem." Die kausalen, unterordnenden Konjunktionen heißen „obwohl" oder „obgleich". „Er lacht, obwohl es ihm schlecht geht." Dennoch wird „trotzdem" immer häufiger auch als Konjunktion gebraucht, weshalb auch die Sprachlehrer großzügiger werden und „trotzdem" an der Stelle von „obwohl" erlauben, zumal Literaten den Unterschied ebenfalls nicht sonderlich respektieren:

> Und Pinneberg lächelt mit, trotzdem er jetzt ängstlich wird. (Hans Fallada, Kleiner Mann – Was nun?)

„als" und „wie" verbinden häufig Wortgruppen; „wie" bezeichnet Gleichheit: „Ich bin genauso groß wie du", „als" bezeichnet Ungleichheit: „Ich bin größer als du." Generationen von Deutschlehrern haben versucht, ihren Schülern den Unterschied

DIE KONJUNKTION

zwischen „wie" und „als" einzutrichtern. Mit mäßigem Erfolg. Heute sind viele Stilisten mit einigen Bauschschmerzen dazu übergegangen, „wie" an Stelle von „als" und „als" an Stelle von „wie" gelten zu lassen. Folgender Satz ist also möglich:

>Unsere Produkte sind bekannter wie die der Konkurrenz.

Wir bevorzugen für unsere normale Alltagssprache bei Ungleichheit noch immer „als" und bei Gleichheit nach wie vor „wie":

>Unsere Produkte sind bekannter als die der Konkurrenz.
>Unsere Produkte sind genauso bekannt wie die der Konkurrenz.

„wie" und „als" können auch Gliedsätze miteinander verbinden.

>Das Wetter ist so schlecht, wie es die Wettervorhersage hat erwarten lassen.
>Kaum etwas ist gefährlicher, als einen mangelhaft gesicherten Lkw mit giftigen Chemikalien auf die Straße zu schicken.

„soweit", „solange", „sowenig", „soviel" und „wieviel" können den Rechtschreibbewußten arg in Bedrängnis bringen. Wann schreibt man diese Kurzwortverbindungen zusammen, wann getrennt? Getrennt geschrieben werden sie als Adverbien. Als Konjunktionen schreiben wir sie zusammen. Hier einige sinnfällige Merksätze von Rudolf Walter Leonhardt:

>Soweit ich weiß, liegt München nicht so weit von hier.
>Solange du lachst, hast du vielleicht doch noch so lange nicht gewartet.
>Sowenig es uns angeht, finden wir es doch traurig, daß du so wenig Geduld hast.
>Soviel er erkennen kann, hat sein Partner so viel nicht zu bieten.
>Wieviel sie ihm wert ist, erkennt man daran, wie viel er für sie auszugeben bereit ist.

„In unserer Schule gibt es manches, was sich mit Blitz und Donner vergleichen läßt. So verwenden wir gelegentlich zwei Wörter, die zwar nicht unmittelbar nebeneinanderstehen müssen, sondern durch andere Wörter voneinander getrennt auftreten können, aber doch zusammengehören wie Blitz und Donner." Das schreibt Karl Hirschbold in einer seiner Sprachglossen. Oft ist das erste, das „Blitzwort", ein Umstandswort und das zweite, das „Donnerwort", eine Konjunktion. Zuweilen folgt dem Blitzwort das falsche Donnerwort:

>Er konnte sich nur dadurch wehren, indem er ihn niederstach.

Das ist falsch gedonnert. Dem Blitzwort „dadurch" folgt nicht „indem", sondern „daß".

>Er konnte sich nur dadurch wehren, daß er ihn niederstach.

WÖRTER

Ziehen wir „indem" vor, heißt der Satz:

  Er wehrte sich, indem er ihn niederstach.

Manche Erziehungsschwierigkeiten sind nicht „darauf" zurückzuführen, „weil", sondern „daß" Eltern Fehler machen. Die Blitz- und Donnerworte sind korrekt zu verwenden, nicht „insofern daß", sondern „insofern als" Sie Wert auf richtigen Sprachgebrauch legen.

Sind die Sätze richtig verbunden?
    a) Er glaubt, nicht eher einziehen zu können, bis das Haus fertiggestellt ist.
    b) Wie er aus dem Urlaub kam, fand er sein Büro verändert.
    c) Schwierigkeiten sind dazu da, um bewältigt zu werden.
    d) Es gibt keine bessere Methode, um Sprachen zu lernen.
    e) Nachdem gestern die D 1-Mission erfolgreich beendet wurde, und nun nicht nur in unseren Landen der nationale Stolz langsam aber stetig steigt, ist der Traum von einer Weltraumstation greifbar geworden.

Lösungen siehe unten

Lösungen

Sind die Sätze richtig verbunden?

    a) Er glaubt, nicht eher einziehen zu können, bis das Haus fertiggestellt ist.

Die Fügung heißt „nicht eher als". Also glaubt er, „nicht eher einziehen zu können, als bis das Haus fertiggestellt ist". Das gleiche können wir einfacher sagen: „Er will nicht einziehen, bevor das Haus fertiggestellt ist."

    b) Wie er aus dem Urlaub kam, fand er sein Büro verändert.

Bei aller Großzügigkeit: Hier gehört „wie" nicht hin. Hier muß „als" stehen. Es geht nicht um Gleichartiges oder Ungleichartiges, sondern um die Zeit. Wann fand er sein Büro verändert? „Als er aus dem Urlaub kam."

    c) Schwierigkeiten sind dazu da, um bewältigt zu werden.

Dieser Satz ist nicht richtig verbunden. Er muß entweder lauten: „Schwierigkeiten sind da, um bewältigt zu werden" oder „Schwierigkeiten sind dazu da, bewältigt zu werden". Nach „da" steht „um – zu", und nach „dazu da" steht nur „zu".

DIE KONJUNKTION

    d) Es gibt keine bessere Methode, um Sprachen zu lernen.

Das „um" ist überflüssig. Der Infinitiv ist eine nähere Bestimmung zum Substantiv „Methode". In dieser Funktion wird er ohne „um" angeschlossen. Also: „Es gibt keine bessere Methode, Sprachen zu lernen."

    e) Nachdem gestern die D 1-Mission erfolgreich beendet wurde und nicht nur in unseren Landen der nationale Stolz langsam, aber stetig steigt, ist der Traum von einer Weltraumstation greifbar geworden.

Richtig verbunden ist dieser Satz schon. Aber mit den Zeiten wird etwas willkürlich umgesprungen, denn „nachdem" verlangt ein Tempus, das Vorzeitigkeit ausdrückt. Wir verbessern:

Nachdem gestern die D 1-Mission erfolgreich beendet worden war und nun nicht nur in unseren Landen der nationale Stolz langsam, aber stetig steigt, ist der Traum von einer Weltraumstation greifbar geworden.

DIE INTERJEKTION

„Oh, weh!"

Sie werden es kaum glauben, was Interjektionen alles ausdrücken können: „au" – Schmerz; „hu" – Kälte; „ah" – Wohlbehagen; „bäh" – Ekel; „oh" – Freude oder Sehnsucht; „ei" – Zärtlichkeit; „ach" – Bedauern oder Abweisung; „uff" – Verwunderung; „oho" – Ärger; „ätsch" – Spott; „pah" – Geringschätzung; „uh" – Furcht; „aha" – Beifall; „hm" – Zweifel; „na, na" – Beschwichtigung. Kaum eine Gefühlsregung, die nicht darunter zu finden ist. Auch die Nachahmung tierischer Laute „Quak quak", menschlicher Laute „Hihihi!" und anderer Laute „Tick tack!" gehört zu den Interjektionen. Ausrufe können eigene Sätze bilden. „Oh!" „Au!" „Ah!" „Pscht!" Auch in Verbindung mit einem Imperativ, einem Wunsch-, Frage- oder Aussagesatz bilden sie syntaktisch isolierte Einheiten: „Ach, laß mich!" „Ach, wäre sie doch schon da!" „Hm! Wie geht's ihm wohl?" „Ah, hier ist es!"
Alle Beispielsätze gehören zur gesprochenen Sprache. In einer bestimmten Situation können die Interjektionen körperliche oder seelische Empfindungen kennzeichnen, ohne daß der Schreibende den Inhalt ausdrücklich formuliert. Jedoch wird meist erst durch den Kontext deutlich, welche „Gefühlslage" der spontane Ausruf repräsentieren soll.
Gelegentlich werden die Interjektionen in einen Satz eingebaut. Achten Sie auf die Interpunktion: „Das laute ‚Kikeriki!' der Hähne weckte ihn jeden Morgen." Der Ausruf selbst ist gemeint. „Der eine Hahn hat ein lauteres Kikeriki als der andere." Hier ist „Kikeriki" Synonym für Schrei.
Als Adverbien werden sie behandelt wie jedes andere Adverb auch: „Er fiel plumps auf die Knie." „Er packte ihn schwups beim Kragen."
In der Kindersprache heißt es statt „blöken", „knacken" oder „bellen" häufiger: „Das Schaf macht mäh", „Der Ast macht knack knack" und „Der Hund macht wau wau". Beliebt sind diese Fügungen auch in Witzen und stereotypen Wendungen: „Blubb blubb machte der Taucher, und weg war er"; „Tick tack machte die Uhr und fiel von der Wand".

DIE INTERJEKTION

Für das Drama oder die Verschriftung der Sprache, die auf der Bühne gesprochen werden soll, ist die Interjektion von nicht geringer Bedeutung. Sehen Sie sich einmal folgendes Beispiel an:

JOE: I glaub … i glaub … ich glaub, i schmeiß jetzt die Wölt ins Clo und loß as obi …
CHARLY: Die Welt ist bestellt! Mit viel Geld! Jooooooooo!, begrab ma die Wölt! *(sie schreiten feierlich mit der Kugel hinaus)*
JOE *(draußen):* Weeeeelt! Servas!
CHARLY *(leiser):* Servas. *(Man hört einen Plumps, dann die Clo-Spülung)* Geht net obi! *(lacht)* Die Welt ist ewig!
JOE: Geht *nicht* obi!
CHARLY: Ewigkeit!
JOE: Ewigkeit, ha-ha-ha!
CHARLY: Ewigkeit, ha-ha-ha!
BEIDE: Ha-ha-Ewigkeit! Ha-ha-Ewigkeit! Ha-ha-Ewigkeit! Ha-ha-Ewigkeit? *(beide lachen, treten ins Zimmer)*
(Aus: Wolfgang Bauer, Magic Afternoon)

DIE RECHT-
SCHREIBUNG

„10 Mark für Ihre Alte"

Dieses Versprechen gab uns eine bekannte Tageszeitung. Peinlich, peinlich. Denn trotz seines schlechten Rufes war das Blatt weit davon entfernt, sich des Menschenhandels schuldig machen zu wollen. Das Wort „Alte" entpuppte sich beim Weiterlesen nicht als substantiviertes Adjektiv, nicht als das saloppe Synonym für Ehefrau, sondern als Attribut zu „Batterie". Es hätte klein geschrieben werden müssen.
Die Groß- und Kleinschreibung hat ihre Tücken. Oft reicht die Zeit nicht, Zweifelsfälle im Wörterbuch nachzuschlagen. Sie müssen dennoch entschieden werden. „Kleinschreiben ist modern", hören wir dann. Die Tendenz ist richtig erkannt, denn in Zweifelsfällen, so der Duden, „schreibe man mit kleinen Anfangsbuchstaben".
Unsicherheiten ergeben sich vor allem durch den Austausch der Wortarten. Ein großer Anfangsbuchstabe kennzeichnet die Wortart Substantiv. Keine Wortart aber ist eine in sich geschlossene Einheit, sondern alle Wortarten stehen in ständigem Austausch. Die Schrift sollte dieser Bewegung zwischen den Wortarten folgen. Im Einzelfall müssen wir interpretieren, ob es sich nun um ein Substantiv oder eine andere Wortart handelt.
Tritt das Substantiv als Adverb auf, wird es klein geschrieben: „anfangs", „rings", „abends", „heute morgen", „morgen mittag". „Er hatte nur anfangs Schwierigkeiten." „Die nächste Sendung trifft erst morgen mittag ein."
„dank", „statt", „trotz", „kraft", „laut", „angesichts", „wegen", „betreffs" sind Präpositionen, deren substantivische Abstammung uns kaum noch bewußt ist.

> Er kam trotz des schlechten Wetters.
> Er bestand die Prüfung dank ihrer Hilfe.
> Die Regeln gelten laut Duden.

DIE RECHTSCHREIBUNG

Einige Substantive aber sind gerade erst im Begriff, zu Präpositionen zu werden. Ihre Schreibung schwankt. „Bezug" wird groß geschrieben, wenn es heißt „unter Bezug auf" und „mit Bezug auf"; „in bezug auf" aber wird klein geschrieben. Die Regel erscheint uns willkürlich. In den ersten beiden Fälen, so argumentiert der Duden, wird die Eigenbedeutung des Substantivs noch empfunden, im dritten Falle aber nicht mehr. Andere Fügungen können wir schreiben, wie wir wollen: „an Stelle" oder „anstelle „an Hand" oder „anhand", „auf Grund" oder „aufgrund".

Klein schreiben wir Substantive, wenn sie als unbestimmte Zahlwörter gebraucht werden: „ein bißchen" im Sinne von „ein wenig" und „ein paar" im Sinne von „einige". Aber: „Er trägt ein neues Paar Schuhe." Hier ist die Rede von zweien, die zusammengehören.

Substantive können wie ein Adjektiv in der Rolle einer Artangabe stehen und werden dann klein geschrieben: „Er ist schuld", „Mir wird angst und bange", „Er ist mir feind", „Das ist schade". Oft stehen diese Substantive in fester Verbindung mit einem Verb. Ihre ursprüngliche Bedeutung ist verblaßt: „Er hat etwas Wichtiges außer acht gelassen", „Wir müssen uns in acht nehmen", „Er macht mir angst", „Er wird recht behalten", „Entspannung tut not", „Das sollten Sie nicht allzu ernst nehmen". Aber: „Er gesteht seine Schuld", „Es ist sein eigener Schaden", „Ihre Angst ist groß", „Er bestand auf seinem Recht".

So wie das Substantiv zu anderen Wortarten überwechseln kann, können die anderen Wortarten substantiviert werden. Schwierig wird es bei wechselnden Satzfunktionen der Adjektive und Partizipien. Nur in der Funktion eines Substantivs werden sie groß geschrieben. Doch ist dies oft schwer zu unterscheiden. Versuchen wir es!

Der Abgeordnete Müller spricht.

Niemand von uns würde „Abgeordneter" oder „Delegierter" klein schreiben. Es fällt uns kaum noch auf, daß beide Wörter substantivierte Partizipien sind. Fügungen wie das „in Kraft Getretene", das „weltweit Bekannte", das „überschaubar Gewordene", der „aufrichtig Bittende" bereiten uns schon mehr Kopfzerbrechen. Hier müssen wir sorgfältig unterscheiden, ob das Partizip tatsächlich als Substantiv oder in adjektivischer Funktion auftritt.

Er liebt das überschaubar Gewordene.

Aber:

Er liebt die Welt als überschaubar gewordene.

Im zweiten Satz ist „Welt" das Substantiv, das näher bestimmt wird. Immer wenn sich das scheinbar substantivierte Partizip auf etwas bezieht, was vorher oder nachher genannt ist, wird es klein geschrieben. Noch ein Beispiel:

Wir prüfen nur das dem Schüler Bekannte.

WÖRTER

Aber:

　Der Stoff ist ein dem Schüler bekannter.

In den Sätzen „Er liebt das Schöne", „Im Museum finden wir Altes neben Neuem", „Er ist bei Rot über die Kreuzung gefahren" sind die Adjektive „schön", „alt", „neu" und „rot" substantiviert. Aber: „Der Topf ist ein neuer." Hier wird wiederum der „Topf" näher bestimmt.
Adjektive und Partizipien, die in einer festen Verbindung mit einem Verb stehen, werden klein geschrieben: „den kürzeren ziehen", „im argen liegen", „auf dem laufenden bleiben", „im reinen sein". Bei einigen dieser stehenden Wendungen wird das Adjektiv jedoch noch groß geschrieben, weil der substantivische Charakter überwiegt: „ins Schwarze treffen", „ins Lächerliche ziehen", „ins Blaue Reden". Hier hilft im Zweifelsfall nur ein Blick ins Wörterbuch.
Adjektive und Partizipien werden vor allem dann groß geschrieben, wenn wir sie mit „allerlei", „etwas", „alles", „genug", „nichts", „viel", „wenig" und ähnlichen Wörtern in Verbindung bringen: „Er hat mir nichts Neues erzählt", „Auf unserer Reise haben wir viel Schönes erlebt", „Er tut genug Gutes", „In unserem Buch, so hoffen wir, steht allerlei Interessantes".
Prüfen Sie bitte, ob wir die Adjektive und Partizipien in den folgenden Sätzen richtig geschrieben haben:

　Wir geben des weiteren bekannt …
　Er versucht es aufs neue.
　Er hat sein Arbeitspensum um ein beträchtliches reduziert.
　Ins Kino zu gehen wäre jetzt genau das richtige.
　Es heißt im folgenden …

Wir haben alles richtig geschrieben! Denn „des weiteren" läßt sich durch das Adverb „weiterhin", „aufs neue" durch das Adverb „wiederum", „um ein beträchtliches" durch das Adverb „sehr", „das richtige" durch das Adjektiv „richtig" und „im folgenden" durch das Adverb „weiter unten" ersetzen. Diese Fügungen mit Artikel sind nur der Form nach substantiviert. Auch als Pronomen werden Adjektive und Partizipien trotz vorausgehenden Artikels klein geschrieben: „Es kann jeden beliebigen treffen."
Pronomen und Zahlwörter werden selbst dann klein geschrieben, wenn sie mit dem Artikel oder in Verbindung mit „allerlei, nichts, etwas" und so fort stehen: „Das ist das mindeste", „Ich mag die beiden", „Er hat mir etwas anderes erzählt", „Er ist und bleibt derselbe". Substantiviert sind sie in folgenden Fügungen: „Er malt eine runde Acht", „Er gibt jedem das Seine", „Sie wechselten zum vertrauten Du", „Unser Besuch ist ein gewisser Jemand". In Zweifelsfällen hilft auch hier nur das Wörterverzeichnis.
Substantivisch gebrauchte Adverbien wie „das Drum und Dran", Präpositionen wie „das Auf und Nieder", Konjunktionen wie „das Wenn und Aber" und Interjektionen wie „das Weh und Ach" werden groß geschrieben. Das gleiche gilt für substantivierte Infinitive: „Das Schreiben und das Lesen ist nie mein Fall gewesen", „Er hat im Sitzen

DIE RECHTSCHREIBUNG

wie im Liegen Schmerzen", „Die Zwillinge sind sich zum Verwechseln ähnlich", „Er hat großes Interesse am Zustandekommen des Vertrages".
Die Höflichkeitsanrede „Sie" und das entsprechende Possessivpronomen „Ihr" werden immer groß geschrieben, ganz gleich ob wir nur eine oder mehrere Personen ansprechen. „Haben Sie das Buch schon gelesen?" „Wir schicken Ihnen Ihre Unterlagen zurück." In den Texten der Theaterstücke finden wir „Sie" groß und „du" kleingeschrieben: „Gestatten Sie, daß ich vorher noch einen letzten tragischen Blick auf die jungen Leichen werfe?" / „Jetzt fragst du doch, warum mein Herz sich bang in meinem Busen klemmt?" (Peter Turrini, Der tollste Tag)
Für das „Du" gilt nicht das gleiche wie für das Anredepronomen „Sie". In Briefen wird es groß geschrieben, in Büchern und Katalogen für Kinder aber klein. In Anzeigen und Werbesprüchen stellt der Duden es uns frei, ob wir „Du" groß oder klein schreiben: „Liebes Kind, wie geht es Dir?" „Mach dir/Dir ein paar schöne Stunden!"

Haben Sie Lust, Ihre Kenntnisse der Groß- und Kleinschreibung zu prüfen? Entscheiden Sie sich bitte bei jedem fett gedruckten Buchstaben.

1. Ich will Ihnen nichts **f**alsches sagen, aber unser Staubsauger bietet wirklich allerlei **n**eues.
2. Wenn sie zum **a**rbeiten große Lust hat, kommt es ihr vor, als verbinde sie das **a**ngenehme mit dem **n**ützlichen.
3. Wir versuchen alles in unserer Macht stehende, die Ware binnen **k**urzem zu liefern. Zwar haben wir bisher schon alles **m**ögliche versucht, doch ist uns das Styling trotzdem nicht zum **b**esten gelungen. Wir entschuldigen uns im **v**oraus.
4. Das Gesetz tritt morgen in **k**raft. Er wurde **k**raft Gesetzes tätig.
5. **G**roß und **k**lein saßen noch lange im **f**reien. Heute konnten sie aus dem **v**ollen schöpfen.
6. Ständig versuchte er, sein Schäfchen ins **t**rockene zu bringen, was seinen Partner aufs **h**öchste erstaunte.
7. Er hing an seinen Möbeln, vor allem an den **a**lten.
8. Wir hörten viel **g**utes und **b**öses. Doch war im **g**roßen und **g**anzen nichts besonderes geschehen.
9. Sie lernt am **b**esten, obwohl es ihr am **b**esten fehlt.

■ *Lösungen siehe Seite 161*

Zusammen oder getrennt?

Im Bereich der Zusammen- und Getrenntschreibung verweist uns der Duden immer wieder auf das Wörterverzeichnis. Es gibt „keine allgemeingültige Regel. Es ist jedoch ein Grundzug der deutschen Rechtschreibung, den Bedeutungswandel von Wortverbindungen durch Zusammenschreibung auszudrücken."

WÖRTER

Viele Verbindungen mit einem Verb können wir in zweifacher Weise gebrauchen, nämlich im ursprünglichen Wortsinn oder im übertragenen Sinn. Meinen wir mit „sitzen bleiben" das Sitzen auf einem Stuhl, schreiben wir getrennt. Wollen wir ausdrükken, daß ein Schüler die nächste Klasse nicht erreicht, schreiben wir: „Wenn du dich nicht anstrengst, wirst du sitzenbleiben." Ebenso: „Du darfst dich nicht so gehenlassen", „Er läßt sich mit Vorliebe freihalten". Aber: „Er wird seine Rede frei halten." Bei den Verbindungen im übertragenen Sinne schreiben wir auch die mit „zu" gebildeten Infinitive zusammen. „Die Summe ist gutzuschreiben", „Die Arbeit scheint ihm schwerzufallen", „Es scheint noch etwas hinzuzukommen". Einige Verbindungen mit Verben werden jedoch aus Tradition zusammengeschrieben, obwohl keine neue Bedeutung entsteht: „sauberhalten", „totschießen", „kennenlernen", „spazierengehen". Ist in einer Verbindung mit einem Verb das Substantiv verblaßt, schreiben wir gleichfalls zusammen: „Er hat kopfgestanden", „Am Wochenende werden wir radfahren". Die Vorstellung der Tätigkeit herrscht vor. Hat das Substantiv noch seine Eigenbedeutung, wird wiederum getrennt geschrieben: „Er wird sich teuren Rat holen." Es hilft nichts, wir müssen uns einfach merken, daß „Gefahr laufen", „Sorge tragen", „Posten stehen", „Auto fahren", „Karten spielen" getrennt geschrieben werden, auch wenn uns die unterschiedlichen Schreibweisen von „radfahren" und „Auto fahren" nicht einleuchten wollen.

Um verblaßte Substantive geht es auch, wenn ein Substantiv und eine Präposition zusammengeschrieben werden. Eine solche Fügung wird selbst zu einer neuen Präposition oder einem neuen Adverb: „Diese Sitten gelten nur hierzulande", „Er entscheidet immer zugunsten seiner Freunde", „Er ist außerstande, das Arbeitspensum zu bewältigen", „Sie hat sich nichts zuschulden kommen lassen", „Wir müssen beizeiten neue Ware bestellen".

Manche Wortverbindungen haben ein Adjektiv oder Partizip als zweites Glied. Empfinden wir sie als Einheit, werden sie zusammengeschrieben: „Er ist ein schwergewichtiger Mann", „Er kam freudestrahlend nach Hause", „Er arbeitet in schwindelerregenden Höhen", „Sie trägt nur reinseidene Blusen", „In diesem Ort dominiert die eisenverarbeitende Industrie". Sind beide Glieder einer solchen Fügung betont, können wir getrennt schreiben: „eine leichtverdauliche Speise" oder „eine leicht verdauliche Speise". Als adverbiale Bestimmung bilden die Fügungen meist keine Einheit: „Die Speise ist leicht verdaulich", „Das Wasser ist kochend heiß", „Die Tat ist Grauen erregend". Aber: „Die grauenerregenden Taten des mutmaßlichen Mörders wurden in der Boulevardpresse ausführlich geschildert."

Und wieder etwas, was wir uns einfach merken müssen: Tritt zu den Verbindungen mit einem Adjektiv oder Partizip als zweitem Glied ein Adverb hinzu, wird getrennt geschrieben. Wir schreiben „das schwererziehbare Kind" und „das sehr schwer erziehbare Kind", „die schwerverständliche Sprache" und „die nur schwer verständliche Sprache".

Prinzipiell getrennt geschrieben werden: „so daß", „gar nicht", „gar nichts", „gar kein" und so fort. Auch „zugute halten", „zunutze machen", „zugrunde gehen" werden getrennt geschrieben. Es sind Fügungen aus Verben und Adverbien, die selbst wiederum aus Präposition und Substantiv zusammengesetzt sind.

DIE RECHTSCHREIBUNG

Erinnern Sie sich, wann „solange", „soweit", „sofern", „seitdem", „nachdem" und ähnliche Wortverbindungen getrennt oder zusammengeschrieben werden? Wenn nicht, können Sie sich im Kapitel zu den Konjunktionen noch einmal unsere Beispielsätze ansehen. Trotzdem: Zusammengeschrieben werden die Wortverbindungen als Konjunktionen, getrennt geschrieben werden sie als Adverbien.

Sie können unter zwei Möglichkeiten wählen. Finden Sie die richtige.
1. Nach dem Spaziergang wollen wir zu Mittagessen/Mittag essen.
2. Wir unterbreiten Ihnen nur ernstgemeinte/Ernst gemeinte Vorschläge.
3. Im Naturschutzgebiet dürfen wir nicht Auto fahren/autofahren und nicht Rad fahren/radfahren.
4. Nichts will er ernstnehmen/ernst nehmen.
5. Sie muß immer recht behalten/rechtbehalten.
6. Wir müssen verhindern, daß weitere Arten zugrundegehen/zugrunde gehen.
7. So kann es nicht weiter gehen/weitergehen; das müssen Sie richtig stellen/richtigstellen.
8. Seitdem/Seit dem ist sie krank; das heißt, seitdem/seit dem Beginn ihres Urlaubs.
9. Wir wollen Ihnen nicht zu nahetreten/nahe treten, aber einige Regeln müssen Sie wiederholen/wieder holen.
10. Ich bitte dich, es nicht weiter zu sagen/weiterzusagen, daß ich Herrn Müller offen gestanden/offengestanden nicht leiden kann.
11. Wir wollen lieber gleich weitergehen/weiter gehen, denn wir müssen heute viel weitergehen/weiter gehen als gestern.
12. Solange/So lange er hier ist, kommt sie nicht zurück, auch wenn sie noch solange/so lange warten.
13. Nur bis München werden wir mit ihnen zusammenfahren/zusammen fahren.
14. Er hat sich mir mit einem halb lauten/halblauten Gemurmel bekannt gemacht/bekanntgemacht.
15. Diese schwerwiegenden/schwer wiegenden Umstände sind Beginn einer sehr besorgniserregenden/Besorgnis erregenden Entwicklung.

■ *Lösungen siehe Seite 161 f.*

Zu den Grundregeln der Silbentrennung

Im Deutschen muß eine Silbe mindestens einen Vokal haben. Auch Doppelvokale (Diphthonge) gelten silbenbildend nicht mehr als ein Vokal: „Räu- me" können wir trennen, nicht aber „Raum". Die mehrsilbigen einfachen und abgeleiteten Wörter trennen wir nach Sprechsilben. Beim langsamen Sprechen zerlegen sich die Wörter selbst: „le- ben", „not- wen- dig", „Vo- gel", „da- heim".

WÖRTER

Ein einfacher Konsonant kommt immer auf die folgende Zeile. Als ein Laut gelten „ch", „sch" und „ß", sie stehen deshalb gleichfalls in der nächsten Zeile: „Bü- cher", „Men-schen", „bei- ßen". Folgen mehrere Konsonanten aufeinander, kommt der letzte auf die nächste Zeile: „Bil- der", „Verwand- te", „Ach- tel", „Ram- pe".
Da wir im Deutschen nach Sprechsilben trennen, gilt zwar „sch" als ein Laut, „ck" aber als zwei Laute; „ck" wird bei der Trennung in „k – k" zerlegt: „Zuk- ker", „bak- ken". Auch „dt", „ng", „nk", „pf", „sp", „tz" werden getrennt: „sin- gen", „sin- ken", „Städ-te", „Mis- pel", „Kat- ze", „kämp- fen", „emp- fangen". Eine Ausnahme bildet der Doppelkonsonant „st". Bereits in der Schule haben wir gelernt: „Trenne nie das s vom t, denn es tut den beiden weh." Also trennen wir: „Fen- ster", „sech- ster", „gest- rig". Doch keine Regel ohne Ausnahme. Die Wochentage nämlich trennen wir „Diens- tag" und „Sams-tag".
Müssen wir Nachsilben abtrennen, folgen wir auch dabei unserer Sprechsilbenregel. Der vorangehende Konsonant wird mit getrennt: „Bäcke- rei", „Lehre- rin", „Zei- tung".
Hat ein Wort nur zwei Silben, und die eine Silbe wird von einem einzelnen Vokal gebildet, wird das Wort nicht getrennt. „Abend", „Ofen", „Esel", „Treue" müssen wir als ganze Wörter auf die folgende Zeile schreiben. „Eu- le" oder „äu- ßerst" wiederum dürfen getrennt werden, auch wenn es nicht schön aussieht. Zwei hintereinander stehende Vokale dürfen nur getrennt werden, wenn sie keine Klang- oder Sprecheinheit bilden: „Befrei- ung", „be- achten", „bö- ig", „Trau- ung".
Das Dehnungs-h bleibt beim Vokal, zu dem es gehört. Wir trennen: „deh- nen", „nehmen". Doch ist nicht jedes „h" ein Dehnungsbuchstabe: „Mü- he", „Flö- he". Und bei der Nachsilbe „-heit" fällt auch nach der Trennung das abgestoßene „h" des Stammes fort: „Ro- heit", „Ho- heit", „Rau- heit".
Für zusammengesetzte Wörter und weniger geläufige Fremdwörter gilt eine andere Trennregel. Sie werden nicht nach Sprechsilben, sondern nach Sprachsilben getrennt. Wir müssen sie in ihre ursprünglichen Bestandteile zerlegen: „vor- über", „dar- in", „be- ob- ach- ten", „Haus- tür", „war- um".
Treffen bei zusammengesetzten Wörtern drei gleiche Konsonanten aufeinander, so schreiben wir nur zwei, wenn diesen Konsonanten ein Vokal folgt: „Brennessel", „Schiffahrt". Trennen wir ein solches Wort, wird der dritte Konsonant wieder hinzugefügt: „Brenn- nessel", „Schiff- fahrt". Treffen bei zusammengesetzten Wörtern drei gleiche Konsonanten aufeinander, denen ein weiterer Konsonant folgt, darf kein Konsonant ausgelassen werden. Wir schreiben getrennt oder nicht getrennt die entsprechenden Wörter mit drei gleichen Konsonanten: „Sauerstoffflasche", „Sauerstoff- flasche"; „stickstofffrei", „stickstoff- frei"; „fetttriefend", „fett- triefend".
Bei der Trennung zusammengesetzter Wörter sollten wir darauf achten, daß wir sie nicht sinnentstellend trennen. Was erwarten Sie, wenn in der einen Zeile steht: „Aber-", „Inge-", „hier-" und „Gabe-"? Rechnen Sie dann mit folgenden Fortsetzungen: „-kennung", „-nieur", „-archisch" und „-lung"?
Für geläufige Fremdwörter gilt, daß sie nach Sprechsilben getrennt werden: „Huma-ni- tät", „In- ven- tur", „li- quid". Weniger geläufige werden wiederum nach Sprachsilben getrennt. Da die meisten von uns weder das Lateinische noch das Altgriechische

DIE RECHTSCHREIBUNG

beherrschen, müssen wir uns merken, daß einige Konsonantenverbindungen nicht getrennt werden dürfen. Dazu gehört „gn": „Ma- gnet", „Si- gnal", „resi-gnieren". Die meisten Verbindungen mit „l", „r" und „h" dürfen – in einfachen ebenso wie in zusammengesetzten Fremdwörtern – gleichfalls nicht getrennt werden: „Pu- blikum", „Diszi- plin", „Re- flex", „Re- glement", „Zy- klus"; „Fa- brik", „Re- produktion", „Hy- draulik", „kon- trovers", „chif- frieren", „Ag- gregat", „Manu- skript"; „Is- chias", „Stenogra- phie", „Äs- thetik". Auch „mn", „kn", „pt" und „sp" dürfen nicht getrennt werden: „Ana- mnese", „Py- kniker", „Sym- ptom", „Korre- spondenz".

Auch zusammengesetzte Fremdwörter werden nach Sprachsilben getrennt: „Mi- kroskop", „In- ter- esse", „Geo- gra- phie", „Mi- kro- phon". Bei einigen Wörtern erlaubt der Duden allerdings die Trennung nach Sprechsilben: „Epi- sode" statt „Epis- ode", „Tran- sit" statt „Trans- it", „ab- strakt" statt „abs- trakt". „Pädagoge" trennen wir jedoch noch immer „Päd- agoge".

Möchten Sie die folgenden Wörter trennen?

darüber, Dampfer, Fenster, Donnerstag, Nutzen, Interesse, Zucker, Korrespondenz, Publikum, Signal, Mikroskop, größer, Pädagoge, darin, kämpfen, Bettuch, Disharmonie, Atmosphäre, chirurgisch, Druckerzeugnis, empfohlen, Magistrat

Lösungen siehe Seite 162

Einiges zum Bindestrich

„Der Werbungs-Bindestrich greift um sich", oder: „Eine Unsitte aus dem Englischen nimmt überhand", behaupten die einen. Und die anderen verlangen den Bindestrich als „Lese-Zeichen". Laut Duden werden zusammengesetzte Wörter grundsätzlich ohne Bindestrich geschrieben. Erlaubt ist der Bindestrich erst, wenn die Zusammensetzungen aus mehr als drei Wörtern bestehen. Dann nämlich wird das ganze unübersichtlich. Sehen wir uns einmal an, was so alles mit Bindestrich geschrieben wird:

Uni-Klinik, Psycho-Krimi, Mini-Brummi, Airbus-Modell, Energie-Bewußtsein, Holzkohlen-Grill, Atomtest-Stopp, Chiffre-Anzeige, Funktionärs-Brille

Meist handelt es sich um lauter neudeutsche Fügungen, deren Existenz die Telegramm-Stil-Sprach-Mode rechtfertigt. Selbst Zusammensetzungen, die ein Fugen-s zu einer Einheit verbindet, werden mit Bindestrich geschrieben.

Einkaufs-Wegweiser, Hochleistungs-Technologie, Verkaufs-Ingenieur, Unglücks-Reaktor, Traditions-Unternehmen

Sicher können wir mit Bindestrich manche Zusammensetzung schneller erfassen, weshalb die Werbung diesen Strich gern als optisches Hilfsmittel einsetzt. Sollte die

WÖRTER

Strichmode auf englische Schreibgewohnheiten zurückgehen, werden wohl bald mancherorts keine Striche mehr gesetzt werden. Die ARD macht es uns vor mit ihrem „Arche Noah Prinzip". Hier jedoch müssen nach den Regeln deutscher Rechtschreibung noch immer Bindestriche stehen: „Arche-Noah-Prinzip", „Frist-Class-Hotel", „Karl-Marx-Straße", „Pro-Kopf-Einkommen".
Verfechter des Bindestrichs argumentieren mit der „Lese-Erleichterung"; der Leser würde stolpern, wenn er die nachfolgenden Beispiele am Ende einer Zeile lese:

Schreiber-, Texter-, Teiler-, Voller-, Früher-, Taster-, Bilder-

und dann am Anfang der nächsten Zeile:

fahrung, fassung, richtungsgenehmigung, werbsbauer, kennung, gebnis, gänzung

Ein Bindestrich verhindere, daß „Reitpferde", „Rennpferde", „Blumentopferde" im gleichen Lesetopf landeten; ebenso „Badestrand", „Meeresstrand", „Alpenostrand". Es sind gute Argumente, die für den Bindestrich sprechen. Wenn Sie sich jedoch entscheiden, regelwidrig zu verfahren, dann seien Sie konsequent. Beginnen Sie Ihren Brief nicht mit dem „Anlagen-Berater" oder der „Klima-Anlage", um ihn mit dem „Ölboom" und der „Flüssiggasanlage" zu beenden. Schlimmer noch sind natürlich unterschiedliche Schreibweisen des gleichen Wortes in einem Text. Das dokumentiert Ihre Nachlässigkeit und erschwert dem Leser das Leben.
Substantivische Zusammensetzungen, in denen drei Vokale aufeinandertreffen, werden mit Bindestrich geschrieben: „Kaffee-Ersatz", „Hawaii-Inseln"; nicht aber adjektivische: „seeerfahren", „schneeerhellt". Erscheint Ihnen diese Regel nicht auch recht willkürlich?
Nicht alle Regeln zum Bindestrich sind umstritten. Von Kritikern unangefochten steht er jedoch in Zusammensetzungen mit Formelzeichen: „n-Eck", „O-Beine", „x-beliebig", „Dehnungs-h", „Zungen-R", „Vitamin-C-haltig". Zusammensetzungen mit Ziffern werden ohne Bindestrich geschrieben: „4fach", „16tel", „Achteck". Anders die Aneinanderreihungen; sie stehen wiederum mit Bindestrich: „400-m-Lauf", „500-g-Packung", „4- bis 5-Zimmer-Wohnung", „Formel-1-Rennwagen".
Der Bindestrich steht auch in Zusammensetzungen mit Abkürzungen: „UKW-Sender", „Kfz-Papiere", „US-amerikanisch"; und bei abgekürzten Zusammensetzungen: „Abt.-Leiter", „röm.-kath.", „Konto-Nr."
Ein gemeinsamer Bestandteil zweier Wörter läßt sich durch den Bindestrich ergänzen: „zu- und abnehmen", „1- bis 2mal", „bergauf und -ab". Bei dreigliedrigen Fügungen neigen wir zuweilen dazu, einen gemeinsamen Bestandteil bindestrichlos auszulassen. Sparen wir uns die Wiederholung des letzten und des ersten Teiles einer Fügung, müssen zwei Bindestriche stehen: „Warenein- und -ausgang", „Textilgroß- und -einzelhandel".

DIE RECHTSCHREIBUNG

Lösungen

Zur Aufgabe auf Seite 155: Groß- und Kleinschreibung. So ist es richtig!

1. Ich will Ihnen nichts **F**alsches sagen, aber unser Staubsauger bietet wirklich allerlei **N**eues.
2. Wenn sie zum **A**rbeiten große Lust hat, kommt es ihr vor, als verbinde sie das **A**ngenehme mit dem **N**ützlichen.
3. Wir versuchen alles in unserer Macht **S**tehende, die Ware binnen **k**urzem zu liefern. Zwar haben wir bisher schon alles **m**ögliche (= viel, allerlei) versucht, doch ist uns das Styling trotzdem nicht zum **b**esten gelungen. Wir entschuldigen uns im **v**oraus.
4. Das Gesetz tritt morgen in **K**raft. Er wurde **k**raft Gesetzes tätig.
5. **G**roß und **k**lein saßen noch lange im **F**reien. Heute konnten sie aus dem **v**ollen schöpfen.
6. Ständig versuchte er, sein Schäfchen ins **t**rockene zu bringen, was seinen Partner aufs **h**öchste erstaunte.
7. Er hing an seinen Möbeln, vor allem an den **a**lten.
7. Wir hörten viel **G**utes und **B**öses. Doch war im **g**roßen und **g**anzen nichts **B**esonderes geschehen.
9. Sie lernt am **b**esten, obwohl es ihr am **B**esten fehlt.

Zur Aufgabe auf Seite 157: Zusammen- und Getrenntschreibung. So ist es richtig!

1. Nach dem Spaziergang wollen wir zu Mittag essen.
2. Wir unterbreiten Ihnen nur ernstgemeinte Vorschläge.
3. Im Naturschutzgebiet dürfen wir nicht Auto fahren und nicht radfahren.
4. Nichts will er ernst nehmen.
5. Sie muß immer recht behalten.
6. Wir müssen verhindern, daß weitere Arten zugrunde gehen.
7. So kann es nicht weitergehen; das müssen Sie richtigstellen.
8. Seitdem ist sie krank; das heißt, seit dem Beginn ihres Urlaubs.
9. Wir wollen Ihnen nicht zu nahetreten, aber einige Regeln müssen Sie wiederholen.
10. Ich bitte dich, es nicht weiterzusagen, daß ich Herrn Müller offen gestanden nicht leiden kann.
11. Wir wollen lieber gleich weitergehen, denn wir müssen heute viel weiter gehen als gestern.

WÖRTER

12. Solange er hier ist, kommt sie nicht zurück, auch wenn sie noch so lange warten.
13. Nur bis München werden wir mit ihnen zusammen fahren.
14. Er hat sich mir mit einem halblauten Gemurmel bekannt gemacht.
15. Diese schwerwiegenden Umstände sind Beginn einer sehr Besorgnis erregenden Entwicklung.

Zur Aufgabe auf Seite 159: Möchten Sie die folgenden Wörter trennen?

dar- über, Damp- fer, Fen- ster, Donners- tag, Nut- zen, Inter- esse, Zuk- ker, Korre- spondenz, Pu- blikum, Si- gnal, Mikro- skop, grö- ßer, Päd- agoge, dar- in, kämp- fen, Bett- tuch, Dis- har- monie, Atmo- sphäre, chir- urgisch, Druck- er- zeug- nis, emp- fohlen, Magi- strat

SÄTZE

DER SATZ

Mehr als die Summe seiner Teile

Was haben wir in den meisten der vorangehenden Kapitel eigentlich getan? Haben wir uns wirklich **nur** mit den Wortarten beschäftigt? Sicher, unter anderem haben wir versucht, den einzelnen Kapiteln immer ein paar mehr oder weniger kluge Ausführungen darüber vorauszuschicken, was die einzelnen Wortarten leisten. Wir haben dies auf zwei Ebenen getan. Einmal haben wir die sprachlichen Elemente im Zusammenhang untersucht und Vorschläge gemacht, welches Wort einem anderen vorgezogen werden sollte. Solche Hinweise bewegen sich auf der Ebene des Wortfeldes, oder sprachwissenschaftlich ausgedrückt, auf der paradigmatischen Ebene. Um Ihnen aber die Funktion, die Leistung eines Wortes zu demonstrieren, haben wir meist einen Satz gewählt. Analysieren wir die Rolle eines Wortes im Satz, befinden wir uns auf der syntagmatischen Ebene.
Die Wörter eines Paradigmas sind gleichberechtigt. Das Paradigma enthält eine Anzahl sprachlicher Einheiten, zwischen denen wir in einem gegebenen Kontext wählen können. Ein Beispiel:

Er steht unten
        oben
        hinten
        hier
        dort
        .....

Ein jedes der Wörter, die untereinanderstehen, kann das andere ersetzen. Oder anders ausgedrückt: Ein beliebiges der untereinanderstehenden Wörter kann in der gleichen Satzumgebung an die Stelle des anderen treten. Viele Paradigmata (griechischer Plural von Paradigma) sind „offen". Das heißt, es können immer wieder Wörter ge- oder erfunden werden, die sich einem bestimmten Paradigma anschließen. Be-

DER SATZ

sonders deutlich wird dies am Beispiel der Namen. Niemand kann uns daran hindern, die weiblichen Vornamen „Inni" und „Rani" zu erfinden. Eine ganze Literaturgattung – die Phantasy-Literatur – wäre ohne offene Paradigmata nicht denkbar. Wer kennt nicht Michael Endes Erzählung der „Geschöpfe" um den „Felsenbeißer", den „Nachtalb", die „Rennschnecke"? Eine paradigmatische Beziehung besteht nicht nur unter Elementen, die es gibt, sondern auch zu solchen, die wir noch nicht kennen. Anders die syntagmatische Beziehung. Sie besteht nur unter Elementen, die tatsächlich vorhanden sind. Wir finden sie in der Abfolge der Wörter im Satz. Ein Syntagma hat immer linearen Charakter; sein Auftreten im Satz ist nicht beliebig, da es durch seine Umgebung definiert wird. Ob „Stock" aus Holz besteht oder den Teil eines Gebäudes bezeichnet, ergibt sich erst aus dem näheren Kontext, aus der Verbindung einzelner Wörter im Satz: „Er schlug ihn mit einem Stock", „Er wohnt im obersten Stock".
Glauben Sie, daß ein Ausländer den folgenden Satz so ohne weiteres versteht?

Der Arzt schrieb meinen Freund krank.

Wie soll das vor sich gehen, mag jemand fragen, dem das semantische Feld von „krankschreiben" nicht geläufig ist. Schreibt der Arzt so lange, bis der Freund krank ist, oder läßt der Arzt den Freund so lange schreiben? Wir lächeln nachsichtig und erklären dem Unbedarften: „krankschreiben", das heißt „schriftlich für krank erklären" oder „Krankheit attestieren" oder „eine Bescheinigung ausstellen, daß mein Freund krank ist". Wir begeben uns mit unseren Erklärungen nicht nur auf die Ebene des Wortfeldes, sondern finden über das Wortfeld gleichzeitig neue Syntagmata. Ähnlich dürfen wir mit den anderen Satzgliedern verfahren. Schließlich können wir unter einer Reihe von Möglichkeiten wählen:

Arzt	schreiben	Freund	krank
Doktor	schriftlich erklären für	Bekannter	nicht gesund
Mediziner	schriftlich beurteilen	Schulfreund	Gesundheit
Heilkundiger	bescheinigen	Jugendfreund	Krankheit
Therapeut	attestieren	Kamerad	Arbeitsunfähigkeit

Von oben nach unten haben wir Wortfelder angedeutet. Und von links nach rechts die syntagmatischen Beziehungen. Nicht jedes Wort eines Wortfeldes können wir mit jedem beliebigen Syntagma verknüpfen. Der Arzt kann „krankschreiben", aber nicht „Krankheit schreiben". Er kann die „Krankheit bescheinigen", aber nicht „krank bescheinigen". Wollen wir „krank" und „bescheinigen" zusammenbringen, müssen wir zu einem anderen Syntagma greifen: „bescheinigen, daß er krank ist".

SÄTZE

Über die Alternativen des Wortfeldes können wir die Inhalte unserer Sätze verschieben, das Sinngewicht verlagern. Trotz der unendlich vielen Möglichkeiten, unsere Sätze stilistisch zu varrieren, gibt es nur drei Satzarten. Wir unterscheiden sie nach der Art, wie der Sprechende zu einer besonderen Wirklichkeit Stellung nimmt.

Die Satzarten

Die häufigste Satzart ist der Aussagesatz. Er gibt einen Sachverhalt einfach berichtend wieder. „Die Sonne scheint." „Der Himmel ist blau." „Karl trägt den Koffer." „Ilse fährt nach Frankfurt." Oft ist er schnurgerade, der Aussagesatz. Er besteht meist aus Subjekt und Prädikat oder Subjekt, Prädikat und Objekt. Er kann aufgestockt werden, wie es dem Schreiber beliebt. Zu den Aussagesätzen gehört auch der „Ausrufesatz". „Wie herrlich leuchtet mir die Natur!" (Goethe)
Die zweite Satzart ist der Aufforderungssatz. In ihm drücken wir die Erwartung oder den Wunsch aus, daß sich ein Umstand erfülle. Mit dem Aufforderungssatz können wir auch Befehle erteilen, deren Inhalt andere vollziehen sollen. „Gott helfe ihm!" „Wärst du doch gekommen!" „Folge ihm!" „Hilf ihm doch bitte!" „Rauchen verboten!" „Links um!" Der Aufforderungssatz kann sogar ein Einwortsatz sein: „Halt!" „Lies!"
Beim Fragesatz, der dritten Satzart, unterscheiden wir drei Typen der Frage. Wenn wir einen Sachverhalt klären wollen, stellen wir Entscheidungsfragen. Frage: „Kommst du?" Antwort: „Ich komme" oder „Ja" oder „Nein". Fragen wir nach einer Person, einer Sache oder einem Umstand, stellen wir „Ergänzungsfragen". Sie werden immer durch ein Fragewort eingeleitet. Frage: „Wer ist krank?" Antwort: „Karl (ist krank)." Frage: „Wann fährst du?" Antwort: „Um fünf Uhr (fahre ich)." Schließlich gibt es noch die sogenannte „rhetorische Frage". Solche Fragen stellt der Sprechende, um den Gesprächspartner zur Anerkennung einer bereits vorhandenen Meinung zu bewegen. Sie bedürfen meist keiner Antwort: „Will die Menschheit sich wirklich selbst vernichten?"

Satzlänge

„Der Stil erhält die Schönheit vom Gedanken", weiß Arthur Schopenhauer. Sind unsere Gedanken klar und geordnet, haben sie den Gegenstand, über den wir schreiben, durchdrungen, werden die Sätze, die wir bauen, stilistisch „schön". Allerdings hat jedes Zeitalter seinen eigenen Geschmack. An der Forderung nach Klarheit der Gedanken ist dennoch nicht zu rütteln.
Wenn es um stilistisch ausgefeilte Sätze geht, ist ein Zitat von Thomas Mann fast unumgänglich. Lassen wir ihn dennoch einmal aus, und schauen wir uns einige Sätze aus unterschiedlichen Epochen an.

DER SATZ

> Da nämlich, es kurz zu sagen, diese Reinigung in nichts anders beruhet als in der Verwandlung der Leidenschaften in tugendhafte Fertigkeiten, bei jeder Tugend aber, nach unserm Philosophen, sich diesseits und jenseits ein Extremum findet, zwischen welchem sie innestehet, so muß die Tragödie, wenn sie unser Mitleid in Tugend verwandeln soll, uns von beiden Extremis des Mitleids zu reinigen vermögend sein; … (Gotthold Ephraim Lessing, Hamburgische Dramaturgie)

Trotz der uns heute fremd anmutenden Sprache Lessings sind wir in der Lage, den Satz zu verstehen. Er ist durch und durch logisch aufgebaut. Behauptung – Begründung – Schluß. Jeder Einschub, jeder Nebensatz hat einen klaren Bezug zum Kontext. Wie viele andere Aufklärer auch war Lessing ein Bewunderer des griechischen Philosophs Aristoteles (384 – 322 v. Chr.), der in einem seiner Werke, der Rhetorik, unter anderem Stilregeln zur „Periode" formuliert hat. Die Unterordnung von Haupt- und Nebensätzen soll demnach kunstvoll aufgebaut und gegliedert sein. Als langes und logisch verdichtetes Satzgefüge in Prosa besteht sie aus mehreren deutlich erkennbaren Einheiten, die den Satz rhythmisch fließen lassen. Die Periode enthält einen Gedanken, und ihr Umfang soll wohlüberschaubar sein.

Lessings Satz ist eine sogenannte steigende Periode. Das Satzgefüge ist auf den Schluß hin komponiert und gipfelt im Hauptgedanken. Den folgenden Beispielsatz von Kleist nennen wir eine historische Periode, weil er eine Begebenheit mit allen näheren Umständen erfaßt.

> Inzwischen war der Nachmittag herangekommen, und die Gemüter der herumschwärmenden Flüchtlinge hatten sich, da die Erdstöße nachließen, nur kaum wieder ein wenig beruhigt, als sich schon die Nachricht verbreitete, daß in der Dominikanerkirche, der einzigen, welche das Erdbeben verschont hatte, eine feierliche Messe von dem Prälaten des Klosters selbst gelesen werden würde, den Himmel um Verhütung fernern Unglücks anzuflehen. (Heinrich von Kleist, Das Erdbeben in Chili)

Wieviel Geschehnisse packt Kleist in einen einzigen Satz! Die Einheit von Ort, Zeit und Handlung wird grammatisch klar und folgerichtig durch Konjunktionen und Adverbien ausgedrückt.

> Der Augenblick war wie ein lebendes Bild, der possierliche Gegenstand einer Erstarrung, das Dasein in Gips gegossen, ein Rauch, der Husten hervorrief, umschwebte es wie eine karikierenden Arabeske, und Philipp war ein kleiner Junge im Kieler Anzug, S. M. Schiff Grille auf dem Mützenband, und er saß in einer Kleinstadt auf einem Stuhl im Deutschen Saal, und die Damen des Luisenbundes führten auf der Bühne in einer Waldkulisse Bilder aus der vaterländischen Geschichte vor, Germania und ihre Kinder, das liebte man damals, oder man gab vor, es zu lieben, die Tochter des Rektors hielt die Pfanne mit dem brennenden Pech, das der Szene wohl etwas Feierliches, Dauerndes, dem Tag Entrücktes geben sollte. (Wolfgang Koeppen, Tauben im Gras)

SÄTZE

Ein völlig anderer Stil. Von Periode im klassischen Sinne kann nicht mehr die Rede sein. Koeppen schildert Bilder und Erinnerungen, die sich seiner Figur aufdrängen. Trotz seiner Länge besteht der Satz weniger aus untergeordneten, als vielmehr aus nebengeordneten Gliedsätzen. Oratorische Periode könnten wir diesen Satz nennen. In mehreren zu einer Einheit zusammengeordneten Sätze wird ein Gedanke ausgedrückt, das „lebende Bild" illustriert. Solche Sätze sind auf die Verwendung rhetorischer Figuren als Schmuckmittel angewiesen: „Dasein in Gips gegossen", „wie eine karikierende Arabeske" und so fort.

Die Länge eines Satzes ist kein Kriterium für dessen Verständlichkeit. Lessings Satz besteht aus 61 Wörtern, Kleists aus 59 Wörtern und Koeppens sogar aus 112 Wörtern. Alle drei Sätze sind so klar aufgebaut, daß wir den Gedanken ohne Mühe folgen können.

Schwierige Sachverhalte lassen sich auch in einfachen, kurzen Sätzen ausdrücken. Wir können einzelne Merkmale eines Sachverhalts in einem Satzgefüge aufeinander beziehen. Wir können diese Merkmale aber auch Schritt für Schritt darlegen. Ob wir Satzgefüge oder einfache, aufeinanderfolgende Sätze wählen, ist eine Sache des Geschmacks. Ziehen wir Satzgefüge vor, sollten wir das Verbinden, das Über- und Unterordnen beherrschen.

Bauen wir einmal ein Satzgefüge:

    Ich glaube, daß er fleißiger geworden ist.
    Hauptsatz + Nebensatz 1. Grades

    Ich glaube, daß er fleißiger geworden ist, seit er dies eingesehen hat.
    Hauptsatz + Nebensatz 1. Grades + Nebensatz 2. Grades

    Ich glaube, daß er fleißiger geworden ist, seit er eingesehen hat, daß man für das Leben lernt.
    Hauptsatz + Nebensatz 1. Grades + Nebensatz 2. Grades + Nebensatz 3. Grades

Nun können wir uns wie auf einem Spaziergang noch ein wenig links und rechts umschauen, doch ohne unseren Faden zu verlieren.

    Ich glaube, und das nicht erst seit heute, daß er fleißiger, nicht nur ernster, geworden ist, seit er eingesehen hat, und zwar ohne Anstoß von außen, daß man für das Leben lernt, nicht für die Schule, wie er früher immer behauptet hat.

Ein sorgfältig aufgebauter Satz ist noch lange kein schöner Satz. Allerdings ist ein korrekt aufgebauter Satz die Voraussetzung für einen stilistisch guten Satz.
„Die deutsche Sprache gewinnt immer mehr Biegsamkeit", behauptete einst Goethe. Ob das noch stimmt? Unser zeitgenössischer Durchschnittsstil meidet die Satzgefüge. Wir lieben den klaren, einfachen Aussagesatz. Wenn's kompliziert wird, meinen wir allerdings, ihn an allen Ecken und Enden vollstopfen zu müssen. Wir quetschen

ein Wort hinter das andere und enden bei nur scheinbar linearen, fortlaufenden Aussagen. Die Satzglieder rächen sich, weil wir ihren vielfältigen Beziehungen nicht mehr gerecht werden. Wir bauen Fehler ein.
Aus der Zeitung:

> Ein umfangreicher Teil des von den deutschen Nationalsozialisten während des Zweiten Weltkriegs in Norwegen eingesetzten Ministerpräsidenten Vidkun Quisling ist auf dem Dachboden eines Wohnhauses in Oslo gefunden worden.

So kann's gehen, wenn wir allzu weit vom Wege abschweifen. Die „Unterlagen" des Ministerpräsidenten wurden vergessen. Abschweifen können wir also auch ohne komplizierte Satzgefüge. Hier sind es die Verhältnisse, die das Verständnis erschweren: „... Genitiv + von ... während ... in ... auf ... Genitiv ... in ..." Oder wir scheitern an der schlichten Konjunktion „und":

> Im übrigen halten die Bundesbürger mit jeweils 42 Prozent Vogel und Kohl für den Intelligenteren von beiden.

Klare Beziehungen

Beziehungen spielen nicht nur in unserem Leben, sondern auch in unseren Sätzen eine große Rolle. Die sogenannten Bezugssätze sollten verschiedenen Anforderungen genügen. Wichtig ist zunächst einmal, daß sie an der richtigen Stelle stehen. Doch sollte der Hauptsatz nicht so auseinandergerissen werden, daß ein kleiner Teil nachklappt.

> Endlich war der Brief, auf den sie schon lange gewartet hatte, da.

Wir müssen den Bezugssatz nicht unbedingt hinter das Bezugswort setzen. Der Satz wird nicht mißverständlich, wenn wir schreiben:

> Endlich war der Brief da, auf den sie schon lange gewartet hatte.

Bei zweiteiligen Prädikaten ist die Gefahr, daß etwas nachklappt, besonders groß:

> Auf der Pressekonferenz führte der Bildungsminister, der sich entgegen seiner Gewohnheit heute sehr gesprächig gab, aus: ...

In diesem Fall können wir „aus" nicht einfach hinter „Bildungsminister" setzen. Zwei Sätze zu formulieren wäre unserer Meinung nach hier die beste Lösung.

SÄTZE

> Entgegen seiner Gewohnheit war der Bildungsminister heute sehr gesprächig. Auf der Pressekonferenz führte er aus: ...

Manchmal haben wir Schwierigkeiten, Beziehungen eindeutig zu formulieren:

> Er träumte gerne vom Leben im alten Haus, das voller Überraschungen gewesen war.

Was war hier voller Überraschungen? Das „Leben im Haus" oder das „Haus"? „Leben" und „Haus" stimmen in Kasus, Genus und Numerus überein. Dadurch wird der zweifache Bezug möglich. Die Unsicherheiten verschwinden sofort, wenn die Bezugswörter sich auch nur in einem der drei Merkmale unterscheiden:

> Er träumte gerne von der Zeit im alten Haus, die voller Überraschungen gewesen war.

Einige Stilisten führen recht abschreckende Beispiele dafür an, wie Bezüge mißdeutet werden können:

> Studentin sucht Zimmer mit Bett, in dem auch Unterricht erteilt werden kann. Abends Ball beim König, der sehr voll war. (Duden-Taschenbuch, Band 7)

Sicher will die Studentin nicht im Bett liegend Unterricht erteilen. Und wenn Seine Majestät nicht beleidigt werden soll, kann es heißen: „Abends Ball beim König; es war sehr voll."
Auch renommierte Tageszeitungen liefern uns leider nicht selten Beispiele syntaktischer Nachlässigkeit.

> Der Gaullismus ist eine Epoche unserer Geschichte. Sie ist wichtig, bemerkt Mitterrand, der zu Lebzeiten ein erbitterter Gegner des Generals war.

Mitterrand „war" also „zu Lebzeiten" ein erbitterter Gegner des Generals. War der Anlaß seiner Äußerungen eine spiritistische Sitzung? Spricht Mitterand aus dem Reich der Toten zu uns? Der Autor meinte: „..., der zu Lebzeiten des Generals dessen erbitterter Gegner war."

Sind die Bezüge richtig und eindeutig?
    a) Er spricht in seiner Rede über Kommunikation und Soziologie, die die neuesten Forschungsergebnisse enthält.
    b) Bitte geben Sie mir die Karte der Provinz Kalabrien, die bestimmt nicht schwer zu finden ist.
    c) Der Tag war viel zu schön, um zu arbeiten.

Lösungen siehe Seite 186

DER SATZ

„Stopfen" oder „trommeln"?

Wer Angst vor dem Nachklapp oder uneindeutigen Beziehungen hat, macht es wie der Sachbearbeiter Müller, den wir nun dabei beobachten wollen, wie er die prächtigen langen Sätze seiner Aktennotizen entwirft. Sein Schreibtisch liegt voller Akten, die bearbeitet werden müssen. Er steht unter Zeitdruck. Ständig klingelt das Telefon. Wichtige Dinge darf er nicht vergessen. Doch hat er im Moment keine Zeit, seine Aktennotiz konzentriert und vollständig zu diktieren. Zwischen den Anrufen notiert er auf seinem Spickzettel:

Herr Meier beschwerte sich.

Herr Müller hat sich über den Anruf von Herrn Meier geärgert. Deshalb will er nicht vergessen zu erwähnen, wie Herr Meier sich beschwerte:

Herr Meier beschwerte sich laut.

Natürlich muß er erwähnen, wann Herr Meier angerufen hat. Da die Notiz noch heute auf den Tisch des Vorgesetzten muß, formuliert er:

Herr Meier beschwerte sich gestern laut.

Um Mißverständnisse zu vermeiden – am Ende denkt sein Vorgesetzter noch, Herr Meier sei bei ihm, dem Sachbearbeiter, gewesen – ergänzt er:

Herr Meier beschwerte sich gestern laut am Telefon.

Besonders geärgert hat Herrn Müller das geschäftsschädigende Verhalten von Herrn Meier. Diesen Umstand will er nicht unerwähnt lassen:

Herr Meier beschwerte sich gestern von einem Kunden aus laut am Telefon.

Oh je, jetzt hat er ganz vergessen zu erwähnen, worum es eigentlich in Herrn Meiers Beschwerde gegangen ist:

Herr Meier beschwerte sich gestern von einem Kunden aus laut am Telefon über unsere letzte Lieferung.

„Über unsere letzte Lieferung"? Nein, das ist nicht ganz korrekt. Etwas Wichtiges fehlt:

Herr Meier beschwerte sich gestern von einem Kunden aus laut am Telefon über die Unpünktlichkeit unserer letzten Lieferung.

SÄTZE

Und da unser Sachbearbeiter weiß, wie pedantisch sein Vorgesetzter sein kann, ergänzt er:

> Herr Meier beschwerte sich gestern gegen 15 Uhr von einem Kunden aus laut am Telefon über die Unpünktlichkeit unserer letzten Lieferung.

Bei wem beschwerte sich Herr Meier?

> Herr Meier beschwerte sich gestern gegen 15 Uhr von einem Kunden aus laut am Telefon beim Sachbearbeiter Müller über die Unpünktlichkeit unserer letzten Lieferung.

Aber gleich nebenan sitzt noch ein Sachbearbeiter namens Müller. Also:

> Herr Meier beschwerte sich gestern gegen 15 Uhr von einem Kunden aus laut am Telefon beim Sachbearbeiter Müller aus der Abteilung Liegenschaften über die Unpünktlichkeit unserer letzten Lieferung.

So sieht der Satz aus, nachdem unser Sachbearbeiter die Satzmodule auf seinem Spickzettel montiert hat. „Herr Meier" – Subjekt, „beschwerte sich" – Prädikat, „gestern" – erste temporale Adverbialbestimmung, „gegen 15 Uhr" – zweite temporale Adverbialbestimmung, „von einem Kunden aus" – erste lokale Adverbialbestimmung, „laut" – modale Adverbialbestimmung, „am Telefon" – zweite lokale Adverbialbestimmung, „beim Sachbearbeiter Müller" – erstes Präpositionalobjekt, „aus der Abteilung Liegenschaften" – Attribut zum Präpositionalobjekt, „über die Unpünktlichkeit" – zweites Präpositionalobjekt, „unserer letzten Lieferung" – Attribut zum Präpositionalobjekt.
Langsam wird unserem Sachbearbeiter klar, warum sein Vorgesetzter die Aktennotizen nicht liest. Dem geht es nämlich wie ihm selbst. Immer wenn er die Hälfte des Satzes mühsam hinter sich gebracht hat, klingelt das Telefon. Er gelangt einfach nicht bis „zur Unpünktlichkeit unserer letzten Lieferung". Zeit hin, Zeit her, denkt Herr Müller, an meinen Sätzen muß ich etwas tun. Er geht zum Kollegen aus der Werbeabteilung. Der lacht und meint zunächst nur, daß man Vorgesetzte mit „Trommeln" bedienen müsse. Und tatsächlich findet er so etwas wie eine trommelnde Sprache.

> Herr Meier beschwerte sich. – Über die Unpünktlichkeit unserer letzten Lieferung. – Und zwar laut von einem Kunden aus. – Gestern gegen 15 Uhr am Telefon. – Bei mir, Müller, Abteilung Liegenschaften.

Der Werbetexter reicht Herrn Müller lachend seinen Vorschlag: „Getrommelt, aber wirkungsvoll."
Am nächsten Tag nimmt sich der Vorgesetzte ein wenig Zeit und besucht Herrn Müller. Des Werbetexters Meinung über Vorgesetzte kenne er. Wirkungsvoll? Ja! Trommeln? Nein! Er für sein Teil bekenne sich zum guten alten Satzgefüge:

DER SATZ

Herr Meier hat gestern, und zwar von einem Kunden aus, die Unpünktlichkeit unserer letzten Lieferung betreffend, angerufen und sich bei mir, dem Sachbearbeiter Müller aus der Abteilung Höchstspannungskabel, beschwert, was er laut tat.

Nein, da war unser Sachbearbeiter mit seinem einfachen erweiterten Hauptsatz doch glücklicher. Wie es der Zufall will, kommt der Werbetexter zu Herrn Müller. Die drei versuchen, einen Kompromiß zu finden. Keinem behagt der Stil des anderen. Der Werbetexter mag keinen Stopfstil, der Vorgesetzte keine Trommeln und Herr Müller kann sich weder mit dem eingeschobenen Partizipialsatz noch mit einem nachklappenden Prädikat anfreunden.

Gestern gegen 15 Uhr rief Herr Meier an, um sich über die Unpünktlichkeit unserer letzten Lieferung zu beschweren. Er sprach laut, und zwar vom Büro eines unserer Kunden aus.

Müller, Abteilung Liegenschaften

„Ist es das, was Sie sagen wollen, Herr Müller?" fragt der Vorgesetzte. Unser Sachbearbeiter hat noch einen kleinen Einwand. „Daß Herr Meier **gestern** anrief, ist doch nicht das Wichtigste." Herr Müller möchte die Satzglieder umstellen: „Herr Meier rief gestern gegen 15 Uhr an, um sich über die Unpünktlichkeit unserer letzten Lieferung zu beschweren." Gegen den zweiten Satz hat er nichts einzuwenden. „Na prima", meint der Werbetexter. „Das Wichtigste zuerst. Nach dem Komma kann das Telefon ruhig klingeln. Sie sind neugierig geworden. Sie legen den Hörer auf die Gabel, lesen weiter und erfahren den Grund des Anrufs. Werden Sie nach dem Punkt noch einmal unterbrochen, müssen Sie danach nicht noch einmal von vorne beginnen. Sie erfahren auch den Rest in lesergerechten Satzabschnitten."
Einfache erweiterte Sätze haben auch ihre Vorteile. Sie sind straff und geradlinig. Sie bringen die Information als geballte Ladung – von Hauptwörtern.

Nach dem Washingtoner Gipfeltreffen soll die Dynamik in den West-Ost-Beziehungen jetzt auch für das zweiseitige Verhältnis zwischen der Bundesrepublik und der Sowjetunion genutzt werden.
Hinter einer Flut bestechend perfekter Bilder über Schönheiten der ‚freien Wildbahn' in Publikationen, Postern, Schauen und Filmen vollzieht sich ein vom naturentrückten Bürger kaum wahrgenommener Exodus der Tier- und Pflanzenarten.

Unserer Meinung nach besteht ein entscheidender Unterschied zwischen dem ersten und dem zweiten Satz. Der erste Satz entstammt dem politischen Leitartikel einer Tageszeitung. Er ist neutral und sachlich gehalten. Er gibt die Äußerungen der Politiker wieder, und die werden auch durch einen anderen Satzbau nicht inhaltsreicher. Der Satz reiht positive Reizwörter aneinander: „Dynamik" – „Beziehung" – „zweiseitiges Verhältnis". Das sind nun einmal Substantive. Je leichter der Inhalt, desto größer das Gewicht der Hauptwörter.

SÄTZE

Der zweite Satz steht auf der Feuilleton-Seite der gleichen Zeitung. Die „freie Wildbahn" steht in Anführungszeichen, ein erster Hinweis, daß der Autor nicht unbedingt die Haltung neutraler Sachlichkeit einnehmen will. Die Vokabel „Flut" und die Verallgemeinerung „naturentrückter Bürger" bestätigen diesen Eindruck. Wir wollen nun zwar nicht behaupten, daß einfache erweiterte Sätze nur zu neutral-sachlichen und inhaltsleeren Äußerungen passen, doch scheint uns für den Feuilleton-Teil einer Zeitung auch ein anderer Stil möglich.

> In Publikationen, Postern, Schauen und Filmen finden wir bestechend, schöne Bilder der ‚freien Wildbahn'. Was aber vollzieht sich hinter dieser Flut perfekter Schönheiten? Ein Exodus der Tier- und Pflanzenarten, der vom naturentrückten Bürger kaum wahrgenommen wird.

Sie sehen selbst, warum Autoren, die auf Zeilen schreiben, den einfachen erweiterten Hauptsatz vorziehen. Er ist kürzer, nicht schöner. Oft enthalten solche Sätze eine Reihe hintereinandergeschalteter Genitivattribute:

Das Gewicht der Worte der dem ersten Teil der Lieferung der Firma XY beigefügten Äußerungen des Begleitschreibens entspricht nicht den an ein mittelständisches Unternehmen zu stellenden Erwartungen.

Das kann man auch ganz anders sagen. „Die Firma XY hat sich im Begleitschreiben zur ersten Lieferung im Ton vergriffen. Sie trumpft als mittelständischer Betrieb auf, als sei sie ein Unternehmen von Weltgeltung."
Sollen wir lieber „trommeln" statt „stopfen"? Nur dort, wo kurze einfache Sätze ihren Platz haben. Sie wirken oft schlicht und sachlich. Ihr Inhalt scheint einleuchtend und unwiderlegbar. Nur eine Einzelheit hat darin Platz. Sie sollte den Nagel ohne Umschweife auf den Kopf treffen. Kurze einfache Sätze haben als Sentenzen, Urteile und Denksprüche bereits eine lange Tradition. In der Literatur, in berühmten Reden und in der Spruchdichtung sind es einprägsam formulierte Erkenntnisse mit einem hohen Grad an Allgemeinverständlichkeit. Kurze, wirkungsvolle Sätze sind also nichts Neues.
Unter diesen kurzen Sätzen fallen einige Typen besonders auf. Typ 1 sind die Behauptungen zum So-sein.

> Die Würde des Menschen ist unantastbar.
> Das Publikum ist ungeheuer leichtgläubig.
> Jeder ist sich selbst der Nächste.
> Das Polsterprogramm ist beispielhaft.
> Qualität ist gefragt.

„Etwas/jemand macht etwas" – ist das Grundmuster des Typs 2 der einprägsamen kurzen Sätze.

DER SATZ

Ich klage an.
Ein Mann sieht rot.
Die Tür springt auf.
Ein kleines Harfenmädchen sang. (Heinrich Heine)
Die technischen Finessen bleiben diskret verborgen.

Für Typ 3 der kurzen einfachen Sätze werden Modalverben bevorzugt.

Du sollst nicht lügen.
Reden will gekonnt sein.
Sie sollen zuvorkommend bedient werden.
Gute Sitzmöbel müssen Bequemlichkeit bieten.

Typ 4 enthält Sätze mit ausgespartem Verb. Oft handelt es sich bei diesen Sätzen um Aneinanderreihungen, die vom Hauptsatz abgetrennt wurden. Sie haben verstärkende Wirkung.

Und das nicht zu knapp.
Qualität innen und außen.
Alles aus echter Eiche.
Nur viel besser.
Und leicht, bequem, elastisch.

In der Parodie werden die Muster der kurzen Sätze gern aufgegriffen, um andernorts behauptete Inhalte zu karikieren.

Wir stoßen uns an Krankheiten gesund.
Die Schweine von heute sind die Koteletts von morgen.
Lieber arm dran als Arm ab.
Die Bürde des Menschen ist unannehmbar.

Carl von Clausewitz (1780–1831), preußischer General und Militärtheoretiker, wußte viel „Vom Kriege" zu schreiben. Er beherrschte auch die Kunst, einfache erweiterte Merksätze zu formulieren.

Der Krieg ist eine bloße Fortsetzung der Politik mit anderen Mitteln.
Die Theorie betrachtet also die Natur der Zwecke und Mittel.
Der Krieg ist mit seinem Resultat nie etwas Absolutes.

Auch kurze Hauptsätze mit einfachen, zweckgerichteten Nebensätzen können sehr wirkungsvoll formuliert werden.

Das Ziel ist, den Feind wehrlos zu machen. (Clausewitz)

SÄTZE

Nun haben wir viele der Satzmuster beisammen, auf die Werbetexter gern zurückgreifen. Die Werbung für den Volkswagen fing damit an. Hier einige VW-Werbesätze, zitiert nach dem Duden-Taschenbuch Band 7:

> Lassen Sie uns eins von vornherein klarstellen. Wir ändern den Volkswagen nicht. Wir verbessern ihn.
> Sehen Sie mal, was wir hinter uns gelassen haben. Wasserkühler. Wasserpumpe. Wasserschläuche. Frostschutzmittel. Der VW braucht diese Teile nicht. Sein Motor ist luftgekühlt. Luft friert nicht ein. Luft kocht nicht über.
> Ein Wagen soll praktisch sein. Wirtschaftlich. Vernünftig. Leicht zu fahren und zu pflegen.

Das trifft den Leser Schlag auf Schlag. Alles ist so rational, fortschrittlich, einprägsam, so sauber, klar und überzeugend formuliert. So mag auch die Technik sein, die dahintersteht. Kein Gedanke an einen Vergleich, ein Abwägen, ein Für und Wider. VW selbst ist der Fortschritt, ohne Einschränkung.

Vielleicht ist die Sprache der Werbung oft nicht besonders überzeugend, weil wir wissen, daß es ja „nur" Werbung ist. Einige Tageszeitungen „hämmern" prinzipiell und propagandistisch. Jedoch nicht ohne Erfolg, so scheint's.

> Bomben fallen. Militärdepots fliegen in die Luft. Kriegsschiffe werden versenkt. Flugzeuge werden abgeschossen. In Südostasien droht Krieg. Heißer Krieg! Die Amerikaner haben zurückgeschlagen. Hart und entschlossen. (Bildzeitung)

Die Sätze sind ebenfalls hart und entschlossen. Erbarmungslos. Es wird zwar der sprachlich angemessene Eindruck vom Krieg vermittelt, doch lassen solche Formulierungen keinen Widerspruch zu. Sie sagen: Es muß so sein. Der Agitationsstil der Bildzeitung hämmert ein, klopft den Leser weich. Und nur, weil die Artikel kurz genug sind, wirkt er nicht ermüdend und gleichförmig.

Haben Sie Lust, die nächsten drei Stopfsätze umzuformulieren?

a) Aus ihr entstanden in neuester Zeit im Gefolge ihrer weltanschaulichen und wissenschaftlichen Tendenzen eine Reihe entweder in gegenseitiger Befehdung begriffener oder bei Übersteigung einander ablösende gleichwertige Richtungen der Literaturbetrachtung.
b) Kurzbrennweitige magnetische Elektronenlinsen bestehen aus einer eisengekapselten stromdurchflossenen Spule mit einem ringförmigen Spalt auf der Innenseite des an dieser Stelle mit Polschuhen verbundenen Eisenmantels.
c) Nach Joachim von Floris chiliastischer Geschichtstheologie folgt dem Zeitalter des Vaters und dem des Sohnes als drittes und die Erlösung abschließendes das des Heiligen Geistes.

■ *Lösungen siehe Seite 187*

DER SATZ

Der Platz im Satz

Im Deutschen ist die Wortstellung im Satz relativ frei. Wir können mit einer veränderten Wortstellung Bedeutung variieren, ohne den Sinn des Satzes zu entstellen.

1. Wir stellen Ihnen auf unserem Sommerfest eine unserer ganz besonderen Leistungen vor.
2. Wir stellen Ihnen eine unserer ganz besonderen Leistungen auf unserem Sommerfest vor.
3. Ihnen stellen wir auf unserem Sommerfest eine unserer ganz besonderen Leistungen vor.
4. Ihnen stellen wir eine unserer ganz besonderen Leistungen auf unserem Sommerfest vor.
5. Auf unserem Sommerfest stellen wir Ihnen eine unserer ganz besonderen Leistungen vor.
6. Eine unserer ganz besonderen Leistungen stellen wir Ihnen auf unserem Sommerfest vor.

Es ist schon erstaunlich, wie variabel unsere Wortstellung im Satz ist. Schlaue Werbetexter kennen die Bedeutung der Plätze im Satz. Das Reizwort, den Aufmacher, das, was den Leser neugierig machen soll, stellen sie an den Anfang; sachlich Wichtiges an den Schluß. Der Mitte des Satzes schenken wir die geringste Aufmerksamkeit.
Es ist psychologisch wenig sinnvoll, einen Satz mit „Wir" zu beginnen, wenn potentielle Kunden angelockt werden sollen, um die ganz besonderen Leistungen eines Kaufhauses, Autohauses oder Einzelhandelsgeschäftes zu bestaunen. Da ist es schon weit geschickter, den Satz mit „Ihnen" zu beginnen. Nehmen wir einmal an, wir selbst seien Verkäufer. Wollen wir die Aufmerksamkeit des Kunden auf den Kunden lenken? Oder wollen wir ihn locken? Womit können wir ihn locken? Mit dem Sommerfest? Nun ja, das Sommerfest ist auch eine unserer Leistungen. Sicher gibt es dort Freibier und Spiele für die Kinder. Ja, mit dem Sommerfest können wir locken. Das Sommerfest, den Aufmacher, an den Anfang und die Sache, unsere ganz besondere Leistung, an den Schluß.
Aber! Das Sommerfest veranstalten wir nicht aus bloßer Spendierlaune. Wir wollen etwas damit erreichen. Der Kunde soll sich „unsere ganz besondere Leistung" anschauen. Die nämlich wollen wir ihm verkaufen. Stellen wir die „besondere Leistung" an den Anfang, ist sie der Aufmacher. Das „Sommerfest" rückt als Sache an den Schluß. Das Vertrackte ist nur: das „Sommerfest" **ist** der Aufmacher.
Plätze im Satz werden häufig verschenkt. Ein Möbelhaus schreibt:

> Geringfügige Farbunterschiede geben dem Programm die Natürlichkeit.

Möbel in Naturholz weisen immer „geringfügige Farbunterschiede" auf. Aber, ist das ein Aufmacher? Sind Farbunterschiede ein Anreiz für den Kunden, Möbel aus Natur-

SÄTZE

holz zu kaufen? Wohl kaum. Farbunterschiede – das klingt nach schlechter Qualität. Das „geringfügig" verstärkt den negativen Eindruck. Der Kunde mag argwöhnen: „Ich weiß doch, daß die Werbung lügt. Der Unterschied zwischen hell- und dunkelbraun wird hier mit dem Wort ‚geringfügig' verschleiert." Wir schlagen vor, die „Natürlichkeit" an den Anfang zu setzen. Schließlich ist „Natürlichkeit" ein Wert, der so manchen Käufer anzieht.

> Für die Natürlichkeit des Programms sorgen echte Hölzer mit kleinen Farbunterschieden.

Nicht jeder Satz kann mit einem Aufmacher beginnen. Lauter aufeinanderfolgende Sätze, die mit einem Reizwort anfangen, führen zu einer völlig unnatürlichen Sprache.

> Natürlichkeit ist unsere Stärke. Chancen haben wir damit auf dem Markt. Aufnahmefähig ist der Markt dafür.

Manche Sätze sind für den „Dreh" mit dem Aufmacher nicht geeignet. Wir können ebenso schreiben „Natürlichkeit ist unsere Stärke" wie „Unsere Stärke ist Natürlichkeit". Grammatisch haben wir es hier mit einem Gleichsetzungsnominativ zu tun. Sätze wie „Karl ist mein Freund" können wir drehen, wie wir möchten. Wir ändern „nur" den Sinn. Wenn wir sagen: „Mein Freund ist Karl" schließen wir aus, daß wir auch einen zweiten Freund haben. „Karl ist mein Freund" heißt nur, daß Karl unser Freund ist neben Egon und Walter, die auch unsere Freunde sind.
Auch „Wir sind drei", „Verbannt werden heißt sterben" und „Aufgeschoben ist nicht aufgehoben" sind Gleichsetzungsnominative. „Das nenne ich arbeiten" und „Erfolg haben heißt verkaufen" sind Gleichsetzungsakkusative. Auch diese Beispielsätze können wir herumdrehen. Während „Erfolg haben heißt verkaufen" bedeutet, daß wir keine andere Götzen neben dem „Verkauf" gelten lassen, scheint uns „Verkaufen heißt Erfolg haben" etwas milder.
Aus grammatischen oder inhaltlichen Gründen können wir nicht jeden Satz drehen, wie wir wollen. Die sture Geradlinigkeit aller Sätze in so manchem Sachbuch aber könnte eine Abwechslung in der Wortstellung gut vertragen.

> Es gibt keine vorgeschriebene Ausbildung für den Werbetexter. Die meisten entdecken ihr Talent und ihre Neigung zum Texten während des Berufslebens. Werbetexter ist keiner der absolut sicheren Berufe. Gute Leute aber werden stark nachgefragt. Befähigte Texter haben auch bei schlechter Konjunktur gute Berufschancen. Die Verdienstmöglichkeiten sind entsprechend der großen Nachfrage zum Teil ausgezeichnet.

Finden Sie nicht auch, daß dieser Text etwas langweilig ist? Durch das „Es gibt" am Satzanfang wird viel verschenkt. Wir wollen den Leser doch neugierig machen. Versuchen wir, den Text etwas lebendiger zu formulieren.

DER SATZ

Für den Werbetexter gibt es keine vorgeschriebene Ausbildung. Ihr Talent und ihre Neigung zum Texten entdecken die meisten erst während des Berufslebens. Ein sicherer Beruf ist der Werbetexter nicht, doch gute Leute werden immer gebraucht. Befähigte Texter haben auch bei schlechter Konjunktur gute Berufschancen, und ihre Verdienstmöglichkeiten sind entsprechend der großen Nachfrage zum Teil ausgezeichnet.

Viel geändert haben wir nicht. An die Stelle von „Es gibt" haben wir den „Werbetexter" gerückt, denn es geht um den „Werbetexter". Also gewähren wir ihm die „Eindrucksstelle", wie Sprachwissenschaftler den Satzanfang nennen. Auch „Talent" und „Neigung zum Texten" halten wir für Merkmale von besonderem Interesse. Im dritten Satz haben wir „absolut" gestrichen, weil es eh nichts „absolut" Sicheres gibt und geben kann. Der „sichere Beruf", gleichfalls ein Merkmal, daß den Unschlüssigen besonders interessiert, steht in Hab-Acht-Stellung. Und nun wären es der „Reizanfänge" zu viele gewesen. Die Logik des Inhalts erlaubt einen Anschluß mit „doch". Für unseren Geschmack werden „Menschen" auch nicht „nachgefragt", sondern „gebraucht". Die „befähigten Texter" erscheinen uns wiederum so wichtig, daß wir sie am ursprünglichen Ort stehen lassen haben. Der Anschluß des nächsten Satzes mit „und" drängt sich auf, weil „befähigte Texter", „gute Berufschancen" und „ausgezeichnete Verdienstmöglichkeiten" eng zusammengehören.

„Ihr Talent und ihre Neigung entdecken die meisten erst während des Berufslebens." Dieser Satz besitzt eine grammatische Besonderheit. Wir sind von der normalen Satzstellung „Die meisten entdecken ihr Talent erst während des Berufslebens" abgewichen. Das Akkusativobjekt steht am Anfang. Wir nennen eine solche Satzstellung Inversion. Damit bezeichnet man die Umkehrung der normalen Folge der Satzglieder. Die normale oder „gerade" Wortstellung, auch „Grundstellung" genannt, lautet „Subjekt – Prädikat – Objekt": „Susanne hat ein Kleid für ihre Puppe genäht." Ungerade ist die Wortstellung, wenn wir ein Objekt vor das Subjekt stellen: „Für ihre Puppe hat Susanne ein Kleid genäht."

Das Akkusativ-, Dativ- oder Präpositionalobjekt kann grundsätzlich am Anfang eines Satzes stehen. „In mein Haus gehe ich" – und nicht in „deines". „Meinem Vater traue ich" – und nicht „deinem". „Meine Katze füttere ich" – und nicht „deine". Die Möglichkeiten der Inversion sind damit nicht erschöpft.

> Sie tanzt am besten. – Am besten tanzt sie. Nicht Inge.
> Karl ist zornig, weil er verloren hat. – Zornig ist Karl, weil er verloren hat. Erst der nächste Sieg wird ihn besänftigen.

Jede Wortstellung, die von der normalen abweicht, fällt aus dem Rahmen. Die Inversion ist eines der vielen Stilmittel, mit denen wir unsere Texte auflockern und interessant gestalten können. Doch ist sorgfältig zu überlegen, wo wir sie einsetzen.
Weil der Satzanfang die Eindrucksstelle ist, kommen dort alle Bekräftigungswörter am stärksten zur Geltung; allerdings manchmal nicht ohne kleine Bedeutungsunterschiede zur normalen Wortstellung.

SÄTZE

> Wir liefern trotzdem. Sie haben zu spät abbestellt.
> Trotzdem liefern wir. Auch wenn das Wetter noch so schlecht ist.
> Die Ware wird gewiß übermorgen eintreffen. Das hoffen wir jedenfalls.
> Gewiß wird die Ware übermorgen eintreffen. Der Termin wurde uns zugesagt.
> Er wird natürlich hingehen. Das tut er immer.
> Natürlich wird er hingehen. Sie können reden, soviel sie wollen. Er läßt sich einfach nicht abschrecken.
> Wir kommen heute selbstverständlich. Warum sollten wir absagen?
> Selbstverständlich kommen wir heute. Schließlich ist das Programm nicht immer so interessant.

Der Ton macht nicht nur die Musik, er macht auch den Inhalt. Sie erinnern sich? Am Anfang sollte der „Aufmacher", am Ende die „Sache" stehen. Wenn es heißt „Selbstverständlich kommen wir heute" übernimmt „heute" die Funktion der Sache. Wir setzen „heute" in einen sachlichen Gegensatz zu „gestern" oder „nächste Woche", oder was auch immer sachgebunden in diesem Paradigma stehen könnte. Der Aufmacher „selbstverständlich" läßt jeden Frager verstummen, der hier eventuell gehofft hat, wir kämen nicht.

Beliebt, ja allzu beliebt sind Anknüpfungswörter. Manch einer fürchtet die logische Unterbrechung seiner Ausführungen, wenn er nicht den nächsten Satz seiner Ausführungen mit einem „daher", „deshalb", „damit" oder ähnlichen Wörtern und Wendungen beginnt. Ein Anknüpfungswort kann durchaus seine Berechtigung haben:

> Natürlichkeit ist unsere Stärke. Damit haben wir Chancen auf dem Markt.

Sind die Anknüpfungswörter in den folgenden Textbeispielen notwendig? Können wir den Anschluß nicht anders formulieren?

> Ich nehme mir ganz bewußt für den Tag deutlich weniger vor als dasjenige Arbeitsquantum, von dem ich ganz sicher bin, daß ich es ohne große Anstrengung schaffe. Dadurch schaffe ich immer das, was ich mir vorgenommen habe und oft sogar noch mehr. Dafür belohne ich mich dann.

Keine Lust zum Frust hat dieser Autor. Es geht um sein Selbstwertgefühl. Ohne „dadurch" hätte sein Satz viel selbstbewußter geklungen. Schließlich hält er seine Mittel doch für legitim: „Ich schaffe immer das, was ich mir vorgenommen habe und oft sogar noch mehr. Dann belohne ich mich." Auch ohne „dafür" ist klar, wofür er sich belohnt.

> Seit mehreren Jahren werden in von uns speziell entwickelten Prüfständen für photovoltaische Pumpensysteme Langzeituntersuchungen an verschiedenen Systemkonfigurationen durchgeführt. Die dabei gewonnenen Meßdaten werden unter verschiedenen Gesichtspunkten ausgewertet, so daß u. a. eine Vorhersage des Betriebsverhaltens für verschiedene Klimabedingungen möglich ist.

DER SATZ

Haben Sie sie auch schon gelesen, Fügungen wie „ein dazu geeignetes Verfahren", „eine hierbei anwendbare Methode", „das somit erhaltene Ergebnis"? Warum „dazu", „hierbei" und „somit", wo doch der Bezug zum Vorangehenden in der Regel klar genug ist. Warum also „dabei" gewonnene Meßdaten? Welche sollen es sonst sein? Solche adverbialen Einsprengsel sind in wissenschaftlichen Texten ebenso häufig wie Passiv- und unpersönliche Konstruktionen. Ganz auf das „wir" wollen auch die Wissenschaftler nicht verzichten. Sie greifen auf solch umständliche Formulierungen wie „von uns" zurück. Die Sätze reizen uns, weil sie so außerordentlich steif und umständlich sind. Hier unsere Version:

> Wir führen seit mehreren Jahren Langzeituntersuchungen an verschiedenen Systemkonfigurationen durch. Möglich ist das, weil wir besondere Prüfstände für photovoltaische Pumpensysteme entwickelt haben. Die Meßdaten, die wir gewinnen, werten wir unter verschiedenen Gesichtspunkten aus, so daß wir unter anderem das Betriebsverhalten für verschiedene Klimabedingungen voraussagen können.

Unter Wissenschaftlern scheint es Mode zu sein, unterkühlt aufzutreten. Es mag sein, daß kein Wissenschaftler an unserem Text Gefallen findet. Dann möge er auch darauf verzichten, uns beständig in den Ohren zu liegen, daß seine Arbeit unterschätzt werde.

> Gute Erfolgsaussichten bestehen für den, der sich auf den Sektor der Baufinanzierung spezialisiert. Hierbei hat er die Möglichkeit, sich stets das günstigste Angebot herauszusuchen.

Das „hierbei" ist nicht nur überflüssig. Es ist falsch. Was will uns der Autor antworten, wenn wir fragen: Wobei? Bei dem „Sektor der Baufinanzierung"? Oder vielleicht bei der „Spezialisierung"? Könnte es nicht sein, daß wir uns die Möglichkeiten erst heraussuchen können, wenn wir uns bereits spezialisiert haben und der Sache kundig sind?

> Natürlich spüren Wirtschaftswissenschaftler konjunkturelle Schwankungen auf dem Arbeitsmarkt besonders stark. Dabei darf man nicht übersehen, daß sich in der Vergangenheit Wirtschaftswissenschaftler in der Konkurrenzbeziehung zu anderen Hochschulabsolventen besonders gut behauptet haben.

Der Autor meint nicht „dabei", sondern „aber": „Man darf aber nicht übersehen ..." Wir fragen uns, ob der Hauptsatz selbst nicht überflüssig ist. Er scheint uns nicht sonderlich inhaltsreich. Wenn wir uns nun zu einer gestrafften Aussage entschließen, könnten Sprachwissenschaftler einwenden, daß ungefähr 40 Prozent eines Textes redundant, das heißt überflüssig, sein müssen, damit der Text gut lesbar bleibt und der Leser nicht überfordert wird. Wörter wie „natürlich", „besonders" und „dabei" sind redundant. Sie gewähren dem Leser Ruhepausen. Vielleicht packen aus diesem

SÄTZE

Grund Autoren wissenschaftlicher Texte so gern redundante adverbielle Angaben in ihre Sätze. Sie selbst brauchen diese Ruhepausen, wenn sie Substantiv an Substantiv schmieden. Entscheiden Sie selbst, welcher Text Ihnen besser gefällt, die redundante oder die stilistisch gestraffte Form:

> Natürlich spüren Wirtschaftswissenschaftler konjunkturelle Schwankungen auf dem Arbeitsmarkt besonders stark. In der Vergangenheit haben sie sich in der Konkurrenzbeziehung zu anderen Hochschulabsolventen jedoch besonders gut behauptet.

Bei besseren Autoren wissenschaftlicher Texte suchen wir vergeblich nach Verknüpfungswörtern „aus Verlegenheit". Sie finden ihre Satzanschlüsse direkt in der fortlaufenden Logik der Sache, die sie schreibend darlegen und aufbauen.

> Die Stimmabgabe war der Idee nach nur der abschließende Akt eines kontinuierlichen, öffentlich ausgetragenen Streites von Argument und Gegenargument; zu ihr waren berechtigt, wer ohnehin zur Öffentlichkeit zugelassen war: die Privatleute, ... (Jürgen Habermas, Strukturwandel der Öffentlichkeit)

Habermas schreibt „zu ihr", der Stimmabgabe, waren die Privatleute berechtigt. Seien wir ehrlich, würden wir nicht zu einem „dazu" neigen? Wenn immer uns „dazu", „dabei", „hierbei" und so fort in den Sinn kommen, sollten wir vielleicht prüfen, ob nicht auch ein inhaltlicher Anschluß möglich wäre. Zwar braucht ein Text redundante Wörter; wenn uns der Bezug jedoch wichtig ist, müssen wir daran denken, daß ein „dazu", gerade weil es redundant ist, leicht übersehen werden kann. Und dann hat es der Leser schwerer und nicht leichter, den Sinnanschluß zu finden. Das stilistisch auffällige „zu ihr" wird bestimmt nicht übersehen.
Habermas verzichtet dennoch nicht auf redundante adverbielle Angaben. Sie modifizieren die Aussagen und lassen den Leser Atem holen.

> Auch die gut belegte Tatsache, daß diejenigen, die sich, relativ am besten unterrichtet, auf Diskussionen relativ am häufigsten einlassen, dazu neigen, ihre Vorstellungen ohnehin nur wechselseitig zu bestätigen und allenfalls Zögernde und weniger Beteiligte zu beeinflussen – zeigt, wie wenig sie zu einem Prozeß **öffentlicher** Meinung beitragen. Die politischen Diskussionen beschränken sich zudem meist auf Ingroups, auf Familie, Freundeskreis und Nachbarschaft, die ohnehin eher ein homogenes Meinungsklima erzeugen.

„Auch", „ohnehin", „nur", „allenfalls", „zudem", „meist", „eher" sind redundante Wörter. Einen Anteil von 40 Prozent erreichen sie nicht. Besonders der erste Satz ist schwierig, nicht nur vom Satzbau her, sondern auch durch die komprimierte Wiedergabe eines Untersuchungsergebnisses in vier Gliedsätzen und einer Beifügung. Im Hauptsatz stehen das Subjekt „Tatsache" und das Prädikat „zeigt" relativ weit voneinander entfernt. Der Autor macht durch einen Gedankenstrich darauf aufmerksam.

DER SATZ

Warum nicht? So wird der schwer lesbare Text überschaubar. Noch ein Wort zu den Wiederholungen. „Relativ" darf zweimal vorkommen, weil jeweils von Bezugsgrößen die Rede ist (denkbar wäre einmal auch die Verwendung von „verhältnismäßig" gewesen). Für „ohnehin" gilt das nicht. Doch sind wir nicht dankbar für ein wenig Redundanz in solch einem Text? „Ohnehin" klingt besser als „sowieso", ist ernster als „eh" und wiegt weniger als „auf jeden Fall". Viel Auswahl haben wir manchmal nicht.

Ist diese Briefschlußfloskel richtig?
Für Ihre Mühewaltung danken wir und verbleiben mit freundlichen Grüßen

Was ist am folgenden Beispielsatz mißverständlich?
Zur Eröffnung des Forschungszentrums in New Haven braucht Herr L. von der Hauptgeschäftsstelle zusätzlich vier Mitarbeiter.

Lösungen siehe Seite 188

Nachklappen lassen oder ausklammern?

Trennbare Verben und zweiteilige Prädikate bereiten uns so lange keine Schwierigkeiten, wie unsere Sätze kurz sind. Das Prädikat des Hauptsatzes kann ein finites Verb sein: „Ich schreibe meinem Freund einen Brief." In der Vergangenheit haben wir ein zweiteiliges Prädikat: „Ich habe meinem Freund einen Brief geschrieben." Das Partizip rückt ans Ende des Satzes. Viele Verben haben Vorsilben oder „Verbzusätze". Solche Verben sind trennbar: „Ich laufe vor dem Unwetter davon", „Er biegt an der zweiten Ampel ab". Außer dem Subjekt werden alle Satzglieder vom Prädikat umschlossen, gleich wie lang die Sätze sind:

Er hat die Schule wegen einer schweren Krankheit seit fast fünf Wochen nicht mehr besucht.
Ein Seminarteilnehmer reiste aufgrund schlechter Nachrichten von zu Hause bereits nach wenigen Tagen wieder ab.

„besucht" und „ab" klappen nach. Für das kleine, unscheinbare „ab" wiegt das schwerer als für das zweisilbige „besucht". Wir können den zweiten Teil des Prädikats aus seiner Klammerfunktion befreien.

Der Sinn des Satzes hängt wesentlich ab von der Reihenfolge seiner Bestandteile.

Solche Sätze dürfen wir heute formulieren. Sinnvoll ist ein ausgeklammertes Prädikat besonders dann, wenn Mißverständnisse entstehen können:

SÄTZE

> Herr B. schlug Herrn A. wegen seiner besonderen Kenntnisse auf dem Gebiet der Expertensysteme vor.

Bis „Expertensysteme" erfahren wir nur, daß Herr A. geschlagen werden soll. Erst das letzte Wörtchen des Satzes klärt uns auf. Er soll nicht „geschlagen", sondern „vorgeschlagen" werden. Wenn wir nun formulieren:

> Herr B. schlug Herrn A. vor wegen seiner besonderen Kenntnisse auf dem Gebiet der Expertensysteme.

wird kaum jemand behaupten, daß wir nun eine stilistische Glanzleistung vollbracht hätten. Wir können jedoch den Nachklapp und die Ausklammerung vermeiden:

1. Möglichkeit – Wir stellen die Satzglieder um:

> Wegen seiner besonderen Kenntnisse auf dem Gebiet der Expertensysteme schlug Herr B. Herrn A. vor.

Schon besser, oder?

2. Möglichkeit – Wir formulieren einen Nebensatz:

> Herr B. schlug Herrn A. vor, weil er besondere Kenntnisse auf dem Gebiet der Expertensysteme hatte.

Manchmal stehen Nebensätze in verbaler Klammer. Am Ende bleibt ein einsamer Nachklapp übrig.

> Der Passant zog sie, als er das Auto heranrasen sah, fort.
> Professor G. trug die Rede, die er vor Wochen schon einmal an einer Universität in den USA gehalten hatte, vor.
> Erich hängte das Bild, das sein Großvater gemalt hatte, ab, um es zum Restaurator zu bringen.
> Nun schrieb er sich doch nicht an der Akademie, der manche nichts Gutes nachsagten, ein.

Durch den eingeschobenen Nebensatz im ersten Beispiel stehen die beiden Prädikatteile zu weit voneinander entfernt. Den Verbzusatz ziehen wir nach vorn, und zwar unmittelbar vor den Nebensatz.

> Der Passant zog sie fort, als er das Auto heranrasen sah.

Das Relativpronomen im zweiten und dritten Beispiel muß nicht unmittelbar hinter dem Bezugswort stehen. Auch hier darf der Verbzusatz „vor" nach vorn.

DER SATZ

Professor G. trug die Rede vor, die er vor Wochen schon einmal an einer Universität in den USA gehalten hatte.
Erich hängte das Bild ab, das sein Großvater gemalt hatte, um es zum Restaurator zu bringen.

Stellen wir im vierten Beispiel „ein" vor den Nebensatz, umklammert das Verb wiederum andere Satzglieder. „Nun schrieb er sich doch nicht ein an der Akademie, der …" halten wir für die stilistisch schlechtere Lösung. Wir bevorzugen:

Nun schrieb er sich doch nicht an der Akademie ein, der manche nichts Gutes nachsagten.

Bei Aufzählungen können wir das Ausklammern kaum vermeiden.

Das geht hervor aus der Erforschung der sozio-demographischen Struktur des Publikums sowie der Attitüden und Verhaltensweisen des Rezipienten im Zusammenhang mit der Nutzung von Massenmedien und der Selektion von Kommunikationsinhalten.

In Protokollen und Geschäftsbriefen werden Ausklammerungen manchmal unumgänglich:

Beschlüsse hätten gefaßt werden müssen zu a) der Satzung des Fremdenverkehrsvereins, b) der Höhe der Beiträge, c) dem Aktionsprogramm.
Herr M. erinnert daran, daß Frau Z. sich bereits auf der letzten Sitzung geäußert habe zu Kosten, Dauer und Ort der Lehrgänge, den Unterrichtsthemen und der Besetzung des Kollegiums.

Statt „Wir haben a) … b) … c) … bestellt" ist es oft zweckmäßiger und übersichtlicher zu schreiben: „Wir haben bestellt a) … b) … c) …" Ziel der Ausklammerung ist schließlich, das Verstehen der Sätze zu erleichtern. Durch ungewohnte Wortstellung können Termine und Uhrzeiten hervorgehoben werden. Sie stehen als die sachlich wichtigsten Merkmale am Satzende:

Zweitens laden wir Sie sehr herzlich ein zu einer Vorbesichtigung der Ausstellung am 4. Februar 19.. um 13.30 Uhr.

In Vergleichssätzen und -gliedern empfinden wir die Ausklammerung bereits als normale Satzstellung:

Gestern hat er ein größeres Stück des Weges zurückgelegt als heute. (statt: Gestern hat er ein größeres Stück des Weges als heute zurückgelegt.)
Er führt sich ebenso auf wie sein Vorgänger. (statt: Er führt sich ebenso wie sein Vorgänger auf.)

SÄTZE

Ausklammerungen sind nicht schön, zuweilen aber zweckmäßig. Manchem werden sie zur puren Gewohnheit.

> Sie schreiben uns, daß sie eine technologieorientierte Werbebroschüre erstellen wollen über die Forschungseinrichtungen im Raum Köln.
> Arbeiten Sie bitte Änderungen ein zu den Punkten eins und zwei.

Sind diese Sätze so lang, daß ausgeklammert werden muß? Wir denken, daß der Leser in beiden Fällen auch ohne Ausklammerung den Faden nicht verlieren wird.

Lösungen

Zur Aufgabe auf Seite 170: Sind die Bezüge richtig und eindeutig?

    a) Er spricht in seiner Rede über Kommunikation und Soziologie, die die neuesten Forschungsergebnisse enthält.

„Rede", „Kommunikation" und „Soziologie" stimmen in Genus und Numerus überein. Auch der Kasus hilft hier nicht weiter. Die drei Feminina haben in allen vier Fällen die gleiche Form. Wir können wählen, auf welches der drei Substantive wir den Relativsatz beziehen wollen. Enthält die „Rede" die neuesten Forschungsergebnisse, können wir den Bezugssatz hinter das Bezugswort stellen: „Er spricht in seiner Rede, die die neuesten Forschungsergebnisse enthält, über Kommunikation und Soziologie." Oder ohne stilistische Einbuße: „Er spricht über Kommunikation und Soziologie. Seine Rede enthält die neuesten Forschungsergebnisse."

    b) Bitte geben Sie mir die Karte der Provinz Kalabrien, die bestimmt nicht schwer zu finden ist.

Der gleiche Fehler. „Karte" und „Provinz" sind feminine Substantive im Singular. Bezieht sich der Relativsatz auf Karte, können wir ihn nicht ohne weiteres hinter das Bezugswort setzen. Der Ausdruck „Karte der Provinz Kalabrien" bildet eine Einheit. Wir müssen zwei Sätze formulieren und „Karte", um alle Mißverständnisse auszuschließen, wiederholen.

    c) Der Tag war viel zu schön, um zu arbeiten.

Erinnern Sie sich, was wir im Kapitel zu den Konjunktionen über „um zu" geschrieben haben? Ein „um zu"-Satz hat sein Bezugswort im Hauptsatz. Meist ist es das Subjekt. In unserem fehlerhaften Beispielsatz arbeitet der Tag. Unser Vorschlag: „Der Tag war viel zu schön. Wir hatten keine Lust zu arbeiten."

DER SATZ

Zur Aufgabe auf Seite 176: Formulieren Sie die nächsten Stopfsätze bitte um.

a) Aus ihr entstanden in neuester Zeit im Gefolge ihrer weltanschaulichen und wissenschaftlichen Tendenzen eine Reihe entweder in gegenseitiger Befehdung begriffener oder bei Übersteigerung einander ablösende gleichwertige Richtungen der Literaturbetrachtung.

b) Kurzbrennweitige magnetische Elektronenlinsen bestehen aus einer eisengekapselten stromdurchflossenen Spule mit einem ringförmigen Spalt auf der Innenseite des an dieser Stelle mit Polschuhen verbundenen Eisenmantels.

c) Nach Joachim von Floris chiliastischer Geschichtstheologie folgt dem Zeitalter des Vaters und dem des Sohnes als drittes und die Erlösung abschließendes das des Heiligen Geistes.

Alle drei Sätze sind nur mit Mühe zu verstehen. Sie zeigen deutlich, daß einfache erweiterte Sätze durchaus nicht die verständlichsten sind. In Satzgefügen können wir unterordnen und damit Beziehungen verdeutlichen. Wir versuchen nun, einfache Perioden aus Haupt- und Nebensätzen zu formulieren. Auch Zeichensetzung, „Wortentflechtungen" und – wenn nötig – Wiederholungen können helfen, das Verständnis zu erleichtern.

Aus ihr entstanden in neuester Zeit – im Gefolge ihrer weltanschaulichen und wissenschaftlichen Tendenzen – eine Reihe gleichwertiger Richtungen der Literaturbetrachtung, die entweder in gegenseitiger Befehdung begriffen waren oder bei Übersteigerung einander ablösten.

Magnetische Elektronenlinsen von kurzer Brennweite bestehen aus einer stromdurchflossenen Spule, die von Eisen eingekapselt wird. Auf der Innenseite des Eisenmantels haben sie einen ringförmigen Spalt, der an dieser Stelle mit Polschuhen verbunden wird.

Nach Joachim von Floris chiliastischer Geschichtstheologie folgt dem Zeitalter des Vaters und dem Zeitalter des Sohnes ein drittes. Und dieses dritte Zeitalter, das des heiligen Geistes, schließt die Erlösung ab.

Am Rande: Der Chiliasmus ist die Lehre von der Erwartung des Tausendjährigen Reiches Christi auf Erden nach seiner Wiederkunft vor dem Weltende.

SÄTZE

Zur Aufgabe auf Seite 183: Ist diese Briefschlußfloskel richtig?

Für Ihre Mühewaltung danken wir und verbleiben mit freundlichen Grüßen

Die Floskel ist nicht nur veraltet, sie ist falsch. Auf die Wiederholung des „wir" können wir nur verzichten, wenn das Subjekt in Spitzenstellung steht und sich auch auf die zweite Satzhälfte bezieht: „Wir danken Ihnen für Ihre Mühewaltung und verbleiben mit freundlichen Grüßen." Das ist grammatisch richtig, stilistisch aber überholt. Heute verzichten wir auf den Dank für „Mühewaltungen", „Bemühungen" und ähnliches. Wir schreiben rationeller und direkter:

Wir danken Ihnen. Mit freundlichen Grüßen/Es grüßt Sie

Was ist am folgenden Beispielsatz mißverständlich?

Zur Eröffnung des Forschungszentrums in New Haven braucht Herr L. von der Hauptgeschäftsstelle zusätzlich vier Mitarbeiter.

Arbeitet Herr L. in der Hauptgeschäftsstelle? Oder ist Herr L. bereits in New Haven und fordert vier Mitarbeiter von der Hauptgeschäftsstelle an? Eindeutiger ist die folgende Satzstellung:

„Zur Eröffnung des Forschungszentrums in New Haven braucht Herr L. zusätzlich vier Mitarbeiter von (oder: aus) der Hauptgeschäftsstelle.

DIE NEGATION

Zum Neinsagen keine Lust nicht haben

Eine doppelte Verneinung ist eine Bejahung. Das haben wir bereits in der Schule gelernt. „Zum Neinsagen keine Lust nicht haben" heißt also „Lust zum Neinsagen haben". Grammatisch gesehen ist das Neinsagen jedenfalls, bis auf ein paar Stolpersteine, gar nicht so schwer.
Haben Sie sich schon einmal über verneinte Fragen Gedanken gemacht? „Verneinte Fragen" – das klingt zunächst paradox. Geben wir uns in der Frage bereits selbst die Antwort?

    Können Sie uns denn nicht helfen?
    Können wir nicht Bratkartoffeln statt Pommes frites als Beilage haben?
    Wollen Sie nicht weitermachen?

Ist das „nicht" nicht überflüssig? Nein, das ist es nicht. Wenn wir eine verneinte Frage stellen, erwarten wir eine bestimmte Antwort, nämlich eine zustimmende. „Können Sie uns helfen?" ist eine Entscheidungsfrage. Der Gefragte kann „nein" oder „ja" antworten. „Können Sie uns denn nicht helfen?" ist fast schon eine rhetorische Frage, eine Bitte, auf die der Angesprochene fast nur mit „Doch!" oder „Aber sicher doch" antworten kann. Ebenso erwarten wir auf die Frage nach den Bratkartoffeln, daß wir sie auch bekommen. Und die Frage „Wollen Sie nicht weitermachen?" ist eine drängende Frage, eine Frage mit Aufforderungscharakter, weit weniger sachlich als „Wollen Sie weitermachen?"
Das „nicht" steht durchaus nicht immer allein. Mal verbindet es sich mit einer Konjunktion, mal mit einem temporalen Adverb.

    Können Sie uns nicht mitteilen, ob Sie nicht binnen der nächsten vier Wochen liefern können?

SÄTZE

Da stimmt doch was nicht, meinen Sie? Sie haben recht. Aber nur stilistisch ist das Satzgefüge nicht ganz in Ordnung. In beiden Gliedsätzen hat das „nicht" die gleiche Funktion wie zuvor in den drei Hauptsätzen. Zweimal „nicht" in gleicher Funktion sollten wir vermeiden:

> Teilen Sie uns bitte mit, ob Sie nicht binnen der nächsten vier Wochen liefern können?

Unser Stilgefühl verweigert sich den meisten „ob-nicht"-Sätzen in der Korrespondenz. Mit „ob" und „ob nicht" können indirekte Fragen gestellt werden: „Er fragte sich, ob er das nicht heute noch schaffen könne." Im Briefwechsel scheint es uns in vielen Fällen angemessener, mit direkten Fragen eine direkte Antwort zu verlangen. Auf das drängende „nicht" müssen wir nicht verzichten:

> Können Sie nicht binnen der nächsten vier Wochen liefern?

Verbindet sich das „nicht" mit einem temporalen Adverb, dürfen wir in der Auslegung des bejahenden oder verneinenden Sachverhaltes nicht so großzügig sein wie in „ob-nicht"-Sätzen.

> Ich werde mich nicht entscheiden, bevor ich die Muster nicht selbst geprüft habe.

Dieser Satz ist unsinnig. Er bedeutet, daß ich kaufe, ohne zu prüfen. Richtig muß es heißen: „... bevor ich die Muster selbst geprüft habe." Steht im Hauptsatz „nicht", und wird der Gliedsatz mit „bevor" eingeleitet, darf er nicht nochmals verneint werden. Dennoch brauchen wir nicht lange zu suchen, bevor wir die doppelte Verneinung in einer x-beliebigen Tageszeitung finden.

> Und ich kann die Antworten nicht geben, bevor wir uns nicht hauptsächlich mit Ihnen, der Bundesrepublik, geeinigt haben.

Wir werden den Sinn des Satzes nicht mißverstehen. Dennoch ist „nicht" im Haupt- und im Gliedsatz nach „bevor" nicht korrekt. Es muß nämlich heißen: „... bevor wir uns hauptsächlich mit Ihnen, der Bundesrepublik, geeinigt haben." Ein korrekter Satz ist auch:

> Der Zug darf nicht weiterfahren, bevor er das Signal erhält.

Das gleiche gilt für „ehe".

> Ich kaufe nicht, ehe ich geprüft habe.
> Der Schiffsverkehr kann nicht wieder aufgenommen werden, ehe das Eis geschmolzen ist.

DIE NEGATION

Die doppelte Verneinung ist nur mundartlich oder volkssprachlich keine Bejahung. Ist von der „heimlichen Liebe, von der niemand nichts weiß" die Rede, können wir in der Regel davon ausgehen, daß wirklich niemand etwas weiß. Manche Autoren machen sich die grammatische Regel von der doppelten Verneinung zunutze, ihre Leser zu verwirren.

> Wenn Sie keine Erklärung abgeben, können Sie dennoch nicht davon ausgehen, daß Sie steuerlich nicht veranlagt werden.

Was denn nun? Sie werden steuerlich veranlagt, ob Sie wollen oder nicht, ob Sie eine Erklärung abgeben oder es sein lassen.

> Wenn Sie die richtige Lösung nicht haben, gewinnen Sie auch nicht.

Vorsicht bei solch einem Satz. Wenn wir ihn eng auslegen, bedeutet er, daß wir auf jeden Fall gewinnen, wenn wir die richtige Lösung haben; „wenn" hat bedingende Bedeutung. Anders verhält sich die Sache bei „solange".

> Solange Sie die richtige Lösung nicht haben, gewinnen Sie auch nicht.

Hier ist nicht von einer Bedingung die Rede. Sie versprechen nichts. Sie verweisen nur auf einen Zeitaspekt.
Wollen Sie verhindern, daß etwas nicht geschieht? Oder wollen Sie verhindern, daß etwas geschieht? „Verhindern" ist ein Verb, das wie „abhalten", „bezweifeln", „verbieten" und viele, viele Verben mehr einen verneinenden Sinn hat.

> Wir wollen Sie nicht abhalten, den Vertrag nicht zu schließen.

Dieser Satz bedeutet: „Wir wollen Sie abhalten, den Vertrag zu schließen." Auch hier gilt die Regel von der doppelten Verneinung. Wir wollen einmal vier Möglichkeiten formulieren, mit einem verneinenden Verb zu bejahen oder zu verneinen:

> Wir können Ihnen nicht verbieten, das Gelände zu betreten. (bedeutet: Sie können das Gelände betreten.)
> Wir können Ihnen verbieten, das Gelände zu betreten. (bedeutet: Sie können das Gelände nicht betreten.)
> Wir können Ihnen verbieten, das Gelände nicht zu betreten. (bedeutet: Sie müssen das Gelände betreten!)
> Wir können Ihnen nicht verbieten, das Gelände nicht zu betreten. (Hier entsteht Unsicherheit. Was soll das heißen? Grammatisch heißt es definitiv: Sie können das Gelände nicht betreten.)

Ebenso verhalten sich die Verben „abhalten", „abraten", „bemängeln", „bezweifeln", „fürchten", „hindern", „leugnen", „verhindern", „verhüten", „verweigern", „warnen".

SÄTZE

Wann verneinen wir mit „kein", wann mit „nicht"? Die Antwort ist recht einfach: „kein" ist wortverneinend und „nicht" ist satz- oder wortverneinend. Mit „nicht" können wir also immer verneinen. Manchmal ist es eine Frage des Stils und der Ausdrucksintensität, womit wir verneinen.

> Ich habe bis heute noch keine Nachricht erhalten.

Ein ganz normaler Satz: Subjekt – Prädikat – Objekt. Die Nachricht wird verneint. Sie ist noch nicht da. Emotionslos geschrieben, ohne besondere Betonung, ohne Nachdruck, voraussichtlich auch ohne besondere Wirkung beim Empfänger. Wie wäre es, wenn wir die Nachricht in Spitzenstellung brächten? „Keine Nachricht ..." Nein, so können wir nicht anfangen.

> Eine Nachricht habe ich bis heute nicht erhalten.

Das Akkusativobjekt haben wir nach vorn gezogen. Die Inversion ist noch immer die auffälligere Satzstellung. Nun ist nicht mehr die Nachricht, das Einzelwort, sondern, mit „nicht" in adverbialer Stellung zu „erhalten", der ganze Satz verneint. Sie erinnern sich? Das Eingangswort ist der Aufmacher. Der Schluß des Satzes betont die Sache. Am Anfang und am Ende stehen jeweils die Bedeutungsspitzen: „Nachricht ... nicht erhalten." Sie bleiben im Gedächtnis.
So manch einem ist das Wörtchen „kein" nicht ganz geheuer. Er mag darüber stolpern, wenn „kein" mit nicht ganz passenden Verben verbunden wird.

> Die Regierungspartei rechnet auch im nächsten Jahr, das voraussichtlich mehr Arbeitslose bringen wird, mit keinem Wachstum.

Die Regierungspartei rechnet mit keinem Wachstum? Nein, sie rechnet „nicht" mit Wachstum. Sie glaubt nicht an das wirtschaftliche Wachstum in ihrem Land. Richtig angewendet wird „kein" im folgenden Satz:

> Dagegen enthält der Jahreswirtschaftsbericht, der am Donnerstag vom Bundeskabinett verabschiedet wird, keine Ankündigung, daß Bonn Konjunkturmaßnahmen ergreifen werde, falls das Wachstum zurückgeht.

Der Bericht enthält „keine Ankündigung". Das heißt, daß man eigentlich „eine Ankündigung" erwartet hat. Hier ist „Wachstum" richtig mit einem Verb negativer Bedeutung verneint. Dennoch enthält der Satz einen Fehler. Der steckt in „werde". Die Konjunktion „daß" steht mit dem Konjunktiv, wenn es sich um indirekte Rede handelt. Das „daß" in unserem Beispielsatz aber ist konsekutiv. Es muß heißen: „... daß Bonn keine Konjunkturmaßnahmen ergreifen wird".
Die Bedeutung einer Aussage kann durch „kein" oder „nicht" erheblich verschoben werden. Was ist wohl gemeint, wenn es heißt:

DIE NEGATION

Nach letzten Informationen sind Stimmen zum neuen Wahlrecht nicht laut geworden.

Wir interpretieren den Satz so: Zwar gibt es Stimmen zum neuen Wahlrecht, doch hat jemand verhindert, daß sie laut werden. Sollte sich die Sache aber so verhalten, daß das neue Wahlrecht keinen Anlaß bietet, daß Stimmen laut werden, formulieren wir:

Nach letzten Informationen sind keine Stimmen zum neuen Wahlrecht laut geworden.

Das neue Wahlrecht scheint uninteressant. Es hat sich niemand dazu äußern mögen. Wollen wir mit „nicht" das Wort oder den Satz verneinen? Die Stellung des „nicht" im Satz macht den Unterschied.

Nach umfangreichen Untersuchungen der Experten gilt das Totalherbizid XY nicht als gefährlich.

Wir sind beruhigt, „nicht als gefährlich" ist satzverneinend. Wortverneinend wären wir nicht so ruhig geblieben: „... gilt das Totalherbizid XY als nicht gefährlich, aber als ...?"

Auf dem Hearing der Landesregierung wurde wieder einmal deutlich, daß redliche Wissenschaftler einen Unfall nicht mit Sicherheit ausschließen können.

Verneint ist die Wortgruppe „mit Sicherheit". Verneint ist, daß man alles weiß, alles im Griff hat, alles voraussieht. Es bleiben Unwägbarkeiten und Risiken, die niemand kalkulieren kann. Hätte es geheißen: „... einen Unfall mit Sicherheit nicht ausschließen können", wäre das Risiko um einiges größer. Dann nämlich weiß man bereits, was voraussichtlich zu einem Unfall führen wird.
Ist eine Lösung „nicht schlecht" oder ist sie „gut" beziehungsweise „nicht gut" oder „schlecht"? Wollen wir uns lieber vorsichtig äußern oder eindeutig unsere Meinung bekennen? Das ist die Frage?
Das „Understatement", die Untertreibung, ist modern. Dennoch haben wir sie nicht erfunden. Seit Perikles (500–429 v. Chr.) sind sich die alten Griechen der rhetorischen Wirkung des vorsichtigen Bekenntnisses bewußt. Wenn wir von jemandem sagen, daß er „kein großer Held" sei, verletzen wir ihn weniger, als wenn wir ihn einen „Feigling" nennen. Wenn wir behaupten, daß jemand „nicht der Klügste" und auch „nicht der Schnellste" sei, lassen wir immerhin offen, daß es noch weniger kluge und weniger schnelle Menschen gibt.
Angeregt durch die englische Redeweise, daß dieses oder jenes „not bad" – nicht schlecht – sei, haben mehr und mehr Redner und Autoren auch im deutschen Sprachraum ihre Zuneigung zum unterkühlten Sprachduktus entdeckt. Jemand verdient „nicht schlecht"; eine Sache ist „nicht uninteressant"; ein Einwand ist „nicht unberechtigt"; mündliche Absprachen sind „nicht ganz und gar unverbindlich"; ein Ereig-

SÄTZE

nis tritt „nicht unerwartet" ein. Hinter all diesen Formulierungen steht immer das ausgesprochene oder unausgesprochene „aber". Man hält sich den Einwand offen. Der Sprachduktus ist also nicht nur unterkühlt, er kann auch unverbindlich sein. Und er ist fehlerträchtig, wenn wir unter Druck geraten und spitzfindig formulieren wollen, aber versäumen aufzupassen.

> Mit anrührenden Lyrismen der zentralen Figur gelingt kein ungewöhnliches, ein erschütterndes Theater.

Was denn nun: „kein gewöhnliches" oder „ein ungewöhnliches" Theater?

Worin besteht der Unterschied?
   a) Auch die Postgewerkschaft lehnt das Gebührenkonzept als sozial unausgewogen ab.
   b) Auch die Postgewerkschaft lehnt das Gebührenkonzept als sozial nicht ausgewogen ab.
   c) Auch die Postgewerkschaft lehnt das Gebührenkonzept als nicht sozial ausgewogen ab.

Entspricht die Formulierung des nächsten Satzes unseren Erwartungen?
> Sie entsprechen sowohl in der Kleidung als auch in Ihrem Auftreten unserer Vorstellung von einem leitenden Angestellten nicht.

Lösungen siehe Seite 199

Der Dreh ins Positive

Schrieben wir zum „Dreh ins Positive" nur Positives, bekämen wir Bauchschmerzen. Wer das Leid nicht kennt, kann keine Freude empfinden. Positiv ausgedrückt: Wer Leid kennt, kann Freude empfinden. Das aber klingt gar nicht nach dem, was wir eigentlich sagen wollten. Der Dreh ins Positive, er hat auch seine Nachteile. Ab und zu die Welt mal wieder willentlich positiv zu sehen, mag uns aufrütteln und Kraft geben, einen Tiefpunkt schneller zu überwinden. Skeptisch werden wir, wenn jemand beständig seine blitzweißen Zähne zeigt und uns penetrant erinnert: „Denk positiv!" Drücken wir alles positiv aus, gerät unsere Diktion zum Zahnpasta-Lächeln.
Edith Hallwass erinnerte vor kurzem in der Zeitschrift „texten + schreiben" an eine Geschichte, die man sich über den Kalifen Harun Al Raschid erzählt. Er habe einmal einen Traumdeuter ins Gefängnis werfen lassen, weil er ihm einen bösen Traum so ausgelegt habe:

> Ehrwürdiger Herrscher, ich muß dir großes Unheil verkünden: Du wirst alle deine Angehörigen verlieren.

DIE NEGATION

Der Kalif wollte sich mit dieser Auslegung nicht abfinden. Er zog einen zweiten Traumdeuter zu Rate. Der kam zwar zu dem gleichen Schluß, formulierte ihn aber positiv:

> Ehrwürdiger Herrscher, ich habe dir großes Heil zu verkünden: Du wirst alle deine Angehörigen überleben.

Über diese Interpretation war der Kalif sehr erfreut. Er belohnte den Traumdeuter reichlich.

Ein und derselbe Sachverhalt läßt sich auf verschiedene Weisen interpretieren. Weshalb? Gehen wir davon aus, daß die Antworten ehrlich gemeint waren. Der erste Traumdeuter mag seine eigene Familie über alles geliebt haben. Also erscheint ihm der Verlust der Angehörigen, auch wenn es die eines anderen sind, als ein großes Unheil. Der zweite Traumdeuter mag entweder keine Familie oder ein negatives Verhältnis zu seinen Angehörigen gehabt haben. Also wird es ihm leicht fallen, den Traum positiv auszulegen. Ob wir etwas positiv oder negativ empfinden, liegt an unserem Interessenhintergrund. Es soll sogar Leute geben, die einem Sechser im Lotto nichts Positives abgewinnen können.

Worauf wir hinauswollen: Der Dreh ins Positive läßt sich nicht allein sprachlich bewältigen. Jeder Sachverhalt hat eine positive und eine negative Seite. Die positive ist uns angenehmer. Sie ist uns aber nicht immer gegenwärtig. Wollen wir unserem Leser, Korrespondenz- oder Gesprächspartner Gutes verheißen und uns selbst Vorteile einhandeln, müssen wir uns von der eigenen Interessenlage zuweilen lösen und nach der anderen Seite Ausschau halten.

Wir wenden uns dem anderen zu, den Interessen unseres Nächsten, den Gefühlen unserer Mitmenschen, den Erwartungen unserer Partner. Was positiv ist, können wir guten Gewissens positiv ausdrücken.

> Wir mußten feststellen, daß Ihr Entwurf genau unseren Vorstellungen entspricht.

Warum „mußten" wir das feststellen? Erwarten wir nicht nach „mußten" etwas Negatives? Daß der Entwurf eben nicht den Vorstellungen entspricht? „Mußten" scheint uns mit „leider" oder „Bedauern" verschwistert. „Wir haben festgestellt" ist neutral. Wir wissen nicht, was danach kommt. „Wir konnten feststellen" aber ist positiv. „Mit Freude haben wir festgestellt" ist eindeutig positiv. Solche Vorläufer wie „Wir mußten/haben/konnten" können wir aber auch einfach weglassen und gleich in medias res gehen. Dann besteht kein Zweifel mehr am positiven Inhalt.

> Ihr Entwurf entspricht genau unseren Vorstellungen.

Eine solche Formulierung hat den Vorteil, daß wir den Partner zuerst nennen, ihn direkt ansprechen. Oft sind die Dinge weder eindeutig positiv noch eindeutig negativ. Hier und da gilt es, etwas zu verbessern. Ungeschickt ist es, die negativen Seiten hervorzuheben und sie zuerst zu nennen.

SÄTZE

> Der Text ist verbesserungsbedürftig, aber das Thema gefällt uns so gut, daß wir Sie bitten möchten, das Manuskript nach unseren Vorstellungen noch einmal zu überarbeiten.

Erst einmal einen Schlag ins Gesicht, dann streicheln. Wer so vorgeht, wird es schwer haben, den Angesprochenen zu motivieren. Wir haben das, woran wir selbst das größte Interesse haben, in den Vordergrund gestellt. Ja, wir spielen uns auf. Schließlich haben wir zu bestimmen, was mit dem Text geschieht. Und wir sind so gnädig, am Thema Gefallen zu finden. Vergeben wir uns etwas, wenn wir formulieren:

> Wie sind Sie nur darauf gekommen? Das Thema gefällt uns ausgezeichnet. Doch wie das so ist, wenn wir eine gute Idee haben... Sie läßt uns nicht los und in unserer Begeisterung übersehen wir ein paar Kleinigkeiten. Sie wissen schon, was wir von Ihnen wollen? Ja. Wir würden uns freuen, wenn Sie den Text an einigen Stellen überarbeiten könnten. Dann ist er druckreif.

Viel zu lang, sagen Sie? Nun, der Dreh ins Positive ist aufwendig. Der Aufwand beginnt dort, wo wir uns in den Partner hineinversetzen. Doch der Aufwand lohnt sich. Ein weiteres Beispiel, in dem das Partnerinteresse nicht im Vordergrund steht:

> Wenn es Ihnen nun noch gelingt, dem Produkt auch ein überzeugendes Styling zu geben, ist es perfekt. Der Motor hat sich im Langzeitversuch als hoch belastbar erwiesen. Der Antrieb ist sparsamer als wir erwartet haben...

Es folgen lauter positive Testergebnisse. Warum das Negative zuerst nennen? Schließlich ist das Styling nur die Oberfläche, wenn auch ein gewichtiges Verkaufsargument.
Jemand hat sich gemerkt, daß der Sie-Stil besser beim Kunden ankommt, als der Wir-Stil. Dennoch ist es ihm nicht gelungen, zu den eigenen Interessen die nötige Distanz zu wahren.

> Sie wollten vom Kauf zurücktreten, wenn das Gerät nicht bis spätestens 01. 06... geliefert wird. Es ist am 28. 5... bei uns eingetroffen. Wir bitten darum, mit uns einen Termin zu vereinbaren, wann wir das Gerät bei Ihnen aufstellen können.

„Ätsch, du mußt kaufen!" ist aus diesem Brief herauszulesen. Müssen wir überhaupt das Drumherum um die Fristen erwähnen? Das Gerät ist da. Die Frist ist eingehalten. Die Nachricht ist gut.

> Endlich! Sie haben lange genug gewartet. Ihr Gerät ist eingetroffen. Wir bitten...

Es ist nicht gerade klug, in werblichen Aussagen mit negativen Unterstellungen zu arbeiten. Nur allzu leicht regt sich Widerspruch.

DIE NEGATION

Sie freuen sich schon auf Ihren allmorgendlichen Kaffee. Aber Ihre Kaffeemaschine funktioniert nicht …

Ob der Empfänger eines solchen Schreibens wohl eine Kaffeemaschine des angepriesenen Typs kauft? Zumal seine alte erst defekt sein muß, damit er die Vorteile der neuen schätzen lernen kann.
Das Verhältnis der Menschen verschiedener Epochen zum Negativen schwankt bekanntlich. Viele unserer Zeitgenossen empfinden Negatives positiv. Wir sollten den Reiz des Negativen nicht leugnen, nicht ganz und gar unterschätzen. Wie wäre es mit einer subtilen Mischung:

XY ist nicht gut. Es ist nicht besser. Es ist einmalig.

Was zuvor untertrieben wurde, wird im dritten Satz erheblich übertrieben. Eine witzige Abwechslung zum positiven Einheitsbrei der Werbung.
Wollen wir in unserem Alltagsschrifttum den Dreh ins Positive finden, geht es oft darum, immer wiederkehrende Aussagen einmal anders zu formulieren. Urteilen Sie selbst, welche Formulierungen Ihnen besser gefallen:

Negativ: Leider muß ich den Termin wegen einer dringenden Familienangelegenheit absagen.
Positiv: Sie wissen, wir gerne ich zu Ihnen komme. Auf ein paar effektive Arbeitsstunden muß man sich doch freuen, oder? Sie ahnen schon, worauf ich hinauswill? Ich kann nicht kommen. Dringende Familienangelegenheiten halten mich ab.

Negativ: Wenn Sie mit unseren Vorschlägen nicht einverstanden sind, liegt es bei Ihnen, Alternativen zu entwickeln.
Positiv: Mit unseren Vorschlägen haben wir uns viel Mühe gegeben. Aber niemand ist vollkommen. Entsprechen nicht alle unsere Entwürfe Ihren Vorstellungen, freuen wir uns über aufbauende Kritik.

Negativ: Zu unserem Bedauern können wir den zugesagten Termin nicht einhalten.
Positiv: Wir hätten gerne pünktlich geliefert.

Negativ: Wir können nicht liefern, weil das Material Fehler hat.
Positiv: Nächste Woche klappt's bestimmt! Material haben wir genug, aber nur fehlerhaftes. Das können und wollen wir Ihnen nicht liefern. Auch Vorlieferanten sind nur Menschen. Bitte haben Sie Verständnis.

Negativ: Wir können nicht vor Jahresende liefern.
Positiv: Zum Jahresanfang können wir liefern.

SÄTZE

Negativ: Heute nicht mehr.
Positiv: Gerne, gleich morgen.

Negativ: In der Zeit vom 20.08. bis 07.09. .. wegen Betriebsferien geschlossen.
Positiv: Unsere Brötchen schmecken Ihnen am besten? Das freut uns. Ab dem 08.09 .. backen wir weiter. Jetzt brauchen wir erst einmal Urlaub.

Manchmal gilt es, nicht nur die richtigen Worte, sondern auch die richtigen Wörter zu finden. Mit Wörtern wie „nicht vor", „erst wenn" und „nur" rutscht eine Aussage schnell ins Negative. Wenn ein Kunde zum Beispiel gar nicht darauf besteht, daß bis zu diesem oder jenem Termin geliefert wird, braucht man auch nicht zu schreiben: „Wir können nicht vor dem 08.11. .. liefern." Müssen wir eine Frist nennen, schreiben wir lieber: „Wir liefern spätestens am 12.11. .. " Ebenso: „Er kommt spätestens um neun Uhr" statt „Er kommt nicht vor acht Uhr".

Du wirst das Rätsel erst lösen können, wenn du alle Fragen beantwortet hast.

Eine negative Aussage. Auch hier ist der Dreh ins Positive nicht schwer:

Du wirst das Rätsel lösen können, sobald du alle Fragen beantwortet hast.

Nicht: „Sie werden erst besser werden, wenn Sie mehr arbeiten", sondern: „Sie werden besser werden, sobald Sie mehr arbeiten".
„Nur" ist eindeutig immer weniger als erwartet. Das kann positiv sein: „Im Vorjahr lag die Zahl der Drogentoten bei 450. In diesem Jahr sind es nur 350." Hier wäre das Gegenwort „immerhin" nicht angemessen, es sei denn, wir sprächen von „immerhin noch 350 Drogentoten", eine negative Aussage.
Wollen wir mit dem Dreh ins Positive nur verschönern, oder wollen wir beschönigen oder gar täuschen? Die Grenzen sind fließend. Das Wort „Raumpflegerin" ist sicher schöner als „Putzfrau"; eine Frau als „barock" zu bezeichnen sicher galanter, als sie „dick" zu nennen. „Wieder frei" zu sein ist positiver, als „geschieden" zu sein.
Man spricht nicht mehr von einem „Konkurrenten", sondern von einem „Mitbewerber". Man spricht auch nicht davon, daß ein Mann für einen Posten „nicht geeignet" ist, sondern davon, daß er sich „anderswo besser entfalten" kann. Ein neu entwickeltes Produkt, das sich nicht verkaufen läßt, ist noch lange kein Flop. Es hat nur noch nicht die richtige Käuferschicht gefunden. Auch ist es unmodern geworden, jemandem zu sagen, daß er uns „gründlich falsch verstanden" hat. Nein: Wir haben uns nicht deutlich genug ausgedrückt.
Je nach Situation müssen wir entscheiden, ob unser Dreh ins Positive verschönert oder ob wir unangenehme Wahrheiten verschleiern. Was ist ein „Ausgabenüberschuß"? Nichts anderes als ein Minus in der Kasse. An andere Verschleierungen haben wir uns schon gewöhnt. Aus dem „Kriegsministerium" ist ein „Verteidigungsministerium" geworden. Es wird auch kein „Krieg" mehr geführt; es gibt nur noch „Unruhen". Was heute eine „Sicherstellung" ist, war früher eine „Beschlagnahme".

DIE NEGATION

Immer positiv zu sein ist langweilig. Immer positiv sein zu wollen unehrlich. Bei allen Konfliktvermeidungstrategien, die ihre Berechtigung haben mögen, sollten wir dennoch einmal „nein" sagen dürfen. Das kann erfrischend und reinigend wirken. Das klärt die Standpunkte, wenn wir vor lauter Konfliktvermeidung ins Leere zu laufen drohen. Schließlich sind uns Dinge wie Profil und Charakter nicht ganz unbekannt, oder? Demjenigen, der meint, er könne immer alles positiv ausdrücken, beständig taktieren, nichts als bequem leben und jeden Konflikt vermeiden, dem müssen wir sagen, daß wir entschieden anderer Meinung sind!

Lösungen

Zur Aufgabe auf Seite 194: Worin besteht der Unterschied?

a) Auch die Postgewerkschaft lehnt das Gebührenkonzept als sozial unausgewogen ab.
b) Auch die Postgewerkschaft lehnt das Gebührenkonzept als sozial nicht ausgewogen ab.
c) Auch die Postgewerkschaft lehnt das Gebührenkonzept als nicht sozial ausgewogen ab.

Der erste Satz fordert indirekt die Ablehnung des Gebührenkonzeptes. Die Unausgewogenheit, näher bestimmt als soziale, scheint ausschlaggebend. Also weg mit diesem Konzept. Im zweiten Satz verschiebt sich die Betonung. Das Konzept ist zwar sozial nicht ausgewogen, könnte aber durchaus administrativ ausgewogen sein. Ein Grund, es nicht abzulehnen. Satz drei ist schlicht schlechter Stil. Der Versuch, das Unsoziale durch „nicht" zu betonen, ist fehlgeschlagen. Allein der erste Satz ist eindeutig.

Entspricht die Formulierung des nächsten Satzes unseren Erwartungen?

Sie entsprechen sowohl in der Kleidung als auch in Ihrem Auftreten unserer Vorstellung von einem leitenden Angestellten nicht.

Das „nicht" am Schluß des Satzes überrascht uns. Wird die Formulierung besser, wenn wir schreiben „Sie entsprechen sowohl in der Kleidung als auch in Ihrem Auftreten nicht unserer Vorstellung von einem leitenden Angestellten"? Wir stolpern noch immer, und zwar vor dem „nicht". Bei „sowohl/als auch" erwarten wir etwas Positives. „Sie beherrscht sowohl die englische als auch die französische Sprache." Bei einer negativen Aussage steht gewöhnlich „weder/noch": „Sie entsprechen weder in der Kleidung noch in Ihrem Auftreten unserer Vorstellung von einem leitenden Angestellten." „Sie beherrscht weder die englische noch die französische Sprache." „weder/noch" erspart uns das „nicht".

DIE FRAGE

Der Trick mit der Frage

„Wer fragt, der führt. Wer fragt, der aktiviert. Wer fragt, der kontrolliert" heißt es in einer Verkäuferschulung zur „Fragetechnik". Und weiter: „Fragen Sie viel! Hören Sie zu!" Beides gehört untrennbar zusammen, das Zuhören und das Fragen. Fragen ins Blaue hinein scheinen einem geschulten Frager nichts zu nützen. Fragen, die sich weder an einem Ziel noch an einer Sache oder einer Person orientieren, solche Fragen haben wohl kaum Sinn. Es gibt sie also doch, die dummen Fragen.
Fragen heißt zunächst einmal etwas wissen wollen. Es gibt nichts, was so häufig zur Erkundung unserer Welt eingesetzt wird wie die Frage. Nennen Sie uns ein Mittel, das geeigneter ist, etwas zu erforschen, etwas Neues zu erfahren! Genau betrachtet geht es beim Fragen aber gar nicht ums Fragen. Es geht um die Antworten. Mit der Frage wird die Antwort erst möglich. Mit der Frage können wir Antworten vorgeben, verlangen, hervorlocken, provozieren – aber auch verhindern.
Wie schwer es ist, Fragen zu stellen, und wie vielschichtig sie sein können – das wird uns im Alltag meist nicht bewußt. Probleme fallen uns auf, wenn andere stellvertretend für uns fragen. Die Schwierigkeit zu fragen wird erst offensichtlich, wenn die Antworten ausweichend oder patzig, laut oder ironisch ausfallen. Gefragte geraten in Harnisch, wenn sie sich genötigt sehen, zu Fragen Stellung zu nehmen, zu denen sie lieber schweigen würden. „Wer viel fragt, kriegt viel Antwort", weiß der Volksmund. Eines haben alle Fragen, ob sie nun gut oder schlecht gestellt sind, gemeinsam: Der Fragende wird durch seine Fragen zum Aktiven. Er beginnt zu handeln, und andere müssen oder sollen ihm folgen. Im Gespräch Fragen zu stellen ist uns selbstverständlich. Doch sehen wir uns einmal unsere Texte an. Fragen über Fragen? Keine Spur. Warum verschenken wir dieses wirksame Mittel, die Dinge dorthin zu lenken, wohin wir sie haben wollen?
Das Fragen war nicht immer so unmodern wie in unseren Tagen. Nehmen wir die Briefe Lessings – ein leidenschaftlicher Frager, so scheint es uns aus heutiger Sicht. Kein Brief ohne erfrischende, deutliche und direkte Fragen wie diese:

DIE FRAGE

> Die Frage ist nur, wie fange ich es am besten an?
> Schreibt man denn nur darum, um immer recht zu haben?
> Was war Herr Klotz? Was wollte er auf einmal sein? Was ist er?
> Was geht uns das hier an?
> Was sollen diese von ihnen lernen?

Direkt – das soll unser erstes Stichwort sein. Wenn wir unsere Texte genauer ansehen, entdecken wir, daß wir durchaus Fragen haben. Aber wie werden sie meistens formuliert? Indirekt, in der Form abhängiger Fragesätze, ohne Fragezeichen. Die Fragen werden nicht geschrieben, sondern umschrieben. Warum das indirekte Fragen so verbreitet ist, darauf wird uns wohl niemand eine zufriedenstellende Antwort geben können. Die einen mögen es für höflicher halten, die anderen für unverbindlicher. Aber, was gestern noch als üblich und gut galt, mag heute nur noch eingeschränkt brauchbar und morgen veraltet sein. Fragen heißt nicht nur handeln und Handlung fordern. Fragen heißt auch, kürzer, rationeller, verbindlicher schreiben.

> Wir wären Ihnen sehr verbunden, wenn Sie uns mitteilen könnten, ob wir bis zum Monatsende mit den fehlenden Unterlagen rechnen dürfen.

Würden wir das gleiche auch am Telefon sagen? Wohl kaum.

> Können Sie uns die fehlenden Unterlagen bis zum Monatsende schicken?

Eine direkte Frage wirkt persönlicher. Der Leser erhält das Gefühl, reagieren zu müssen.
Manche Sätze, besonders ob-Sätze, enthalten Bitten, Forderungen, ja sogar Befehle. Damit stoßen wir nicht bei jedem Partner auf Gegenliebe.

> Teilen Sie uns bitte mit, ob die Versuchsanordnung so bleibt, wie am 15. d. M. besprochen.

Das ist eine Aufforderung.

> Bitte veranlassen Sie, daß auch Ihre Abteilung die Bemühungen der Stadt ... unterstützt.

Eine Aufforderung, fast schon ein Befehl. Fragen sind häufig motivierender. Sie klingen weniger fordernd.

> Bleibt die Versuchsanordnung so, wie am 15. März besprochen?

Das ist einer der schlichten Tricks mit der Frage. Wir können auf Erläuterungen wie „Teilen Sie uns bitte mit" verzichten. Eine Frage verlangt eine Antwort. Das Fragezeichen braucht keinen Kommentar.

Wollen Sie und Ihre Abteilung nicht auch die Bemühungen der Stadt ... unterstützen?

Hier scheint noch immer die Aufforderung durch, doch wesentlich freundlicher „verpackt". Darüber hinaus erfahren wir in der Antwort, ob die Bemühungen nun unterstützt werden oder nicht.

Klären, stimulieren, dirigieren?

All das können unsere Fragen und noch mehr. Argumentieren ist eine einseitige Kommunikationsform, eine Einbahnstraße. Fragen beziehen immer den Partner ein. Fragen sind ein gutes Mittel, uns selbst zum Partner hin zu orientieren und uns auf ihn einzustellen. Der Partner wiederum wird zugänglicher, wenn er durch Fragen statt durch Argumente angesprochen wird. Durch Fragen können wir besser steuern als durch Argumente. Wir wissen nämlich oft nicht, wie das Gegenargument aussieht. Fragen wir aber, können wir durch die Art der Frage die Antwort bereits in eine bestimmte Richtung lenken.
Gehören Fragen nicht vor allem der gesprochenen Sprache an? Einiges spricht dafür, auch schriftlich mehr zu fragen, zum Beispiel die Partnerorientierung. Schriftliche Fragen erleichtern das Antworten. Stellen wir Fragen, müssen wir unsere Briefe in der Regel besser gliedern. Die Gefahr, unwesentliche Nebenaspekte in Nebensätze zu packen, ist geringer. Fragen können uns davor schützen, Argument um Argument in einen langen Schachtelsatz zu stopfen. Der Partner kann die Fragen Punkt für Punkt beantworten. Er weiß genau, was wir von ihm wissen wollen. Er fühlt sich sicherer, wenn er die offenen Fragen nicht erst hinter unseren Argumenten suchen muß.
Warum sollen wir das, was wir mündlich können, nicht auch schriftlich tun? Fragetechniken wurden für den mündlichen Gebrauch, für Gespräche, entwickelt. Wir wollen nun diese Fragetechniken „abklopfen" und herausfinden, was wir davon für unsere Texte gebrauchen können.
Welches Ziel verfolgen wir? Das ist die erste und wichtigste Frage, die wir uns selbst stellen sollten, bevor wir andere fragen.

Wollen wir Informationen?

Zwei Fragetypen sind geeignet, informative Antworten zu erhalten: die offene und die geschlossene Frage. Eine offene Frage soll den Partner „öffnen". Wir wollen möglichst viel von ihm erfahren. Eine offene Frage beginnt meistens mit einem Fragepronomen: „wie", „wann", „warum", „was" und so fort.

Was haben Sie im Urlaub alles gemacht?

DIE FRAGE

Niemand wird Schwierigkeiten haben, uns diese Frage zu beantworten. Wir werden bestimmt viel erfahren, auch einiges, woran wir gar nicht gedacht haben, vielleicht allerdings auch einiges, was wir gar nicht wissen wollten.
Mit offenen Fragen können wir ausgezeichnet gliedern. Wenn wir über ein bestimmtes Thema schreiben müssen, hilft es uns, Fragen zu sammeln und zu gewichten. Hier sind einige Fragen, die wir uns selbst zum Thema „Fragen" gestellt haben:

1. Welche unterschiedlichen Frageformen gibt es?
2. Wo und wie setzen wir sie ein?
3. Was müssen wir beim Fragenstellen beachten?

Offene Fragen stellen wir am Anfang eines Gespräches oder am Anfang einer neuen Gesprächsphase. Es sind Fragen, die unserem Partner Gelegenheit geben, das für ihn Wichtige zu sagen, Fragen, die unser Wissen erweitern, mit denen wir uns die nötigen Kenntnisse verschaffen, um weiterhin agieren zu können.

Was erfahren Sie durch Informationsfragen vom Kunden?

Die Antwort auf diese Frage lautet: seine Wünsche, Meinungen, Probleme, Einwände, sein Einverständnis, Daten und Fakten. Der Vorteil der Informationsfragen liegt darin, daß der Kunde begründete Antworten geben muß. Er kann nicht schlicht mit einem Ja oder Nein antworten. Der Kunde wird aktiviert, das Gespräch fließender.

Wie ist die Vertriebsabteilung Ihrer Firma organisiert?

Auch das ist eine offene Frage. Die Antwort verlangt harte Tatsachen, denn am Ende wollen wir uns ein Bild machen können. Antwortet der Gefragte schriftlich, kann er seine Antwort vorbereiten, sich ein paar Stichpunkte notieren, die Merkmale nach ihrer Wichtigkeit ordnen, prüfen, ob nichts fehlt, die Antwort niederschreiben und schließlich noch einmal prüfen, ob der andere sich nun tatsächlich ein richtiges und vollständiges Bild der Vertriebsabteilung machen kann.
Antwortet der Gefragte mündlich, werden wir nur selten eine gut strukturierte und vollständige Antwort bekommen. Wir müssen nachfragen, und zwar im Detail. Jetzt stellen wir die geschlossene Frage, um punktuell exakte Informationen zu erhalten. Die Antwort besteht oft nur aus einem Ja oder Nein oder einem einzigen Wort.

Frage: Wie viele Mitarbeiter beschäftigen Sie in der Vertriebsabteilung?
Antwort: Fünfzehn.

Frage: Hat die Abteilung im letzten Monat die Sollvorgaben erreicht?
Antwort: Ja.

Frage: Sind Sie bei uns versichert?
Antwort: Ja.

SÄTZE

Frage: Haben Sie sich schon einmal überlegt, ob Sie eine Sonderberatung möchten?
Antwort: Nein.

Frage: Wieviel verdienen Sie?
Antwort: Das geht Sie nichts an!

Nun ja, nicht auf alle geschlossenen Fragen, so scheint es, gibt es eine Ein-Wort-Antwort. Die Unterteilung in Fragetypen ist kein Vorschriftenkatalog, sondern nur ein Ordnungsmittel, das uns den Umgang mit Fragen erleichtert. (Am Rande: Eine der vielen möglichen geschlossenen Fragen sollte ein geschickter Verkäufer vielleicht nicht stellen. „Wollen Sie kaufen?" Die Antwort lautet mit großer Wahrscheinlichkeit: „Nein.")

Wollen wir klare und eindeutige Ergebnisse?

Fragen sind ein gutes Mittel, sich des gegenseitigen Verständnisses zu versichern. Will der andere tatsächlich das, was wir auch wollen? Wir suchen zuweilen die Unterstützung der eigenen Ansichten, Argumente und Schlüsse oder auch nur die Bestätigung, daß wir am Ende eines Gedankenaustausches mit dem Partner übereinstimmen. Es ist durchaus sinnvoll, Zwischen- und Endergebnisse festzuhalten, zu sichern oder noch einmal in Erinnerung zu bringen.
Kennen Sie diese Situation? Ihre Versicherung teilt Ihnen mit, daß Sie demnächst für die gleichen Leistungen mehr zahlen sollen. Die Versicherung begründet diesen Schritt mit den gestiegenen Kosten. Sie ärgern sich trotzdem, gehen zu Ihrem Sachbearbeiter und beschweren sich. Der hält Ihnen einen langen Vortrag, warum die Gesellschaft im Recht ist. Vorher waren Sie nur verägert. Jetzt werden Sie langsam wütend. Warum?
Versetzen Sie sich in die Rolle des Sachbearbeiters. Was hätte er tun sollen? Er hätte Sie fragen können, wo Ihre Haupteinwände liegen, worum es Ihnen in erster Linie geht, und zwar mit sogenannten „Kontrollfragen".

Geht es Ihnen in erster Linie darum, daß Ihr Versicherungsschutz in vollem Umfang erhalten bleibt?
Sie wollen nur unter der Bedingung XY die erhöhte Prämie zahlen?

Möglich ist, daß im weiteren Gespräch über einzelne Punkte völlig überraschende Aspekte zur Sprache kommen. Sie sind unterversichert oder falsch versichert, oder Sie sehen jetzt erst, daß dieses oder jenes Risiko nicht gedeckt ist. Eine Einigung über das weitere Vorgehen steht an. Der Sachbearbeiter fragt:

Sie wollen nicht nur Ihre Lebensversicherung erhöhen? Sie möchten zusätzlich auch eine Unfallversicherung? Habe ich Sie da richtig verstanden?

DIE FRAGE

Oder:

> Sie wollen Ihre Unfallversicherung nur kündigen, wenn sich die Prämie erhöht. Eine Prämie in gleicher Höhe ist nur für einen Gruppenvertrag möglich. Deshalb wollen Sie nun Ihre Angestellten auch bei uns versichern. Kann ich davon ausgehen, daß das unsere gemeinsame Basis ist?

Nun muß der Sachbearbeiter an die Arbeit gehen. Neue Verträge müssen ausgestellt, die alten geändert werden. Er braucht die Unterstützung der Kolleginnen und Kollegen in der Abteilung. Auch hier seine Kontrollfragen:

> Sind die Unterlagen dieses Kunden vollständig?

Und die Gegenfrage des Abteilungsleiters:

> Haben Sie die Angelegenheit geklärt?

Oder:

> Soll der Außendienst diese Angelegenheit klären?

Oder:

> Sollen wir dem Kunden einen Brief schreiben?

Nicht jeder hat die gleichen Interessen – eine Binsenweisheit, jedoch eine, die wir allzugern und immer wieder vergessen, wenn wir die eigenen Interessen durchsetzen wollen oder meinen, durchsetzen zu müssen. Eine klärende Frage kann verhindern, daß wir im eigenen Saft schmoren und schließlich unangenehme Überraschungen erleben. Hat der Partner uns verstanden oder hat er uns mißverstanden? Haben wir aneinander vorbeigeredet? Wir fassen zusammen und fragen:

> Das heißt, Sie sehen folgende Probleme …?
> Sie meinen nun auch, daß …?

Texte können voller Fallen stecken. Wir bekommen einen schlecht gegliederten Brief. Der Partner hat sich allzusehr in Nebenaspekten verloren. Schließlich wissen wir nicht mehr, worum es ihm eigentlich geht. Was ist das Wichtigste? Haben wir das Schreiben richtig interpretiert? Wir fragen:

> Sie schreiben, daß sich zum Seminar XY bis jetzt nur fünf Teilnehmer angemeldet haben. Gleichzeitig nennen Sie mir einen neuen Schulungsschwerpunkt. Nun denke ich mir, daß das Seminar trotz der geringen Teilnehmerzahl stattfindet. Habe ich Sie richtig verstanden?

SÄTZE

Wollen wir Entscheidungen herbeiführen?

Nicht alles, was wir anzubieten haben, entspricht unbedingt auch den Wünschen unseres Partners. Gern lenken wir davon ab, daß wir über dieses oder jenes einfach nicht verfügen, oder wir lassen die Nachteile weg, die den Partner gegen uns einnehmen könnten. Was wir haben, bieten wir als Alternativen an. Im Alltag stellen wir täglich Alternativen zur Auswahl.

> Wollen Sie Tee oder Kaffee?

Vielleicht möchte der Partner aber lieber Saft. Da wir den nicht haben, nennen wir diese Möglichkeit erst gar nicht. Oft gehen wir, bewußt oder unbewußt, von Unterstellungen aus:

> Wollen Sie das Frühstücksei hart oder weich gekocht?

Wir haben nicht gefragt, ob der Partner überhaupt ein Ei will. Das setzen wir voraus. Ein Kunde schreibt uns, daß er ein Kopiergerät kaufen möchte. Es müsse wirtschaftlich arbeiten, verkleinern, vergrößern, sortieren können, und das Gerät solle klein sein, denn er habe wenig Stellplatz. Wir raufen uns die Haare. Verkleinern, vergrößern, wirtschaftlich arbeiten, sortieren, all das können unsere Geräte. Aber klein sind sie nicht. Ein Sortiergerät braucht seinen Platz. Es führt kein Weg daran vorbei. Was tun? Wir kommen zu der Überzeugung, daß unsere Geräte in den wesentlichen Merkmalen den Vorstellungen des Kunden entsprechen. Wir können sie dem Kunden guten Gewissens anbieten. Über ihre Größe schreiben wir nichts, denn schließlich sind „groß" und „klein" relative Begriffe. Ohnehin muß sich der Kunde die Geräte erst einmal anschauen.

> Wir haben zwei Kopierer, die Ihren Vorstellungen entsprechen. Wann wollen Sie die Geräte X und Y ansehen?

Wir haben dem Kunden einen positiven Bescheid gegeben und sein Interesse in eine bestimmte Richtung gelenkt. Das kann fehlschlagen, wenn das Merkmal Größe wirklich ausschlaggebend ist. Es kann aber auch schnurstracks zum Kauf führen, da Alternativen immer etwas Konkretes sind. Sie erleichtern uns die Orientierung.
Hüten wir uns vor Suggestivfragen! Sie sollen den Antwortenden beeinflussen, indem er in Zwangssituationen gebracht wird. Suggestivfragen unterstellen oft, daß wir einer Prestigegruppe oder einem bevorzugten Personenkreis angehören. Oder es werden uns besondere Eigenschaften angedichtet. Suggestivfragen kitzeln die Eitelkeit. Wer verliert schon gerne sein Gesicht, wenn es heißt:

> Sie sind doch ein Mann der Tat, der nicht lange zögert und zaudert, sondern seine Vorteile klar erkennt, oder?

DIE FRAGE

Seien wir ehrlich. Wer von uns würde antworten: „Nein, das bin ich nicht?" Aber das müssen wir auch nicht antworten. Wer so fragt, hat nicht uns im Sinn, sondern seine eigenen Vorteile. Wir können antworten: „Klar bin ich ein Mann der Tat, aber mein Vorteil liegt woanders."

   Sie gehören doch zu den Leuten, die sich das leisten können?

Oh je. Da wird uns ganz empfindlich auf den Zahn gefühlt. Aber, was geht es den anderen an, was wir uns leisten können, besser: was wir uns leisten wollen? Ein „Nein" würde bestimmt eine interessante Mimik beim Fragenden hervorrufen. Gönnen Sie sich den Spaß.
Ja-Fragen sind geschlossene Fragen. Sie steuern die Reaktion des Befragten und können gleichfalls Suggestivfragen sein. Ihrem Inhalt nach werden sie immer so gestellt, daß der Befragte mit einem Ja antworten muß. Werden Ja-Fragen aneinandergereiht, haben wir eine Ja-Fragen-Straße, die für den Befragten mit jedem Ja verbindlicher wird. Sie kann zur Einbahnstraße oder Sackgasse werden, an deren Ende der Zwang zu einer bestimmten Stellungnahme oder einer Handlung steht. Daher hat sie häufig manipulierenden Charakter, denn der Befragte kommt sich widerspenstig, dumm und uneinsichtig vor, wenn er „Nein" sagt. Dennoch bleibt mit Recht beim schlußendlichen Ja ein Gefühl der Unsicherheit.

   Sie suchen einen Wagen mit geringem Benzinverbrauch?
   Einen Wagen, der preiswert zu unterhalten ist?
   Mit Vorderradantrieb, der im Winter mehr Sicherheit bietet?

   Da steht er!

Ja, da kann man doch nur noch unterschreiben, oder? Ja-Fragen-Straßen werden vor allem in der Werbung in Texte umgesetzt. Sie beginnen oft mit „Sie suchen ...", „Sie wollen ...", „Sie wollten immer schon ..." und enden sinngemäß mit „Wir haben genau das, was Sie suchen."

Wollen wir den Partner stärken?

Die stimulierende Frage soll den Partner anregen. Sie hebt ihn. Sie lobt ihn. Sie ist wichtig, um eine positive Stimmung zu erzeugen. Sie kann dem Partner Sicherheit geben. Sie kann stillere Teilnehmer ins Gespräch ziehen. Sie sollte nicht lobhudeln, sondern am Positiven, das da ist, ansetzen. Lobhudeln wir, kippt die Frage schnell um, wirkt ironisch und verletzt den Partner.
Journalisten interviewen nicht nur Prominente im Fernsehen. Das Expertengespräch ist ein Mittel, das eine Recherche schnell und sicher ans Ziel führt. Beim Experten ist die Information komprimiert vorhanden und durch Erfahrung gewichtet. Die Gesprächspartner aber sind fremd. Zunächst muß Vertrauen hergestellt werden.

SÄTZE

Wie haben Sie es geschafft, ein international anerkannter Experte zu werden?

Eine solche Frage kann den Geschäftspartner öffnen. Wir zeigen ihm, daß er für uns nicht der anonyme menschliche Speicher wichtiger Informationen ist. Er wird als Person angesprochen.
Experteninformationen können auch sehr subjektiv gefärbt sein. Wir müssen sichergehen, daß sie stimmen. Wir wenden uns an die stilleren Gesprächspartner und fragen:

Was meinen Sie als Fachmann für XY dazu?

Wenn wir nur einen Partner haben, können wir eben diese Frage stellen, sofern wir ihm von Meinungen berichten, die wir gehört oder die wir uns angelesen haben. Zwar ist uns und unserem Partner klar, wer der Fachmann ist. Dennoch kann es nicht schaden, die Rollen in positiver Weise offenzulegen.
Schließlich fassen wir den geschilderten Sachverhalt noch einmal zusammen. Wir wollen kontrollieren, ob wir alles richtig verstanden haben und der Partner bei seinen Gewichtungen bleibt.

Wie haben Sie es geschafft, sich damit Anerkennung zu verschaffen?
Wie haben Sie es geschafft, sich damit durchzusetzen?
Wie haben Sie es geschafft, die Fachwelt zu überzeugen?

Es ist nicht schwer, uns ähnliche Fragen für einen anderen Sachverhalt auszudenken. Einen Geschäftspartner können wir immer auf seine Erfolge ansprechen; und wenn uns dazu nichts einfällt, auf seine Persönlichkeit. Nur sollte das, was wir sagen, um ein positives Gesprächsklima herbeizuführen, auch in etwa stimmen. Sonst werden wird unglaubwürdig und verlieren das Vertrauen des Partners.

Wie schaffen Sie das, so ruhig und ausgeglichen zu wirken?

Stimulierende Fragen, so denken wir, können wir auch in der Korrespondenz stellen. Ein Beispiel: Stellungnahmen sind immer etwas Lästiges und Aufwendiges. Es muß recherchiert, nachgelesen, gefragt werden. Derjenige, der eine Stellungnahme schreiben soll, sieht arbeitsreiche Wochenenden vor sich. Mit Grausen denkt er an den Termindruck, hektisches Vervielfältigen und Versenden. Wir müssen ihn trotzdem auffordern. Das können wir so tun:

Wir bitten Sie, uns bis zum 19.01. .. Ihre Stellungnahme zu … zu senden.
Wir erwarten Ihre Stellungnahme bis zum 19. Juni.

Wir können allerdings auch freundlichere Aufforderungen formulieren. Schauen Sie sich einmal das folgende Beispiel an.

DIE FRAGE

> Könnten Sie als Experte dazu Stellung nehmen? Schaffen Sie das wohl bis zum 19.01. ...?

Ein Vorteil, Sie müssen nicht mehr zittern: Kommt die Stellungnahme nun oder nicht? Ihr Korrespondenzpartner wird Sie informieren, ob er bereit ist, die Stellungnahme bis zum 19.01. ... zu schreiben.

Wollen wir mit verdeckten Karten spielen?

Manchmal verbietet uns die Höflichkeit, nach etwas zu fragen, was wir meinen wissen zu müssen oder gerne wissen möchten. Wie können wir das in Erfahrung bringen, ohne direkt zu fragen? Wir stellen eine konkrete Frage mit einem Scheinziel. Der Fragende aber antwortet auf unser verstecktes Hauptziel.

> Wann haben Sie mit Herrn X zum letzten Mal gesprochen?

Wir wollen gar nicht wissen, wann der Befragte Herrn X zum letzten Mal gesprochen hat. Wir wollen wissen, ob er ihn überhaupt kennt.
Ob solche getarnten Fragen Fangfragen sind, entscheidet sich unserer Meinung nach am Gegenstand, nach dem wir fragen. Wer von uns nähert sich einem Unbekannten nicht mit höflichen Scheinfragen an. Wer sind Sie? Was machen Sie? Wo kommen Sie her? Solche Fragen können wir kaum stellen!
Eine richtige Fangfrage arbeitet mit Unterstellungen und überrumpelt den Befragten. Sie wird oft in Situationen gestellt, die mit dem eigentlichen Gesprächsinhalt oder dem Ziel des Gesprächs scheinbar nichts zu tun haben. Die Antworten mögen dann unbefangen und spontan ausfallen.

> Schimpfen Sie auch so über die 56%ige Steuerprogression?

In Wirklichkeit will der Fragende jedoch nur wissen, wie hoch das Einkommen seines Gegenübers ist. Der Befragte erkennt eine solche Fangfrage meist erst nachträglich. Dann jedoch reagiert er mit Vertrauensentzug, und zwar heftig.

Wollen wir dirigieren?

In den meisten Gesprächen und Briefen geht es ums Geschäft oder um Geschäftliches. Wir haben einen unentschlossenen Partner, der sich ziert, dreht und wendet. Deutlich spüren wir, daß er sich, aus welchen Gründen auch immer, den Kontakt zu uns offenhalten will. Mittlerweile ist unsere Geduld beinahe erschöpft. Wir sehen uns die Argumente des Zaudernden noch einmal an. Vielleicht können wir den Argumenten aus unserer Sicht eine andere Richtung geben. Wir versuchen negative Aussagen ins Positive zu kehren. Wir stellen unserem Partner umformulierende Fragen:

SÄTZE

Argument: Unser Unternehmen ist zu klein, um eine solche Maschine ausnutzen zu können.
Frage: Würden Sie unsere Maschine benutzen, wenn sie bei Ihnen wirtschaftlich einsetzbar wäre?

Argumentieren und fragen wir mündlich, werden solche Fragen oft mit den folgenden Wendungen eingeleitet:

Mit anderen Worten, Sie würden unsere Maschine nutzen, …
Man könnte also sagen, …
Wenn ich Sie richtig verstanden habe, …

Aufgepaßt bei manipulierenden Fragen! Wir sollten sie weder mit böser Absicht stellen, noch sollten wir darauf hereinfallen. Dirigierende Fragen können manipulierend eingesetzt werden. Sie sollen den Gesprächspartner steuern. Bestimmte Themen, Argumente und Aussagen, die der andere macht, werden wieder aufgegriffen, der Sachverhalt aber vom Fragenden in Richtung auf dessen eigene Interessen ausgelegt. Dazu muß die Frage gleichfalls umformuliert werden. Soweit unterscheidet sie sich nicht von der umgestalteten Frage. Die Gefahr der Manipulation liegt darin, daß die Frage später, nachdem das Gespräch bereits über geraume Zeit fortgeführt worden ist, wieder aufgegriffen wird. Der Gesprächspartner mag sich nicht mehr genau an den Inhalt seiner Aussage erinnern. Wird eine solche Fragetechnik als Trick eingesetzt, gibt es gegen diesen Versuch der Manipulation ein einfaches, aber wirksames Mittel: Wir wissen, was wir wollen, und lassen uns nicht davon abbringen. Zudem können wir als Antwortende mit Checklisten arbeiten, auf dem Papier oder in Gedanken. Auch dirigierende Fragen werden oft mit den gleichen Formeln eingeleitet.

Sie erwähnten eben …?
Kommen wir noch einmal zurück auf …?
Der Ablauf, von dem Sie eben sprachen …?

Aussage: Es wäre sicher interessant, durch den Einsatz der Maschine in diesem Bereich Kosten zu sparen.

Das Gespräch geht weiter. Andere Themen werden aufgegriffen und wieder verworfen. Für den, der verkaufen will, ist es legitim, den Aspekt des „Kostensparens" noch einmal aufzugreifen und dem Kunden als Entscheidungskriterium anzubieten.

Frage: Wir sprachen eben von den nicht uninteressanten Kosteneinsparungen durch dieses System. Wäre das nicht ein wichtiger Aspekt für Ihre Entscheidung?

Dirigieren ist legitim, manipulieren nicht. Nicht Tricks, sondern Leistungen entscheiden über Erfolg oder Mißerfolg. Hier der Brief eines Kunden:

DIE FRAGE

Nach dem Gespräch mit Herrn X und der Vorführung in Ihrem Technischen Zentrum bin ich zu der Überzeugung gekommen, daß Ihre Maschinen einwandfrei arbeiten, wartungsarm sind und allen Anforderungen an moderne Technik genügen. Doch sie sind zu teuer. Der Preis liegt weit über dem vergleichbarer Maschinen Ihrer Mitbewerber.

Weiteres Anpreisen hilft nicht. Aber, wenn unsere Maschinen teurer sind, dann hat das einen Grund. Die Maschinen der Mitbewerber sind nicht mit den unseren zu vergleichen. Die Summe unserer Vorteile heißt Qualität. Deshalb ist am Preis auch nicht zu rütteln. Unsere Antwort:

Spart nicht Qualität letztendlich Kosten? Ist nicht Qualität das wichtigste Kriterium für Ihre Entscheidung?

Wollen wir überhaupt eine Antwort? – Rhetorische Fragen

Reden, philosophische Streitgespräche, literarischer Briefwechsel, kurz: schöngeistige Sprachgestaltung ist zuweilen voll von Fragen, die gar keine sind. Der Redner, der Streitende, der Schreiber will überhaupt keine Antwort, oder er gibt sie sich selbst. Diese sogenannten rhetorischen Fragen sind ein Stilmittel. Sie wecken das Interesse des Hörers oder Lesers. Sie können sein Denken anregen, sein Problembewußtsein aktivieren. Besonders wirkungsvoll sind solche Fragen zu Beginn eines Beitrags, an dessen Schluß oder in zusammenfassenden Passagen.
Zeitweilig sind rhetorische Fragen in Mißkredit geraten, weil sie als eines der Hauptstilmittel in der Propaganda eingesetzt wurden. Unser Beispiel stammt aus einer Zeit, in der selbst auf rhetorische Fragen eine bekennende Antwort verlangt wurde.

Kann eine Macht ... sich mit einem Staate verbinden, dessen Leistungen seit Jahren ein Bild jämmerlichster Unfähigkeit, pazifistischer Feigheit bieten? Kann irgendeine Macht heute ... hoffen, ein wertvolles Verhältnis zu einem Staate herstellen zu können ..., wenn dieser Staat ... weder Mut noch Lust besitzt, auch nur einen Finger zur Verteidigung des eigenen nackten Lebens zu rühren? Wird irgendeine Macht ... sich einem Staate auf Gedeih und Verderb verpflichten, dessen charakteristische Lebensäußerungen nur in kriechender Unterwürfigkeit ... bestehen; einem Staate, der keine Größe mehr besitzt ...; mit Regierungen, die sich keinerlei Achtung seitens ihrer Staatsbürger zu rühmen vermögen ...?

Das Zitat ist nicht einmal einer Rede entnommen, sondern einem Buch: Adolf Hitler, Mein Kampf.
Es ist jedoch nicht der Inhalt mancher Reden und Ausführungen, der prinzipiell über die Qualität eines Stilmittels entscheidet. Rhetorische Fragen setzen wir immer dann ein, wenn wir meinen, das auszusprechen, was andere auch denken. Allerdings ist bei manchen Zeitgenossen die Tendenz zu beobachten, daß sie sich um anderer Leute

SÄTZE

Meinung wenig scheren. Die ihre ist über jeden Zweifel erhaben. Sie sprechen nur noch in rhetorischen Fragen, gekrönt von einem „Oder etwa nicht?" oder „Ist doch wahr?"

Schreiben wir einen Leserbrief oder einen Artikel oder halten wir auf einer Versammlung einen Beitrag oder eine Rede, können wir unsere Ausführungen ruhig mit einer rhetorischen Frage einleiten.

> Warum müssen jährlich 15 000 Kinder auf unseren Straßen sterben?
> Warum erhöht sich die Staatsverschuldung ständig?
> Wie hieß es vor einigen Tagen noch zur Vorruhestandsregelung?
> Was sind das für Leute, die immer vom Verfall aller Werte sprechen?

Propagandistisch wird's wiederum, wenn die abschließende rhetorische Frage zwar keine Antwort, wohl aber eine Tat verlangt.

> Wann hören Sie endlich auf zu rauchen?

STILFIGUREN

„Deine Rede sei ..."

„Sind Stil- und Klangfiguren nicht ausschließlich etwas für Kenner und Könner?", mögen Sie sich fragen. Ein Unberufener antwortet: „Richtig, nur die Dichter wissen mit ihnen umzugehen!" Und: „Wer nicht weiß, was ein ‚Oxymoron' ist, soll die Finger, oder besser: die Feder davon lassen!"

Alle „rhetorische Figuren" haben klangvolle Namen aus dem Griechischen und Lateinischen. Das mag uns zunächst abschrecken. Betrachten wir sie jedoch näher, erkennen wir schnell, wir geläufig uns viele sind. Einige gebrauchen wir zwar nicht tagtäglich, aber wer von uns hat nicht schon einmal die Fügung „das Beste vom Besten" benutzt, eine **Figura ethymologica**.

Rhetorische Figuren eignen sich nicht nur für den mündlichen Gebrauch, für die Rede. Der Begriff „Rhetorik" kommt zwar vom griechischen „rhetorike techne", was soviel wie Redekunst bedeutet, ist aber und war immer schon die Theorie und Technik der Rede als effektvoller Sprachgestaltung der Prosa. Und Prosa nennen wir schlicht jeden Text, der nicht gereimt ist. Kunstvolle Prosa finden wir in guten Romanen, kitschige Prosa in Heftchenromanen, unterkühlte Prosa in wissenschaftlichen Texten und herbe Prosa zuweilen in unseren Geschäftsbriefen.

Die Rhetorik ist Teil der Stilistik. Sie gibt uns Mittel zur wohlgeordneten, wohlklingenden sprachlichen Ausformung unserer Gedanken und Erkenntnisse an die Hand. Politiker versprechen sich von der Rhetorik eine wirksame Beeinflussung der Meinung ihrer Wähler. Altkanzler Helmut Schmidt beherrscht die Kunst der Rede in Vollendung. Franz Josef Strauß aber, der souverän gegen so manche rhetorische Regel verstieß, schien nicht weniger Erfolg zu haben. Rhetorik ist keine Zauberformel, mit der wir andere in unseren Bann ziehen können. Die unerschütterliche Grundlage guter Sprache, also auch der Rhetorik, ist noch immer die Gedankenführung. Gelingt es uns nicht, unsere Inhalte zu ordnen und zu gliedern, hegen wir vergeblich die Hoffnung, mit Hilfe der Rhetorik unsere Texte verbessern zu können. Mit Goethe gesagt:

SÄTZE

Es trägt Verstand und rechter Sinn
Mit wenig Kunst sich selber vor.

Stilregeln und rhetorische Figuren können uns das redliche Zusammentragen der Fakten, deren gründliche Analyse und Einordnung in ein Gedankengebäude, das wir im kleinen oder im großen zu Papier bringen, nicht ersparen.

„… nicht ohne Klang"

Anapher (griech. Beziehung, Zurückführung) nennen wir die Wiederkehr desselben Wortes oder derselben Wortgruppe am Anfang mehrerer aufeinanderfolgender Sätze, Satzglieder oder Verse; Beispiel: „Das Wasser rauscht', das Wasser schwoll" (Goethe). Die Anapher ist ein Stilmittel, das Eindringlichkeit hervorrufen soll. Gleichzeitig gliedert diese Figur. Weil sie recht einfach zu konstruieren ist und nachdrücklich wirkt, wird sie in der Werbung häufig verwendet:

Jeder Blouson, jeder Blazer nur 299,– DM
Alles preiswert, alles von hoher Qualität und alles gibt es bei uns.

Der Kunde soll den Namen einer neuen Kreation nicht wieder vergessen:

Allround ist klassisch. Allround paßt sich Ihrem Geschmack an. Allround sorgt für Ihren gesunden Schlafkomfort.

Die Schwesterfigur der Anapher ist die **Epipher** (griech. Zugabe). Sie ist die ausdrucksvolle Wiederholung desselben Wortes oder Wortgefüges jeweils am Schluß mehrerer aufeinanderfolgender Sätze oder Satzglieder: „Ihr überrascht mich nicht, erschreckt mich nicht." Die Epipher ist nicht nur jünger als die Anapher, sie wirkt auch künstlicher. Dennoch paßt sie recht gut zur Sprache des Feuilletons:

Am Anfang kommt er aus dem Wasser, am Ende geht er wieder ins Wasser.
Die Ehefrau kommt zurück, der Mann weicht zurück und Bronson schlägt zurück.

Eine einfache Figur ist die **Epanalepse** (griech. Wiederaufnahme). Das gleiche Einzelwort oder die gleiche Einzelwortgruppe wird wiederholt. Am Satzanfang: „Geh, geh! Tu, was er sagt!"; nach der Zwischenschaltung eines Wortes: „Hilf, Gott, hilf!"; oder am Ende eines Satzes: „Es wird ganz still, ganz still." Die Epanalepse dient der pathetischen Ausdruckssteigerung. Vielleicht erinnern sie sich an Filmszenen. Eine Katastrophe droht. Die Menschen beginnen zu laufen, drehen sich um, jemand ruft „Die Flut kommt – näher! Näher!" und prompt passiert das Unglück.
Die alten Griechen waren Meister der Rhetorik. Ihnen verdanken wir die Erkenntnisse über wirkungsvollen Sprachgebrauch, die sie in vielen Generationen sammelten,

STILFIGUREN

indem sie die Wirkungen des Sprachgebrauchs im Alltag studierten, analysierten und schließlich zu Wirkungsgesetzlichkeiten zusammenfaßten. Rhetorik hat also sehr viel mit unseren normalen Sprachgewohnheiten gemeinsam. Wäre das nicht so, könnten uns rhetorische Mittel nicht beeindrucken.

Das **Asyndeton** (griech. Unverbundenes) besteht aus einer Reihe gleichgeordneter Wörter, Satzteile oder Sätze. Sie stehen ohne verbindende Konjunktion wie „und", „oder" und anderen: „Alles rennet, rettet, flüchtet" (Schiller). Die Figur gibt den Eindruck sprudelnder Rede. Als solche kann sie die Hast eines Geschehens ausdrücken oder die innere Spannung einer Situation. Das Asyndeton wirkt als leidenschaftliche, nicht gegliederte Aussage. Reporter, die ein spannendes Fußballspiel kommentieren, greifen unbewußt zu diesem Stilmittel:

> Völler nimmt den Ball, rennt, rast, rempelt, schießt! Tor!!!

Bewußt können wir mit dem Asyndeton einen Höhepunkt in unserer Rede hervorheben oder darauf hinarbeiten:

> Wir haben den Wagen nicht am Reißbrett entworfen. Wir fragten, entwarfen, verwarfen, konstruierten, probierten, testeten. Dann erst wußten wir, wie er aussehen sollte.

Auch das Asyndeton hat eine Schwesterfigur, das **Polysyndeton** (griech. polys = viel, syndetos = zusammengebunden). Allerdings wirkt diese Figur völlig anders. Sie kann der Rede Pathos, Würde und Gewicht verleihen, zwingt den Hörer oder Leser zum Verweilen. Wir erreichen das, indem wir Wort- oder Satzreihen mit ständig derselben Konjunktion verbinden. Die ungewöhnlich häufige Wiederholung der Konjunktion koordiniert die Wort- oder Satzreihe, so daß bei uns der Eindruck einer Verstärkung entsteht. Das Polysyndeton hemmt den Redefluß mit Absicht. Der Redner oder Schreiber hält an seinem Gegenstand fest. Er reiht anschauliche Details aneinander: „Und es wallet und siedet und brauset und zischt" (Schiller). Stellen wir uns nun vor, jemand habe erfolglos mit seinem Finanzamt verhandeln wollen. Die Anschaulichkeit soll erhöht werden, die Stimmung nicht zu kurz kommen. Könnten wir das nicht so beschreiben?

> Er telefonierte und argumentierte und schrieb und ging hin und wurde laut und tobte. Alles ohne Erfolg.

Sie sehen selbst, daß im Bereich der rhetorischen Figuren mancher Schulgrundsatz zu wackeln beginnt. „Keine Wiederholungen!" – das hieße strenggenommen: Eine ganze Reihe wirkungsvoller rhetorischer Figuren würde verschwinden. Gehen wir einmal davon aus, daß Deutschlehrer sicher die unbewußten Wiederholungen aus Nachlässigkeit meinen.

Eine uralte Stil- und Klangfigur ist die **Alliteration**, auch Stabreim genannt. Zwei oder mehrere bedeutungsschwere Wörter werden durch den gleichen Anlaut ihrer

SÄTZE

Stammsilbe hervorgehoben. In den wenigen überlieferten heidnischen Zaubersprüchen finden wir die Alliteration als Reimersatz. Hier die neuhochdeutsche Übersetzung eines Ausschnitts aus dem zweiten „Merseburger Zauberspruch", der den verrenkten Fuß eines Pferdes heilen soll:

> Sei's Beinverrenkung, sei's Blutverrenkung, sei's Gliedverrenkung;
> Bein zu Beine, Blut zu Blute,
> Glied zu Gliedern, als ob sie geleimt wären!

Sie haben auch die andere Figur erkannt, die hier verwendet wird? Richtig, eine Anapher.
Wenn Ihnen die Merseburger Zaubersprüche nicht geläufig sind, so kennen Sie vielleicht den berühmten Stabreim aus der altisländischen „Edda": **E**ines weiß ich, das **e**wig lebet: der **T**oten **T**atenruhm". Nur betonte Silben alliterieren, nicht die unbetonten wie in „**G**edicht„ und „**G**ebet". Alle Vokale können untereinander in betonten Silben Stabreime bilden: **A**dam und **E**va; Konsonanten hingegen können nur mit ihresgleichen alliterieren. Durch den Stabreim läßt sich die Existenz vieler scheinbar sinnloser Doppelungen in Redewendungen erklären, die wir in unseren heutigen Sprachgebrauch übernommen haben: „Kind und Kegel", „Mann und Maus", „Haus und Hof" „Küche und Keller".
Doch können wir mit der Alliteration auch sinnvolle, einprägsame Fügungen bilden, die leicht zu behalten sind. Früher hatten die Frauen sich nur um „Kinder, Küche und Kirche" zu kümmern. Oder wir finden einen Buchtitel, der uns alliterierend im Gedächtnis haften bleibt: „Götter, Gräber und Gelehrte". Auch für Slogans und Merksprüche läßt sich die Alliteration einprägsam verwenden. Umweltphilosophen sprechen heute zuweilen von der „Lust am Leben".
Die **Figura ethymologica** (lat.) können wir in vielfältiger Weise zur Ausdruckssteigerung benutzen. Sie ist die Verbindung zweier Wörter desselben Stammes. Häufig treffen wir sie an als Verbindung eines meist intransitiven Verbs mit einem stammverwandten Substantiv: „jemandem eine Grube graben", „sein Leben leben", „sein Spiel spielen", „seinen Gang gehen". Oft sind Verb und Substantiv durch ein Adjektiv attribuiert: „Er kämpft einen guten Kampf", „Er spielt ein falsches Spiel", „Alles geht seinen sozialistischen Gang", „Er lebt ein angenehmes Leben"; oder wieder einmal Goethe: „Gar schöne Spiele spiel' ich mit dir". Die Figura ethymologica kann aber auch als Verbindung zweier verwandter Substantive oder Verben auftreten: „neueste Neuigkeit", „König der Könige", „das Beste vom Besten". Aus einem Werbetext:

> Silvesternacht. Die Nacht der Nächte auf hoher See. Tanz und Spiel ...

Für solche Fügungen eignen sich ein- und zweisilbige Wörter am besten. Probieren Sie's! Wie klingt Ihnen das „Besondere vom Besonderen" im Ohr. Holprig. Es stört die Satzmelodie, oder?

STILFIGUREN

„... nicht ohne Sinn"

Anapher, Epipher, Epanalepse, Asyndeton, Polysyndeton, Alliteration und Figura ethymologica haben wir Ihnen als Wort- und Satzspiele vorgestellt. Ihre Wirkungen beruhen im wesentlichen auf dem Klang. Bei einer Reihe anderer rhetorischer Figuren erzielen wir unsere Effekte weniger durch die Lautgestalt einer Wortreihe oder eines Satzes als vielmehr durch den Sinn. Nach den „Klangfiguren" wollen wir Ihnen nun einige „Sinnfiguren" vorstellen.

Die **Periphrase** (griech. Umschreibung) ist ein rhetorischer Oberbegriff. Alle Figuren, die Begriffe, Gegenstände, Eigenschaften oder Handlungen durch mehrere Wörter umschreiben, sind Periphrasen. Wir können Eigenschaften an die Stelle des Gemeinten setzen und sprechen dann vom „Allmächtigen" statt von Gott, von der „Heiligen Macht" statt vom Papst, vom „Vogel Jupiters" statt vom Adler. Häufig sind Umschreibungen – „Freund Hein" statt Tod – beschönigend. Andere dienen der Ausschmückung: „Auge des Gesetzes".

Auch **Metapher** (griech. Übertragung) ist ein Oberbegriff. Unter Metapher verstehen wir den bildlichen Ausdruck für einen Gegenstand, eine Eigenschaft oder ein Geschehen. Wir können Eigenschaften von etwas Belebtem auf etwas anderes Belebtes übertragen. Dann sprechen wir von einem listigen Menschen als einem „Fuchs". Oder wir übertragen Lebloses auf Lebloses, weil wir eine sprachliche Lücke füllen wollen; dann sprechen wir zum Beispiel von einem „Flußbett". Schließlich können wir etwas Belebtem die Eigenschaften von etwas Leblosem geben: „Schiff der Wüste" (Kamel). Die Metapher wirkt ausdruckssteigernd, und als bildlich ersetzende Figur ist sie die dichterischste unter den Stilfiguren: „Licht der Wahrheit", „Kupfer ihres Hauptes".

Manche Metaphern sind in unseren alltäglichen Sprachgebrauch übergegangen. Wir empfinden sie nicht mehr mit Bewußtsein als Metaphern, da sie konventionalisierter Sprachgebrauch geworden sind. Das „Haupt der Familie" klingt zwar altväterlich, ist uns jedoch geläufig. Die „Spitze des Eisbergs" ist ein glänzende Metapher, mit der wir gleichfalls souverän umgehen. Bei beiden Bildern können wir leicht einsehen, daß es sich um übertragene Bedeutungen handelt. Was ist jedoch mit dem „tiefen Eindruck", den jemand hinterläßt? Wir müssen schon eine Weile überlegen, bis wir das „Bild" herausgefunden haben. Ähnlich geht es uns mit dem „Einfluß nehmen", dem „gespannt sein" und dem „Umfang eines Themas". Wenn wir die Bilder dieser verblassenden Metaphern ernst nehmen, können wir dann etwas „im vollen Umfang ausschöpfen", oder kann etwas von „Folgen begleitet" sein?

Andere Metaphern sind abgenutzt, weil sie uns ständig begegnen: „der Zahn der Zeit", „der rote Faden", „der springende Punkt", „die Achillesferse", „die kalte Schulter", „des Kaisers Bart". Oder sie überleben nicht lange, weil sie der Umgangssprache angehören: „locker vom Hocker", „weg vom Fenster", „in den Griff kriegen". Neue Metaphern sind oft schlecht gewählte, weil falsche Bilder. Man kann sich schlichtweg nicht „zwischen alle Stühle setzen", und man kann auch nicht im „luftleeren Raum schweben".

SÄTZE

Was ist der „Bart" eines Schlüssels? Auch eine Metapher, genauer gesagt jedoch eine **Katachrese** (griech. Mißbrauch). Sprachhistorisch gesehen fehlte hier ein Wort, um das kleine, aber wesentliche Stückchen Schlüssel zu bezeichnen. Unsere Vorfahren griffen auf ein „Bild" zurück, das ihnen tauglich erschien, die sprachliche Lücke zu füllen. Wenn wir von der Stilfigur Katachrese sprechen, meinen wir damit eine Bildvermengung. Zwei Metaphern oder Worte aus verschiedenen Bereichen, die nicht zusammenpassen, werden in der Katachrese vermischt. Damit kreieren wir, freiwillig oder unfreiwillig, lächerlich wirkende Stilfehler. Die unfreiwilligen Katachresen nennen wir „Stilblüten". „Das schlägt dem Faß die Krone ins Gesicht"; „Der Zahn der Zeit, der schon so manche Träne getrocknet hat, wird auch über diese Wunde Gras wachsen lassen"; „Dieses Schreckgespenst ist so abgedroschen, daß nur noch ein politisches Wickelkind darauf herumreiten kann." Heinz Erhard war ein Meister der Katachrese; uns gelingen eher die Stilblüten:

> Lassen Sie uns sofort geeignete Schritte ergreifen.
> Dieser Knoten muß noch beseitigt werden.
> Er hat ihn übers Ohr barbiert.

In unseren Texten wirken die schiefen Bilder „schief". Nun aber wissen wir, wie wir uns herausreden können. Wir haben eben eine Katachrese kreiert. Sind wir weniger eitel, können wir die schiefen Bilder auch gerade hängen. Dann nämlich „ergreifen wir geeignete Maßnahmen" oder „unternehmen Schritte". Und weiter: „Dieser Knoten muß noch gelöst werden"; „Er hat ihn über den Löffel barbiert" oder „übers Ohr gehauen".
Journalisten möchten ihre Texte gerne beleben und arbeiten gleichfalls mit der Metapher, die ihnen oft zur Katachrese gerät. Da hat ein Politiker sein „Ohr am Puls des Volkes", „Verantwortliche schieben die ungelösten Probleme vor sich her wie einen Bauchladen des Versagens", oder jemand hat „im erotischen Sumpf der Gegenwart die Fahne der Hoffnung aufgerichtet". Solche Bilder sind stilistischer Sumpf.
Die **Antithese** (griech. Gegensatz) ist ein Stilmittel, das wir gut kennen. Sie ist in fast allen Kultursprachen üblich. In dieser Figur werden logisch entgegengesetzte Dinge oder Sachverhalte stilistisch gegenübergestellt und zu einer einheitlichen Aussage verschmolzen. Das kann in Form von Begriffen, Urteilen, Aussagen in Einzelwörtern, Wortgruppen oder Sätzen geschehen: „Gut und Böse", „Tugend und Laster" oder „Der Wahn ist kurz, die Reu' ist lang" (Schiller). Tagtäglich gehen wir mündlich oder schriftlich mit antithetischen Stilfiguren um: „über kurz oder lang", „früher oder später", „ein Fest für jung und alt, für groß und klein", „durch dick und dünn gehen". Wenn wir von Dingen oder Begriffen sprechen, als seien sie belebt, nennen wir das eine **Personifikation** (lat. Vermenschlichung). Wir verhalten uns zum Begriff oder zur Sache, als sei sie eine lebendige Person. Eine Personifikation kann durch ein Substantiv ausgedrückt werden: „Mutter Natur"; durch ein Verb: „Der Glaube besiegt die Furcht"; oder durch ein Adjektiv: „blinder Zufall". Ebenso kann ein vollständiger Text von lauter personifizierten Begriffen, Dingen oder auch Tieren handeln. In George Orwells „Animal Farm" sind alle Tiere personifiziert. Sie denken, sprechen

STILFIGUREN

und handeln wie Menschen. Viele Autoren bedienen sich des stilistischen Mittels der Personifikation, um aus ihrer Geschichte eine Parabel, ein Gleichnis auf menschliche Verhaltensweisen zu machen. Jeder von uns kennt La Fontaines Fabel „Die Grille und die Ameise".
Beseelte Dinge sind uns näher als tote. In Texten und Reden, die überzeugen sollen, begegnen uns, wenn wir aufmerksam lesen, Personifikationen recht häufig:

> Der Versuch der Natur, ein denkendes Wesen hervorzubringen, ist schon seit Adam fehlgeschlagen.
> Dann kam Tschernobyl. Wir bekamen einen Wermutstropfen der Apokalypse zu kosten, und wir glaubten, daß nach all dieser Not die Saat einer zärtlicheren Kultur aufgehen könnte. Erwischt hat dieser bittere Vorbote aber offenbar nur die Sensiblen ...

Kann die Natur „versuchen", etwas „hervorzubringen"? Kann die Kultur „zärtlich" sein, ein Ereignis, das der Autor einen Vorboten nennt, „bitter" sein? Erinnern Sie sich an die Attributionsanalogie, die Übertragung der Eigenschaften eines Menschen auf ein Objekt? Wir sind im Kapitel zu den Adjektiven darauf eingegangen. Der griechische Philosoph Aristoteles hat sie in seiner „Rhetorik" zuerst beschrieben. Ohne die Attributionsanalogie wäre die Personifikation nicht möglich.

Die **Litotes** (griech. Einfachheit) ist eine stilistische Figur, die Ironie erzeugen kann. Sie dient der verstärkten Hervorhebung eines Begriffes durch die Verneinung des Gegenteils und ist eine „uneigentliche" Sprech- oder Schreibweise. „Er ist nicht der schlechteste Lehrer" bedeutet, daß er ein guter Lehrer ist. „Er ist keiner der Tapfersten" meint, daß er feige ist. Wenn wir diese Aussage modifizieren zu „Er ist nicht gerade einer der Tapfersten", haben wir einen ironischen Unterton. „Nicht übel" oder „nicht unwahrscheinlich" nennen wir manche Dinge und meinen „gut" und „ziemlich wahrscheinlich". Die Litotes ist eine rhetorische Figur für vorsichtige Leute, die gerne untertreiben. Oft können sich solche Menschen keine positive Aussage abringen. Also behaupten sie von jemandem, daß er „nicht ganz ohne Talent" sei.

Das **Oxymoron** (griech. scharfsinnige Dummheit) ist eine sinnreich pointierte Verbindung zweier Begriffe, die sich widersprechen. In einer addierenden Zusammensetzung scheinen beide Teile einander auszuschließen, einen Widerspruch zu bilden: „helldunkel", „bittere Süße", „traurigfroh", „beredtes Schweigen", „alter Knabe". Das Oxymoron dient damit dem Ausdruck des Gefühlsmäßigen, des Komplexen und eigentlich Unsagbaren. Auch „Eile mit Weile" ist ein Oxymoron.
Es ist nicht verwunderlich, daß die alten Griechen als Naturbeobachter auch diese Figur als Stilfigur beschrieben. Sie drückt die Einheit des Widerspruchs aus, auf alltagsdeutsch: Jedes Ding hat zwei Seiten. Und manchmal sind, was wir eher mit dem Gefühl als mit dem Verstand erfassen können, beide Seiten zugleich wirksam.

Die **Klimax** (griech. Leiter) ist eine Figur, bei der nicht nur unsere Phantasie und unser Geschick, mit Sprache umzugehen, gefragt ist, sondern verstärkt auch unser Verstand, oder besser gesagt, unser Ordnungssinn. In einer Klimax können wir Wort- oder Satzreihen stufenweise so anordnen, daß der Aussageinhalt eine Steigerung erfährt. Wir reihen Bedeutendes an weniger Bedeutendes, Wichtiges an weniger Wichtiges, schreiten vom schwachen zum starken Wort. Jeder von uns kennt Cäsars berühmte Worte: „Ich kam, ich sah, ich siegte". Zu siegen ist das Ausschlaggebende, der Höhepunkt. Im letzten Teil dieser Stilfigur wird immer das Wesentliche genannt, das, worauf es schließlich ankommt: „Heute back' ich, morgen brau' ich, übermorgen hol' ich der Königin ihr Kind", läßt uns das Rumpelstilzchen wissen. Der Erzählfortgang wird verstärkt.

Die Klimax muß nicht dreiteilig sein. „Heute reichen wir den kleinen Finger, und morgen nehmen sie die ganze Hand" ist auch eine Klimax. In politischen Reden ist diese Stilfigur nicht gerade unbeliebt:

> Heute vergiften wir den Rhein, morgen den Boden, von dem wir leben, und übermorgen uns selbst.

Auch die Werbung will auf die Klimax nicht verzichten. Eine schlichte, gesteigerte Anpreisung verfehlt ihre Wirkung. Verbunden mit einer Litotes überrascht uns die Klimax:

> XY ist nicht gut. Es ist auch nicht besser. Es ist das beste!

Die **Antiklimax** konstruieren wir in absteigender Stufenfolge. Sie dient oft witzigen oder ironischen Zwecken: „Religion sehr gut, Kopfrechnen schwach", „Die Verpackung edel, der Karton stabil, der Inhalt dürftig", „Teuer muß es sein, und nichts taugen darf es."

Die **Antonomasie** (griech. Umnennung) dient dazu, Wiederholungen zu vermeiden. Statt eine Person oder eine Sache immer wieder zu nennen, ist es uns auch möglich, sie zu umschreiben. Ein bekannter Eigenname wie „Jesus" kann durch ein charakteristisches Beiwort oder eine treffende Eigenschaft ersetzt werden: „der Galiläer". Einen starken Mann können wir einen „Herkules" nennen; Thomas Mann in Anspielung auf seine Erzählhaltung den „ironischen Deutschen". Allerdings erzeugen wir mit Antonomasien auch viel „poetischen Qualm". Wenn wir „Köln" mit „Domstadt"umschreiben, so scheint uns das nicht nur tragbar, sondern auch treffend. Bei ausholenden Umschreibungen allerdings werden wir skeptisch: die „Metropole am Rhein", der „im Mittelalter berühmte Handelsplatz", die „Musterstadt romanischer Kirchen", das „nördliche Gegenstück zu Rom", die „südländischste aller nördlichen Städte". Bei solchen Umschreibungen, so scheint's, platzt schon mal eine poetische Ader.

Das **Pars pro toto** (lat. Teil für das Ganze) ist eine Redefigur, die einen Teil des Gegenstandes als Bezeichnung des Ganzen nimmt. Wir sprechen von „100 Seelen" statt von 100 Menschen; erklären, daß jemand „sieben Lenze" und nicht sieben Jahre alt sei. Das Pars pro toto dient der verkürzenden Veranschaulichung, wenn eigentlich lange Erklärungen des Sachverhalts nötig wären: „Nicht einen Finger will er rühren!" Obwohl hier vom Teil des Ganzen die Rede ist, muß das Pars pro toto dennoch nicht kürzer als das Ganze sein. „Das von Bonapartes Tatze zerstückelte Europa" ist länger, doch wesentlich ausdrucksstärker als das schlichte „von Bonaparte zerstückelte Europa".

Die **Hyperbel** (griech. Darüberhinauswerfen, Übermaß) ist ein Stilmittel der positiven oder negativen Übertreibung. Eine schwer meßbare Gefühlsintensität soll optimal wiedergegeben werden. Oft sind Hyperbeln über die Glaubwürdigkeit hinaus gesteigerte Stilfiguren: „der Balken im Auge"; „für die Dauer einer kleinen Ewigkeit". Die Hyperbel intensiviert den gefühlsgeladenen Sinngehalt und verleiht ihm größere Anschaulichkeit. Allerdings sind viele Hyperbeln, die in die Umgangssprache übernommen wurden, bereits verflacht. Ihre eingängige Hyperbolik ist zu konventionellen, abgegriffenen und damit nichtssagenden Formeln verflacht: „tausendmal", „blitzschnell", „Schneckentempo". Auch „Das machst du immer" ist eine Hyperbel, eine ausdrucksschwache aus unserer Alltagssprache.

Eine unter Politikern zweifellos sehr beliebte Stilfigur ist der **Euphemismus** (griech. Umschreibung, Beschönigung), zu deutsch: die Schönrednerei. Der Euphemismus ist die verhüllende Umschreibung einer unangenehmen, zuweilen auch anstößigen oder unheilbringenden Sache. Redliche Leute mildern oder beschönigen einen Ausdruck aus Schamgefühl, Anständigkeit, religiöser Scheu oder Aberglauben. Sie sprechen von „entschlafen", „verscheiden", „hingehen" statt von sterben oder von „Luzifer", was „Lichtbringer" bedeutet, statt vom Teufel. Und wer „transpirieren" statt schwitzen sagt, möchte vielleicht als vornehm gelten.

Wieviel Redlichkeit aber bringen unsere Politiker auf, wenn sie von „bewaffneten Auseinandersetzungen" statt von Krieg sprechen? Wenn „nachgerüstet" statt aufgerüstet wird und von „Vorwärtsverteidigung" statt von Angriff die Rede ist?

„... nicht ohne Ordnung"

Zunächst haben wir Ihnen die Klangfiguren, dann die Sinnfiguren vorgestellt. Letztere wirken vor allem über den Sinn, die besondere Konstruktion, Anordnung und Ersetzung. Anders ausgedrückt, die Sinnfiguren erhalten ihren rhetorischen Reiz durch das, was nicht gesagt wird. Anstelle des eigentlichen Wortes oder Satzteiles steht die Untertreibung, Verstärkung oder Steigerung. Die Sinnfiguren sind Stilfiguren der uneigentlichen Redeweise.

Neben den Klang- und Sinnfiguren gibt es stilistische Mittel, die wir „Satzfiguren" nennen wollen. Eine davon ist die **Ellipse** (griech. Auslassung, Mangel). Sie wirkt durch das Weglassen minder wichtiger Wörter im Satz, die jedoch aus dem Sinnzusammenhang leicht erschlossen und ergänzt werden können. Diese unvollständige syntaktische Konstruktion finden wir in der Literatur als Ausdruck besonders leidenschaftlich erregter Rede. Die Ellipse hebt das Wichtige hervor und konzentriert Gefühlsgeladenes. Statt „Was machen wir nun?" sagen wir „Was nun?"; statt „Je schneller du kommst, desto besser ist es", schreiben oder sagen wir elliptisch: „Je schneller, desto besser!" Die zweite Ellipse wirkt nicht mehr wie eine Aussage, sondern wie ein Befehl.

SÄTZE

Ellipsen gibt es auch in der Alltagssprache. Sie drücken nicht unbedingt Gefühlskonzentrationen aus. In unseren normalen Sätzen dienen sie meist der rationellen Sprachverwendung. Kurze, einprägsame Sätze, in denen wir auf unnötige Wiederholungen verzichten, sind elliptisch konstruiert.

Diese Frage ist eine politische (Frage) und keine wirtschaftliche (Frage).

Auf Hinweistafeln, die Ver- oder Gebote enthalten, wird meist das Verb weggelassen. Auch die folgenden Sätze sind Ellipsen. Sie brauchen nicht einmal einen Sinnzusammenhang, damit wir sie verstehen.

Berühren der Ware (ist) verboten.
Rechtsabbieger (müssen sich) einordnen.

In der Umgangssprache tritt die Ellipse besonders häufig auf. Sie dient der Kürze des Ausdrucks.

Wieviel Personen (sind Sie)? Wir sind drei (Männer).

Nur das Wesentliche wird – rational zugespitzt – sprachlich gestaltet. Ellipsen können sogar Einwortsätze sein.

Wieviel Personen? Drei.
Wann kommst du? Gleich!

Beim **Parallelismus** (griech. Gleichlauf) handelt es sich um gleichlaufende Sätze. Im strengen Sinne kehrt dieselbe Wortreihenfolge wieder. Die Konstruktion ist symmetrisch und selbst die Wortanzahl stimmt in mehreren aufeinanderfolgenden Sätzen oder Satzgliedern ungefähr überein:

Heiß ist die Liebe, kalt ist der Schnee.

Zur gleichen Satzgliedabfolge gehört beim Parallelismus auch die deutliche inhaltliche Beziehung. Sie läßt erkennen, daß der erste Satz das Muster für die folgenden Sätze bildet. Nicht selten beginnen die gleichlaufenden Sätze mit einer Anapher:

Ich habe ihm gedroht – doch er hat gelacht;
ich habe ihn gebeten – doch er höhnte nur;
ich habe ihn angefleht – doch er wandte sich ab.

Diese sechs Sätze enthalten drei Stilfiguren. Der erste, dritte, fünfte und der zweite, vierte, sechste Satz beginnen jeweils mit einer Anapher. Zusätzlich bilden die Sätze eine Klimax, und zwar in paralleler Folge. „Der Wahn ist kurz, die Reu' ist lang" enthält nicht nur eine Antithese. Auch diese Sätze sind parallel. Noch einmal Goethe:

STILFIGUREN

Ich denke dein, wenn mir der Sonne Schimmer
    Vom Meere strahlt;
Ich denke dein, wenn sich des Mondes Flimmer
    In Quellen malt.

Ebenso streng konstruiert wie die Beispielsätze von Goethe sind manche Sprichwörter in der Form von Parallelismen: „Pack schlägt sich, Pack verträgt sich"; „Jung gewohnt, alt getan".
Der Parallelismus ist wie die Alliteration eine uralte Stilfigur. Wir finden ihn in der germanischen sakralen Stabreimdichtung ebenso wie in der Sakralsprache der Bibel:

Ich erzähle meine Wege, und du erhörst mich; lehre mich deine Rechte.
Unterweise mich den Weg deiner Befehle, so will ich reden von deinen Wundern.
Ich gräme mich, daß mir das Herz verschmachtet; stärke mich nach deinem Wort.
Wende von mir den falschen Weg und gönne mir dein Gesetz. (Psalm 119, 26–29)

Von strengem Parallelismus kann hier nicht die Rede sein. Alle parallelen Sätze beginnen mit dem gleichen Satzglied: „ich" und „ich" (Anapher); „lehre mich" und „stärke mich"; „unterweise mich" und „wende von mir". Die Art des Gleichlaufs reicht aus, daß die Sätze poetisch wirken.
Dieselbe Sprachgeste wird beharrlich wiederholt. Die Eindringlichkeit steigt. Aus diesem Grunde mag der Parallelismus ein beliebtes rednerisches Mittel sein, besonders in der Politik. Parallelismen können Inhalte einhämmern. Hier ein Ausschnitt aus einer Rede Helmut Schmidts:

Wenn man diese drei, vier, fünf Generationen unseres Volkes zurückdenkt
und all diese Staaten und Gesellschaften,
die wir miteinander gebildet haben,
noch einmal vor dem geistigen Auge vorüberziehen läßt,
dann wird man sagen müssen, daß dieser Staat Bundesrepublik Deutschland in der jüngeren Geschichte unseres Volkes derjenige Staat ist, der für seine Bürger – bisher jedenfalls – das größte Maß an Freiheit verwirklicht hat.

Und das werden und wollen wir uns nicht kaputt machen lassen!
Weder von rechts noch von links!

Und diese Geselschaft, die wir miteinander nach dem Kriege,
unvollkommen wie sie ist, zustande gebracht haben,
ist bisher jedenfalls in der jüngeren deutschen Geschichte diejenige Wirtschaft und Gesellschaft, die das größte Maß an sozialer Gerechtigkeit und an sozialer Sicherheit realisiert hat in unserem Volk.

Und das werden wir uns auch nicht kaputt machen lassen,
weder von links noch von rechts!

SÄTZE

Den Zeilenfall haben nicht wir in diesen Redeausschnitt hineingebracht, etwa damit Sie die Parallelismen besser erkennen können. Der Zeilenfall entspricht weitgehend dem Originaltext, der nicht nur in einzelnen Sätzen, sondern gleich in ganzen Abschnitten parallel aufgebaut ist. Streng parallel laufen die beiden kürzeren Abschnitte, auf die es dem Redner besonders ankommt. Wir finden in diesem Text noch eine ganze Reihe anderer Stilmittel: Anapher – Satzbeginn mit „und"; Metapher – „geistiges Auge"; Personifikation – „Staaten und Gesellschaften, die vorüberziehen"; Litotes – „unvollkommen wie sie ist"; Inversion – „realisiert hat in unserem Volk"; Hyperbel – „größtes Maß an Freiheit"; schließlich steckt in den Parallelismen inhaltlich eine Hyperbel.

Der **Chiasmus** hat seinen Namen vom griechischen Buchstaben „chi", der unserem X ähnelt. Zwei Striche kreuzen sich. Wenn am Ende dieser sich kreuzenden Striche in zwei Hauptsätzen jeweils der gleiche Satzteil steht, nennen wir diese Stilfigur einen Chiasmus. Die Satzglieder, die sich syntaktisch oder nach ihrer Bedeutung entsprechen, stehen in symmetrischer Überkreuzstellung, meist als spiegelbildliche Anordnung: a + b : b + a. Hier ein Satz aus Goethes Faust:

> Die Kunst ist lang, und
>
> a   b
> ╲   ╱
>   ╳
> ╱   ╲
> b   a
>
> kurz ist unser Leben.

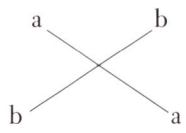

Am wirkungsvollsten wird der Chiasmus bei antithetischen Aussagen eingesetzt. Die gegenläufigen Aussagepaare in spiegelverkehrter Anordnung müssen nicht unbedingt aus Sätzen bestehen. Es können durchaus auch Wortpaare wie im nachfolgenden Beispiel sein.

> Das gute Alte und das neue Gute. (Johannes R. Becher)

Chiasmen eignen sich für zusammenfassende Ermahnungen. So sind sie als Merksätze besser zu behalten.

> Wer aber vom Kapitalismus nicht reden will, sollte auch vom Faschismus schweigen. (Max Horkheimer)

Chiasmen sind lange nicht so wirkungsvoll wie Parallelismen. Sie hämmern nichts ein. Sowohl die grammatische wie die gedankliche antithetische Ordnung zwingt uns zum denkenden Verstehen. Wir begreifen Chiasmen nicht wie Parallelismen durch ständige Wiederholung und Steigerung. Chiasmen sind immer dann angebracht, wenn eine Wende in den Gedanken eintritt.

> Daß jemand die Grammatik nicht beherrscht, ist mir begreiflich; unbegreiflich ist mir aber, daß er dann darüber schreibt.
> Daß er reden kann, bestreite ich nicht; ich bestreite, daß er gut redet.

Sie sehen: Auch Chiasmen müssen nicht streng Satzglied für Satzglied angeordnet sein, um verdeutlichend zu wirken. In der Alltagssprache werden Chiasmen oft unbewußt eingesetzt:

> Wenn er heute nicht kommt, kommt er morgen bestimmt nicht mehr.

Ob dem Werbetexter wohl bewußt war, daß er einen Chiasmus konstruierte?

> Wenn wir heute nichts tun, sind wir morgen von gestern.

Natürlich müssen Chiasmen nicht mit einer Konjunktion beginnen. Bei manchen Konjunktionen und Pronomen kommt oft unabsichtlich eine chiastische Wortstellung zustande:

> Was Sie uns damit zumuten, gefällt uns ganz und gar nicht.
> Was du heute kannst besorgen, das verschiebe nicht auf morgen.

Zum Abschluß unserer Betrachtungen möchten wir Ihnen eine besonders klug konstruierte Werbeaussage nicht vorenthalten. Sie zeigt, daß grammatische Logik und Rhetorik eng zusammengehören können. Von der Logik des Inhalts wollen wir hier schweigen. Schließlich geht es um eine Identitätsaussage der Industrie.

> Natur ist Chemie. Chemie ist das Leben. Leben ist Verantwortung.

Drei Parallelismen sind chiastisch verknüpft. Welcher Stilist wird die Wirkung der Chiasmen nun noch anzweifeln wollen?

„... und nicht ohne Wirkung"

Rhetorische Figuren werden besonders häufig in Reden und Predigten, in Werbung und Propaganda verwendet. Auch die Sprache der Presse lebt von rhetorischen Figuren. Sehen wir uns einmal einige Texte an.

> 3. Runde der Metall-Tarifverhandlungen
>
> Tauziehen in Krefeld. Die Tarifverhandlungen in der nordrhein-westfälischen Metallindustrie für rund 1,2 Millionen Beschäftigte gingen heute in Krefeld in die dritte Runde ...

SÄTZE

Die „Runde" ist eine Metapher, die uns kaum noch auffällt, weil sie recht abgenutzt ist. Eine originellere Metapher ist sicherlich das „Tauziehen".

Dem Inferno von Amman entronnen

In der libanesischen Hauptstadt trafen gestern Evakuierte ein, die den Bürgerkriegswirren in Jordanien auf dem Luftwege entfliehen konnten. Nachrichten von erneuten Kampfhandlungen ...

Das „Inferno" ist eine hyperbolische Metapher, denn das Geschehen in Amman bedeutet nicht das katastrophale Ende des Krieges; „auf dem Luftwege entfliehen" ist ein Bildbruch, eine Katachrese. Der „Weg" hat den Autor wohl zum Verb „entfliehen" verführt. Weiter geht es mit einer Alliteration: „**N**achrichten von er**n**euten Kampfhandlungen ..."
Predigten sind gleichfalls interessante Texte, um die Wirksamkeit rhetorischer Figuren zu studieren. Hier ein Auszug aus einer Rundfunkpredigt:

1 Aber jetzt entsteht die Frage: Was tun wir in solchen Zeiten der Bedräng-
2 nis? Noah tat folgendes: Er schickte Boten aus, erst einen Raben, dann eine
3 Taube und nach sieben Tagen wieder eine Taube. Immer wieder schickte er in
4 die Nacht des Verderbens die Vögel der Sehnsucht aus. Er konnte es, weil er
5 eine Sehnsucht im Herzen trug – im Gegensatz zu vielen Menschen unserer
6 Tage, die aus der Hoffnungslosigkeit förmlich eine Weltanschauung gemacht
7 haben. Du rühmst dich dessen, daß du so viel durchgemacht hast, aber bei
8 deinen Ausbrüchen von Melancholie und Verzweiflung schaust du heimlich in
9 den Spiegel. Du machst Gedichte von deiner Not. Du schreibst Bücher darüber.
10 Du drehst Filme von deiner Verzweiflung. Du schreist deine Klage durchs
11 Radio in den Äther hinaus. Du gefällst dir in der dunklen, schwermütigen
12 Schönheit deines Unerlöstseins. So kommst du auch hierher, spielst ein wenig
13 herum in der religiösen Apotheke und beginnst heimlich schon wieder deinen
14 Fall als hoffnungslos zu bezeichnen ...

Die Zeilen 2 und 3 enthalten einprägsame parallele Satzteile: „..., erst einen Raben, dann eine Taube und nach sieben Tagen wieder eine Taube." „Nacht des Verderbens" und „Vögel der Sehnsucht" in Zeile 4 sind nicht nur parallel konstruiert, es sind auch Metaphern. Dem Satz in Zeile 7 verleihen Alliterationen den gewünschten Nachdruck: „**D**u rühmst **d**ich **d**essen, **d**aß **d**u so viel **d**urchgemacht hast ..." Im „Ausbruch von Melancholie" (Zeile 8) ist der „Ausbruch" zwar eine verblaßte, aber immerhin eine Metapher. Metaphorisch ist sicherlich auch der „heimliche Blick in den Spiegel" gemeint (Zeilen 8/9). Die Klangwirkung der Alliteration wird in den Anaphern ab Zeile 9 wieder aufgenommen. Fünf Sätze beginnen nun mit „Du", und alle fünf Sätze der Zeilen 9 bis 12 sind Parallelismen. Die „Schönheit" wird (Zeilen 11/12) durch die Attribuierung „schwermütig" personifiziert und in die Metapher „dunkle, schwermütige Schönheit des Unerlöstseins" eingegliedert. „In der religiö-

STILFIGUREN

sen Apotheke spielen" (Zeilen 12/13) ist eine recht sinnfällige Metapher. Der „hoffnungslose Fall" aber scheint uns, selbst wenn es sich hier um eine verblaßte Metapher handelt, gerade wegen seiner Doppeldeutigkeit eine gelungene Stilfigur zu sein. Sicher sind nicht alle Stilfiguren des Textes bewußt gewählt worden. Wir greifen oft unbewußt zu wirkungsvollen sprachlichen Mitteln und wundern uns bei genauem Hinsehen, was wir rhetorisch nur durch Lesen, Hinhören und Nachahmen alles gelernt haben. Wird ein Text bewußt auf rhetorische Effekte hin konstruiert, sind die Figuren einfacher und wesentlich leichter zu erkennen.

```
 1 Unseren Zuschauern
 2 zeigen wir hiermit unseren neuen Spielplan an.
 3 Wie enthalten uns bei diesem Vorspruch aller interpretierenden Kommentare –
 4 Ihr Dabeisein,
 5 Ihr Dagegensein,
 6 Ihr Dafürsein
 7 mögen Sie uns erhalten.
 8 Theater ist Belehrung, aber nicht nur.
 9 Theater ist Politik, aber nicht nur.
10 Theater ist Unterhaltung, aber nicht nur.
11 Theater ist heute, auch das von gestern.
12 Theater ist für morgen, heute gespielt.
13 Theater ist für Sie, aber nicht nur nach Ihrem Geschmack.
```

Der Autor beginnt in Zeile 1 gleich mit einer Inversion. Die, die es angeht, werden zuerst genannt „Wir enthalten uns" in Zeile 3 ist eine Litotes, eine Untertreibung, denn im folgenden wird sich keinesfalls enthalten. Die Zeilen 4 bis 6 sind Parallelismen, die mit einer Anapher beginnen. Das gleiche gilt für die Zeilen 8 bis 13. Zusätzlich zur parallelen Konstruktion und zum anaphorischen Beginn enden die Zeilen 9 bis 10 mit einer Epipher. Der Text wirkt rhetorisch ebenso kunstvoll wir künstlich. Als Werbetext darf er das auch. Reizvoll ist der wechselnde, zum Teil antithetische Inhalt in den formal streng gleichlaufenden Sätzen.
Die Politiker arbeiten lieber mit weniger durchschaubaren Stilmitteln oder zumindest mit solchen, die nicht gleich auf Anhieb als bewußt gesetzte Stilmittel erkennbar werden.

```
1 Hier findet heute kein Scherbengericht statt. Hier wird auch keine Minder-
2 heit in Bausch und Bogen verurteilt. Hier wird auch nicht die Aufhebung von
3 Grundrechten gefordert. Was wir aber wollen, ist dies: einen deutlichen
4 Trennungsstrich ziehen zwischen der Bevölkerung unserer Stadt und jenen
5 Kräften, die uns schweren Schaden zufügen. Wir haben nicht über 20 Jahre
6 lang unsre freiheitliche Existenz gemeinsam verteidigt, um sie dann von
7 einer Schar Weltverbesserer zerstören zu lassen. Wir haben es jetzt satt,
8 daß in unsrer Stadt offen zum Umsturz aufgerufen werden kann. Das ist nicht
9 Meinungsfreiheit, sondern Volksverhetzung. Wir haben es jetzt satt, daß zu
```

SÄTZE

10 kriminellen Handlungen gegen Senat und Staat aufgerufen werden kann. Wir
11 haben es satt, daß unsre Hauptverkehrsstraßen immer und immer wieder
12 blockiert werden können. Wir haben es satt, daß unser Geschäftsleben dauernd
13 gestört wird, und wir haben es auch satt, wenn einzelne Stadträte sich nicht
14 genieren, an den Umzügen teilzunehmen. (Franz Amrehn auf einer Vietnam-
demonstration im Jahre 1968)

Die ersten drei Sätze (Zeilen 1/2) beginnen mit einer Anapher. Das „Scherbengericht" ist eine Periphrase. Durch „kein" wird die Figur zur Litotes. „Bausch und Bogen" (Zeile 2) ist eine tradierte Alliteration. Auch „**W**as **w**ir **w**ollen" in Zeile 3 ist eine Alliteration, der „Trennungsstrich" in Zeile 4 eine Metapher, ebenso der „schwere Schaden" in Zeile 5. „Wir haben es satt" tritt adverbial modifiziert in den Zeilen 7, 9, 10/11, 12 und 13 als anaphorischer Satzanfang auf. „Meinungsfreiheit" und „Volksverhetzung" stehen in Zeile 9 antithetisch, als sei das eine das einzig mögliche Gegenteil des anderen. „Immer und immer wieder" in Zeile 11 ist der Form nach eine Epanalepse und dem Sinn nach eine Hyperbel, eine Übertreibung. Das „dauernd" in Zeile 12 ist gleichfalls hyperbolisch.

Wir sollten nicht vergessen, daß wir mit rhetorischen Figuren auch unprätentiös umgehen können. Souverän verwendete Stilfiguren machen einen guten Teil der Qualität so mancher literarischen Textes aus. Hier ein Auszug aus Heinrich Heines „Englischen Fragmenten":

1 Ich habe das Merkwürdigste gesehen, was die Welt dem staunenden Geiste
2 zeigen kann, ich habe es gesehen und staune noch immer – noch immer starrt
3 in meinem Gedächtnis dieser steinerne Wald von Häusern und dazwischen der
4 drängende Strom lebendiger Menschengesichter mit all ihren bunten Leiden-
5 schaften, mit all ihrer grauenhaften Hast der Liebe, des Hungers und des
6 Hasses – ich spreche von London.
7 Schickt einen Philosophen nach London, beileibe keinen Poeten! Schickt einen
8 Philosophen hin und stellt ihn an eine Ecke von Cheapside, er wird hier mehr
9 lernen als aus allen Büchern der letzten Leipziger Messe; und wie die Men-
10 schenwogen ihn umrauschen, so wird auch ein Meer von neuen Gedanken vor
11 ihm aufsteigen, der ewige Geist, der darüber schwebt, wird ihn anwehen, die
12 verborgensten Geheimnisse der gesellschaftlichen Ordnung werden sich ihm
13 plötzlich offenbaren, er wird den Pulsschlag der Welt hörbar vernehmen und
14 sichtbar sehen – denn wenn London die rechte Hand der Welt ist, die tätige,
15 mächtige rechte Hand, so ist jene Straße, die von der Börse nach Downing-
16 street führt, als die Pulsader der Welt zu betrachten.

Die „Welt" ist personifiziert, weil sie etwas „zeigt". Der „staunende Geist" ist ein Pars pro toto für den staunenden Menschen. Als Pars pro toto ist er gleichfalls personifiziert. In Zeile 3 schließt „noch immer" epanaleptisch an das vorangehende „noch immer" an – eine Verdeutlichung des nachwirkenden Eindrucks. Der „steinerne Wald" (Zeile 3) ist eine Metapher, gleichfalls personifiziert, denn er „starrt". Auch

STILFIGUREN

der „drängende Strom" (Zeile 4) ist eine Personifikation; „bunte Leidenschaften" ist ein Oxymoron, der gefühlsbetonte Ausdruck von etwas eigentlich Unsagbarem. In den Zeilen 4 und 5 bildet das zweimalige „mit all ihren" eine Epanalepse, die den Ausdruck verstärkt. In Zeile 7 beginnen zwei Sätze mit einer Anapher, die die Forderungen betont. Der weitere Text enthält vor allem Metaphern und Personifikationen. Die zweimalige „rechte Hand" in den Zeilen 14 und 15 ist wiederum der Form nach eine Epanalepse, inhaltlich eine Metapher, und zwar eine ironische, die durch die Epanalepse besonders betont wird. „Sichtbar sehen" in Zeile 14 ist eine alliterierende Figura ethymologica, darüber hinaus eine verstärkende Übertreibung, eine Hyperbel, ja, manche Stilisten mögen die Figur nach strenger grammatischer Analyse sogar als Oxymoron bezeichnen.

Im Vergleich der Texte scheint uns einiges bemerkenswert. Autoren politischer und werbender Texte bevorzugen formbetonte Stilfiguren. Parallelismen zum Einhämmern des Gesagten, Anaphern zur Verstärkung der hämmernden Wirkung. Heine bevorzugt Metaphern und Personifikationen, Sinnfiguren, die die toten Gegenstände lebendig machen. Auch er verzichtet nicht auf formbetonte Figuren wie Anaphern und Epanalepsen, doch überwiegen deutlich die stilistischen Mittel, die den Inhalt dem Leser miterlebenswert nahebringen. Auch sind die Figuren dichter und abwechslungsreicher. Wir können und wollen aus uns keinen Heinrich Heine machen. Dennoch schadet es nicht zu wissen, mit welchen stilistischen Mitteln Autoren unterschiedlicher Textsorten arbeiten. Das erleichtert uns die Wahl unserer Mittel.

Haben Sie Lust, selbst einen Text zu analysieren? Versuchen Sie, einige rhetorische Figuren zu finden und zu bezeichnen.

 1 Noch nie war etwas so weiß wie dieser Schnee. Er war beinahe blau davon.
 2 Blaugrün. So fürchterlich weiß. Die Sonne wagte kaum gelb zu sein vor
 3 diesem Schnee. Kein Sonntagmorgen war jemals so sauber wie dieser. Nur
 4 hinten stand ein dunkelblauer Wald. Aber der Schnee war neu und sauber
 5 wie ein Tierauge. Kein Schnee war jemals so weiß wie dieser an diesem
 6 Sonntagmorgen. Kein Sonntagmorgen war jemals so sauber. Die Welt, diese
 7 schneeige Sonntagswelt, lachte.
 8 Aber irgendwo gab es dann doch einen Fleck. Das war ein Mensch, der im
 9 Schnee lag, verkrümmt, bäuchlings, uniformiert. Ein Bündel Lumpen. Ein
10 lumpiges Bündel von Häutchen und Knöchelchen und Leder und Stoff.
11 Schwarzrot überrieselt von angetrocknetem Blut. Sehr tote Haare,
12 perückenartig tot. Verkrümmt, den letzten Schrei in den Schnee geschrien,
13 gebellt oder gebetet vielleicht? Ein Soldat. Fleck in dem nie gesehenen
14 Schneeweiß des saubersten aller Sonntagmorgende. Stimmungsvolles
15 Kriegsgemälde, nuancenreich, verlockender Vorwurf für Aquarellfarben:
16 Blut und Schnee und Sonne. Kalter kalter Schnee mit warmem dampfendem
17 Blut darin. Und über allem die liebe Sonne. Unsere liebe Sonne. ...
(Wolfgang Borchert, Mein bleicher Bruder)

■ *Lösungen siehe Seite 231 f.*

SÄTZE

Schöne Worte machen den Kohl nicht fett

So lautet ein altes deutsches Sprichwort. Stilblüten aus Politiker- und Prominentenmündern sind rhetorisch nicht uninteressant. Zwar mag der Inhalt so mancher Aussagen den Kohl wirklich nicht fett machen, wohl aber die Aufmerksamkeit des Hörers oder Lesers. Und die Aufmerksamkeit, die wollen wir doch, wenn wir uns Gedanken über wirkungsvolle Rede- und Schreibweisen machen. Manche mögen sogar nach dem Motto „Besser ein Skandal als gar keine Reklame" reden und schreiben. Das allerdings wollen wir hier selbstverständlich niemandem unterstellen. Unsere Beispiele haben wir dem „Großen Buch der Stilblüten" entnommen.

> Hinter den Milchquoten verbirgt sich das Schicksal von Hunderttausenden von Menschen. (Helmut Kohl)

Eine Katachrese, ein Bildbruch bringt hier „Quoten" und „sich verbergende Schicksale" zusammen. Das Schicksal ist personifiziert. Die „Hunderttasende" sind zweifellos eine Übertreibung, eine Hyperbel.

> Angst lauert in jeder Falte des italienischen Organismus. (Luigi Barzini jr., italienischer Schriftsteller und Politiker)

Die „Angst" ist wiederum personifiziert und „Falte" und „Organismus" bilden einen Bildbruch, und zwar keinen sehr appetitlichen.

> Eine gute Politik sieht über den Tellerrand des morgigen Tages. (Helmut Kohl)

Auch hier eine Personifikation. Die „Angst sieht". Gerade schon wollten wir vor den Personifikationen warnen – denn sie scheinen uns recht häufig der Grund für einen mehr oder weniger gelungenen Bildbruch –, da entdecken wir eine gelungene metaphorische Personifikation:

> Wenn der bayerische Löwe brüllt, verbreitet er nur noch Mundgeruch. (Helmut Kohl)

Formal ist der Satz ein Chiasmus. Zuweilen gelingt durch die Personifikationen so etwas wie Ironie, wenn auch in dick aufgetragenen Metaphern.

> Ideales Wetter, die Gipfel zu erstürmen, wenn auch das Vieh dort oben schon auf gepackten Koffern sitzt und mit dem Almabtrieb liebäugelt. (Elmar Gunsch)

Wir dürfen nicht vergessen, einen Politiker zu zitieren, der durch seine metaphorische Redeweise besonders hervortritt. Allerdings handelt es sich in den folgenden Sätzen weniger um Stilfiguren als um Vergleiche.

STILFIGUREN

Ich jongliere nicht mit Rentnern wie der Zauberkünstler Rastelli mit Bällen. (Norbert Blüm)

Die Sozialpolitik ist ein Porzellanladen, und wir brauchen keine weiteren Elefanten. (Norbert Blüm)

Und schließlich: Es lebe der politische Kalauer!

Bis die entsprechende Rechtsverordnung erlassen wird, wird noch so manche Einwegflasche Minister. (Hannegret Hönes, Bundestagsabgeordnete der Partei der Grünen)

Kein Land kann auf die Dauer mit dem Hinterteil regiert werden. (Jochen Vogel)

Das Ruhrgebiet läßt sich nicht mit dem Brennglas heizen. (Norbert Blüm)

Die Leistungssportler sollen mit kräftiger Schrift ins Buch der Geschichte Werke des Friedens schreiben. (Helmut Kohl)

Lösungen

Zur Übung auf Seite 229: Versuchen Sie, einige rhetorische Figuren zu finden und zu bezeichnen.

1 Noch nie war etwas so weiß wie dieser Schnee. Er war beinahe blau davon.
2 Blaugrün. So fürchterlich weiß. Die Sonne wagte kaum gelb zu sein vor
3 diesem Schnee. Kein Sonntagmorgen war jemals so sauber wie dieser. Nur
4 hinten stand ein dunkelblauer Wald. Aber der Schnee war neu und sauber
5 wie ein Tierauge. Kein Schnee war jemals so weiß wie dieser an diesem
6 Sonntagmorgen. Kein Sonntagmorgen war jemals so sauber. Die Welt, diese
7 schneeige Sonntagswelt, lachte.
8 Aber irgendwo gab es dann doch einen Fleck. Das war ein Mensch, der im
9 Schnee lag, verkrümmt, bäuchlings, uniformiert. Ein Bündel Lumpen. Ein
10 lumpiges Bündel von Häutchen und Knöchelchen und Leder und Stoff.
11 Schwarzrot überrieselt von angetrocknetem Blut. Sehr tote Haare,
12 perückenartig tot. Verkrümmt, den letzten Schrei in den Schnee geschrien,
13 gebellt oder gebetet vielleicht? Ein Soldat. Fleck in dem nie gesehenen
14 Schneeweiß der saubersten aller Sonntagmorgende. Stimmungsvolles
15 Kriegsgemälde, nuancenreich, verlockender Vorwurf für Aquarellfarben:
16 Blut und Schnee und Sonne. Kalter kalter Schnee mit warmem dampfendem
17 Blut drin. Und über allem die liebe Sonne. Unsere liebe Sonne ...

SÄTZE

Hat die Werbung von unseren Literaten gelernt? So scheint es. „Noch nie war etwas so weiß …" Erinnert uns diese Hyperbel nicht an Waschmittelreklame? „beinahe blau", „blaugrün" und „fürchterlich weiß" allerdings sind bildbrechende Erläuterungen zum Übertreibungstopos. In Zeile 2 ist die „Sonne" personifiziert, denn sie „wagte kaum gelb zu sein vor diesem Schnee". Zeile 3: „Kein Sonntagmorgen war jemals so sauber", gleichfalls ein Übertreibungstopos, wird in Zeile 6 anaphorisch verstärkend wiederholt, um Teil der personifizierten „Welt" (Zeile 6), der „schneeigen Sonntagswelt", die „lacht", zu werden. Nur der Bildbruch in den Zeilen 4/5 „sauber wie ein Tierauge" läßt uns an den positiven Hyperbeln zweifeln.

Schließlich wird das, was die Sonntagswelt stört, asyndetisch aufgezählt und veranschaulicht: „verkrümmt, bäuchlings, uniformiert" (Zeile 9). Das Asyndeton bestätigt und erhöht die Spannung. Mit einem Polysyndeton wird das Störende etwas genauer, verweilend betrachtet: „Häutchen und Knöchelchen und Leder und Stoff" (Zeile 10). „Tote Haare" ist ein personifiziertes Pars pro toto. Noch ist nichts beim eigentlichen Namen genannt. „gebellt oder gebetet" (Zeile 13) ist eine alliterierende Antithese, gefühlsgeladen durch den Inhalt des Gegensatzes. Die Katachrese, der Bildbruch, „stimmungsvolles Kriegsgemälde, nuancenreich, verlockender Vorwurf für Aquarellfarben" (Zeilen 14/15) steht in einem höhnischen Gegensatz zu den Farben des toten Soldaten und selbst zu „Blut und Schnee und Sonne", einem wiederum verweilenden Polysyndeton. Die Epanalepse „kalter kalter Schnee" (Zeile 16) verstärkt den Gegensatz zum „warmem dampfendem Blut". Unser Ausschnitt schließt mit einer Epipher (Zeile 17): die „liebe Sonne. Unsere liebe Sonne."

ZEICHENSETZUNG

Die Aufgabe der Satzzeichen

Wozu brauchen wir Satzzeichen? Sie haben zwei Hauptaufgaben:

1. Satzzeichen haben die Aufgabe, den Satz sinnvoll zu gliedern (grammatisches Prinzip);
2. Satzzeichen haben die Aufgabe, Sprechpausen anzudeuten (rhetorisches Prinzip).

Darüber hinaus ist zu berücksichtigen:

a) Satzzeichen können die Verständlichkeit eines Textes erhöhen.
b) Satzzeichen können die Lebendigkeit eines Textes steigern.
c) Satzzeichen können sinnverändernd wirken.

Um Ihnen die Aufnahme der Regeln und Beispiele zu erleichtern, wenden wir im Zusammenhang mit den Regelnummern ein Zeichensystem an, das es Ihnen sofort ermöglichen soll, zu erkennen, ob ein Satzzeichen steht oder nicht steht (die Regeln unterscheiden sich manchmal nur geringfügig). Dieses Zeichensystem besagt:

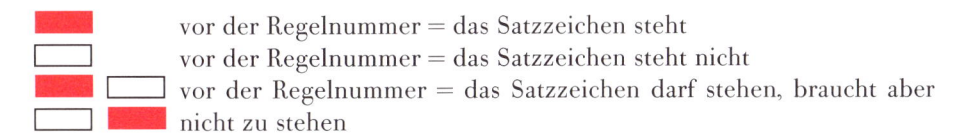

■ vor der Regelnummer = das Satzeichen steht
□ vor der Regelnummer = das Satzeichen steht nicht
■ □ vor der Regelnummer = das Satzeichen darf stehen, braucht aber
□ ■ nicht zu stehen

Manche Beispielsätze in diesem Zeichensetzungsteil sind etwas umständlich. Wenn Sie solche Sätze entdecken, spricht das für Ihr Stilgefühl. Wir mußten aber hier und da auch solche Sätze bilden (zum Beispiel Schachtelsätze), um bestimmte Satzzeichenfälle darstellen zu können.

SÄTZE

Diese Beispiele zeigen, daß gut gebaute Sätze die Zeichensetzung erleichtern, vor allem die Kommasetzung, schlecht gebaute Sätze sie jedoch erschweren. Aber es ist auch zu berücksichtigen: Wer im Berufsleben steht, zum Beispiel als Chefsekretärin, kann sich die zu schreibenden Sätze leider nicht immer aussuchen, sondern hat notgedrungen zu schreiben, was der Chef diktiert hat. Auch mit unübersichtlichen, komplizierten Sätzen muß man fertig werden. Wenn in solchen Sätzen die Kommasetzung nicht stimmt, werden sie für die Leser noch unangenehmer, als sie es ohnehin schon sind.

Punkt

1 Ein Punkt steht meistens nach Aussagesätzen, auch wenn es sich um Auslassungssätze handelt.

Die Frage ist beantwortet. – Frage beantwortet.

2 Kein Punkt steht nach Aussagesätzen, die als Zitat, eingeklammert oder zwischen Gedankenstrichen, in einen anderen Satz eingeschoben sind.

Aussagesatz in Anführungszeichen (Zitat)

Wir schrieben Ihnen „Die Frage ist beantwortet" und wollten damit diese Diskussion beenden.

Aussagesatz in Klammern

Ihre Antwort (das wurde sehr positiv aufgenommen) kam ohne Verzögerung.

Aussagesatz zwischen Gedankenstrichen

Der Bordcomputer – hier kam die 4. Generation zum Einsatz – gibt dem Fahrer wichtige Hinweise.

3 Kein Punkt steht nach Aussagesätzen, die als Überschrift oder Buchtitel gebraucht sind.

Das Verkehrschaos ist perfekt

ZEICHENSETZUNG

Waren die Meinungen über Maßnahmen der Verkehrsberuhigung anfangs geteilt, so steht die negative Beurteilung jetzt eindeutig im Vordergrund. Unter „Verkehrsberuhigung" hatten sich viele etwas anderes vorgestellt.

> *4   Ein Punkt steht nach abhängigen Aussage-, Ausrufe-, Aufforderungs- und Fragesätzen.*

Abhängiger Aussagesatz

Es ist bekannt, er hat kein Geld.

Abhängiger Ausrufesatz

Man hielt uns vor, wie schlecht wir eingekauft hätten.

Abhängiger Aufforderungssatz

Ich sagte ihnen, sie sollten auf keinen Fall zusagen.

Abhängiger Fragesatz

Unser Steuerberater fragt, wann er die Unterlagen bekommen könne.

(Abhängige Aussage-, Ausrufe-, Aufforderungs- und Fragesätze sind Gliedsätze [Nebensätze], auch wenn sie nicht mit einem typischen Einleitungswort [etwa „daß" oder „wann"] begonnen werden.)

> *5   Kein Punkt steht nach abhängigen Aussage-, Ausrufe-, Aufforderungs- und Fragesätzen, die als Zitat, eingeklammert oder zwischen Gedankenstrichen in einen anderen Satz eingeschoben sind.*

Abhängiger Aussagesatz in Anführungszeichen (Zitat)

Unser Vertreter schrieb mir „Es ist bekannt, er hat kein Geld" und fragt, wie er jetzt vorgehen solle.

Abhängiger Ausrufesatz in Klammern

Herr Odenthal (er hielt uns vor, wie schlecht wir eingekauft hätten) wollte keinem Kompromiß zustimmen.

SÄTZE

Abhängiger Aufforderungssatz zwischen Gedankenstrichen

Der Bauleiter – er rief, wir sollten warten – verhandelte mit dem Architekten.

Abhängiger Fragesatz in Klammern

Mein Rechtsanwalt (er hatte gefragt, wann der Termin sei) wollte geeignete Abwehrmaßnahmen ergreifen.

6 *Ein Punkt steht nach unbetonten Wunsch- und Aufforderungssätzen.*

Bitte schicken Sie mir das Gerät so schnell wie möglich.
Vergleichen Sie bitte die neue Fassung mit dem ursprünglichen Text.

7 *Kein Punkt steht nach unbetonten Wunsch- und Aufforderungssätzen, die als Zitat in einen anderen Satz eingeschoben sind.*

Ich hörte nur „Bitte informieren Sie mich rechtzeitig" und dann nichts mehr.

8 *Ein Punkt steht nach Abkürzungen, die gesprochen werden, als seien Sie nicht abgekürzt.*

z. B. (zum Beispiel)
d. h. (das heißt)
z. H. (zu Händen)

Einige Abkürzungen wie „i. A." und „i. V." werden sowohl „im Auftrag" und „in Verbindung" als auch „iA" und „iV" ausgesprochen.

9 *Kein Punkt steht nach Abkürzungen, die auch als Abkürzungen gesprochen werden.*

AG, GmbH, KG & Co („Co" wird allerdings oft auch noch mit Punkt geschrieben.)

10 *Kein Punkt steht nach Bezeichnungen chemischer Elemente und Verbindungen.*

Na (Natrium); Cl (Chlor); H_2O (Wasser); C (Kohlenstoff)

ZEICHENSETZUNG

11   Kein Punkt steht nach einigen Bezeichnungen für Währungseinheiten.

DM (Deutsche Mark); sfr (Schweizer Franken); hfl (Holländischer Gulden).

12   Kein Punkt steht nach technischen Kurzbezeichnungen.

m (Meter); g (Gramm); s (Sekunde); min (Minute).

13   Kein Punkt steht nach Himmelsrichtungsangaben.

NO, SW, SO, NW

14   Kein Punkt steht nach Herkunftsbezeichnungen für Kraftfahrzeuge.

KA (Karlsruhe); K (Köln); MA (Mannheim); GL (Bergisch Gladbach)

15   Kein Punkt steht nach Lautstärkebezeichnungen in Musikstücken.

f (forte); mf (mezzoforte); p (piano)

16   Ein Punkt steht zwischen Gliedern von Datumsangaben.

23.09.88; 02.06.1990

Hinter der Jahreszahl steht kein Punkt.

17   Ein Punkt steht nach römischen Zahlen, die Herrscher gleichen Namens unterscheiden.

Friedrich II., Karl V.

SÄTZE

18 *Ein Punkt steht hinter arabischen Ziffern, die Glieder einer Aufzählung kennzeichnen.*

1. Speicherschreibmaschinen
2. PCs
3. EDV-Anlagen

19 *Kein Punkt steht hinter der letzten Ziffer arabischer Gliederungszahlen, die ein Ordnungssystem bilden.*

1 Inhalt
1.1 Faktenangabe
1.2 Gedankenführung
1.3 Kodierung

2 Darstellung
2.1 Verständlichkeit
2.2 Normgerechtheit
2.3 Leseransprache

3 Aufwand

20 *Ein Punkt steht nach römischen Zahlen und Großbuchstaben, die der Gliederung dienen.*

I. Groß- und Kleinschreibung
A. Großschreibung
B. Kleinschreibung

21 *Kein Punkt steht nach Gliederungszahlen, die Absätze kennzeichnen und Abschnitte unterscheiden sollen. Der bei Aufzählungen sonst übliche Punkt wird durch einen Mittestrich ersetzt, ohne Leerschritt zur Ziffer.*

1– Wir konnten diesen Vorschlägen der Gegenseite nicht zustimmen …
2– Unsere eigenen Vorschläge werden wir in den nächsten Tagen ausarbeiten …
3– In der nächsten Verhandlungsrunde Anfang September werden wir sie vorlegen …

ZEICHENSETZUNG

> 22 *Kein Punkt steht nach gliedernden Kleinbuchstaben mit Klammer*

a) Rechtschreibung
b) Zeichensetzung
c) Grammatik
d) Stilistik

> 23 *Ein Punkt steht in Uhrzeitangaben zwischen der Stunden- und der Minuteneinheit.*

6.30 Uhr; 17.40 Uhr

> 24 *Kein Punkt steht an Zeilenenden in Tabellen.*

Tafel: vorhanden
Projektor: muß beschafft werden

> 25 *Kein Punkt steht am Ende der Zeilen einer Anschrift sowie einer Grußformel.*

ImK   Mit freundlichem Gruß
Wolfgang Manekeller
An der Wallburg 28

5060 Bergisch Gladbach 1   Wolfgang Manekeller

Ausrufezeichen

> 26 *Ein Ausrufezeichen steht nach betonten Wunsch- und Aufforderungssätzen sowie nach Ausrufesätzen.*

Bitte, beachten Sie diese Regeln!
Verlassen Sie sofort das Gelände!
Was für ein Sprung!

SÄTZE

> **27** *Kein Ausrufezeichen steht nach unbetonten Wunsch- und Aufforderungssätzen.*

Bitte geben Sie mir mal die Preisliste.
Vergleichen Sie bitte noch einmal die Abmessungen.

> **28** *Ein Ausrufezeichen steht nach bewegten Ausrufen, die nur aus einem Wort oder aus wenigen Wörtern bestehen.*

Hallo! – Du meine Güte! – Nein! Nein!
Oh! Pfui! Au!

Mehrere Ausrufewörter, die nicht betont voneinander getrennt werden, erhalten nur am Schluß des Gesamtausrufs ein Ausrufezeichen.

Ja, ja! – Aber, aber! – Na, na!

> **29** *Ein Ausrufezeichen steht nach Auslassungssätzen, die einen Gruß, einen Wunsch oder eine Bitte ausdrücken.*

Guten Abend! – Schönen Urlaub! – Entschuldigung! – Alles Gute! – Auf Wiederhören! – Hals und Beinbruch!

> **30** *Ein Ausrufezeichen steht nach Ausrufen und Aufforderungen, die als Überschriften oder Buchtitel verwendet sind.*

Aus der Traum!
Es lebe der Jazz!

> **31** *Ein Ausrufezeichen darf nach Anreden stehen.*

Sehr geehrte Frau Friedrichs!

Das Komma hat sich allerdings an dieser Stelle weitgehend durchgesetzt.

ZEICHENSETZUNG

Fragezeichen

32 *Ein Fragezeichen steht nach direkten Fragesätzen, auch wenn es sich um Auslassungssätze handelt.*

Haben Sie die Information erhalten? – Fertig?

33 *Ein Fragezeichen steht nach Aussagesätzen, auch Auslassungssätzen, die aber als Fragen gemeint sind.*

Die Information haben sie erhalten? – Alles geklappt?

34 *Kein Fragezeichen, sondern ein Punkt steht nach indirekten Fragesätzen.*

Unser Mandant fragt, wann der nächste Gerichtstermin sei.

35 *Kein Fragezeichen, sondern ein Ausrufezeichen steht nach Fragesätzen, die als Ausrufesätze gemeint sind.*

Warum haben wir bloß abgelehnt!

36 *Folgt auf einen Fragesatz eine Aufzählung, die zur Frage gehört, so wird das Fragezeichen dennoch ans Ende des Fragesatzes und nicht hinter die Aufzählung gesetzt.*

Wird der Wagen wunschgemäß mit der folgenden Ausstattung geliefert?
Katalysator
Allradantrieb
Viergangautomatik

SÄTZE

Komma

Aufzählung

37 *Ein Komma steht zwischen verbindungslos aneinandergefügten Wörtern und Wortgruppen einer Aufzählung.*

Wir haben erinnert, gemahnt, gerichtliche Schritte angekündigt.

38 *Kein Komma steht zwischen Gliedern einer Aufzählung, wenn sie durch „und" oder „oder" verbunden sind.*

Die Werbung war teuer, unsympathisch und wirkungslos.
Die Werbung war teuer und unsympathisch und wirkungslos.
Der Torwart muß lustlos, außer Form oder verletzt gewesen sein.
Der Torwart muß lustlos oder außer Form oder verletzt gewesen sein.

39 *Kein Komma steht, wenn das letzte Glied einer Aufzählung nur scheinbar Aufzählungsglied ist (formal), in Wirklichkeit aber mit dem folgenden Substantiv einen Gesamtbegriff bildet (inhaltlich).*

Wir erhielten einen schlecht formulierten, inhaltlich fehlerhaften, schwerverständlichen eingeschriebenen Brief.

Manchmal ergibt eine solche Formulierung mit und auch ohne Komma Sinn; der gemeinte Sinn entscheidet dann über die Kommasetzung.

Die höher eingestuften kaufmännischen Mitarbeiter sind davon nicht betroffen.

Dieser Satz bedeutet: Es gibt auch kaufmännische Mitarbeiter, die nicht höher eingestuft sind.

Die höher eingestuften, kaufmännischen Mitarbeiter sind davon nicht betroffen.

Dies bedeutet: Mitarbeiter, die nicht höher eingestuft sind, gehören nicht zu den kaufmännischen Mitarbeitern.

ZEICHENSETZUNG

Glieder einer Gesamtinformation

40 *Ein Komma steht zwischen mehreren Gliedern einer Wohnungsangabe.*

Der Schuldner hat damals in Hameln, Karlstraße 128, 3. Stock gewohnt.

41 *Ein Komma steht zwischen mehreren Gliedern einer Literaturangabe.*

Über Nitrobenzole unterrichtet das Buch ausführlich im speziellen Teil, Abschnitt III, Aromatische Verbindungen, Kapitel 3, Buchstabe b und mit Hinweisen auch noch an anderen Stellen.

42 *Kein Komma steht zwischen mehreren Gliedern einer Gesamtinformation, wenn die Glieder durch Präpositionen verbunden sind.*

Lassen Sie die Ware bitte am Dienstag um 17 Uhr bei der Firma Melin in der Friedrich-Ebert-Straße beim Pförtner abholen.

43 *Kein Komma steht in Gesetzeshinweisen zwischen den einzelnen Gliedern.*

Ich verweise auf § 274 Abs. 2 Nr. 1 der Zivilprozeßordnung.

44 *Kein Komma steht zwischen mehreren Vornamen sowie zwischen mehreren Titeln.*

Jens Wolfgang Werner Möhl wurde am 30. Mai 1966 geboren.
Prof. Dr. Dr. Hans Welter empfing die Besucher aus Japan.

45 *Kein Komma braucht hinter dem Namen zu stehen, wenn ihm ein Geburtsname folgt.*

Frau Dr. med. Heidi Gilde (,) geb. Blesius

SÄTZE

Anreihende Konjunktionen

46 *Ein Komma steht zwischen Wörtern und Wortgruppen, wenn sie durch anreihende Konjunktionen oder Adverbien verbunden sind, die etwas Gegensätzliches oder Abweichendes betonen.*

Einerseits werden alte Steuern abgebaut, andererseits neue eingeführt.
Einesteils waren wir froh, andernteils unangenehm berührt.
Halb waren die Mitglieder einverstanden, halb voller Bedenken.
Manchmal hatte er Heißhunger, manchmal überhaupt keinen Appetit.
Im ersten Fall hat er gleich entschieden, im zweiten Fall lange gezögert.
Einmal sollten wir verlangsamen, einmal beschleunigen.
Bald war er hoffnungsvoll, bald voller Zweifel.
Die Mannschaft war nicht nur spielerisch gut, sondern auch topfit.

47 *Kein Komma steht vor eng zusammengehörenden Satzteilen, die in der Art einer Aufzählung durch anreihende Konjunktionen verbunden sind.*

Die Lage war innen- und außenpolitisch schlecht.
Die Lage war innen- wie außenpolitisch schlecht.
Die Lage war sowohl innen- als auch außenpolitisch schlecht.
Die Lage war weder innen- noch außenpolitisch schlecht.

48 *Kein Komma steht vor einer Infinitivgruppe oder einem Gliedsatz, wenn Infinitivgruppe oder Gliedsatz Teil einer Aufzählung sind.*

Wir setzen individuelle Briefe ein, Textbausteinbriefe, programmierte Ganzbriefe und was es sonst noch an modernen Korrespondenzmitteln gibt.

49 *Ein Komma darf nach einer Infinitivgruppe oder einem Gliedsatz stehen, wenn im Fall der Regel 48 der übergeordnete Satz dahinter weitergeführt wird.*

Wir haben nur mit den fortschrittlichsten wissenschaftlichen Mitteln oder was wir so einschätzen(,) gearbeitet.

ZEICHENSETZUNG

> **50** Ein Komma steht vor entgegensetzenden Konjunktionen, wenn der Gegensatz im selben Satz dargestellt wird.

Der Einkauf war mühsam, aber lohnend.
Er ist nicht dumm, sondern nur faul.
Dieser Verstoß hat Folgen, jedoch nicht die üblichen.
Es ist spät, doch nicht zu spät.

Aber: „Er ist ein kluger Schüler. Er hat aber auch Schwächen." (Der Gegensatz zur zweiten Aussage steht nicht vor dem „aber", sondern schon im Satz vorher.)

> **51** Kein Komma steht vor ausschließenden Konjunktionen, wenn sie nur Satzteile verbinden.

Wir werden das Schiedsgericht anrufen oder kündigen.
Fritz und Franz erhalten zehn beziehungsweise zwanzig Mark Taschengeld.
Wir gehen entweder spazieren oder ins Kino.

Aber: „Entweder wir haben mit dieser außergewöhnlichen Werbung Erfolg, oder wir sind um eine Erfahrung reicher." (Hier sind nicht Satzteile, sondern Sätze verbunden. Daher Komma!)

> **52** Kein Komma steht vor vergleichenden Konjunktionen, wenn sie nur Satzteile verbinden.

Wir hatten mehr Erfolg als erwartet.
Sie ist größer als ihr Bruder.
Sie ist so groß wie ihr Bruder.
Wir vermuten das mehr denn je.

Aber: „Er ist größer, als sein Bruder in diesem Alter gewesen ist." (Die vergleichende Konjunktion „als" verbindet hier nicht Satzteile, sondern Sätze.)

SÄTZE

Hervorhebung

> **53** *Ein Komma steht zwischen einer Hervorhebung und den übrigen Satzteilen.*

Durch Hinweiswort erneut aufgenommene Satzteile

Der verregnete Sommer, der hat unserem Geschäft sehr geschadet.
Nach der Ernte, da wurde gefeiert.

Nachgestellte Erläuterungen und Erweiterungen

Die Autobahn von Bensberg in Richtung Köln ist zwischen 7 und 9 Uhr am stärksten befahren, besonders montags.
Diesen Einbruch konnte niemand voraussagen, wirklich niemand.
Frau Siebert, unsere Schreibdienstleiterin, hat vor kurzem von Steno- auf Phonodiktat umgestellt.
Die drei Dutzend Sommerschuhe, diese Strandsandalen, werden wir preisgünstig abgeben.
Den alten Mercedes habe ich schon mehrfach angeboten, und zwar viermal in zwei Wochen.
Sein Vortrag war deutlich, und nicht nur in Richtung Vorstand.
Die schwierigste Umstellung, nämlich die von Textautomaten auf PCs, haben wir reibungslos geschafft.
Nach Meinung der Regierung haben die Medien, das heißt Presse, Funk und Fernsehen, die Ökowelle stark unterstützt.

Ausrufe und ausrufeartige Einschübe

Hallo, sprechen Sie bitte etwas lauter.
Oh, damit haben wir nicht gerechnet.
In der Tat, das weiß ich nicht.
Ja doch, jetzt verstehe ich es.
Wir haben uns, zum Glück, schon im Sommer mit Heizöl eingedeckt.

Anreden

Herr Walther, kommen Sie dann bitte gleich zu mir.
Ich habe das doch schon mehrfach erwähnt, Frau Schulz.
Nichts, meine Damen und Herren, kann systematische Weiterbildung ersetzen.

ZEICHENSETZUNG

Steigerungen und Korrekturen

Wir haben einen guten, einen sehr guten Erfolg erzielt.

Namensergänzungen

Carl Duisburg, der große Industrieführer, machte Bayer zu einem führenden Chemieunternehmen.

54   *Kein Komma steht, wenn hinter der O-Interjektion (ohne „h") keine Pause beabsichtigt ist.*

O wie wunderbar ist diese Nachricht!

55   *Kein Komma steht bei nachgestellten Namensergänzungen, die mit dem Namen zu einem Begriff verschmolzen sind.*

Friedrich der Große führte die Kartoffel ein.

56   *Ein Komma steht – heute üblich – nach einer Anrede im Brief.*

Sehr geehrte Frau Wiedemann,

57   *Ein Komma darf vor und hinter Textstellen stehen, die als Zusatzbemerkungen aufgefaßt werden sollen.*

Ich habe mich, nach den Gepflogenheiten, zunächst zurückgehalten.
Die Journalisten warteten, zusammen mit den Fans, auf ihre Fußballidole.
Der Sechszylindermotor soll, noch in diesem Jahr, den Vierzylindermotor ablösen.
Ich sprach, im Vorraum, mit dem Arzt.

Die Kommas dürfen auch weggelassen werden; dann verlieren diese Satzteile ihren Zusatzcharakter. Statt der Kommas können auch Gedankenstriche oder Klammern stehen; die Gedankenstriche heben die Zusätze besonders hervor, die Klammern vermindern deren Betonung.

SÄTZE

Wochentag und Datum – Aufzählung oder nachgestellte nähere Bestimmung?

58 *Ein Komma steht zwischen einem Datum und Orts-, Wochentags- sowie Uhrzeitangaben.*

Hameln, 23.09.89
Bergisch Gladbach, im Dezember 1988
Freitag, 10. Juni 1988, 15 Uhr begann die Jubiläumsveranstaltung.

59 *Ein Komma steht vor und hinter einem Datum, wenn das Datum als nachgestellte nähere Bestimmung zum Wochentag gelten soll und der Satz hinter dem Datum weitergeführt wird.*

Er hatte am Donnerstag, dem 4. August, Geburtstag.

Hier stehen beide Angaben, Wochentags- und Datumsangabe, im Dativ („am", „dem"), weshalb die Datumsangabe als nachgestellte nähere Bestimmung gilt.

Er hatte Donnerstag, den 4. August, Geburtstag.

In diesem Beispiel stehen Wochentags- und Datumsangabe nicht im selben Fall, dennoch wird ein Komma gesetzt, weil die Datumsangabe eine nähere Bestimmung ist (siehe Regel 60).

60 *Kein Komma steht hinter einem Datum mit vorausgehender Wochentags- oder Ortsangabe, wenn das Datum als Glied einer Aufzählung gelten soll.*

Er hatte Donnerstag, den 4. August Geburtstag.
Er hatte am Donnerstag, den 4. August Geburtstag.

ZEICHENSETZUNG

Partizipialgruppe

61 Ein Komma steht zur Abtrennung einer Partizipialgruppe.

Das Telegramm in der Hand haltend, kam er lachend herein.
Das Telegramm in der Hand, kam er laut lachend herein.

Die beiden Beispielsätze zeigen:
1. Auch eine verkürzte Partizipialgruppe, wie im zweiten Satz, wird durch Komma abgetrennt.
2. Ein einzelnes Partizip – im ersten Satz „lachend" – wird nicht durch Komma abgetrennt.
3. Ein nur geringfügig erweitertes Partizip – wie im zweiten Satz „laut lachend" – wird ebenfalls nicht durch Komma abgetrennt.

Faustregel: Wenn ein Partizip durch mindestens zwei Wörter erweitert ist, steht ein Komma.

62 Kein Komma steht bei einer Partizipialgruppe, die mit „entsprechend" gebildet ist.

Grund: Das Partizip „entsprechend" hat den Charakter einer Präposition angenommen; es läßt sich durch Präpositionen ersetzen: „gemäß", „nach", „zufolge".

Seiner Weisung entsprechend haben wir gehandelt.

63 Ein Komma darf stehen bei einer Partizipialgruppe, die mit „betreffend" gebildet ist.

Grund: Das Partizip „betreffend" ist erst im Begriff, eine Präposition zu werden; es läßt sich durch Präpositionen wie „über" oder „wegen" ersetzen.

Ihren Antrag betreffend(,) ist noch keine Entscheidung gefallen.

64 Kein Komma steht, wenn eine am Satzanfang stehende Partizipialgruppe Subjekt des Satzes ist.

Gut in der Abwehr gestaffelt ist schon der halbe Erfolg.

SÄTZE

Infinitivgruppe

65 *Ein Komma steht meistens zur Abtrennung der Infinitivgruppe (des erweiterten Infinitivs mit „zu").*

Die nicht erweiterten Infinitive, mit denen die Gegenwart im Passiv (Beispiel: „beraten werden") und die Vergangenheit im Aktiv und Passiv (Beispiele: „beraten haben", „gelaufen sein"; „beraten worden sein") gebildet sind, werden wegen ihrer Mehrgliedrigkeit wie eine Infinitivgruppe behandelt.

Infinitivgruppe (erweiterter Infinitiv, Gegenwart, Aktiv)

Wir bieten Ihnen an, die Ware zum Ramschpreis zu übernehmen.
Die Ware zu diesem Preis zu übernehmen, bin ich nicht bereit.
Wir boten Ihnen an, die Frachtkosten zu übernehmen, und hielten dieses Angebot vierzehn Tage aufrecht.
Er hat eine Kur gemacht, um abzuspecken. (Hier ist das „zu" in die Mitte des zusammengesetzten Verbs „abspecken" gewandert.)
Sie vertrösteten uns, statt zu entscheiden.
Er stimmte zu, ohne nachzudenken.
Die Chance, sich zu verständigen, war gering.
Der Geschäftsführer beschloß, zu verkaufen und zu räumen.

Mehrgliedrige einfache Infinitive

Er hatte nicht daran geglaubt, versetzt zu werden.
Wir können uns nicht erinnern, zugestimmt zu haben.
Ich entsinne mich, weggegangen zu sein.

66 *Kein Komma steht bei der Infinitivgruppe (beim erweiterten Infinitiv mit „zu"), wenn Hauptsatz und Infinitivgruppe durch Veränderung der normalen Wortstellung ineinander verschränkt sind.*

Die Bestandteile der Infinitivgruppe sind *kursiv* gedruckt.

Diese Entscheidung wollen wir *zum Präzedenzfall zu machen* versuchen.

Normale Wortstellung, mit Komma: „Wir wollen versuchen, diese Entscheidung zum Präzedenzfall zu machen."

Wir haben *diese Entscheidung zum Präzendenzfall zu machen* versucht.

ZEICHENSETZUNG

Normale Wortstellung, mit Komma: „Wir haben versucht, diese Entscheidung zum Präzedenzfall zu machen."

Diese Entscheidung bitten wir *zum Präzedenzfall zu machen.*

Normale Wortstellung, mit Komma: „Wir bitten(,) diese Entscheidung zum Präzedenzfall zu machen". Das Komma könnte hier auch wegfallen, weil man „bitten" an dieser Stelle wie ein Hilfsverb einsetzen kann (siehe Regel 69).

67 Kein Komma steht bei der Infinitivgruppe (beim erweiterten Infinitiv mit „zu"), wenn die Infinitivgruppe am Satzanfang das Subjekt vertritt.

Löhne und Preise im Gleichgewicht zu halten ist nicht leicht.

Aber, mit Hinweiswort: „Löhne und Preise im Gleichgewicht zu halten, das ist nicht leicht."

68 Kein Komma steht bei der Infinitivgruppe (beim erweiterten Infinitiv mit „zu"), wenn der Infinitivgruppe ein ihr verbundenes Hilfsverb vorausgeht.

Wir haben Ihnen herzlich zu danken.
Die Gewebefehler sind deutlich zu erkennen.

69 Kein Komma steht bei der Infinitivgruppe (beim erweiterten Infinitiv mit „zu"), wenn der Infinitivgruppe ein hilfszeitwörtlich gebrauchtes und mit ihr verbundenes Verb vorausgeht, das nicht erweitert ist.

Ob ein Wort als Hilfsverb oder als Vollverb gewertet werden soll, entscheidet der Verfasser. Beim Diktieren läßt sich das dadurch signalisieren, daß man nach dem Wort eine Sprechpause macht.

Sie brauchen sich dessen nicht zu schämen.
Wir pflegen in solchen Fällen kulant zu sein.
Niemand vermag das mit Sicherheit zu sagen.
Die Zahnärzte scheinen von ihren Forderungen nicht abgehen zu wollen.
Trotz des lockeren Umgangstons wußte der Trainer immer den notwendigen Abstand zu wahren.
Er fürchtete zu spät zu kommen. („fürchtete" hilfszeitwörtlich gebraucht)
Er fürchtete, die Schwelle zur gerichtlichen Auseinandersetzung überschritten zu haben. („fürchtete" als vollwertiges Verb gebraucht)

SÄTZE

Achtung: Bei Fortführung des Hauptsatzes nach der Infinitivgruppe steht an ihrem Anfang und an ihrem Ende immer ein Komma. Beispiele:

Er fürchtete, zu spät zu kommen, und überlegte sich schon eine Ausrede.
Nach seinem Auftreten versprach er ein guter Verkäufer zu werden. („versprach" hilfszeitwörtlich gebraucht)
Er versprach, die Vornoten voll zu berücksichtigen. („versprach" als vollwertiges Verb gebraucht)
Das Stadtviertel drohte zu verelenden. („drohte" hilfszeitwörtlich gebraucht)
Er drohte, den Gerichtsvollzieher zu beauftragen. („drohte" als vollwertiges Verb gebraucht)

70 *Ein Komma steht, wenn Wörter wie „bitten", „fürchten", „glauben", „hoffen", „wagen", die auch hilfszeitwörtlich gebraucht werden können, ergänzt sind.*

Grund: Die Ergänzung ist ein Zeichen dafür, daß diese Wörter nicht hilfszeitwörtlich, sondern als vollwertige Verben eingesetzt sind.

Wir bitten Sie, dies zu beachten.
Aber: Wir bitten(,) dies zu beachten.

Wir hoffen sehr, Sie überzeugen zu können.
Aber: Wir hoffen(,) Sie zu überzeugen.

Wir fürchten wirklich, den Anschluß zu verpassen.
Aber: Wir fürchten(,) zu spät zu kommen.

71 *Kein Komma steht vor einer Infinitivgruppe, wenn sie durch „und" oder „oder" verbundenes Glied einer Aufzählung ist.*

Er leitete die Sitzung straff, diplomatisch und ohne sich provozieren zu lassen.

72 *Ein Komma darf nach einer Infinitivgruppe stehen, wenn sie letztes Glied einer Aufzählung ist und der Satz hinter ihr fortgeführt wird.*

Er leitete die Sitzung straff, diplomatisch und ohne sich provozieren zu lassen, vom Anfang bis zum Ende.

ZEICHENSETZUNG

73 *Kein Komma steht meistens beim nichterweiterten Infinitiv mit „zu".*

Zu wählen ist das Recht jedes Staatsbürgers.
Das Recht zu wählen hat jeder Staatsbürger.
Es ist das Recht eines jeden Staatsbürgers zu wählen.

74 *Ein Komma steht beim nichterweiterten Infinitiv mit „zu", wenn betont auf den vorangestellten Infinitiv hingewiesen wird.*

Zu wählen, das ist das Recht der Staatsbürger in der Demokratie.

75 *Kein Komma braucht zu stehen, wenn beim nichterweiterten Infinitiv mit „zu" betont auf den folgenden Infinitiv hingewiesen wird.*

Er dachte daran mitzumachen.

76 *Ein Komma steht beim nichterweiterten Infinitiv mit „zu", wenn „zu" im Sinne von „um zu" gebraucht ist.*

Sie ging voraus, nachzusehen.

77 *Ein Komma steht beim nichterweiterten Infinitiv mit „zu", wenn ohne Komma ein Mißverständnis entstehen könnte.*

Das Schiedsgericht empfahl(,) dem Partner(,) zu vertrauen.

78 *Ein Komma darf vor dem nichterweiterten Infinitiv mit „zu" stehen, wenn er durch einen folgenden Gliedsatz oder eine folgende Infinitivgruppe näher bestimmt wird.*

Es empfiehlt sich, dieses Komma zu setzen, weil es auf die Fortführung des Satzes schon vorbereitet.

Ich war im Begriff(,) zu fragen, ob er das ernst meine.

SÄTZE

Hauptsätze

> **79** Ein Komma steht zwischen Hauptsätzen, die durch einen Punkt oder ein Semikolon zu stark getrennt würden. Dies gilt auch, wenn die Hauptsätze durch Konjunktionen (Bindewörter) verbunden oder wenn sie ineinandergeschoben sind.

Wir erinnerten ihn an die Zahlung, wir forderten auf zu zahlen, wir drohten ihm mit dem Rechtsweg.
Der Wettbewerb wurde härter, der Spielraum bei den Preisen schmolz dahin.
Schnell war der Kredit erschöpft, schnell kamen die Probleme.
Auch die dritte Mahnung war erfolglos, und deshalb beantragte der Gläubiger den Erlaß eines Mahnbescheids.
Die Produktion mußte gesteigert werden, oder man wäre in einen Lieferengpaß geraten.
Unsere Mitarbeiter in der Verpackungsabteilung leisteten viele Überstunden, sonst hätten wir nicht pünktlich liefern können.
Unser Vorbehalt war notwendig, denn die Wohnung war noch vermietet.
Entweder erhalten unsere Korrespondenten eine Diktierschulung, oder unsere Schreibkräfte arbeiten höchst unrationell.
Der Vermieter hat weder die erforderlichen Reparaturen ausführen lassen, noch war er zu einem Gespräch darüber bereit.
Der angegriffene EDV-Chef, er war sehr überrascht, verteidigte sich nur unzureichend.
Er hat auf die Frage nicht geantwortet, das heißt, er ist einer Klärung ausgewichen, und das hat ihm allerhand Vorwürfe erspart.
Überprüfen Sie die Namensliste, und laden Sie alle geeigneten Leute ein!
Sind wir noch im Plus, oder schreiben wir schon rote Zahlen?

> **80** Kein Komma steht zwischen Hauptsätzen, die sehr kurz sind, eng zusammengehören und ein gleiches Subjekt (Satzgegenstand) haben.

Wir redeten und wir redeten.
Setz dich und beruhige dich!

> **81** Kein Komma steht bei Sätzen, die durch „und" oder „oder" verbunden sind, wenn sie einen Satzteil gemeinsam haben oder wenn sie, bei veränderter Wortstellung, einen Gliedsatz in Anfangsstellung gemeinsam haben.

Der Kassierer zählte nach und notierte die Ergebnisse. Als wir ankamen, begrüßte uns der Geschäftsführer und versorgte uns seine Sekretärin mit Kaffee.

ZEICHENSETZUNG

Gliedsätze (Nebensätze)

> **82** *Ein Komma steht zwischen Hauptsatz und Gliedsatz, auch bei verkürztem Haupt- oder Gliedsatz. Ist der Gliedsatz in den Hauptsatz eingebettet, wird er am Anfang und am Ende durch ein Komma abgetrennt.*

Relativsatz (Bezugswortsatz)

Die meisten Relativsätze werden durch die Relativpronomen „der", „die" oder „das" eingeleitet. Merkmal: Immer wenn „der", „die" oder „das" durch „welcher", „welche" oder „welches" ersetzbar ist, handelt es sich um einen Relativsatz.

> Unbeantwortet blieben alle Briefe, die nach dem 1. Januar eingegangen waren.
> Wir danken Ihnen für die Bücher, die Sie uns geschickt haben, und wünschen Ihnen mit diesen Neuerscheinungen guten Erfolg.

Relativpronomen sind auch „was" und „wer".

> Wer nicht kämpft, fliegt aus der Mannschaft. (Derjenige, der …)
> Alles, was wir gemacht haben, war vergeblich.

Relativsätze können ferner durch Relativpartikel wie „wie" oder „wo" eingeleitet werden.

> Die Art, wie Sie vorgehen, gefällt uns nicht. (Die Art, in der …)
> Der Platz, wo wir uns treffen, ist bekannt. (Der Platz, an dem …)

Konjunktionalsatz (Bindewortsatz)

Die Konjunktionalsätze werden durch Konjunktionen wie „daß" oder „wie" eingeleitet. Die Funktion der meisten dieser Konjunktionen, zum Beispiel „daß", besteht ausschließlich darin, Gliedsätze einzuleiten; sie sind also vorzügliche Signalwörter für die Kommasetzung. Einige, zum Beispiel „wie", können sowohl Satzteile als auch Gliedsätze anschließen. Damit sind auch sie Signalwörter, aber mit einer Einschränkung: Sie signalisieren nur, daß wir prüfen müssen, ob ein Satzteil oder ein Gliedsatz folgt.

> Schreiben Sie langsam, damit keine Fehler passieren. (Finalsatz, Absichtssatz)
> Manch einer setzt sich durch, indem er nachgibt. (Modalsatz, Gliedsatz der Art und Weise)
> Falls sich niemand meldet, gehört ein gefundener Gegenstand dem Finder. (Konditionalsatz, Bedingungssatz)

SÄTZE

Arbeitgeber und Arbeitnehmer dienen, obwohl sie oft gegeneinander kämpfen, der gleichen Ordnung. (Konzessivsatz, Einräumungssatz)
Der Redner sprach so schnell, daß der Stenograph nicht mitkam. (Konsekutivsatz, Folgesatz)
Viele Werbeaktionen sind erfolglos, weil die Texte nichts taugen. (Kausalsatz, Begründungssatz)
Die Probleme waren größer, als man vermutet hatte. – Der Verkauf entwickelte sich so, wie wir es vorausgesehen hatten. (Komparativsatz, Vergleichssatz)
Sobald ich zu Hause bin, rufe ich Sie an. (Temporalsatz, Zeitsatz)

Abhängiger Aussage-, Ausrufe- und Fragesatz

Die abhängigen Aussage- und Ausrufesätze werden entweder durch eine Konjunktion eingeleitet oder sind Auslassungssätze, in die sich aber eine Konjunktion (zum Beispiel: „daß") einfügen läßt. Die abhängigen Fragesätze werden durch ein w-Wort („wann", „wer" und so weiter) oder durch „ob" eingeleitet. Falls eines dieser Wörter im Satz erscheint und der Satz eine Frage enthält, am Ende aber kein Fragezeichen steht – und das machen wir nach Gefühl immer richtig –, handelt es sich um einen abhängigen Fragesatz, also einen Gliedsatz.

Die Verkaufsleitung teilte uns mit, daß Ihr Vorschlag angenommen sei.
Ich wünschte, wir hätten die anstrengende Saison endlich hinter uns.
Unsere Vertretung fragt, wann die neuen Preislisten herauskämen.

Auslassungssatz

Auslassungssätze werden in der Kommasetzung so behandelt, als wären sie vollständige Sätze.

Vielleicht, daß Sie mich vorher anrufen. (verkürzter Hauptsatz + Gliedsatz)
Er wußte nicht, wohin mit der Lieferung. (Hauptsatz + verkürzter Gliedsatz)
Kredit verloren, alles verloren. (verkürzter Hauptsatz + verkürzter Gliedsatz)

83 *Ein Komma steht vor einem Gliedsatz, wenn er durch „und" im Sinne von „und das" eingeleitet wird.*

Er machte mit, und obwohl es ihm unangenehm war.

ZEICHENSETZUNG

84 Ein Komma steht zwischen nebengeordneten Gliedsätzen, auch verkürzten Gliedsätzen, wenn sie nicht durch „und" oder „oder" verbunden sind.

Es war nicht falsch, daß die Bundesbank den Diskontsatz gesenkt hat, sondern daß sie ihn nicht früher wieder erhöht hat und daß sie ihn nicht stärker wieder erhöht hat.
Man hat eingesehen, daß auch in den Verkaufsabteilungen rationalisiert werden muß, daß die Korrespondenzgestaltung dabei eine wichtige Rolle spielt und daß deshalb ein Korrespondenztraining eingeführt werden muß.
Der Bankräuber wußte nicht, wohin mit dem Geld, wohin mit dem gestohlenen Wagen.
Der Bankräuber wußte nicht, wohin mit dem Geld und wohin mit dem gestohlenen Wagen.

85 Ein Komma steht zwischen einander untergeordneten Gliedsätzen, auch dann, wenn sie verkürzt sind.

Wir geben nur zögernd Kredite, weil wir keine Garantie dafür haben, daß die Schuldner ihren Zahlungsverpflichtungen in dieser schlechten Zeit auch nachkommen können.
Ob abgewickelt, wie es geplant war, wollte die Organisationsabteilung wissen.

86 Kein Komma steht vor einem Gliedsatz, der als Teil einer Aufzählung gebraucht und durch „und" oder „oder" eingeleitet ist.

Wer in der Nähe war, mußte das sehen: Herr Schulze, Frau Wiese und wer sonst noch gerade dort zu tun gehabt hat.

87 Ein Komma darf nach einem Gliedsatz stehen, der als Teil einer Aufzählung gebraucht ist, wenn der übergeordnete Satz hinter ihm fortgeführt wird.

Herr Schulze, Frau Wiese und wer sonst noch gerade dort zu tun gehabt hat(,) mußte das sehen.

SÄTZE

88   Kein Komma ist notwendig, wenn Auslassungsgliedsätze durch „wenn" oder „wie" eingeleitet sind, formelhaften Charakter haben und wie eine einfache Umstandsangabe wirken.

Wir gehen nach dem Training(,) wenn möglich(,) gleich nach Hause. (möglichst)
Wie vereinbart(,) schicken wir Ihnen ein Angebot. (vereinbarungsgemäß)
Sie hat mich(,) wie folgt(,) informiert. (folgendermaßen)

89   Kein Komma steht meistens bei „bitte", weil es überwiegend als unbetonte Höflichkeitsformel verwendet wird. Ein Komma steht allerdings bei betontem „bitte".

Im Diktat ist das betonte „bitte" durch eine kleine Sprechpause zu signalisieren (falls nicht ohnehin jedes Komma angesagt wird).

Bitte senden Sie uns die Unterlagen recht schnell.
Senden Sie uns bitte die Unterlagen recht schnell.

Bitte, befolgen Sie unbedingt diese Sicherheitsvorschriften!
Befolgen Sie, bitte, unbedingt diese Sicherheitsvorschriften!

Semikolon

90 Ein Semikolon steht zwischen Sätzen, wenn deren Zusammengehörigkeit betont werden soll und ein Punkt zu stark und ein Komma zu schwach trennt.

Sie erhalten die Unterlagen noch in dieser Woche; die letzten Formulierungsschwierigkeiten wurden gerade heute in einem Gespräch mit Ihrer hiesigen Vertretung überwunden.

91 Ein Semikolon eignet sich gut dazu, Gegensätze, die aufeinander bezogen sind, als zusammengehörend darzustellen.

Ich bin für die analytische Methode; andere Kollegen bevorzugen die synthetische Methode.

ZEICHENSETZUNG

92 *Ein Semikolon steht in Aufzählungen, wenn innerhalb der Aufzählung mehrere Gruppen unterschieden werden sollen.*

Zu prüfen sind: Auffassungsgabe, Gedächtnis, Kombinationsfähigkeit; Auftreten, Manieren, sprachliche Gewandtheit; Arbeitskraft, Vitalität.

Doppelpunkt

93 *Ein Doppelpunkt steht vor angekündigter wörtlicher Rede.*

Unser Lieferant schrieb uns: „Die Ware wird heute an Sie abgeschickt."

94 *Ein Doppelpunkt steht vor angekündigten vollständigen Sätzen.*

Der Hauptvorzug dieser Pressenbauart: Jede Beschädigung des Fundaments ist ausgeschlossen.

95 *Ein Doppelpunkt steht vor angekündigten Satzteilen.*

Wie ist zu übersetzen: nach einem neuen Walzverfahren?
Der Bündelvorgang besteht aus zwei einfachen Arbeitsgängen: dem Zusammenschieben der Stäbe und dem Verwinden des Bündeldrahtes.

96 *Ein Doppelpunkt steht nach Ankündigungswörtern in tabellenartigen Texten.*

Thema: Freizeit im Industriezeitalter
Inhaltsgliederung: …

Name: Karl Ott
Alter: 50

Französisch: sehr gut
Mathematik: befriedigend

SÄTZE

97 *Ein Doppelpunkt kann vor Zusammenfassungen stehen.*

Die Anrede des Briefes, die Einleitung, Behauptung, Beweisführung und Schluß: alles muß aus einem Guß sein.

98 *Ein Doppelpunkt kann vor angekündigten Aufzählungen stehen.*

Speicherschreibmaschinen, Textsysteme, PCs: uns steht alles zur Verfügung.

99 *Ein Doppelpunkt kann vor betonten Folgerungen stehen.*

Auf der Straße waren starke Bremsspuren zu sehen: er war zu schnell gefahren.

100 *Ein Doppelpunkt kann vor betonten Begründungen stehen.*

Das Treppensteigen bereitete ihr Schwierigkeiten: sie hatte ein schwaches Herz.

101 *Ein Doppelpunkt kann nach Haupt- und Gliedsätzen – anstelle eines Kommas – stehen, wenn die folgende Aussage stark betont werden soll.*

Entscheidend ist dabei: daß wir den richtigen Werkstoff wählen.
Wenn Sie noch Auskünfte brauchen: bitte rufen Sie uns an.

102 *Kein Doppelpunkt, sondern ein Komma soll vor Erläuterungen und Aufzählungen stehen, die durch „zum Beispiel", „das heißt", „das ist", „das sind", „und zwar" und ähnliche Ausdrücke eingeleitet werden.*

Zu bestimmten Zeiten setzen die Geschäfte die Preise herunter, zum Beispiel im Sommerschlußverkauf.

ZEICHENSETZUNG

Gedankenstrich

103   Ein Gedankenstrich steht bei der Wiedergabe von Dialogen zwischen wörtlichen Reden mit wechselndem Sprecher, wenn der Wechsel nicht sprachlich ausgedrückt wird (Herr Müller sagte: … Herr Walther erwiderte: …) und nicht durch Beginn einer neuen Zeile angedeutet wird.

„Haben Sie die Post schon durchgesehen?" – „Ja, aber der Brief vom Ministerium war nicht dabei." – Dann rufen sie bitte heute an." – „Sollten wir nicht vielleicht noch einen Tag warten?"

104   Ein Gedankenstrich steht, wenn ein neuer Gedanke oder ein neues Thema aufgegriffen werden soll, ein Absatz aber als zu starke Trennung erscheint.

Wir haben diese Entwicklung vorausgesehen; sie ist nur eine logische Folge der Ereignisse. – Um nicht untätig zu bleiben, hat unser Vorstand einen alten Plan wieder aufgegriffen.

105   Ein Gedankenstrich kann nach Sätzen stehen, wenn eine Besinnungspause angedeutet werden soll.

Haben wir nicht alle geahnt, daß es so kommen könnte? –

106   Ein Gedankenstrich kann innerhalb eines Satzes stehen, wenn die folgende Aussage mehr Gewicht bekommen soll.

Die Mannschaft erzwang durch ein Tor in der 89. Minute eine Verlängerung und – gewann.
Erst ein gewaltiger Krach, dann – Stille.
Mut entspricht nicht der Tollkühnheit, sondern – der Überwindung von Angst.

107   Ein Gedankenstrich kann stehen, wenn der Abbruch eines Gedankens gekennzeichnet und dem Leser die Ergänzung überlassen werden soll.

Wir werden in der nächsten Verhandlung einen Vergleichsvorschlag machen. Ob die Gegenseite darauf eingehen wird –

SÄTZE

108 *Ein Gedankenstrich kann zwischen Teilanweisungen stehen.*

Auf die Plätze – fertig – los!
Etwas mehr zurücksetzen – noch etwas – stopp!

109 *Ein Gedankenstrich kann zwischen Gliedern einer Aufzählung stehen.*

Die Themen: Neue Reaktivfarbstoffe – Entwicklung auf dem Kautschukgebiet – Die Gewinnung von Caprolactam – Moderne Fasern mit überdurchschnittlich hoher Dehnungselastizität.

110 *Ein Gedankenstrich steht oft zwischen gegensätzlichen Ausdrücken.*

geringe Beschleunigung ab 190 km/h – hohe Endgeschwindigkeit
leptosom – athletisch – pyknisch
Psychotherapie – Philosophische Praxis

111 *Gedankenstriche können eingeschobene Sätze und Satzglieder einrahmen, die stark betont oder als Zusatzhinweise gekennzeichnet werden sollen.*

Das neue Modell – ausgewogen in der Form, ohne überflüssige Verzierungen – wurde auf der Frankfurter Automobilmesse vorgestellt und begeisterte jeden auf Anhieb.
Nur ganz unaufdringlich, geradezu behutsam – er war ein hervorragender Pädagoge – brachte er uns seine Stilvorstellungen in der Form von Empfehlungen nahe.
Er rechnete und rechnete – noch lange nach Mitternacht – die Konstruktion wieder und wieder durch.

Achtung: Da die Gedankenstriche optisch auffällig sind, eigenen sie sich am besten für betonte Zusatzbemerkungen, während Klammern oder gar Kommas die Betonung zurücknehmen und den Einschub eher als nicht so wichtige Nebenbemerkung empfinden lassen.

Klammer

112   Runde Klammern umschließen eingeschobene Sätze oder Satzteile, wenn sie stärker von der Umgebung getrennt werden sollen, als es durch Kommas oder Gedankenstriche geschieht.

Dies gilt auch (siehe Seite 12) für die Allrad-Automatik-Version.
Der Teamchef kritisierte (er war schon immer recht forsch) die Zeitungs- und die Fernsehjournalisten.

113   Runde Klammern umschließen erklärende Ergänzungen.

Die Wortmischung (Kontamination) ist sehr verbreitet.
Carl Duisberg (1861 – 1935) entwarf den Plan zum Bau des Bayerwerkes Leverkusen.

114   Eckige Klammern umschließen erklärende Ergänzungen innerhalb runder Klammern.

Demokrit (griechischer Philosoph der Vorsokratik [griechisch: Demokritos] um 460 – 380 v. Chr. in Abdera) entwickelte eine in sich geschlossene Weltanschauung des Materialismus.

115   Eckige Klammern kennzeichnen innerhalb von Zitaten eigene Zusätze.

Er schrieb: „Die Sprache drückt unsere Gedanken aus [das ist nur ein Teil ihrer Leistung], und deshalb müssen wir sie pflegen."

116   Eine runde Klammer (kein Punkt!) steht nach gliedernden Kleinbuchstaben.

a) Partizipialgruppen
b) Infinitivgruppen
c) Gliedsätze

SÄTZE

Auslassungspunkte

117 Auslassungspunkte stehen, wenn der Abbruch eines Gedankens zum Zweck einer Korrektur gekennzeichnet werden soll.

Wir haben diese Krise ... diesen Zusammenbruch selbst verursacht.

118 Auslassungspunkte können stehen, wenn die Fortführung eines Gedankengangs dem Leser überlassen werden soll.

Wer anderen eine Grube gräbt ...
Zusätzliche Hinweise auf Zeitschriftenbeiträge, Bücher ... waren an dieser Stelle nicht möglich.

119 Auslassungspunkte können stehen, wenn eine einzufügende Variable angedeutet werden soll.

Sehr geehrter Herr ..., (Anrede in einem Texthandbuch; der Name wechselt)

120 Auslassungspunkte können nach einem abgebrochenen und vor dem an anderer Stelle wieder aufgenommenen Gedanken stehen.

Damals vor 40 Jahren ...
... war es nicht selbstverständlich, daß jeder, der arbeiten wollte, auch einen Arbeitsplatz fand.

Diese „Weiterführungspunkte" werden (nach DIN 5008, 12.18) auch in der Geschäftskorrespondenz benutzt: als Hinweis auf eine Folgeseite. Die Regel empfiehlt, sie dann mit mindestens einer Zeile Abstand von der letzten Textzeile der Vorderseite zu setzen, beginnend auf Grad 60 bei 10er-Schrift (Pica), auf Grad 72 bei 12er-Schrift (Elite). Da dies keine Vorschrift, sondern eine Empfehlung ist, darf man die drei Punkte auch beispielsweise links- oder rechtsbündig setzen, ohne damit gegen die „Regeln für Maschinenschreiben" zu verstoßen.

ZEICHENSETZUNG

Anführungszeichen

121 Anführungszeichen schließen wörtlich wiedergegebene Textstellen ein.

Der Trainer beschwor uns: „Ihr müßt die gegnerischen Stürmer früher angreifen!"

122 Satzteile, die wörtlich wiedergegebene Textstellen unterbrechen, werden nicht in die Anführungszeichen eingeschlossen.

„Ich kann nicht spielen", sagte er, „ich fühle mich einfach nicht fit."
„Geben Sie mir die Unterlagen!" rief er fordernd, „und Sie bekommen von mir eine klare Antwort."

123 Anführungszeichen umschließen angeführte Buchstaben, Silben, Wörter, Zahlen, Sinnsprüche und Titel.

Das „h" in „Oh" wird weggelassen, wenn zwischen Ausruf und folgender Aussage keine Pause entstehen soll.
Die Silbe „Un" in „Unkosten" ist überflüssig. Ich setze auf die „5" und die „22".
1899 ließ der junge Karl Kraus die erste Ausgabe seiner Zeitschrift „Die Fackel" erscheinen.

124 Der einleitende Artikel eines Titels wird nicht in die Anführungszeichen eingeschlossen, wenn er sich durch die Beugung vom Nominativ unterscheidet; er kann ein- oder ausgeschlossen werden, wenn er im Akkusativ steht und der Akkusativ wie der Nominativ lautet; er soll eingeschlossen werden, wenn er im Nominativ steht.

Man diskutierte über den „Steppenwolf" von Hesse.
Die Darstellungsweise Oskar Panizzas in „Das Liebeskonzil" ist genial.
Ich habe mir das „Erfüllte Leben" angesehen.
Ich habe mir „Das erfüllte Leben" angesehen.

125 Keine Anführungszeichen brauchen bei Anführung sehr bekannter Titel zu stehen.

Sie spielte Beethovens Mondscheinsonate.
Schillers Räuber sind nach wie vor aktuell.

SÄTZE

126 Anführungszeichen können Textstellen umschließen, die ironisch gemeint sind oder etwas anderes bedeuten sollen, als der übliche Sinn ihrer Wörter meint.

Wer anstelle von qualifizierten Mitarbeitern „dynamische Persönlichkeiten" engagiert, braucht sich nicht zu wundern, daß viel Wirbel um nichts gemacht wird.

127 Halbe Anführungszeichen schließen Anführungen innerhalb von Anführungen ein.

Er fragte: „Kennen Sie ‚Einbahnstraße' von Walter Benjamin?"

128 Notwendige Anführungszeichen dürfen weggelassen werden, wenn die anzuführende Textstelle durch ein anderes Mittel, wie Sperrung, Fettschrift, Kursivschrift, kenntlich gemacht wird.

Es ärgert mich nicht, daß Sie mir das Prädikat p e d a n t i s c h verleihen.
Finden Sie den neuen Sportredakteur wirklich **süß**?
Sie ist so groß, wie ich ist ein Beispiel für falsche Kommasetzung; nach „wie" folgt kein Gliedsatz, sondern nur ein Satzteil.

Pausenzeichen

129 Ein Komma darf stehen an Stellen, die dem Satzbau nach kein Komma verlangen, wenn dort eine Pause angedeutet werden soll.

Ich habe gleich protestiert. Aber, niemand hörte auf mich.

Das Komma nach „Aber" ist nicht nötig. Steht es aber, so fordert es ein Innehalten. Wollte man die Pause noch stärker betonen, könnte anstelle des Kommas auch ein Gedankenstrich stehen.

130 Ein Punkt darf an Stellen stehen, die dem Satzbau nach keinen Punkt verlangen, wenn dort ein deutliches Innehalten beabsichtigt ist.

Ein neues Grippemittel. Nicht irgendeins. Wirklich neu. In seiner Wirkung. In seiner Verträglichkeit. Sicherer Erfolg. Ohne ungünstige Nebenwirkungen.

ZEICHENSETZUNG

Man kann solche Wendungen als Sprachschludrigkeiten abtun. Daß sie dennoch häufig geschrieben werden, zumal von versierten Textern, stimmt nachdenklich. Diese stakkatohafte Aneinanderreihung von unvollständigen Sätzen ist der gesprochenen Sprache entlehnt und soll Authentizität vermitteln. Wir können es also in geschriebenen Texten mit zwei verschiedenen Arten von Satzzeichen zu tun haben: mit Zeichen der Schriftsprache und mit Zeichen der Redesprache.

Mehrere Satzzeichen hintereinander

131 Wenn mehrere Satzzeichen zusammentreffen, werden sie in den meisten Fällen auch gesetzt.

Rufen Sie sofort alle Vorarbeiter zusammen: Müller, Franzen, Wenninger usw.! Sie wissen doch, daß es klappt (oder haben Sie immer noch Bedenken?), und ob wir nun noch drei Wochen warten müssen oder nicht – was sind schon drei Wochen! –, das soll uns nicht nervös machen.

132 Wenn ein Abkürzungspunkt mit einem Satzpunkt zusammentrifft, steht statt der eigentlich notwendigen zwei Punkte nur ein Punkt.

Wir erwarten von Ihnen eine Konzeption, Skizzen, Textentwürfe usw.

133 Wenn ein Satz, der einen Punkt verlangt, zwischen eingeschobenen Klammern oder Gedankenstrichen steht, fällt der Punkt weg.

Sie wissen doch, daß es klappt (Herr Weber ist auch dieser Ansicht), und ob wir nun noch drei Wochen warten oder nicht – drei Wochen sind keine lange Zeit –, das soll uns nicht nervös machen.

134 Ein Punkt hinter einem eingeklammerten Satz wird gesetzt, wenn der eingeklammerte Satz nicht in einen übergeordneten Satz eingebettet ist, sondern für sich allein steht.

Sie dürfen sicher sein, daß es klappt. (Herr Weber ist auch dieser Ansicht.) Warten macht uns nichts aus.

SÄTZE

135 Kein Komma steht nach einem Satz, der ein Komma verlangt, wenn dieser Satz zwischen Gedankenstrichen oder Klammern in einen anderen Satz eingeschlossen ist.

Ich habe mich gefragt – weil ich neugierig bin – und immer wieder gefragt, warum Sie das Geschäft aufgegeben haben.
Ich habe mich gefragt (weil ich neugierig bin) und immer wieder gefragt, warum Sie das Geschäft aufgegeben haben.

Ich habe mir – genau wie Sie, der Sie ja auch nie zufrieden sind – diese Frage immer wieder gestellt.
Ich habe mir (genau wie Sie, der Sie ja auch nie zufrieden sind) diese Frage immer wieder gestellt.

136 Anführungszeichen stehen vor einem Satzschlußzeichen, wenn nicht der ganze Satz, sondern nur der letzte Teil eines Satzes angeführt ist. (Wenn der ganze Satz angeführt ist, stehen die Anführungszeichen hinter dem Satzschlußzeichen.)

Ich empfahl ihm Adolf Webers „Kurzgefaßte Volkswirtschaftslehre". (Aber: Ich empfahl ihm: „Lesen Sie Adolf Webers ‚Kurzgefaßte Volkswirtschaftslehre' aufmerksam durch!")
Die Frage nach den Möglichkeiten, den Export zu verstärken, beantwortete der Verkaufsleiter mit einem zögernden „Ja, da sind noch Chancen".
Das Aktionsprogramm enthält eine Fülle von Forderungen, die zugleich dem Ziel dienen sollen, die Arbeitnehmer „als gleichberechtigte Partner in die Verantwortung zu führen".

Der Schreiber des letzten Satzes hat zunächst etwas mit eigenen Worten geschildert, dann aber den Satz mit den Worten eines anderen fortgeführt.

TEXTE

SCHRIFTLICHE TEXTE

Beispiele, Empfehlungen, Anlässe

Vom Geschäftsbrief bis zum Aphorismus

Zunächst haben wir uns in diesem Buch mit den Wörtern, dann mit den Sätzen beschäftigt. Nun wollen wir uns den übergeordneten Einheiten, den Texten, widmen. Und unter den Texten sollen uns hier vor allem, wenn auch nicht ausschließlich, „Gebrauchstexte" interessieren. Unser begrenzter Buchraum erlaubt es uns nicht, Ihnen Erzählungen oder gar einen Roman oder ein Drehbuch vorzustellen und zu kommentieren. Aber die kleineren literarischen Formen wie „Aphorismus" und „Gedicht" sollen durchaus vertreten sein, zumal sie sich, in bestimmten Ablegerformen, auch im Bereich „Gebrauchssprache" verwenden lassen, etwa in Reden, bei festlichen Anlässen oder in der Werbung. Im übrigen sind wir nicht an literarisch anspruchsvollen, stilistisch ausgefeilten Kunstwerken interessiert, sondern an Geschäftsbriefen, Glückwunsch- und Beileidsbriefen, Protokollen ... Das gleiche gilt für Reden: Nicht Bundestagsreden, Reden zur Verleihung von Kulturpreisen oder Gespräche bei „Gipfeltreffen" bereiten uns Kopfzerbrechen, sondern vielmehr Reden bei feierlichen Familienanlässen, kleine Reden im Betrieb und so weiter.

Exemplarisches Lernen

Muster für Briefe und Reden sind beispielsweise in einigen guten Loseblattwerken zu Hunderten und Tausenden dargestellt; die Fülle der Möglichkeiten ist nahezu unbegrenzt. Wir beschränken uns hier auf einige typische Anlässe. Dabei gehen wir von folgendem aus: Wer gelernt hat, eine wirkungsvolle Mahnung zu schreiben, wird auch fähig sein, ein kaufmännisches Bestätigungsschreiben zu formulieren; wer gelernt hat, eine kleine Hochzeitsrede zu halten, wird auch sinnvolle Worte für eine Tauffeierlichkeit finden.

SCHRIFTLICHE TEXTE

Bei den schriftlichen Texten haben wir die Beispiele mit Hilfe eines jeweiligen Hauptstichwortes alphabetisch angeordnet, damit Sie schnell diejenigen Texte finden, die Ihrer aktuellen Schreibaufgabe entsprechen oder ihr zumindest nahekommen. Als Ergänzung dazu finden Sie knappe Erläuterungen, Hinweise, Tips, die Ihnen die Lösung der eigenen „Textaufgabe" zusätzlich erleichtern sollen. Im Anhang dieses „Texte"-Teils sind die wichtigsten Regeln für die äußere Gestaltung zusammengefaßt. Grundlage hierfür sind die Regeln, Alternativregeln, Empfehlungen und Muster, wie sie in den „Regeln für Maschinenschreiben" (DIN 5008) dargestellt sind. Gewiß, in einem Privatbrief zum Geburtstag eines nahen Verwandten oder guten Bekannten brauchen Sie derlei Vorschriften kaum zu beachten; in einem Bewerbungsbrief beispielsweise ist es dafür um so wichtiger.

Abfindung

Mit dem Begriff „Abfindung" greifen wir eine Textsorte auf, die eigentlich selten ist. Warum? Das Bild hat sich gewandelt: Abfindungen sind vor allem im Arbeitsleben eine alltägliche Angelegenheit geworden. Deshalb ein Beispiel:

Abfindungserklärung

Die Firma Lichtbau GmbH, 5060 Bergisch Gladbach, im folgenden Firma genannt, und

der kaufmännische Angestellte Giselbert van Aaken, im folgenden Arbeitnehmer genannt, schließen den nachstehenden

ABFINDUNGSVERTRAG

Der Arbeitnehmer – laut Anstellungsvertrag vom 01.07.1980 als kaufmännischer Angestellter im Verkauf beschäftigt – hat von der Firma eine fristgerechte Kündigung zum 30.06.89 erhalten, wird aber ab sofort von seinem Dienst beurlaubt.

Der Arbeitnehmer ist mit dieser Kündigung nicht einverstanden und hält die Begründung für unzutreffend.

Ein Mitarbeiter scheidet vorzeitig aus

TEXTE

> Um Auseinandersetzungen zu vermeiden, vereinbaren die beiden Parteien folgende Regelung:
>
> 1. Der Arbeitnehmer bekommt, der fristgerechten Kündigung entsprechend, bis zum 30.06.89 seine vertraglich festgesetzten Bezüge.
>
> 2. Sein anteiliger Jahresurlaub wird in Geld umgerechnet und mit dem letzten Gehalt überwiesen.
>
> 3. Der Arbeitnehmer erhält eine Abfindung in Höhe eines aufgerundeten Halbjahresgehalt = 21 000 DM (in Worten: einundzwanzigtausend Deutsche Mark), die am 30.06.89, dem Datum der Vertragsbeendigung, fällig wird.
>
> 4. Die Vertragspartner erklären, daß damit alle Ansprüche aus dem Arbeitsverhältnis abgegolten sind.
>
> Bergisch Gladbach, 20.03.89
>
> Giselbert van Aaken   Franz Abendroth
>   Geschäftsführer
>   der Lichtbau GmbH

Ablehnung

Ablehnen, ohne zu verärgern

Ablehnen kann man vieles: eine Einladung zum Mittagessen, einen geschäftlichen Vorschlag, sogar einen Orden. Wie man zum Beispiel bei Einladungen höflich „nein" sagen kann, finden Sie unter „Einladungen – Antworten". Hier einmal eine ganz andere, aber häufig notwendige Ablehnung: die einer Reklamation (Mängelrüge). Natürlich haben viele Kunden vieles zu bemängeln. Aber es gibt, wie wir alle wissen, auch Kunden, die es mit ihrem Beschwerderecht übertreiben. Außerdem gibt's Irrtümer: Man meint, etwas stimme nicht, aber ... Der Geschäftsmann, der eine Kundenbeschwerde zurückweisen muß, ist immer in einer ungünstigen Situation. Sein Nein will er unmißverständlich begründet anbringen, doch den Kunden verlieren, das möchte er nicht. Wie findet man also die richtige Balance? Worum es in dem folgenden Beispiel genau geht (sprachliche Verwechslung), sagt Ihnen der Ablehnungsbrief selbst:

SCHRIFTLICHE TEXTE

Reklamation einer Lieferung

Absender

Anschrift

Unsere Schankbiersendung für Ihr Herbstfest
Rechnung Nr. 8813/h vom 07.09.1989

Sehr geehrter Herr Kämmerer,

vielen Dank für Ihren Brief.

Wir haben unsere Unterlagen nochmals geprüft und festgestellt, daß uns kein Verschulden trifft, wenn bei Ihnen kein <u>bayerisches</u> Bier angeliefert wurde.

Bei der telefonischen Bestellung am 07.09.89 hat Herr Stürzenbach im Gespräch mit unserem Herrn Lausch „Wiesenbier" bestellt, das, wie Sie nun inzwischen erfahren haben, in Lüdenscheid hergestellt wird. Jetzt wissen wir, daß er ein bayerisches „Wies'nbier" gemeint hat; dies wurde aber in dem Telefonat nicht besonders betont.

Sicher stimmen Sie mit mir darin überein, daß hier kein Gattungsmangel, den wir zu verantworten hatten, vorliegt.

Im übrigen werden Sie selbst festgestellt haben, daß auch das Lüdenscheider „Wiesenbier" ausgesprochen schmackhaft und von hochwertiger Qualität ist und Ihren Festgästen bestimmt zugesagt hat.

Wir bitten Sie also, unsere Rechnung vereinbarungsgemäß zu begleichen.

Um die Sache für Sie und die Veranstalter zu einem positiven Abschluß zu bringen, laden wir den Festausschuß und den Magistrat der Stadt zu einer Brauereibesichtigung ein.

Bitte schreiben Sie uns, wann wir Sie bei uns begrüßen können.

Mit freundlichen Grüßen

Brauerei Moosbach

TEXTE

Abmahnung

Wirtschaftliches Konkurrenzdenken begünstigt Regelverstöße im Wettbewerbsverhalten. Deshalb ist die „Abmahnung" ein recht häufig verwendeter Gebrauchstext. Abmahnungen betreffen Großunternehmen ebenso wie kleine Unternehmen, Einzelhändler und Freiberufler. Aus diesem Grunde hier ein Beispiel aus dem Einzelhandel:

Abmahnung wegen falscher Werbeaussagen

Absender   Datum

Anschrift

Abmahnung

Sehr geehrter Herr …,

in der heutigen Ausgabe der … Nachrichten werben Sie mit Ihrer Anzeigenbeilage auf der ersten Seite für eine 6teilige Polstergarnitur „Imperial" zu einem „Sonderpreis" von … DM. Außerdem schreiben Sie im werbenden Text, daß Sie durch Großeinkauf besonders günstig einkaufen und daß Sie diese Preisvorteile an die Kunden weitergeben. Schließlich behaupten Sie auf Seite 4, am Schluß Ihrer Beilage, Sie seien „das größte Einrichtungshaus am Platze".

Ihre Aussagen sind falsch und bedeuten unlauteren Wettbewerb:
1. Auch wir führen die Polstergarnitur „Imperial" zum gleichen – übrigens vom Hersteller … unverbindlich empfohlenen – Preis von … DM.

2. Ihre Preise liegen durchaus im branchenüblichen Rahmen, keinesfalls aber bei vergleichbaren Artikeln an der Untergrenze, wie Sie durch Ihre Werbeaussagen den Kunden suggerieren wollen.

3. Sowohl von der Verkaufsfläche und der Zahl Ihrer Mitarbeiter als auch von den geschätzten Umsätzen her sind Sie das drittgrößte Einrichtungshaus in …

SCHRIFTLICHE TEXTE

Wir fordern Sie deshalb auf, in Zukunft solche falschen und die Kunden irreführenden Aussagen in allen Werbemitteln und auch in Ihrer Schaufensterwerbung zu unterlassen. Anderenfalls werden wir gerichtliche Schritte gegen Sie unternehmen.

Eine Kopie dieses Schreibens schicken wir an den hiesigen Einzelhandelsverband mit der Bitte, ebenfalls auf Sie einzuwirken, ab sofort unlautere Werbung zu unterlassen.

Wir hoffen, daß Sie sich künftig an die handels- und branchenüblichen Spielregeln halten werden.

Mit kollegialen Grüßen

Anfrage

Wer erfahren möchte, ob der Anbieter einer Ware oder Leistung wunschgemäß liefern kann, mag telefonisch anfragen oder den Anbieter zu einem persönlichen Informationsgespräch bitten. Oft ist jedoch die schriftliche Anfrage mit der Bitte um ein schriftliches Angebot der bessere Weg. Die Schriftform hilft, Mißverständnisse und späteren Ärger zu ersparen.

Schriftform bietet mehr Sicherheit

Damit das gelingt, muß die schriftliche Anfrage aussagefähig sein. Wir müssen dem Anbieter genaue Angaben machen, damit er ein exaktes Angebot abgeben kann. Am besten, man entwickelt vor der Anfrage eine Checkliste. So hat man am ehesten die Gewähr, nichts Wesentliches zu vergessen.

In vielen Fällen ist eine aussagefähige Anfrage allerdings nur dann möglich, wenn man ausreichende Sachkenntnis besitzt. Grundsatz: Je größer, wichtiger, teurer ein Kaufobjekt ist oder je länger man mit dem Gekauften „leben" muß (Auto, Eigentumswohnungen, Dachausbau im Eigenheim, Personal Computer), um so sorgfältigere Vorarbeit ist zu leisten.

Nun ist es uns unmöglich, auf allen Gebieten fachkundig zu sein, und in vielen Fällen können wir uns die erforderlichen Fachkenntnisse auch nicht schnell aneignen. Da hilft dann nur, andere um Unterstützung zu bitten – ob sie das nun als Freundschaftsdienst tun oder ob man sie dafür bezahlt. Kleine Kosten ersparen große Kosten!

TEXTE

Anfrage an eine Versicherung wegen Kfz-Haftpflicht- und -Kaskoversicherung

Absender   Datum

Anschrift

Haftpflicht- und Kaskoversicherung

Sehr geehrte Damen und Herren,

Ende des Jahres werde ich einen neuen Wagen kaufen; bei der Gelegenheit möchte ich die Versicherung wechseln. Ein Bekannter hat mir Ihr Unternehmen als leistungsfähig und preisgünstig empfohlen. Deshalb bitte ich Sie, mir ein Angebot zu machen, das auf folgenden Voraussetzungen basiert:

BMW 325i Allrad Automatik
170 PS (125 kW), 2 476 ccm Hubraum
Anzahl der Plätze: 5

Neuwert des Fahrzeugs: 65 000 DM. Gesamtwert zuschlagpflichtiger Teile (Lederpolster, Cassettenradio, Bordcomputer): 6 300 DM

Nachlaß Haftpflichtversicherung: 40 %
Nachlaß Kaskoversicherung: 55 %

Bitte nennen Sie mir die Jahresprämien bei:

– Haftpflichtversicherung mit 2 Mill. DM Deckungssumme,
– Vollkaskoversicherung mit 300 DM und 650 DM Selbstbeteiligung.

Da ich in den nächsten Wochen und Monaten meistens auf Geschäftsreisen bin, erbitte ich Ihr Angebot in schriftlicher Form.
Für baldige Bearbeitung im voraus vielen Dank.

Mit freundlichen Grüßen

SCHRIFTLICHE TEXTE

Angebot

Wer etwas verkaufen will, muß es anbieten. Während ein unverlangtes Angebot auch als Werbebrief angesehen werden kann, ist ein verlangtes Angebot eher ein Informationsbrief. Die Einschränkungen in den Formulierungen deuten an, daß natürlich auch ein Werbebrief-Angebot gut über die inhaltliche Seite informieren und ein verlangtes Angebot durchaus werbende Elemente enthalten sollte.
Beim Aufbau eines verlangten Angebots (Werbebrief-Angebote: siehe unter „Werbebrief") sind vor allem folgende Punkte zu berücksichtigen:

Kleine Checkliste

- Für die Anfrage danken!
- Die Angebotsteile genau angeben!
- Besonderheiten erwähnen!
- Die Angebotsart nennen (freibleibend, Festpreis usw.)!
- Die Ausführungs- bzw. Lieferbedingungen und Zahlungskonditionen aufführen!
- Einen ansprechenden und vertragsfördernden Schluß formulieren!

Angebote können eine umfangreiche und komplizierte Sache sein. Wer ein komplettes Walzwerk anbietet, braucht dafür an die hundert Seiten. Jede technische, kaufmännische und organisatorische Einzelheit muß festgelegt werden. Natürlich würde ein solches Angebot den Rahmen des vorliegenden Buches sprengen. Deshalb beschränken wir uns auf ein paar Angebotstexte, wie sie der Privatmensch oft anfordert und der Kleinunternehmer häufig zu schreiben hat.
Dazu noch ein Tip: Manchmal schwankt man, ob man etwas Bestimmtes haben beziehungsweise machen lassen will. Wer gedanklich „auf der Kippe" steht, unschlüssig ist und sich nicht entscheiden kann, legt die Angebote, die er bekommt, gern zur Seite. Für solche Fälle ist es günstig, wenn der Anbietende in seinem Brief eine erneute Gesprächsaufnahme schon vorbereitet hat. Geeignet sind dazu alle Informationen, die den Angebotsempfänger einen Anruf des Anbieters erwarten lassen oder die ihn bewegen können, den Anbieter selbst anzurufen. Wer im Gespräch bleibt, hat die besten Chancen.

Gesprächsfortsetzung vorbereiten

TEXTE

Angebot für Gartenarbeiten auf einem Privatgrundstück

Absender   Datum

Anschrift

Angebot: Landschaftsgärtnerische Arbeiten, Karlstraße 128, Hameln

Sehr geehrter Herr Wilden,

aufgrund unseres gestrigen Gesprächs – vielen Dank dafür! – und der gleichzeitigen Besichtigung bieten wir Ihnen an:

Taxus schneiden.
Weigelie entfernen.
5 m Kantensteine entfernen.
4 m Plattenweg aus 40/60er Gehwegplatten legen.
Rasen abschälen, Beet anlegen und bepflanzen.
Forsythie ausschneiden.

Geschätzter Aufwand: 10 Gärtnerstunden je 40 DM	400,00 DM
9 Gehwegplatten 40/60, je Stück 5,50 DM	49,50 DM
1 Rhododendron lila 40/50	40,30 DM
2 Azalea 30/40, je Stück 33,60 DM	67,20 DM
1 Sack Torfmull	11,00 DM
	568,00 DM
14 % MWSt.	79,52 DM
	647,52 DM

Als Termin ist die 22. Woche vorgesehen, wenn Sie den Auftrag bis zum 10. Mai erteilen. Zahlungsweise: innerhalb von 10 Tagen nach Auftragsausführung, ohne Abzug.

Sie dürfen sicher sein, daß wir diese Arbeiten fachkundig, sauber und pünktlich ausführen werden. Für Ihren Auftrag im voraus vielen Dank.

Freundliche Grüße

SCHRIFTLICHE TEXTE

Angebot einer Dachdeckerei für eine Dachsanierung

Absender   Datum

Anschrift

Dachsanierung Ihres Hauses „Wallberg 28", Bensberg

Sehr geehrte Frau Wolter,
sehr geehrter Herr Wolter,

nochmals vielen Dank für Ihre Anfrage und das ausführliche Gespräch. Ihren Wünschen und den Erfordernissen entsprechend bieten wir Ihnen an:

– Austausch von rund 60 Frankfurter Pfannen
– Imprägnierung der gesamten Ziegelfläche mit Siliconharz, satt deckend aufgetragen

Unser verbindlicher Festpreis für diese Arbeiten, einschließlich Lohn-, Material- und Nebenkosten:

Netto	1 200,00 DM
14 % MWSt.	168,00 DM
	1 368,00 DM

Unser Angebot gilt bis zum 30.06.19..

Wir verbürgen uns für handwerklich saubere, solide Arbeit. Wenn Sie noch Fragen haben: Bitte rufen Sie uns an. Wegen einer Terminabstimmung werden wir uns in den nächsten Tagen bei Ihnen melden.

Mit freundlichen Grüßen

TEXTE

Angebot für eine Text-programmierung unter Einbeziehung einer Corporate-Identity-Konzeption

Absender   Datum

Anschrift

Angebot: Programmierte Korrespondenz

Sehr geehrter Herr Feiler,

aufgrund unseres heutigen Telefongesprächs zum Thema „Programmierte Korrespondenz" unter „Einbeziehung einer Corporate-Identity-Konzeption" hier unser Angebot:

Phase 1

1   Analyse und Bewertung der Ausgangssituation

1.1   eintägiges Arbeitsgespräch in Ihrem Haus

1.2   Analyse von 200 Texthandbuchseiten

1.3   Darstellung der Analyseergebnisse in einem Gutachten und Vorschläge zur Ausschaltung von Fehlern und zur Verbesserung von Schwächen, unter Berücksichtigung der CI-Konzeption

Das Gutachten wird einen Umfang von etwa zwanzig Seiten haben. Genau läßt sich das nicht angeben, weil es sich erst aus der Qualität der Texte ergibt.

Analysekriterien

– Inhaltliche Richtigkeit
– Schlüssige Gedankenführung
– Übereinstimmung zwischen Informationsabsicht und Text
– Verständlichkeit
– Normgerechtheit
– Kundenorientierung
– Verhältnis zwischen Textaufwand und Wirkung

In diesem Kriterienkatalog soll die Kundenorientierung im Mittelpunkt stehen. Die Negativliste zeigt, was zu vermeiden ist.

Direkt negativ wirken auf den Leser:

- Anonymdarstellung (z. B. Passiv, „man")
- Belehrung (z. B. „Sie müßten eigentlich wissen")
- Drohung (z. B. „drastische Maßnahmen ergreifen")
- Etikettefehler (z. B. falsche Anrede)
- Gönnerton (z. B. „gewähren wir Ihnen")
- Imponierton (z. B. „der kontradiktorische Gehalt")
- Ironisierung (z. B. „Es dürfte Ihnen entgangen sein")
- Monotonie (z. B. nur lange oder nur kurze Aussagesätze)
- Negativdarstellung (z. B. „müssen wir leider zurückweisen")
- Papierdeutsch (z. B. „zu Ihrer gefl. Bedienung")
- Reklamejargon (z. B. unangebrachte Superlative)
- Vorwurf (z. B. „Es ist uns völlig unverständlich, daß Sie")

Indirekt negativ wirken:

- Falsche Informationen
- Widersprüche
- Mißverständliche Angaben
- Schwerverständlichkeit
- Sprachliche Fehler
- Langatmigkeit

Solche Merkmale verursachen Fehlinterpretationen, Mißverständnisse und Mehrarbeit – sie verärgern.

Zusammengefaßt: Jeder Punkt unseres Kriterienkatalogs steht mit Ihrer Forderung „Kundenfreundlich formulieren!" in engem Zusammenhang. Stilregeln nicht als Selbstzweck, sondern im Dienste des Brieflesers und damit auch des Absenders!

1.4 Veranschaulichung der Schriftgutanalyse durch Bewertung einiger ganzer Brieftexte als Ergänzung der Textstückbelege im Gutachten.

Arbeitsaufwand Phase 1: 6 Tage zu je 1600 DM   9 600 DM

Phase 2

2   Überarbeitung der vorliegenden 200 Texthandbuchseiten

Arbeitsaufwand Phase 2: 8 Tage zu je 1600 DM   12 800 DM

Phase 3

3   Training von Mitarbeitern Ihres Hauses, die unsere Arbeit später als „PTV-Beauftragte" selbständig weiterführen sollen

3.1 2 Tage Seminar für „PTV-Beauftragte" in Ihrem Haus Arbeitsaufwand 2 Tage zu je 1860 DM einschließlich Arbeitsunterlagen 3 720 DM

3.2 Kritische Durchsicht von Textbearbeitungen der „PTV-Beauftragten", Anleitung zur weiteren Verbesserung (je nach Art und Umfang kann das schriftlich oder in der Form eines Gruppentrainings geschehen)

Arbeitsaufwand: 4 Tage zu je 1600 DM 6 400 DM

Arbeitsaufwand Phase 3: 22 400 DM

Inhaltliche Zusammenfassung der drei Arbeitsphasen

Sie erhalten, wenn Sie alle drei Phasen haben wollen:

– Analyse mit Gutachten und Beispielbewertungen nach einem in der Praxis vielfach erprobten und immer wieder verbesserten Kriterienkatalog
– Lösungsvorschläge
– Überarbeitung von 200 Texthandbuchseiten
– Intensive Einarbeitung Ihrer „PTV-Beauftragten"

Wenn Sie während der Zusammenarbeit zu der Auffassung kommen sollten, daß Sie bestimmte Positionen unseres Angebots mit eigenen Kräften bearbeiten können, sind wir mit einer Beendigung unserer Tätigkeit nach der Phase 1 oder nach der Phase 2 einverstanden.

Zusammenfassung der Kosten

Phase 1	9 600 DM
Phase 2	12 800 DM
Phase 3	16 000 DM
	38 400 DM

Nebenkosten: Kosten für Reise und Verpflegung nach den Steuersätzen, Hotelkosten; Mehrwertsteuer.

Diesem Brief fügen wir einige Textvergleichs-Beispiele aus Ihrer Branche bei (zum Teil aus dem „Textberater"), die von unseren Mitarbeitern erarbeitet worden sind.

Qualifikation unserer Mitarbeiter

Alle Mitarbeiter, die für dieses Projekt in Frage kommen, haben eine sprachwissenschaftliche und pädagogische Ausbildung sowie entsprechende Praxiserfahrung; sie sind vor allem mit Texten und Inhalten Ihres Bereichs vertraut.

Zusätzliche Vorteile

Natürlich würde eine Zusammenarbeit in der Textprogrammierung dadurch begünstigt, daß wir mit dem Schriftverkehr Ihres Hauses aus zahlreichen Korrespondenz- und Rhetorik-Seminaren bereits vertraut sind. Deshalb glauben wir auch, daß es uns nicht schwerfallen wird, das Gedankengut Ihrer Corporate-Identity-Konzeption in Korrespondenzwirklichkeit umzusetzen.

Wir hoffen, sehr geehrter Herr Feiler, daß unser umfassendes und flexibles Angebot Ihre Entscheidung erleichtern wird.

Freundliche Grüße

Anlagen

Anweisung

Anweisungen können als Spielregeln aufgefaßt werden, mit deren Hilfe in einer Gemeinschaft bestimmte Ziele erreicht werden sollen. Denken wir beispielsweise an Vorschriften für die Sicherheit am Arbeitsplatz, an Verkehrsregeln, an Bedienungsanleitungen für Autos oder Anwendungsregeln für Texthandbücher.
Da alle Anweisungen den Empfängern stets sagen, was sie tun oder lassen sollen, sind sie oft wenig beliebt. Wer empfängt schon gern von anderen Belehrungen und Vorschriften? Deshalb hängt der Erfolg von Anweisungen oft davon ab, ob sie dem Empfänger auch Vorteile

TEXTE

Vorteile zeigen!
Den richtigen Ton treffen!

zeigen, die er dabei hat. Natürlich spielt dabei auch der Ton eine Rolle. Jeder läßt sich gern zu seinem eigenen Vorteil „verführen", und jeder wird eine Anweisung mit weniger oder gar keinem inneren Widerstand lesen, wenn er vernünftig angesprochen wird.

Doch über dem Bemühen, höflich und freundlich zu sein, darf der Inhalt nicht verlorengehen oder verdeckt werden. Inhaltliche Klarheit und deren unmißverständliche Darstellung sind die beiden Grundforderungen, die wir an jede Anweisung stellen müssen. Wenn der Leser falsch versteht oder nicht versteht, nützt auch die angenehmste Mitteilungsform nichts.

Fassen wir zusammen:
– Anweisungen müssen genau und leichtverständlich formuliert sein.
– Anweisungen sollten, wenn möglich, Vorteile zeigen, die derjenige erzielt, der sie befolgt.
– Anweisungen, die den richtigen Ton treffen, haben es leichter, richtig aufgefaßt und befolgt zu werden.

Der folgende Anweisungstext in Briefform ist vor allem deshalb als Beispielfall geeignet, weil die „Angewiesenen" in der Praxis durchaus Möglichkeiten haben, das Verfahren zu fördern oder zu behindern.

Anweisung an diktierende Mitarbeiterinnen und Mitarbeiter, vereinbarte Phonodiktatregeln zu beachten

Absender   Datum

Anschrift

Die Diktatarbeit erleichtern!

Liebe Mitarbeiterinnen und Mitarbeiter,

Sie haben in eintägigen Informations- und Trainingsveranstaltungen neue Regeln für das Phonodiktat kennengelernt. Warum gibt es diese Regeln? Warum führen wir sie ein?

– Da sich beim Phonodiktat Diktierende und Schreibende nicht gegenübersitzen (Vorteil der zeitlichen und räumlichen Unabhängigkeit!), muß die Verständigung auf Anhieb klappen. Wenn unsere Diktate oft zu Rückfragen und Mißverständnissen führen, haben wir einen Teil der Vorzüge dieser Textansageform schon verspielt, und manchmal wird auf diese Weise auch noch die Arbeitsatmosphäre verschlechtert.

SCHRIFTLICHE TEXTE

- Sie sollen die Möglichkeit haben, sich beim Diktieren ganz auf den Inhalt Ihrer Texte und auf Ihre Formulierungen zu konzentrieren; das geht aber nur, wenn Sie über die Ansageweise nie nachzudenken brauchen. Das wiederum setzt feste Spielregeln voraus und ein weitgehendes Einüben der „Diktierhandgriffe", wie wir es auch beim Autofahren brauchen und praktizieren.

Die Vorteile des „Systemdiktats" oder „Regiediktats", wie man das Phonodiktat nach der DIN 5009 auch nennt, ernten wir nur, wenn wir die Regeln nicht halbherzig und ungefähr, sondern konsequent und genau anwenden.

Sie haben diese Regeln in unseren Seminaren kennengelernt, diskutiert und eingeübt. Da das Regelwerk stellenweise Alternativregeln anbietet und wir für unsere Textarbeit einige Zusatzregeln brauchen, haben wir alles Notwendige in Kurzform in dem beigefügten

> Merkblatt für das Phonodiktat

zusammengefaßt. Es soll Ihnen in der Eingewöhnungszeit als Gedächtnisstütze dienen und außerdem neuen Korrespondentinnen und Korrespondenten die Einarbeitung erleichtern.

In dieser Eingewöhnungszeit können zwei einander entgegengesetzte Entwicklungen vor sich gehen:

- Entweder – nach anfänglichem Bemühen um korrekte Regelbefolgung – schleichen sich allmählich Nachlässigkeiten ein, die dazu führen, daß die Regeln schließlich nur noch von wenigen vollständig und genau befolgt werden, während die meisten mehr oder weniger stark davon abweichen.

- Oder die ganz „normalen" anfänglichen „Schnitzer" werden nach und nach immer seltener und verschwinden schließlich so gut wie ganz.

Damit wir das erstrebenswerte zweite Ergebnis bekommen, haben wir für unsere Schreiberinnen einen „Mecker"-Vordruck gestaltet, der alle Diktierfehler, die bei der Einführung der Diktatsprache beobachtet worden sind, enthält. Alle Korrespondenten/tinnen erhalten einige Wochen lang solch einen Vordruck, der an bestimmte Diktiervereinbarungen erinnert.

TEXTE

Sie wissen, daß an jedem „Diktattraining" auch Damen von der Schreibseite teilgenommen haben. Zum einen sollten diese Mitarbeiterinnen genauer mit Ihren Aufgaben und Problemen beim Diktieren vertraut gemacht werden. Zum anderen sollten Sie erfahren, wo häufig die Schwierigkeiten beim Verarbeiten eines Diktats, beim Schreiben, liegen.

Wir hoffen, daß die dort begonnene Diskussion von diktierenden und schreibenden Mitarbeiterinnen und Mitarbeitern über die besten Wege der Zusammenarbeit nun nicht mehr abreißt und beide Seiten im Gespräch bleiben. So wird es in Zukunft viel leichter sein, in einer guten Atmosphäre zusammenzuarbeiten und Hindernisse, die hier oder da einmal auftauchen mögen, aus der Bahn zu räumen.

Was auf Manager und Führungskräfte zutrifft, gilt auch für jeden anderen in unserer Arbeitsgemeinschaft: Wir müssen lernen, kooperativ zu denken und zu arbeiten. Reden wir miteinander! Machen wir uns gegenseitig das Leben so leicht wie möglich! Genießen wir gemeinsam die Erfolge unserer gemeinsamen Arbeit!

Viel Erfolg und alles Gute

Aphorismus

Aphorismen sind sentenzhaft zugespitzte Gedankensplitter

Der Aphorismus ist eine kurze, zugespitzte Aussage, die meistens eine verblüffende und zugleich kritische Wendung nimmt. So etwas schreiben Sie nie? Sagen Sie das nicht. Werbetexter geraten mit ihren Formulierungen häufig in die Nähe von Aphorismen:

Damen lieben Cailler,
Herren wissen das!

Mit dieser Schokoladenwerbung schlug der Texter zwei Fliegen mit einer Klappe. „Damen lieben Cailler": also kaufen sie. „Herren wissen das": also schenken sie diese Schokolade. Nichts vom Kaufen, nichts vom Schenken. „Kaufen Sie" und „Schenken Sie", das wären plumpe Aufforderungen. Nein, beides wird nur diskret angedeutet. In dem Beispiel fehlt zwar die kritische Wendung, aber die zweite Zeile verblüfft, weil man sie nicht erwartet.

SCHRIFTLICHE TEXTE

Der Schritt von dem zitierten Zweizeiler zum echten Aphorismus ist nicht weit. Auf persönliche, aber ebenso auf politische Handlungen und Situationen anwendbar (denken Sie an den Hauskrach oder an die Mauer in Berlin) ist das folgende Beispiel:

> Wer eine Tür zuschlägt,
> steht vor einer geschlossenen Tür.
> Oder dahinter.

Dabei hat dieses „dahinter" sogar einen Doppelsinn. Noch eine Doppelsinnformulierung: *Doppelsinnformulierungen*

> Was uns nicht mitnimmt, läßt uns liegen.

Eine weitere Möglichkeit besteht darin, mit etwas Bekanntem anzufangen, dann aber ungewöhnlich fortzufahren. Auf die Politik gemünzt:

> Was ich nicht weiß,
> läßt mich ein Kreuz auf den Wahlzettel machen.

Ferner kann man es sich zunutze machen, daß wir etwas sehr Vertrautes nicht mehr genau ansehen oder bedenken:

> Hätte man nur richtig hingesehen:
> Ein Hakenkreuz ist ein Kreuz mit Haken.

Eine oft brauchbare Angriffsmethode besteht darin, bestimmte Sachverhalte auf ganz einfache Weise anders zu sagen und dadurch deutlicher zu machen:

> Die großen Anläufe vieler Unternehmen
> mit dem Ziel „Moderne Textverarbeitung" –
> bleiben große Anläufe.

Oder:

> Die positivistische Psychologie
> liegt im Trend der Zeit.
> Dort wird sie auch liegen bleiben.

So können sich aus einem Spiel mit Worten neue Gedanken ergeben. Manchmal reicht schon eine etwas andere Betonung, um einem allbekannten Satz eine neue gedankliche Seite abzugewinnen. Karl Kraus:

TEXTE

„Ein Wort gibt das andere."

Aphorismen geben Assoziationen Raum

Das kennt jeder aus vielen Meinungsverschiedenheiten und Streitereien. Die Binsenweisheit bekommt einen ganz anderen Sinn, wenn man „gibt" betont. Der Satz ist nicht nur ein Wortspiel; er stammt aus der Erfahrung des großen Schriftstellers: Wenn man erst einmal ein einziges treffendes Wort hat, so kann dieses Wort wie von selbst andere nach sich ziehen. Ein Satz bildet sich – eine Gedankenkette entwickelt sich.

Sehen wir uns noch einige weitere Möglichkeiten an:

Versuchen Sie einmal mit scheinbaren Definitionen zu arbeiten. Beispiel: Sie wollen sich einen PC kaufen und haben sich, um das Richtige zu finden, mehrere Tage Messebesuch gegönnt oder abgerungen. Und nun stellen Sie fest, daß Ihnen der Kopf schwirrt. Was sind also solche Messebesuche? Nicht das, wofür man sie meistens hält: Informationsgeber? Sondern?

> Messebesuch: periodischer Versuch, alte Konfusionen durch neue zu ersetzen.

Oder Sie möchten mal ganz knapp ausdrücken, was Politiker sind. Vielleicht so:

> Politiker sind das,
> wofür sie sich gegenseitig halten.

Diese „Definition" fordert den Leser auf, sich mal anzuhören, wie sich die Politiker in bezug auf ihr Wissen und ihre Aufrichtigkeit in Bundestagsreden gegenseitig einschätzen und benennen.

Wortspielereien

Auch die folgende sinnig-hintersinnige Wortspielerei beginnt wie eine Definition:

> Böse Nachbarn sind böse Nachbarn,
> weil sie glauben,
> daß sie böse Nachbarn haben.

Um das unser aller Existenz betreffende Gebiet der Politik noch einmal aufzugreifen:

> Politikern, denen man glauben muß,
> ist nicht zu trauen.

Hier wird mit den beiden Verben „glauben" und „trauen" (vertrauen) gespielt. Nach üblichem Verständnis zeigen sie in die gleiche

SCHRIFTLICHE TEXTE

Richtung. Wenn man jemandem vertraut, darf man seinen Versprechungen glauben. Das Überraschende: Die einander unterstützenden Wörter werden plötzlich zueinander in Gegensatz gebracht.
Sie können auch mit einem Sprichwort oder einem geflügelten Wort beginnen. Meistens enthalten solche Aussagen eine Teilwahrheit, und daraus läßt sich etwas machen.

> Wer einmal lügt, dem glaubt man nicht.
> Wer zweimal lügt, dem glaubt man vielleicht.
> Wer dreimal lügt, dem glaubt man bestimmt –
> er selbst eingeschlossen.

Üblicher Anfang, andere Fortführung, der Fortführung des Sprichworts widersprechend.
Als eine Nebenart läßt sich das gleichzeitige Arbeiten auf zwei Ebenen bezeichnen:

> Manche Menschen sind herzlich unmusikalisch; es gelingt ihnen, die Mindestausstattung an Taktgefühl, die ihnen die Natur mitgegeben hat, um keinen einzigen Takt zu vermehren.

Die Musikebene dient als Vorbild für eine Verhaltensebene. Die beiden Ebenen (Musik – Gefühl) bieten sich außerdem als Vergleich geradezu an – treffend zugespitzt im einleitenden „herzlich unmusikalisch". *Verschiedene Bedeutungsebenen*
Sie können den Vergleich aber auch, zumindest auf den ersten Blick, ganz sachlich gestalten. Es gibt, wie wir wissen, Schlangen und „Schlangen". Wie sind Schlangen eigentlich, und wie verhalten sie sich? (Und „Schlangen"?)

> Giftschlangen, schlecht sehend und taub, sind Kriechtiere, die erst – im Staub liegend – mit dem Schwanz wedeln, dann mit gutem Riecher, spitzer Zunge und scharfem Biß ihr Opfer finden. Am besten, man hält sich so weit von ihnen entfernt, daß man sie nicht zu beachten braucht.

Das alles trifft auf giftige Reptilien zu. Aber nicht nur. Auf eine andere Ebene übertragen, könnte diese Charakterisierung, sofern man schlechte Erfahrungen gemacht hat, auch für einige unserer Mitmenschen gelten.
Jeder kann schreiben. Und wenn jemand Lust verspürt, nicht nur Geschäftsbriefe, Protokolle oder Besuchsberichte zu formulieren, dann lasse er sich nicht abhalten, das, was ihn außerdem noch reizt, zu versuchen. Nicht mit dem Schielen nach Ruhm und Reichtum! Aber mit

dem offenen Blick für die Tatsache, daß es ihm Spaß macht oder daß er es gar als etwas Notwendiges in seinem Leben empfindet. Der Zugang zur Sprache ist niemandem verwehrt.

Eine vorteilhafte Nebenwirkung dabei ist, daß jede Beschäftigung mit der Sprache – ob jemand Geschichten erzählt oder Aphorismen erdenkt – allen anderen Beschäftigungen mit der Sprache im Beruf, mögen sie noch so prosaisch sein, ebenfalls nützt.

Zum Schluß ganz prosaisch: Mit selbst erdachten Aphorismen oder aphoristisch zugespitzten Feststellungen können Sie jeder Rede – ob im fachlichen oder privaten Bereich – ein paar Lichter aufsetzen. Allerdings eignen sich dafür die verblüffenden mehr als die hintersinnigen Aussagen. Der ungewöhnliche Gedanke muß sofort erkennbar sein. Es darf nicht nur donnern, der Blitz muß auch einschlagen.

Artikel

Unter diesem Stichwort fassen wir kleine Beiträge für Tageszeitungen, Werkzeitschriften, Vereinsnachrichten und andere Informationsblätter zusammen: Spitzen, Glossen, Kurzreportagen und so fort. Viel mehr Menschen, als man gewöhnlich annimmt, pflegen gelegentlich oder auch regelmäßig kleine Texte für dieses oder jenes „Blatt" zu schreiben und haben ihre Freude daran. Wenn man mit solch einem Beitrag „landen" will, ist folgendes zu beachten:

Thema, Darstellung und Umfang

– Das Thema muß von allgemeinem Interesse sein.
– Die Darstellung muß gedanklich und sprachlich ansprechend sein (spannend, witzig, sympathisch, verblüffend).
– Die Länge des Textes darf den Leser nicht strapazieren.

Was ist von allgemeinem Interesse? Zum Beispiel die Verkehrsgestaltung ihres Heimatortes, in großen Städten vielleicht auch eines Stadtteils. Sie können aber auch Themen wählen, die viele oder sogar nahezu alle Menschen betreffen, zum Beispiel das Aufstehen am frühen Morgen oder die erste Brille. Wenn sie dem Redakteur einen Gefallen tun wollen, schreiben Sie Ihre Texte

– auf jeden Fall mit Schreibmaschine,
– eineinhalbzeilig,
– wenn möglich in der richtigen Zeilenbreite,
– mit einem Anfangshinweis auf die Zeilenzahl.

Die folgenden drei Texte mögen Ihnen als Anregung dienen.

Aus dem Leben gegriffen

Morgenstund'

Ob der Verfasser des bekannten Verses jemals „zum Dienst" oder „zur Arbeit" gegangen ist? Am freien Samstag oder Sonntag läßt sich über die Morgenstunde, die den Mund voller Gold hat, ja reden, aber am Montag?

Das Aufstehen ist eine Willensprüfung, eine Mutprobe, eine Gewissensentscheidung. Wir suchen sie nicht – etwa um unsere Tüchtigkeit oder unsere Mannes- oder Frauenzucht zu beweisen –, nein, wir sind ihr ausgeliefert. Ersparen wir es uns, Einzelheiten zu diskutieren, denn sie sind uns ohnehin aus tagtäglichem Training gegenwärtig. Fragen wir statt dessen lieber: Wie übersteht man's am besten?

Drei „Schulen" sind deutlich erkennbar: die „suggestive", die „militärische" und die „natürliche". Man kann sie auch vereinfachend die Schule des Asthenikers, des Athleten und des Pyknikers nennen oder, nach der Geisteshaltung, die den Konstitutionstypen überwiegend entspricht: die „soziale" (fortschrittliche), die „konservative" und die „liberale Schule".

Der Fortschrittliche überlistet sich auf dem Umweg über die Psychologie. Er hat sonntags festgestellt, daß ihm das Aufstehen viel leichter fällt, wenn es nicht sein m u ß. Also – steht er mindestens eine halbe Stunde zu früh auf, in dem berechtigten Glauben, daß dieses Aufstehen um diese Zeit sein Privatvergnügen sei.

Der Konservative hält es mit der Willenskraft: „Wenn ich um sieben aus den Federn muß, na dann muß ich eben, nicht früher und nicht später. Man wird wohl noch mit seiner Bequemlichkeit fertig werden. Hab' ich schließlich ‚beim Bund' gelernt."

Und der Liberale? Zuerst einmal, er macht aus der ganzen Geschichte keine Grundsatzerörterung mit seinem Gewissen. Sein sehr gesunder Menschenverstand sagt ihm, daß die Seligkeit nicht davon abhängt, ob die Frage so oder so entschieden wird. Und er handelt demgemäß nach der Devise: „Mal seh'n, wie ich mich morgen früh fühle." Nun, meistens fühlt er sich morgens durch den Wecker gestört und verschiebt den Sprung aus dem warmen Bett auf den Boden der harten Tatsachen bis zur letzten Minute.

Man sieht, jeder Entschluß, sich so oder anders zu verhalten, läßt sich mit guten Gründen untermauern. Die Hauptsache, man schafft es irgendwie und hat dabei das Gefühl, mit seiner eigenen Methode das kleinste Übel ausgesucht zu haben. Guten Morgen! –

Was vielen passiert

Die erste Brille

Eines Tages sagt Ihnen Ihr praktischer Arzt: „Gehen Sie doch mal zum Augenarzt." Sie haben Kopfweh und denken: „Was soll ich beim Augenarzt?"

Aber dann gehen Sie doch hin und unterziehen sich der bekannten Prozedur: Buchstaben- und Zahlreihen verschiedener Größe von einer Tafel ablesen, durch verschiedene Gläser sehen. Und so weiter. Und dann hören Sie verwundert den Urteilsspruch: „Tja, Sie brauchen eine Brille." – „Eine Brille?" – „Nur zum Lesen, wissen Sie", beruhigt der Medizinmann, „eine kleine Sehschwäche."

Am nächsten Morgen finden Sie sich beim Augenoptiker ein und probieren verschiedene Brillengestelle auf Ihrer Nase aus. Der Verkäufer trippelt ungeduldig oder nachsichtig, mit wachsender Verständnislosigkeit oder wissender Teilnahme vor Ihnen hin und her, je nach Temperament und Stimmung.

Während Sie mit jedem neuen Gestell, das Sie kritisch in die Finger nehmen, unschlüssiger werden, murmeln Sie vielleicht: „Die gefällt mir ganz gut ... nur ... ein bißchen viel Verzierung ... haben Sie die nicht auch schlichter?" Innerlich tief erschüttert und völlig mitgenommen geben Sie endlich schweren Herzens den Auftrag, ein bestimmtes Gestell mit den vom Onkel Doktor verschriebenen Gläsern auszurüsten. Natürlich erst, nachdem Sie auch noch Fragen wie die nach getönten Gläsern, automatisch sich einstellender Sonnenschutzverdunkelung oder Gleitsichtgläsern geklärt haben.

Einige Tage vergehen. Aber dann: Sie haben Ihre neue Brille – in der Tasche. Nein, nein, Sie werden sich ja nicht gleich „dem Volk" zeigen. Erst mal zu Hause innerhalb der vertrauten vier Wände vor dem Spiegel probieren! Voller Hoffen und Bangen.

Abends ist Generalprobe. Tapfer lesen Sie Seite um Seite eines spannenden Kriminalromans (den Sie sich extra zu diesem Zweck kaufen mußten), um festzustellen, ob Ihre Brille tatsächlich für Sie geeignet ist. Mag sein, Sie gewinnen den Eindruck, daß Sie „mit" schlechter sehen als „ohne". Mag sein, es kommt Ihnen in den Sinn, daß Ihre Kopfschmerzen nicht nachlassen, sondern stärker werden. Mag sein, daß die Brillenbügel hinter den Ohren drücken. Haben Sie Geduld! Nehmen Sie diese und ähnliche Unannehmlichkeiten der ersten Tage und Wochen nicht so tragisch.

Einmal heißt es, daß man einen Monat brauche, um etwas zur Gewohnheit auszubauen, und zum anderen bedenken Sie bitte, daß unter Umständen auch Ihre Eitelkeit ein wenig im Spiel sein könnte. Im Unterbewußtsein selbstverständlich, denn Ihr Verstand sagt Ihnen klipp und klar, daß es Ihnen doch ganz egal sei, so oder so auszusehen. Äußerlichkeiten!

Übrigens – Aussehen: Wird nicht ein Mensch überhaupt erst mit einer Brille interessant? Leute, die es wissen müssen, behaupten, daß die Brille dem männlichen Gesicht Intelligenz verleihe, zusätzliche natürlich, und dem fraulichen – eine Spur raffinierten Charms, der das gewisse Etwas „unterschwellig" bereichere. Na also!

Vermeidbare Verkehrsunfälle in unserer Stadt   *Leserbrief*

Alle naselang kracht's – und nicht zu knapp. Manchmal müssen Polizei und Abschleppfahrzeuge her. Wo? An der Einmündung vom Traßweg in die Wallburgstraße. Und das kommt so:

Wer rechts abbiegen will, sieht, in die Wallburgstraße blickend, zunächst einmal – nichts. Denn die rechte Fahrbahn ist auf den ersten zwanzig Metern von Parkern zugestellt. Der Abbieger tastet sich in die Mitte der Straße vor, bis er sehen kann, ob auf der linken Fahrbahn jemand entgegenkommt. Gerät er dabei auch nur einen halben Meter zu weit nach vorn, kann's schon passiert sein. Wenn er die (für ihn) linke Fahrbahn überblickt, sitzt der Entgegenkommende schon in seinen Lampen und auf seinen Stoßstangen.

All diese Unfälle wären leicht zu verhindern: Ein Halte- und Parkverbot auf diesen ersten 20 Metern wäre die Lösung. Für die Anlieger wäre das auch zumutbar, weil hinter dieser Zwanzig-Meter-Strecke viele Dutzend Parktaschen zur Verfügung stehen.

Auf Hinweise, daß die zahlreichen Unfälle an dieser Stelle programmiert seien, reagiert das Verkehrsamt mit dem Einwand: „Auf Halteverbote (eins genügte!) wurde bisher deshalb verzichtet, weil diese zwangsläufig dazu führen, daß die Straße mit überhöhter Geschwindigkeit befahren werden kann." Antwort: „An der Einbiegung ‚Traßweg – Wallburgstraße' ist die Geschwindigkeit der Fahrzeuge gleich null: weil die meisten, obwohl sie Vorfahrt haben, ohnehin dort halten. Wie soll ein Halteverbot auf den ersten 20 Metern nach der Einbiegung zum Rasen verführen? Das Gegenteil trifft zu. Da wegen der Parker auf der rechten Straßenseite nur die linke für beide Verkehrsrichtungen zur Verfügung steht, müssen die Einbieger sehr schnell anfahren, um entgegenkommenden Fahrzeugen ausweichen zu können. Hinzu kommt, daß oft aus Lücken zwischen den Parkern Kinder auf die Fahrbahn rennen. Die Einbieger müssen also zugleich auf den entgegenkommenden Verkehr und auf verdeckt spielende Kinder achten. Davon abgesehen: Wer auf der langen Geraden dann rasen will, tut es (und das sind viele!). Nur eine Geschwindigkeitsbegrenzung von 30 km/h würde hier weiterhelfen; dann könnte man bei den Rasern vielleicht mit der Einhaltung von 50 km/h rechnen.

Die Moral von der Geschichte: Wer nicht hören will, muß fühlen. Leider sind's die Autofahrer. Ein führender Politiker sagte vor einiger Zeit im Zusammenhang mit einem politischen Skandal, eine dritte Größe (neben Medien und Politikern) werde allerdings immer vergessen: die Bürger. Die hätten ja schließlich diese Politiker gewählt. Recht hat er.

SCHRIFTLICHE TEXTE

Auskunft

Auskünfte kann man einerseits erbitten oder verlangen, andererseits geben oder verweigern. Eine sehr weitgehende Auskunft ist zum Beispiel – ohne daß sie so heißt – das Zeugnis. Obwohl das Zeugnis ein Sonderfall der Auskunft ist, zeigt es gut, welchen Sinn Auskünfte haben: sie sollen helfen. Das Zeugnis hilft dem Zeugnisempfänger, sich zu bewerben; es bestätigt dem Bewerbungsleser das Können und Verhalten des Bewerbers durch die Aussage eines anderen, der vom Bewerber unabhängig ist, aber Erfahrungen mit ihm gesammelt hat. Damit ist zugleich eine andere Funktion des Zeugnisses angesprochen: Das Zeugnis hilft dem Bewerbungsempfänger bei der Bewerberauswahl und der Einstellungsentscheidung.
Auf den folgenden Seiten finden Sie zwei Muster für eine Auskunft, die sehr unterschiedlicher Art sind.

Auskünfte sollen helfen

– Im ersten Fall geht es dem Schreiber darum, eine Auskunft zu bekommen. Da der, den man um Auskunft bittet, diese Auskunft nicht geben muß und da die Qualität der Auskunft auch in seinem Einflußbereich liegt, kommt es darauf an, diese Bitte um Auskunft ansprechend zu formulieren.
– Im zweiten Fall gibt ein Personalchef einem anderen Auskunft zur Korrespondenzgestaltung im Rahmen einer geplanten Textprogrammierung. Er tut das, indem er den Sinn der DIN 5008 betont und auf ihre wichtigsten Briefgestaltungsregeln eingeht. Gute Formulierungen – wie „neben dem ‚Gehalt' kommt es auch auf die richtige ‚Gestalt' der Korrespondenz an" – deuten an, daß der Schreiber den Empfänger auch überzeugen möchte.

Wenn Sie um Auskunft gebeten werden, klären Sie grundsätzlich immer zwei Vorfragen:

Vorfragen klären

1. Will ich die gewünschte Auskunft geben?
2. Wie vollständig und wie genau muß ich oder will ich sie geben?

Wenn Sie sich vor dem Formulieren entschieden haben, fällt es leichter, sich angemessen auszudrücken, als wenn Sie diese Entscheidungen in den Formulierungsprozeß verlegen.

TEXTE

Auskunft: Bitte um Informationen über die geschäftliche Entwicklung

Absender   Datum

Anschrift

Entwicklung im Geschäftsjahr 19 . .

Sehr geehrte Frau Wohlers,

wieder einmal bitten wir Sie um Ihre Hilfe. Würden Sie uns, wie in den vergangenen Jahren, Ihre Bilanzdaten für das abgelaufene Geschäftsjahr zur Verfügung stellen?

Sie wissen ja, Ihre aussagefähigen Unterlagen erleichtern uns die Arbeit, und das wiederum kommt auch Ihnen zugute.

Da wohl jeder immer wieder zumindest kleine Bedenken hat, wenn er interne Daten bekanntgibt, betonen wir noch einmal, daß Ihre Bilanzinformationen vertraulich ... daß sie streng vertraulich bei uns behandelt werden. Gegenseitiges Vertrauen gehört unabdingbar zu unserer Geschäftsgrundlage.

Können Sie uns Ihre Unterlagen im Laufe dieses Monats schicken?
Im voraus vielen Dank.

Freundliche Grüße

Haben Sie schon über Ihr nächstes Urlaubsziel entschieden? Vielleicht kann Ihnen die beigefügte Broschüre „Wohin im Urlaub?" – ein kleines Dankeschön für die gute Zusammenarbeit – bei der Auswahl behilflich sein.

SCHRIFTLICHE TEXTE

Kreissparkasse Ludwigsburg

Kreissparkasse Ludwigsburg · Postfach 620 · 7140 Ludwigsburg
Einschreiben

Herrn Personaldirektor
Dipl.-Kfm. Friedrich Alt
i. H. Knöbbelke & Schweinchen GmbH
Postfach 21 03 14

1000 Berlin 31

Schillerplatz 6
7140 Ludwigsburg
Bankleitzahl 604 500 50
Telex 7 264 836 lbk d
Telefon (0 71 41) 148-0

Durchwahl
148- 40 01

Ihr Gesprächspartner
Herr Kempe

Ihr Zeichen	Ihre Nachricht	Unsere Nachricht	Unser Zeichen	Datum
	03.03.88		40-ke/iv	10.03.1988

Wichtig

Korrespondenz der Personalabteilung

Sehr geehrter Herr Alt,

wenn Sie sich entschließen, Programmierte Textverarbeitung im Personalwesen einzuführen, dann geht es nicht nur um den organisatorischen Teil sowie die Schriftgutanalyse, das Aufbereiten, Bearbeiten und Eingeben von Texten, sondern neben dem "Gehalt" kommt es auch auf die richtige "Gestalt" der Korrespondenz an.

Das äußere Bild Ihrer Texte sollte nach den "Regeln für Maschinenschreiben" ausgerichtet sein, die in der DIN 5008 zusammengefaßt sind. Sie beschäftigt sich z. B. mit den Gradangaben für Zeilenanfang und -ende, die bei Grad 10 für den Anfang und Grad 70 für das Ende sowie Grad 20 für Einrückungen liegen.

Die DIN 5008 beinhaltet weiter, wie das 9zeilige Anschriftenfeld aufzuteilen ist. Sie regelt das Schreiben der Bezugszeichen, des Datums, der Behandlungsvermerke, des Betreffs u. a. m., also auch Anlagen- sowie Verteilervermerke.

Übrigens: Berufs- oder Amtsbezeichnungen werden nach Herrn oder Frau geschrieben, akademische Grade vor dem Namen. Das Wort Firma lassen Sie immer dann weg, wenn die Empfängerbezeichnung ausreichend darauf hinweist, daß es sich um eine Firma handelt.

Außerdem soll man 2-, 3- und 4mal schalten, und zwar 3mal nach dem Betreff, 2mal nach der Anrede und 4mal zwischen dem Firmennamen und der Unterschriftswiederholung am Briefende.

...

TEXTE

S Kreissparkasse
Ludwigsburg

an Herrn Dipl.-Kfm. Alt   Blatt 2   zum Brief vom 10.03.88

Bei <u>gegliederten Texten</u> erhalten die <u>Abschnitte</u> Nummern aus
arabischen Ziffern. Die Einzelheiten hierzu ersehen Sie aus
der DIN 1421. Wenn die Abschnitte mit römischen Zahlen, Großbuchstaben, arabischen Zahlen und Kleinbuchstaben beginnen,
dann allerdings gibt es keine einheitliche Fluchtlinie.

Häufig sind Einrückungen erforderlich, um Textteile hervorzuheben. Vom vorausgehenden und vom folgenden Text werden sie
durch je 1 Leerzeile (Zahlen mit Signalbedeutung schreibt man
in Ziffern) abgesetzt.

    <u>Aufzählungen</u> innerhalb von Abschnitten oder
    Absätzen können mit

    1. Ordnungszahlen oder

        a) kleinen Buchstaben (mit Nachklammer) sowie

            - dem Bindestrich (Spiegelstrich)

    gekennzeichnet werden.

Die Punkte am Ende der vorhergehenden Seite haben Sie sicher
bemerkt! Sie machen auf die folgende Seite aufmerksam, und zwar

    - am Ende der beschrifteten Seite, nach der letzten
      Textzeile,

    - mit mindestens einer Leerzeile Abstand, auf Grad
      70 beginnend.

Sind statistische Tabellen zu gestalten, so richtet sich deren
Schreibweise nach der DIN 55 301; ist alphabetisch zu ordnen,
sollte man die DIN 5007 kennen.

<u>Anlagen- und Verteilervermerke</u> stehen rechts - beginnend in
der Grußzeile - ab Grad 50. Sie können auch mit einer Leerzeile Abstand nach der Unterschriftswiederholung geschrieben
werden.

Wir hoffen, daß Sie aus diesen Angaben einen ersten Eindruck
vom Nutzen der DIN 5008 als Rationalisierungsmittel zum einheitlichen und übersichtlichen Gestalten von Schriftstücken
gewonnen haben. Dies gilt besonders, wenn Sie Texte aus vielen Bausteinen auswählen und zu einem in sich geschlossenen,
auch optisch harmonischen Schriftstück zusammenfügen möchten.

Mit freundlichen Grüßen

Kreissparkasse Ludwigsburg
Personalabteilung

Kempe   Ivenz

SCHRIFTLICHE TEXTE

Beileidsbrief

Ein Geschäftspartner, ein guter Kunde, ein Bekannter, ein Freund oder ein Verwandter ist gestorben – ein Beileidsbrief muß geschrieben werden. Leichter gesagt als getan. Da wir solche Briefe nur gelegentlich schreiben, haben wir keinerlei Routine, und der Anlaß macht die Aufgabe nicht leichter.

Wir sollten bei solchen Gelegenheiten auf die üblichen Floskeln verzichten und uns auch Verzierungen in Form schwarzer Ränder enthalten. Floskeln wirken gerade nicht als „Anteilnahme", wie sie gewöhnlich am Briefschluß betont wird. Und schwarze Ränder, Binden, Anzüge, Kleider gibt es bei Trauerfällen ohnehin so reichlich, daß es vielleicht gar nicht sinnvoll ist, die Düsternis noch durch einen weiteren Schwarzrandbrief zu verstärken. (Natürlich ist auch ein heiter wirkendes Briefpapier unangebracht.)

Falsches Pathos vermeiden – auf Floskeln verzichten

Tips für Beileidsbriefe zu geben ist schwer; schon das Wort „Tips" erscheint unangemessen. Deshalb nur soviel:

– Rufen sie nicht gleich nach fremder Hilfe: Was sagt man da? Lassen Sie vielmehr Ihrem Denken und Fühlen Raum, so daß sich eigene Worte entwickeln können.
– Schreiben Sie ganz natürlich. Vermeiden Sie hochtrabende, gestelzte Ausdrücke. Schlichtheit überzeugt.
– Lesen Sie ein paar Beileidsbriefe: nicht um sie abzuschreiben, sondern um sich anregen zu lassen.

In diesem Sinne sind die folgenden Beispiele zu bewerten.

Sehr geehrter Herr Königstein,

immer wenn uns jemand, mit dem wir lange zusammengearbeitet haben, plötzlich verläßt, ist man erschrocken und betrübt zugleich. So geht es mir. „Dr. Weber" vom Aussicht-Verlag war uns ein Begriff.

Man sagt zwar, besonders im harten Wirtschaftsleben, jeder sei ersetzbar. Aber – mag das auch so sein – sein Tod hinterläßt eine nur schwer zu schließende Lücke. Unser einziger Trost ist die Erinnerung.

Ihr

Beileidsbrief zum Tod eines Leitenden Mitarbeiters in einem Verlag, mit dem man mehrfach zusammengearbeitet hat

TEXTE

Beileidsbrief an die Mutter eines jungen Leitenden Mitarbeiters

Sehr verehrte Frau Kristoph,

wir sind bestürzt und voller Trauer über den Tod Ihres Sohnes Oliver, der uns in so jungen Jahren verlassen mußte.

Trotz seiner Jugend war er bereits ein geschätzter und ein gern gesehener Kollege im Kreis unserer Führungskräfte geworden. Seine unermüdliche Mitarbeit, seine Hilfsbereitschaft und sein fröhliches Wesen haben uns alle immer wieder beeindruckt.

Sie wissen, es hat keinen Sinn zu sagen: Hätte er doch diesen riskanten Klettersport nicht mit solcher Leidenschaft betrieben. Sein Sport gehörte genauso zu ihm wie seine anderen hervorragenden und liebenswerten Eigenschaften. Gerade dadurch ist er auch zu einem Vorbild unserer ganz jungen Leute geworden, die ihn bewundert haben und stolz auf ihn waren.

Diese Worte, so aufrichtig sie sind, können Ihnen kein Trost sein. Aber wir Menschen, ob wir nun mit 70 oder mit 35 gehen müssen, leben alle und jederzeit auf Abruf. Es gehört zu unserem Menschsein – wie auch das Klagen und die Erinnerung.

Wir denken an Sie

Beileidsbrief an einen nahen Verwandten, dessen Frau bei der Geburt eines Kindes gestorben ist

„Dies Kind soll unverletzt sein."

Lieber Heinz-Gerhard,

dunkel ist es geworden, auch hier bei uns, als wir erfuhren, daß Deine liebe Frau die Geburt ihres ersten Sohnes nicht überlebt hat. Die Wälder, auf die wir hier blicken, schienen an jenem Tag allen Glanz verloren zu haben. Nichts war wie vorher. Wie mußt Du Dich erst fühlen!

Reden wir nicht von Trost in diesen Stunden! Reden wir nicht von der Hilfe, die wir Dir, wenn Du willst, gern geben werden. Überlassen wir uns dem stillen Tal der Tränen, in dem wir mit

SCHRIFTLICHE TEXTE

allen vereint sind, die einen lieben, einen geliebten Menschen verloren haben.

Eines aber – das sei trotz der unsäglichen Traurigkeit – erinnernd und mit fester Stimme gesagt: Den meisten Mitmenschen in diesem Tal hast Du voraus, daß Tod und Leben beim Abschied Deiner geliebten Marianne Hand in Hand gingen. Als sollte wieder einmal besonders deutlich bestätigt werden, wovon der alte Sokrates so tief überzeugt war: daß aller Tod aus dem Leben und alles Leben aus dem Tod kommt.

Das Liebste, was Dir Marianne schenken konnte, hat sie Dir mit aller Kraft geschenkt. Und damit auch die Verantwortung für dieses Liebste.

Auch und gerade im Gedenken an Deine Frau weißt Du, wofür Dein Leben steht – eben dieses Liebste. Konnte Deine geliebte Frau Dir eine schönere Gabe und Aufgabe hinterlassen?

In tiefer Verbundenheit

Deine

Bestellung

Stellen Sie sich bitte vor: Sie haben von einem kleinen Handwerksbetrieb, einer mittelgroßen Firma oder einer großen Versicherungsgesellschaft ein Angebot angefordert, haben es bekommen und möchten nun aufgrund dieses Angebots bestellen. Oder: Sie wissen, was jemand anbietet und bestellen ohne vorheriges Angebot. In beiden Fällen schreiben Sie eine Bestellung. Wenn Sie, im ersten Fall, zu den angebotenen Bedingungen bestellen oder, im zweiten Fall, der Partner Ihren Auftrag gleich ausführt, ist damit ein Vertrag zustande gekommen. Falls Sie aber, im ersten Fall, in Ihrer Bestellung vom Angebot abweichen oder, im zweiten Fall, der Partner Ihnen von der Bestellung abweichende Bedingungen anbietet, ist noch kein Vertrag zustande gekommen; die Abweichungsschreiben sind neue Angebote, zum Kauf beziehungsweise zum Verkauf.

Bedingungen

TEXTE

Sie sehen, sobald Waren oder Leistungen einen gewissen Wert erreichen – vorgeschriebene Grenzen gibt es jedoch nicht –, wird die Sache ein bißchen komplizierter als beim Kauf und Verkauf über die Ladentheke. In jedem Fall lohnt es sich dann, alles schriftlich zu machen, damit Mißverständnisse und unangenehme Überraschungen für beide Seiten ausgeschlossen sind.

Die Bestellung ist nicht formgebunden. Je vollständiger und genauer Sie mitteilen, was Sie wollen, um so geringer ist die Gefahr einer Panne.

Am besten ist es für Sie, wenn Sie sich vor dem Formulieren Ihrer Bestellung eine Checkliste machen. So können Sie wenigstens sicher sein, nichts vergessen zu haben. Hier die Mindestangaben:

- Gegenstand
- Menge
- Preis
- Liefertermin
- Zahlungsweise

<u>Gegenstand:</u> Darauf achten, daß bei mehreren Typen oder Modellen genaue Angaben über Beschaffenheit, Farbe usw. enthalten sind.
<u>Preis:</u> Einschließlich Verpackung? Einschließlich Lieferung wohin? Denken Sie bitte nicht: „Ach, das wird schon klappen." Kaufleute denken, meistens zu ihrem Vorteil, sehr genau.

Bestellung von Gartenstühlen

```
Absender                              Datum


Anschrift



Bestellung – Gartenstühle

Sehr geehrte Damen und Herren,

aufgrund Ihres Katalogs 2/19 . . bestelle ich:

20 Gartenstühle, Typ S4

Preis:              280 DM/Stück
                    einschließlich Verpackung,
                    Lieferung frei Haus,
                    Mehrwertsteuer
```

SCHRIFTLICHE TEXTE

Liefertermin: 24. Woche 19 . .

Zahlungsweise: Überweisung 3 Tage nach Lieferung ohne Abzug

Bitte bestätigen Sie die Annahme meiner Bestellung. Im voraus vielen Dank für sorgfältige Ausführung.

Mit freundlichem Gruß

Auftrag über Gartenarbeiten

Absender   Datum

Anschrift

Auftrag: Gartenarbeiten

Sehr geehrter Herr Weinberg,

in Übereinstimmung mit Ihrem Angebot vom 01.08.19 . . – vielen Dank dafür – beauftrage ich Sie, die darin genannten Arbeiten in meinem Garten Bergstraße 15 in der 32. Woche 19 . . auszuführen.

Bitte teilen Sie mir eine Woche vorher mit, an welchem Tag und zu welcher Uhrzeit Sie kommen werden.

Freundliche Grüße

TEXTE

Briefe an Bundesbehörden

Keine Angst vor großen Tieren

Viele Menschen möchten gern an höchster Stelle etwas Wichtiges anbringen, trauen sich aber nicht, dorthin zu schreiben. Warum eigentlich nicht? Volksvertreter, auch die höchsten, sind ganz normale Menschen und korrespondieren auch wie ganz normale Menschen. Aber gibt es da nicht doch Probleme? Schon die Anschrift, die Anrede, der Gruß? Da muß man doch Vorschriften kennen. Braucht man nicht. Hauptsache, Ihr Brief kommt an, und zwar an der richtigen Stelle. Aber natürlich ist es vorteilhaft, wenn der Briefrahmen – Anschrift, Anrede, Gruß – stimmt und den Gepflogenheiten entspricht. Denn wer korrekt schreibt, hat bessere Aussichten, eine baldige und wohlwollende Antwort zu erhalten.

Natürlich gibt es viele schwierige Anredeformen – zum Beispiel im Bereich der evangelischen und der katholischen Kirche, im Adelsbereich, im Hochschulbereich, im akademischen Bereich und im militärischen Bereich. Wer öfter oder häufig mit titelträchtigen Partnerkreisen zu korrespondieren hat, tut gut daran, sich ein spezielles Büchlein zu kaufen, in dem dies alles lückenlos abgehandelt ist.

Hier sei, stellvertretend, einer dieser vielen Bereiche kurz vorgestellt, nämlich die politische Führungsspitze in unserem Staat. Wie schreibt man an den Bundespräsidenten, den Bundeskanzler, an Bundesminister? Und wie heißen die einzelnen Ministerien in Bonn?

Bundespräsident

Anschrift: *Herrn Bundespräsidenten*
der Bundesrepublik Deutschland
(Vorname, Zuname)
Kaiser-Friedrich-Straße 16

5300 Bonn

Anrede: *Sehr geehrter Herr Bundespräsident*
Hochverehrter Herr Bundespräsident

Einen weiblichen Bundespräsidenten würde man mit *Sehr geehrte Frau Bundespräsident* oder mit *Sehr geehrte Frau Bundespräsidentin* anreden.

SCHRIFTLICHE TEXTE

Bundeskanzler

Anschrift:　*Herrn Bundeskanzler der Bundesrepublik Deutschland*
　　　　　　(Vorname, Zuname)
　　　　　　Konrad-Adenauer-Allee 141

　　　　　　5300 Bonn

Anrede:　　*Sehr geehrter Herr Bundeskanzler*
　　　　　　Hochverehrter Herr Bundeskanzler

Oberste Staatsorgane

Anschriften:　*Herrn (Vorname, Zuname)*
　　　　　　　Präsident des Bundesrates

　　　　　　　Frau (Vorname, Zuname)
　　　　　　　Präsidentin des Deutschen Bundestages

　　　　　　　Herrn (Vorname, Zuname)
　　　　　　　Präsident des Ältestenrates

Anreden:　　*Sehr geehrter Herr Bundesratspräsident*
　　　　　　Sehr geehrte Frau Bundestagspräsidentin
　　　　　　Sehr geehrter Herr Präsident des Ältestenrates

Bundesminister

Anschrift:　Es ist zwischen der gebräuchlichen Amtsbezeichnung und der offiziellen Amtsbezeichnung zu unterscheiden. In der Anschrift besser die offizielle Bezeichnung verwenden. Sie lautet:

Bundesminister für Arbeit und Sozialordnung
Bundesminister des Auswärtigen
Bundesminister für Raumordnung, Bauwesen und Städtebau
Bundesminister für Bildung und Wissenschaft
Bundesminister für Jugend, Familie, Frauen und Gesundheit
Bundesminister der Finanzen
Bundesminister für Forschung und Technologie
Bundesminister des Innern
Bundesminister der Justiz
Chef des Bundeskanzleramtes, Bundesminister (Vorname, Zuname)
Bundesminister für Ernährung, Landwirtschaft und Forsten

TEXTE

Bundesminister für das Post- und Fernmeldewesen
Bundesminister für besondere Aufgaben
Bundesminister für Umwelt, Naturschutz und Reaktorsicherheit
Bundesminister für Verkehr
Bundesminister der Verteidigung
Bundesminister für Wirtschaft
Bundesminister für wirtschaftliche Zusammenarbeit
Bundesminister für innerdeutsche Beziehungen

Als Anschrift genügt:
5300 Bonn, Postfach.

Anrede: *Sehr geehrter Herr Bundesminister,*
          Sehr geehrter Herr Minister
          Sehr geehrte Frau Bundesminister
          Sehr geehrte Frau Bundesministerin
          Sehr geehrte Frau Minister
          Sehr geehrte Frau Ministerin

Und wie drückt man sich in einem solchen Brief, etwa an einen Bundesminister, aus? Ganz normal. Als Beispiel ein Brief zur Quellensteuer (das Thema ist ja noch nicht endgültig ausgestanden):

Brief an den Bundesminister für Finanzen wegen Quellensteuer bei Lebensversicherungen

Anschrift   Datum

Anfrage: Quellensteuer bei Lebensversicherungen

Sehr geehrter Herr Bundesminister,

oft wurde in der Vergangenheit dazu ermuntert, selbst etwas für die Alterssicherung zu tun, statt nur auf die – überlastete – Rentenversicherung zu bauen. Das gilt natürlich besonders für Freiberufler. Zugleich aber gibt es viele in diesem Berufsfeld – zum Beispiel Schriftsteller –, um deren finanzielle Situation es nicht gerade zum besten bestellt ist. Wenn man in solcher Situation dennoch regelmäßig Beiträge für Lebensversicherungen aufbringt, hat man es wirklich nicht leicht. Diese schwerfallende, die Rentenversicherung entlastende Initiative wollen Sie nun bestrafen.

SCHRIFTLICHE TEXTE

> Damit stimmt die ganze Altersvorsorgerechnung nicht mehr. Das Schlimmste dabei: Die Versicherer haben ihre Lebensversicherung unter anderen Bedingungen abgeschlossen, als sie heute gelten sollen, unter Bedingungen, die Sie jetzt rückwirkend verschlechtern.
>
> Wenn heute jemand eine Lebensversicherung abschließt, weiß er, worauf er sich einläßt, und das Zinsargument des Versicherers zieht nicht. Er kann sich also wehren. Wir „Altversicherten" können uns nicht wehren. Welchen Rat geben Sie uns: Wie sollen wir die von Ihnen verursachte Lücke in unserer Altersversorgung schließen?
>
> Mit freundlichem Gruß

Bewerbungsbrief

Die Bewerbung hat schon immer eine große Rolle gespielt. In wirtschaftlich guten Zeiten geht es darum, mit einer überzeugenden Bewerbung einen der besonders begehrten Arbeitsplätze für sich zu gewinnen. In wirtschaftlich schlechten Zeiten geht es für viele darum, überhaupt einen Arbeitsplatz zu bekommen. *Bedeutung der Bewerbung*

Viele Bewerbungen werden mündlich vorgebracht, oft zunächst telefonisch; und viele Einstellungen geschehen auf demselben Weg. Im Angestelltenbereich überwiegt allerdings sehr stark die schriftliche Bewerbung, und ausgelöst wird sie, wiederum stark überwiegend, durch Personalanzeigen der Mitarbeitersuchenden oder Bewerbungsempfänger.

Auf solche Anzeigen, häufig großformatig in mehreren Zeitungen und Zeitschriften erscheinend, erhalten die Inserenten zahlreiche, nicht selten außerordentlich viele Zuschriften. Das heißt, hier herrscht ein harter Konkurrenzkampf und eine strenge Auslese. Das heißt aber auch: Auf die Bewerbung kommt sehr viel an.

Da Bewerbungsbriefe im weitesten Sinn Geschäftsbriefe sind, gelten für sie auch deren Regeln. Nur welche? Es gibt die alten mit dem bekannten „Kaufmannsredensartenaufwand" (schönes Wort, nicht?), die guten zeitgemäßen und die auffallenden (außergewöhnlichen, ausgeprägt individuellen, flotten und so fort). Für welche Form Sie sich entscheiden, sollte von Ihren Antworten auf folgende Fragen abhängen: *Regeln*

TEXTE

1. Neige ich zum formal Korrekten, zur Genauigkeit, zur Normnähe, zur Zurückhaltung, zur Vorsicht?
2. Neige ich zur Abweichung vom Üblichen, und habe ich auch die Fähigkeit, diese Abweichung gekonnt umzusetzen?
3. Wie schätze ich den Inserenten ein?

Wer auf 1 mit „ja" antwortet, versucht besser nicht sich krampfhaft zu einem derer zu machen, die auf 2 mit „ja" antworten. Aber natürlich ist es gut, wenn man auch die Inserenteneinschätzung mitreden läßt. Im folgenden finden Sie Beispielbewerbungen für diese beiden Gruppen. Die Bewerbungsschreiben im Ärmelschonerdeutsch vergessen wir am besten.

```
Maria Maibohm                                              14.08.19..
Mozartstraße 216
5000 Köln 1




Neue Versicherung AG
Personalentwicklung
Herrn Bert Bohne
Postfach 12 34

5000 Köln 1


Ihre Anzeige ABC im Kölner Stadt-Anzeiger vom 13./14.08.19..
Qualifizierte Phonotypistin gesucht


Sehr geehrter Herr Bohne,

Sie haben eine Menge Arbeit für Ihre neue Kollegin. Arbeiten,
schnell und zuverlässig, habe ich gelernt. Und als ich mir
Ihre weiteren Fragen kritisch vorlegte und alle mit "ja" beant-
worten konnte, stand für mich fest: Dort bewerbe ich mich.
Daß mich dabei auch das gute Gehalt mit Leistungszulagen reizt -
natürlich.

Ich bin in einem Kreditinstitut tätig, ungekündigt, schreibe
300 Anschläge/min (übrigens: 180 Silben/min Steno), beherrsche
DIN 5008 und 5009, kann mit Textsystemen und PCs umgehen (moderne
Bürotechnik macht mir Spaß). Schreibgut: Geschäftsbriefe, Berichte,
Protokolle, Werbebriefe, Vordrucke.

Wie ich bin? Engagiert, durch Hektik nicht aus dem Tritt zu
bringen, umsichtig, zuverlässig, freundlich, hilfsbereit -sagen
meine Zeugnisse.

Sind das genug gute Gründe, mich zu einem Vorstellungsgespräch
einzuladen? Danke.

Freundliche Grüße



Anlagen
3 Zeugniskopien
Lebenslauf
Lichtbild
```

SCHRIFTLICHE TEXTE

Maria Maibohm   14.08.19..
Mozartstraße 216
5000 Köln 1

Neue Versicherung AG
Personalentwicklung
Herrn Bert Bohne
Postfach 12 34

5000 Köln 1

Ihre Anzeige ABC im Kölner Stadt-Anzeiger vom 13./14.08.19..
Qualifizierte Phonotypistin gesucht

Sehr geehrter Herr Bohne,

Sie suchen eine qualifizierte Phonotypistin, die auch mit modernen Schreibsystemen umgehen kann. Ich glaube, daß meine Fähigkeiten Ihren Wünschen entsprechen.

Ich bin zur Zeit als Phonotypistin im Kreditwesen tätig. Meine Schreibleistungen: 300 Anschläge/Minute. Ich habe sowohl an Textsystemen als auch an verschiedenen PCs gearbeitet, bin also mit diesen Techniken so vertraut, daß ich mich auch in ein anderes System schnell hineinfände.

Das Schreibgut, das ich in meiner jetzigen Tätigkeit hauptsächlich produziere: Geschäftsbriefe, Berichte, Protokolle, Werbebriefe; außerdem sind viele Vordrucke zu bearbeiten.

Die Textaufnahme geschieht hier im Verfahren des Phonodiktats; ich kann aber auch stenographieren (170 Silben/Minute).

Meine bisherigen Zeugnisse (Anlagen) bescheinigen, daß ich mich für meine Aufgaben engagiert einsetze, gelegentliche Mehrarbeit nicht scheue, daß ich in hektischen Betriebsphasen Ruhe und Umsicht bewahre und mich als freundliche, hilfsbereite Kollegin benehme.

Die Branche, in der ich beschäftigt bin: Kreditinstitute.

Wenn diese Voraussetzungen Sie bewegen könnten, mich zu einem Vorstellungsgespräch einzuladen, würde ich mich freuen.

Mit freundlichen Grüßen

Anlagen
3 Zeugniskopien
Lebenslauf
Lichtbild

TEXTE

```
Dieter Donath                                    14.08.19..
Beethovenstraße 2
5060 Bergisch Gladbach 1




Die Neue Sparkasse
Personalleitung
Postfach 12 34

5000 Köln 1



Ihre Anzeige Z im Kölner Stadt-Anzeiger vom 20./21.08.19..
"Werbekorrespondent für Sparkasse gesucht"

Sehr geehrte Damen und Herren,

die fachlichen Anforderungen, die Sie stellen, erfülle ich.
Deshalb bewerbe ich mich bei Ihnen.

Nach abgeschlossener Lehre in einem Anwaltsbüro bin ich in
einem Versicherungsunternehmen als Korrespondent tätig gewesen.
Da mich die Werbung mit dem geschriebenen Wort so reizte, habe
ich dann als Juniortexter in einer kleinen Werbeagentur gearbei-
tet, bei der ich jetzt noch ungekündigt beschäftigt bin. Aber
nun - das war von vornherein so geplant - möchte ich in eine
Sparkasse, Bank oder Versicherung zurück, um meine verbesserten
Fähigkeiten als Werbekorrespondent dort einsetzen zu können.

Wie Sie wissen, geht es in Werbeagenturen oft recht turbulent
zu, oft muß umdisponiert oder improvisiert werden. Hartes,
schnelles Arbeiten bin ich also gewöhnt. Dabei darf trotzdem
das gute Betriebsklima nicht unter den Tisch rutschen. Ich
glaube, daß ich ein Kollege bin, mit dem man auskommen und
auf den man sich verlassen kann.

Meine Zeugnisse füge ich bei (Kopien), außerdem: Lebenslauf,
Lichtbild, Arbeitsproben.

Ich würde mich freuen, wenn Sie mir in einem Vorstellungsgespräch
Gelegenheit gäben, meine briefliche Selbstdarstellung zu ergän-
zen. Im voraus vielen Dank.

Mit freundlichem Gruß



Anlagen
```

SCHRIFTLICHE TEXTE

Dieter Donath   14.08.19..
Beethovenstraße 2
5060 Bergisch Gladbach 1

Die Neue Sparkasse
Personalleitung
Postfach 12 34

5000 Köln 1

Ihre Anzeige Z im Kölner Stadt-Anzeiger vom 20./21.08.19..
"Werbekorrespondent für Sparkasse gesucht"

Sehr geehrte Damen und Herren,

wenn Äpfel rote Backen haben, beißt man gern hinein; wenn Texte
rote Backen haben, liest man sie gern. So blieb ich an Ihrer
Anzeige hängen und sagte mir dann: Das wäre der richtige Arbeitsplatz für mich. Ob ich auch der richtige Mann für Sie bin ...
ich würde mich freuen.

Der Weg bisher: abgeschlossene Lehre in einem Anwaltsbüro,
Korrespondent in einem Versicherungsunternehmen, Juniortexter
in einer kleinen Werbeagentur. Was ich dabei gelernt habe,
möchte ich nun selbständig voll einsetzen. Warum Sparkasse?
Weil ich aus einigen Werbeagenturaufträgen weiß, daß die Kreditinstitute in der schriftlichen Werbung immer mehr tun, von
der Corporate-Identity-Konzeption bis zum letzten ansprechenden
Brief über eine Zinserhöhung.

Was ich sonst noch kann: schnell maschineschreiben (auch mit
PC), heftigem Arbeitsdruck standhalten, mit Kollegen gut auskommen, rasch dazulernen.

Diese Selbstdarstellung entspricht dem, was in meinen beigefügten
Zeugnissen steht.

Ich hoffe, mein "Apfel Bewerbungsbrief" ist so ausgefallen,
daß Sie mich zu einem Vorstellungsgespräch einladen. Vielen
Dank für Ihre Aufmerksamkeit.

Freundliche Grüße   Zeugniskopien
                                        Lebenslauf mit Lichtbild
                                        Arbeitsproben

TEXTE

Einladungen und Antworten

Gelegenheiten und Anlässe
Wie oft lädt man ein, wie oft wird man eingeladen! Wie oft muß man zusagen oder absagen, wie oft wird einem zugesagt oder abgesagt! Geburtstag, Gartenfest, Taufe, Karnevalsfeier, Hausball …
Im kleinen Verwandten- oder Freundeskreis wird man meistens mündlich einladen. Bei Bekannten oder zu größeren festlichen Anlässen ist die schriftliche Einladung vorzuziehen; sie bietet mehrere Vorteile:

- In der schriftlichen Einladung können wir, dem eigenen Gedächtnis und dem des Eingeladenen nachhelfend, genaue Angaben machen: zu was, an welchem Tag, zu welcher Zeit; eventuell: welche Kleidung erwünscht?
- Der Eingeladene wird nicht, wie vielleicht am Telefon, überrumpelt; er wird also nicht zu einer Antwort gezwungen, die er später bereut. Damit ist die schriftliche Einladung rücksichtsvoller und die Anwort darauf sicherer.
- Bei größeren Veranstaltungen oder wichtigen Anlässen erhöht sich der Eindruck des Festlichen.

Sie können solche Einladungen ganz konventionell formulieren, etwa bei Einladungskarten, die gewöhnlich nur wenig Text enthalten. In anderen Fällen, zum Beispiel bei Partyfesten, ist es sinnvoll, ganz zwanglos zu schreiben.

Zwanglos und persönlich schreiben
Zur Sprache: In Geschäftsbriefen sollte unsere Sprache heute von jeglichem Bürokratiestaub früherer Jahrzehnte befreit sein; Fachwörter kaufmännischer, technischer, rechtlicher oder wissenschaftlicher Art sind natürlich notwendig und erlaubt. In persönlichen Briefen, vor allem Einladungen, sollten alle Ausdrücke, die nach Geschäftskorrespondenz klingen, gänzlich zurücktreten. So ist etwa das Wort „Termin" in einem Geschäftsbrief nicht zu beanstanden. In einem Privatbrief beschriebener Art ersetzt man es dagegen besser durch „Tag". Auch geschäftliche Datumsschreibweisen wie „01.08." gehören hier nicht her; die angemessene Schreibweise ist „1. August". Als Grundsatz gilt: so zwanglos wie möglich, so respektvoll wie nötig! Einige Beispiele:

SCHRIFTLICHE TEXTE

Förmliche Einladung zu einer Familienfeier

Klaus und Karin Degenhard
bitten
Herrn und Frau Wieghard

zur Feier der Konfirmation ihres Sohnes Benjamin
am Sonntag, dem 12. April 19..

Der gemeinsame Kirchgang ist um 9.00 Uhr.

                                                      U.A.w.g.

Am Ufer 24
5000 Köln

(U.A.w.g. = Um Antwort wird gebeten)

Zwanglose Einladung zur Verlobung

Liebe Frau Warnke,
lieber Herr Warnke,

nun wird's langsam ernst mit dem Abschied vom Single-Dasein. Am Sonntag, dem 22. September 19.., feiern wir unsere Verlobung. Und daß wir Sie gern dabei hätten ... Sie wissen es.

Bitte sagen Sie zu. Wir freuen uns auf ein schönes Fest in einem kleinen Kreis handverlesener Gäste.

Ihre Gerti Brand
Ihr Franz Dehmel

TEXTE

Zusage auf eine Einladung zur Verlobung

Liebe Gerti,
lieber Herr Dehmel,

über die Einladung zur Verlobung haben wir uns gefreut, und ein bißchen geehrt fühlen wir uns natürlich auch. Nur ein sehr wichtiger Grund könnte uns von diesem Fest fernhalten, und – den gibt's nicht. Es wird ein schöner Abend werden. Auf bald!

Deine ...
Ihre Warnkes

Absage auf eine Einladung zur Verlobung

Liebe Gerti,
lieber Franz,

wie gern wir zu Eurer Verlobungsfeier gekommen wären ... Ihr wißt es. Aber zu dieser Zeit machen wir, fest gebucht, unsere erste große Auslandsreise – Fernost. Ihr könnt Euch denken, daß man eine solche Reise, noch dazu in unserem Alter, lange im voraus plant. Ihr wart mit Eurer Planung – in diesem Fall: leider – schneller. In der Jugend schreitet man meistens rascher vom Entschluß zur Tat. Könnt Ihr uns verzeihen?

Aber vielleicht haben wir als Trost für unsere Abwesenheit eine kleine Überraschung für Euch. Freut Euch darauf. Noch mehr aber auf Eure Verlobung, deren Versprechen ein neues Kapitel in Eurem Leben aufschlägt.

Dürfen wir Euch besuchen, wenn wir von unserer Acht-Wochen-Fernost-Reise zurück sind?

Mit herzlichen Grüßen

Eure Gisela und Karl Warnke

SCHRIFTLICHE TEXTE

Einladung zur Tischtennis-Party

Liebe Silvia,
lieber Uwe,

unser alljährliches Gartenfest steht diesmal unter dem Nebenmotto „Tischtennis". Spielchen, spaßig und ernsthaft, Tischtennisquiz, Rock 'n' Roll rund um die „Platte" nach einleitendem Vortanzen eines Meisterpaares, Badevergnügen zur Abkühlung und … und … und …

Haben wir Euch neugierig gemacht? Also kommt Ihr, nicht wahr? Was wäre eine solche Festlichkeit, ohne daß einige „Eingespielte" einander „die Bälle zuwerfen"? Je schneller Ihr zusagt – telefonisch reicht natürlich –, desto besser!

Eure Tischtennis-Mitsenioren Gudrun und Gerd

Zusage auf eine Einladung zur Tischtennis-Party

Ihr Lieben

was für eine Idee – Tischtennis-Party! Soviel Phantasie wie Ihr müßte man haben! In Rock and Roll sind wir zwar unerfahren, aber alte TT-Profis sind ja immer bereit zu lernen.

Oder sind wir für sowas vielleicht schon zu alt? Ach was – wir kommen. Und solange Kräfte und Gewandtheit reichen, werden wir nichts auslassen.

Bis dahin: Macht's gut!

Eure Dagmar, Euer Kurt

TEXTE

Absage auf eine Einladung zur Tischtennis-Party

Liebe Silvia,
lieber Uwe,

an der für unsere alte Freundschaft schon fast förmlichen Anrede merkt Ihr es bereits: Wir können an Eurem so wundervoll ausgedachten Party-Vergnügen nicht teilnehmen.

Es ist zum Weinen! Aber wirkliches Weinen ist auch der Grund für unsere Absage. Vor wenigen Tagen – wir haben noch gar nicht darüber sprechen können – ist Kurts Vater gestorben, nach kurzer, schwerer Krankheit. Und obwohl er doch schon recht alt war und ein so erfülltes Leben gehabt hat – es hat uns innerlich richtig erwischt. Das Ganze kam wohl zu plötzlich.

Bitte habt Verständnis für unsere Absage. Wir werden an „Eurem Abend" still zu Hause ein Glas Wein miteinander trinken und an Euch denken.

Euch ein gelingendes Fest wünschend,
mit herzlichen Grüßen,
ein bißchen traurig –

Eure Gudrun

Gedicht

Die Lyrik – zwischen den Extremen des Singens und des Verstummens angesiedelt – ist die schwierigste und dichteste Form sprachlichen Ausdrucksvermögens. Nein, nicht das Reimen von Gelegenheitsversen ist gemeint. Doch auch das sei nicht vergessen. Ist es nicht freundlich, kommt es nicht gut an, hat es nicht denselben Wert wie ein guter Werbetext, wenn jemand einem Freund zum Geburtstag einige gereimte Zeilen schreibt?

SCHRIFTLICHE TEXTE

Fünfzig Jahre ist der Mann, *Gelegenheitsgedicht:*
tätig auf der Reise, *50. Geburtstag*
und nun wünscht er dann und wann,
daß er werde weise.

Ach, die Weisheit ist manchmal,
rätselhaft verwegen,
Zufall mehr als eigne Wahl,
mischt sie sich ins Leben –

hier so gar nicht, wo wir denken
und uns arg bemühn,
dort verblüfft sie mit Geschenken,
obgleich schwarze Wolken ziehn.

„Tages Arbeit, abends Gäste",
sagte jener kluge Geist:
wünschen wir ihm dies – das Beste,
was das Leben weise weist.

Oder Sie möchten einem Kind, das in ihrer Familie mit einem heißgeliebten Hund aufwächst, eine Freude machen:

Für Kristina *Gelegenheitsgedicht:*
Unser Hund

Kommt ein Herr die Treppe runter
und ist lustig und ist munter.
Tapp, tapp, tapp – nun hält er ein:
das kann nur der Teddy sein.

Durch zwei Stiegen blinzelt er,
unser kleiner brauner Bär.
Nichts passiert in diesem Haus,
Teddy hat sofort es raus.

Ziehst du dir den Mantel an,
Teddy hängt sich hinten dran.
Ißt du eine Schokola,
Teddy sitzt schon hellwach da.

Und dann bellt er freudevoll.
„Teddy, aus! – Du bist wohl toll!" –
„Teddy, sitz!" Und: „Teddy, Fuß!"
„Kommst du wohl! – Du kriegst 'nen Kuß."

TEXTE

Das folgende Kindergedicht stammt von Paul Heise:

Kindergedicht **Auf der Wiese**

Auf der Wiese steht ein Schaf,
treu und brav,
frißt die Gräser in der Runde
Stund um Stunde.
Davon wächst ihm wundervolle
weiche Wolle.

Auf der Wiese steht ein Schaf,
treu und brav,
das wird bald bis zu den Ohren
kahl geschoren.
Und sein Wollkleid zieht sich dann
Mutti an.

Ein anderes kleines Gedicht von Paul Heise:

Spiel mit Worten und **Auf meiner Altershöhe**
Gedanken

Die Luft wird
schon dünn
auf meiner Altershöhe,
aber
die Aussicht
von Jahr zu Jahr
immer
prächtiger.

Paul Heise will keine „modernen Gedichte" schreiben. Er versucht, mit ganz einfachen Worten einen Gedanken mitzuteilen. Nein, „mitzuteilen" ist falsch, „deutlich zu machen" und gleichzeitig mehrdeutig zu machen, so, wie das Leben immer ist. Zum Beispiel: Daß die Luft in seiner „Altershöhe" schon „dünn" wird, stimmt traurig. Aber „Höhe" ist natürlich auch ein sehr positives Wort, und das kehrt das zunächst wehmütige in ein frohes Motiv. Und selbst das ist noch nicht das letzte Wort, denn es gilt ja beides.

Ein zeitgenössischer Kritiker schreibt über Heises Gedichte: „Sie verbinden Sprachliches so unaufdringlich gekonnt mit Gedanklichem und Kritischem, daß diese Schöpfungen nicht nur für den Hausgebrauch sein sollten. Wenn es wirklich Spielereien sind, dann keine harmlosen, sondern kunstvolle."

SCHRIFTLICHE TEXTE

Als literarische Kleinform eignet sich das Gedicht hervorragend da- *Charakterisierungen*
zu, einen Menschen kurz und prägnant zu charakterisieren:

> Ein großer Wurf
> ist dein Leben.
> Weit wagst du dich hinauf
> ins Ungeschützte,
> dort
> wo der Bergwind wohnt,
> den anderen suchend.

Oder:

> Entschlossenes Steuern
> durch rauhes Wasser
> ist dein Geschäft.
>
> Sicherer Stand
> auf der Brücke.
>
> Aber der Boden des Schiffes,
> manchmal leicht zitternd,
> ist vorläufig fest nur.
> Du ahnst es.

Auch Bildbeschreibungen lassen sich – fernab von entsprechenden *Bild-„Beschreibungen"*
Schulübungen – so gestalten. Über ein Blumenbild, dessen Blumen
zwar realistisch gemalt sind, aber zugleich etwas Unwirkliches aus-
strahlen:

> diese lebensgetreuen blumen
> die so unwirklich
> von rostrotem boden aufsteigend
> uns anblicken
> unter dunkelblättrigem grün
> und weiter steigend
> hinaufleuchten
> in nächtliches blau
> unverständlich für immer
> erreichen mich
> täglich

TEXTE

Über ein kleines Aquarellbild:

> schilfrohr und wiesen und seen
> bäume und berge bis an den himmel
> alles umfassend
> sanft

Der Verfasser der letzten Texte hat die übliche Schreibweise verlassen: Die Großschreibung hauptwörtlich gebrauchter Wörter ist weggefallen, und die Zeichensetzung ist durch den Zeilenwechsel ersetzt worden. Im künstlerischen Bereich ist natürlich mehr erlaubt, haben wir mehr Spielraum und Freiheit als unter dem Diktat der Normen unseres sprachlichen Berufsalltags.

Leistung des Lesers   Bislang haben wir uns hauptsächlich mit den Verfassern von Gedichten, den Autoren, beschäftigt. Doch was ist mit den Lesern? Dazu ein Zitat aus der „Zeitschrift für Philosophische Praxis" (Heft 3, Juli 1988):

„Und was ist mit jenen, die Lyrik ‚nur' lesen? Wer lesend allein darauf bedacht ist, zu ermitteln, ‚was der Dichter damit sagen wollte', erreicht bestenfalls das, was man einen Kunstgenuß nennt. Das mögliche Mehr bleibt versperrt, weil es die eigene künstlerische Kompetenz, die eigene Erfahrung, das eigene Schicksal aussperrt, anders gesagt: weil es dem Gedicht verwehrt, an diese Kernschichten der Existenz heranzukommen, sie zu berühren. Wen wundert's da, daß solche Leser nach einer reichen Bildersprache mit leicht aufnehmbaren Überraschungen lechzen und von Texten, die derart blendenden Zugang nicht bieten, enttäuscht sind? Lyrik, die ihnen mundet, enttäuscht sie dagegen nicht. – Aber:
Was mich nicht ent-täuscht, läßt mich ge-täuscht; was mich nicht mitnimmt, läßt mich liegen. Auf die heilsame ‚Enttäuschung' kommt es gerade an.
Für andere Leser gilt (H. Domin): ‚... ein Gedicht gehört nicht dem Autor, sondern den Lesern. Jeder legt seine konkrete Erfahrung hinein, Generation nach Generation. Gerade das macht ein Gedicht lebendig.' – ‚Sie / die Gedichte / tun, was Gedichte tun, sie aktivieren im Leser den Menschen.'
Damit verschaffen sie dem nachdenkenden und nachschöpfenden Leser die Chance, auch mit seinem Nächsten, abseits von der außengesteuerten Standardkommunikation – häufig Aneinander-vorbei-Kommunikation –, einen innengesteuerten Miteinander-Dialog aufzunehmen."

SCHRIFTLICHE TEXTE

Zum Schreiben gehört auch das Lesen. Was wäre die Musik, wenn sie keine einfühlsamen, intelligenten Zuhörer hätte. Genauso ist es mit Textschreibern und Textlesern. Deshalb dieser kleine Ausflug. Auch wenn Sie nie vorhaben, Lyrik zu schreiben, gönnen Sie sich den Lebens-„Luxus" (der kein Luxus ist), auch Gedichte zu lesen. Von Matthias Claudius bis Bert Brecht – die Weltliteratur steht Ihnen offen. Abschließend ein lyrischer „Anklang":

> ein adagio
> hat sich
> in mein herz
> geschlichen
> wie es mich trägt
> und trauer
> heiter macht
> ein sicheres schiff
> das unbeirrt
> durch den nebel zieht

Glückwünsche und Festtagsgrüße

Mit den Glückwünschen ist es so wie mit den Einladungen. Es gibt sie in Hülle und Fülle: zum Geburtstag, zur Geburt, zur Ordensverleihung, zur Hochzeit, zu einem beruflichen Erfolg und so fort. Wie schwer tut man sich manchmal, wenn man etwas mehr und etwas anderes als die bei derlei Gelegenheiten üblichen Worte bieten möchte. Aber machen wir uns nichts vor: Der Erfolg hängt nicht nur von unserer Ausdrucksfähigkeit ab, sondern auch von der persönlichen Einstellung. Wer an die Aufgabe in dem Bemühen herangeht, sie möglichst flott hinter sich zu bringen – im Tempo unserer Zeit –, dem kann wohl kaum etwas gelingen. Eigenes kostet nun einmal ein bißchen mehr Zeit als das Übliche. Aber erschrecken Sie bitte nicht! So schlimm ist es nun auch wieder nicht. Wer sich nämlich daran gewöhnt und sich sogar ein wenig dazu erzieht, den eigenen Kopf zu gebrauchen, bekommt auch darin Routine. Individuelles braucht also durchaus kein unzumutbares „Zeitopfer" zu werden. Soviel ist allerdings klar: Aller Anfang, auch der Anfang einer Umstellung, ist schwer. Was können wir tun, um unserem Geist auf die Sprünge zu helfen? Ein paar Tips:

Vom üblichen zum individuellen Text

TEXTE

Anlaß   1. Beschäftigen wir uns gedanklich ein wenig mit dem Anlaß.

Was bedeutet es, wenn ein Kind getauft wird? Für das Kind? Für die Eltern? – Was heißt das eigentlich, wenn jemand 60 Jahre alt wird und kurz vor seinem Eintritt in den Ruhestand steht? – Was ist das: Hochzeit in unserer Zeit?

Umstände   2. Fragen wir uns nach den Lebensumständen dessen, den wir beglückwünschen wollen.

Taufe, Geburtstag, Hochzeit, diese und viele andere Festtage im Leben eines Menschen haben einen gesellschaftlichen und einen ganz individuellen Sinn.
Wenn wir, solchen Fragen folgend, denken und nachdenken, vielleicht auch einmal etwas nachlesen, so stellen sich Gedanken dazu ein. Und diese Gedanken oder Teile davon sind genau das, was wir dem zu Beglückwünschenden als unseren persönlichen Beitrag schreiben oder sagen können.

Vorgedrucktes   Damit wollen wir die gedruckten Briefkartenglückwünsche und die Standardformulierungen gar nicht pauschal verdammen oder außer Kraft setzen. Falls es nur darum geht, daß der andere unter seinen Dutzenden oder Hunderten von Glückwünschen auch unseren Namen findet, erfüllen sie ihre Aufgabe. Und dann läßt sich, als Zwischenlösung, sogar eine Verbindung zwischen Vorgedachtem und selbst Gedachtem benutzen. Gedrucktes oder „wie Gedrucktes" und ein paar angefügte, eigene Zeilen.
Übrigens, die moderne Technik kann selbst in diesem so persönlichen Bereich hilfreich sein. Sie stellen fest: Ich habe zu Weihnachten zwanzig (oder vierzig oder fünfzig) Menschen zu schreiben. Es ist mir unmöglich, für jeden einen persönlichen Weihnachtsbrief aufzusetzen. Dazu kommt: Vieles, was ich dem einen zu sagen hätte, wäre auch für die meisten anderen interessant. In großen Familien ist das so. Wie kommt Lena jetzt mit der Schule zurecht? Wann macht Dieter das Abitur? Hat Eduard die angestrebte neue Position erreicht? Beliebige Fragen, die sich beliebig vermehren lassen.
„Aber", so werden Sie fragen, „was haben solche Dinge denn mit Weihnachten oder mit einer sonstigen speziellen Festlichkeit zu tun?" Auf den ersten Blick nichts. Aber vielleicht doch einiges auf den zweiten Blick. Daß der andere einem alles Gute zum Geburtstag und ein glückliches neues Jahr wünscht, weiß man ohnehin, ob er nun schreibt oder anruft oder gar nichts tut. Aber daß er sich zuwendet und mitteilt, wie es beispielsweise der Familie des Absenders zur Zeit geht, das zeigt mir als Empfänger eines solchen Briefes: Ich bin für wert befunden, an diesem Erleben teilzuhaben.

SCHRIFTLICHE TEXTE

Moderne Schreibmaschinen ermöglichen es heute, einen zweiseitigen „Familienbericht" ohne großen Aufwand zwanzig- oder fünfzigmal zu „tippen", eben mit Hilfe eines Speichers. Und wenn ich dann wiederum einige Zeilen hinzusetze, die jeweils nur den Einzelempfänger betreffen, so ergibt sich ein lesenswerter persönlicher Brief. Bitte betrachten Sie diese Gedanken und auch einige kleine Glückwunschbeispiele, die folgen, lediglich als Anregung – als Anregung, ein wenig oder ganz von der stereotypen Glückwunschschreiberei wegzukommen.

Schreibhilfe durch moderne Technik

Weihnachtsbrief an eine Schwester

Liebe Katrin,

Weihnachten steht vor der Tür – lassen wir den ersehnten Gast herein. Damit meine ich natürlich Jesus Christus und mit ihm Frieden und Freude.

Du weißt, weshalb ich das so sage, obwohl ich eine ganz unpathetische Natur bin und gerade in himmlischen Dingen mehr als zurückhaltend zu sein pflege.

Das letzte Jahr war eben danach – zwischen uns beiden. Es hat geknistert und gekracht, und dabei ist auch mancherlei zu Bruch gegangen. Machen wir uns nichts vor. Auch Weihnachten nicht.

Aber die Christnacht ist etwas so Besonderes, sie bietet uns soviel Licht an, daß unsere kleinen Auseinandersetzungen überstrahlt werden können. Wenn wir das wollen.

Ich will. Wann wäre ein versöhnliches Wort, ein inniger Gruß, ein lieber Gedanke an den anderen Menschen, der einem so nahe steht, angemessener und auch leichter als zu dieser Zeit!

Der Streit war gestern. Weihnachten ist heute. Und unsere Zukunft, die innerlich auch eine gemeinsame Zukunft ist, beginnt morgen.

Ich freue mich auf dieses Morgen, und unterm Weihnachtsbaum werde ich in herzinniger Verbundenheit an Dich denken.

Deine Grete

TEXTE

Zum 50. Geburtstag eines Freundes

Lieber Willi,

wer die 50 erreicht hat, kann schon ganz schön stolz zurückblicken: auf Geleistetes, auf gute und schlechte Erfahrungen, auf erlebtes Glück, auf durchgestandene Tiefpunkte. Geschafft! Diese Erinnerungen mögen Dich ermutigen, zuversichtlich nach vorn zu blicken.

Meinen herzlichen Glückwunsch!
Ich denke an Dich und freue mich mit Dir
an diesem besonderen Tag.

Dein Freund Arthur

Zu einer beruflichen Leistung

Für Dein unermüdliches fachliterarisches Schaffen,

lieber Werner,

hast Du nun sogar eine Art Orden bekommen. Herzlichen Glückwunsch! Hurra, er lebe hoch!

Es ist schon erstaunlich und bewundernswert, wieviel Lesenswertes Du zu Papier bringst, und das alles neben Deiner hauptberuflichen Tätigkeit im Ausbildungswesen. Wenn wir Dich nächstes Mal besuchen, hängen wir Dir noch einen Extra-Familienorden um.

Mögest Du weiterhin so viele gute Einfälle haben und die notwendige Kraft für den notwendigen Fleiß und eine glückliche Hand beim Schreiben!

Wir wünschen es Dir von Herzen.

Deine …

Ganz herzliche Grüße an Carla; ohne die Geduld Deiner lieben Frau hättest Du das alles wohl kaum erreicht.

SCHRIFTLICHE TEXTE

Das Thema „Glückwünsche" ist ein sehr wichtiges Thema in unserem Alltag und dazu eine Art „Breitbandthema". Am Anfang dieses Kapitels lautete unser Vorschlag, sich gedanklich etwas mit dem Glückwunschanlaß zu beschäftigen; dann falle es einem leichter, eigene Textideen zu entwickeln. Dies ist um so lohnender, als bestimmte Anlässe ja wiederkehren, also auf lange Sicht Daueranlässe sind. Am intensivsten pflegt eine solche Beschäftigung zu sein, wenn wir darüber auch gleich etwas niederschreiben. Am Beispiel „Taufe" sei dies vorgeführt.

Nachfolgend zunächst ein fiktives, von Birgit Diestel erdachtes Gespräch zwischen Täuflingen, dann einige unterschiedlich gestaltete „Taufbriefe".

Schriftliche Beschäftigung mit dem Thema

Säuglinge geben sich ein Stelldichein

Wenn ein neuer Erdenbürger eingetroffen ist, sagt sich so manch einer: „Nun gut, das Kind ist da. Jetzt soll es auch getauft werden. Aber warum?"

Warum Taufe?

Nehmen wir einmal heimlich an einer etwas merkwürdigen Unterhaltung teil. Während wir zuhören, können wir erfahren, warum manche Eltern ihre Kinder taufen lassen und andere wiederum darauf verzichten.

Wir sind im Seitenschiff einer Kirche, der sonntägliche Gottesdienst ist in vollem Gange, und auf einer der Bänke, etwas abseits vom Hauptgeschehen, sitzen fünf Säuglinge, in warme Decken gehüllt, und plaudern lebhaft miteinander. Sie heißen Tom, Betty, Carla, Lukas und Martin. Ihr Alter: so zwischen drei Monaten und einem Jahr; das ist üblicherweise der Zeitraum, in dem Kinder getauft werden.

Täuflinge diskutieren

Lukas: „Ich warte auf meinen großen Augenblick, gleich werde ich in der Kirche gebadet. Und alle Leute aus dem Gottesdienst schauen zu. Das ist vielleicht komisch."

Betty: „Muß das denn sein?"

Lukas: „Nee, aber meine Eltern wollen allen zeigen, was für ein schönes Kind ich bin. Und dem lieben Gott soll ich auch vorgeführt werden, dann krieg' ich einen Namen, und hinterher kann mir nichts mehr passieren, sagen meine Eltern, weil der große Vater im Himmel mich dann beschützt. Endlich kann mich meine Mutter dann auch spazierenfahren, kein Auto wird uns was zuleide tun. Wie ich mich darauf freue, zu sehen, was es draußen alles gibt!"

Naiver Glaube

325

TEXTE

Skepsis — Martin: „So ein Unsinn. Der liebe Gott ist doch kein Zauberer. Wenn du nicht vom Auto überfahren werden willst, mußt du erst links und dann rechts gucken. Wenn die Fahrbahn frei ist, kannst du über die Straße gehen. Da mußt du schon selbst aufpassen."

Lukas: „Alter Klugscheißer, du weißt immer alles besser. Was willst du eigentlich hier, wenn du auf dich selber aufpassen kannst?"

Daseinsschilderung — Martin: „Wieso? Kann ich doch gar nicht. Erstens brauch' ich dazu meine Eltern, die das für mich tun. Ich gönne mir einstweilen noch, mit anderen Dingen beschäftigt zu sein, als mir den Milchbrei selber zu kochen, die Windeln zu wechseln, na du weißt ja, was unsereins so alles braucht. Ich schlafe, empfinde Wärme; wenn ich Hunger hab', krieg' ich was. Alles ist so, wie ich es mir erwünscht habe. Ich finde es wunderschön auf dieser Welt, bin einfach da, brauche nichts dafür zu tun, nur ab und zu mal schreien, wenn ich sehen will, ob Mama noch da ist. Aber die ist immer da. Sie kommt von ganz alleine, schaut, wie's mir geht, hat mich lieb, einfach, weil es mich gibt, egal, was ich tue. Wenn ich da meinen Vater sehe, der jeden Morgen um acht aus dem Haus geht, lange wegbleibt und abends müde zurückkommt, der kann nicht mehr machen, was er will. Bis zehn Uhr schlafen oder so. Wenn der nicht täglich diesen Streß mitmachen würde, dann hätte ich vielleicht keinen Milchbrei. Also, ich muß sagen, hab' ich's gut! Tja, und meine Eltern sind davon überzeugt, daß so, wie sie mich bei sich aufnehmen, mich auch der liebe Gott in dieser Welt aufnimmt. Deshalb lassen sie mich auch heute taufen."

„Moderne" Erziehung — Tom: „Das hast du toll gesagt, bei mir zu Hause ist das auch so, deshalb will ich aber, im Gegensatz zu dir, gerade nicht getauft werden. Es reicht mir doch, wenn mich meine Eltern lieb haben, da brauch ich doch keinen zweiten Vater mehr, einen, der ‚Gott' heißt und den ich gar nicht kenne.
Und außerdem sagen meine Eltern, daß es an ihnen hängt, wie sie mich erziehen, die wollen da niemanden haben, der ihnen reinredet."

Glaube — Martin: „Komisch. Meine Eltern sehen das ganz anders. Sie sagen, es gibt so viele Dinge auf der Welt, vor denen sie mich nicht schützen können: Kriege, Katastrophen, Lebenskrisen. Deshalb erbitten sie Gottes Hilfe. Damit, so glauben sie, kann ich mich in dieser Welt zurechtfinden, auch wenn es mal ganz schwierig wird. Mit dieser Hoffnung soll ich ein fröhlicher Mensch werden."

Carla: „Fröhlich, wieso denn fröhlich? Meint ihr, es sei ein Spaß, in die Kirche gehen zu müssen, wenn man das gar nicht will?"

SCHRIFTLICHE TEXTE

Betty: „Dann geh' doch wieder nach Hause! Ach so, geht nicht, du kannst ja noch nicht laufen. Sind deine Eltern im Gottesdienst?"

Carla: „Ja, ich soll auch gleich getauft werden."

Martin: „Und wieso willst du nicht?"

Carla: „Weil meine Erzeuger auch nicht wollen. Die machen das nur, damit sie keinen Krach mit der Familie kriegen. Schaden kann's nix, sagen sie. Aber überzeugt sind die eigentlich nicht. Was die alles über den lieben Gott erzählen: Von wegen, daß der immer alles gesehen hat, was sie gemacht haben, jeden kleinsten Streich, und das hat er dann den Eltern gepetzt. Im Namen von so einem will ich mich nicht taufen lassen. Aus lauter Protest werde ich ganz laut schreien, wenn sie mir nachher das Wasser über den Kopf schütten."

Rücksicht auf die Familie

Betty: „Recht hast du. Ich brülle ganz laut mit. Das ist eine Ungerechtigkeit, daß wir nicht selber bestimmen können, ob wir Mitglied in der Kirche werden wollen oder nicht. Nein, ich bin da mit meinen Eltern einer Meinung: Taufe im Kindesalter ist eine Vergewaltigung am freien Willen des Säuglings. Deshalb soll ich auch später mal selber entscheiden, ob ich getauft werden will oder nicht.

Selbstbestimmung

Aus diesem Grund bin ich auch hergekommen, wollte doch mal sehen, wie das so mit dem Taufen ist. Das mit den Paten verstehe ich allerdings noch nicht so ganz. Was machen die? Und wer ist das?"

Paten

Martin: „Bei mir sind es die Schwester von meiner Mutter und der Bruder von meinem Vater. Sogar eine dritte ist dabei, eine gute Freundin von meiner Mutter."

Betty: „Ja, da sind deine Paten also auch gleichzeitig Onkel und Tante von dir. Kriegst du dann von denen zu Weihnachten immer zwei Geschenke? Eins von der Patin und eins von der Tante, beides ein und dieselbe Person. Das wär' ja toll!"

Martin: „Das wird sich zeigen, aber der Pfarrer hat neulich gesagt, es reicht nicht, wenn die Paten nur als Geschenkonkel und Geschenktante zu Weihnachten und zum Geburtstag ein Päckchen schicken. Sie sollen auch meine Freunde werden und mir dabei helfen, dieses Leben gut zu meistern. genauso wie es auch die Eltern, Großeltern, ja alle, die jetzt hier in der Kirche sitzen, tun sollen."

TEXTE

Ansichten, Fragen Tom: „Mein Gott, da hast du ja gar nichts mehr zu tun. Das würde mir nicht gefallen. Nachher wollen die mir auch noch sagen, was ich tun soll. Nee nee! Das ist schon gut so, daß meine Eltern mich nicht taufen lassen."

Betty: „Ich warte lieber und schau mir das mit der Kirche alles noch ein bißchen an. Wenn's mir gefällt, kann ich mich immer noch taufen lassen, so mit vierzehn oder auch schon früher. Ich habe gehört, daß machen jetzt immer mehr.
Aber einen Gott, der so viele verschiedene Menschen wie allein schon uns fünf annehmen und lieb haben kann, ist eigentlich keine schlechte Sache. Und einer, zu dem man immer kommen kann, egal, was man gemacht hat, ist auch nicht übel. Aber kann das nicht auch ein Freund oder eine Freundin sein?"

Glückwunsch zur Taufe

Getauft ist unser Jonas jetzt,
alle wissen's, er zuletzt.
Doch er wird es bald erleben:
Was einer will, das muß er geben.

Euch, liebe Eltern, wünschen wir mit Eurem Jonas alles Gute!
Der, in dessen Namen er getauft ist, wird ihm und Euch helfen.

Eure ...

14. August 19 ..

Glückwunsch zur Taufe

„Ach Gott, ich bitt',
bewahr' mein' Schritt,
so fall' ich nit!"

Euch, liebe Regina, lieber Franz, grüße ich in herzlicher Mitfreude und sende Euch gute Wünsche für das Gedeihen der kleinen Lea.

Eure Tante Elisabeth

SCHRIFTLICHE TEXTE

Eine Einladung zur Taufe

Nikolaus Busegg   Datum
Wendelstr. 14
69 Heidelberg

Liebe Oma, lieber Opa,

am Sonntag, dem 3. April 19 .., wird unser Lieschen auf den Namen Elisabeth getauft.

Mama, Papa, Stefan und ich laden Euch herzlich dazu ein, und natürlich Lieschen. Sie hat versprochen, sich für diesen Festtag besonders hübsch zu machen.

Zusammen mit allen Gästen möchten wir um 9.30 Uhr in die Kirche gehen. Wir treffen uns in der Wendelstraße.

Hinterher feiern wir Lieschens Mitgliedschaft in der Kirche bei uns zu Hause. Onkel Frank, Tante Leonie, Holger und Pit kommen auch, so daß zumindest die halbe Familie wieder einmal vereint ist. Wir hoffen auf ein nettes Beisammensein.

Wenn Ihr mögt, kommt doch schon früher. Ich hole Euch vom Bahnhof ab. Ihr kommt doch?

Bis bald, herzliche Grüße von uns allen.

Euer Nikolaus

TEXTE

Glückwunsch zur Taufe

Michael Mellinghaus Datum
Petra Steinhoff
Alte Gasse 10

62 Wiesbaden

Liebe Frau Berlinger, lieber Herr Berlinger,

zur Taufe Ihrer Tochter Kathrin gratulieren wir Ihnen recht herzlich und schicken einen Sack voll guter Wünsche mit!

Der kleinen Kathrin wünschen wir, daß sie in einer Welt ohne Krieg aufwachsen kann und daß sie den christlichen Glauben als Ermutigung zum Leben erfährt.

Ihnen als Eltern wünschen wir Freude an ihrem Töchterchen, daß Sie es beschützen können, wo es Schutz braucht, und daß Sie ihm Freiheit lassen.

Den Paten wünschen wir, daß sie für Kathrin als Freunde und Partner da sein können, auch im Glauben.

Ihnen allen zusammen einen schönen Tag und ein fröhliches Miteinander.

Freundliche Grüße

Michael Mellinghaus und Petra Steinhoff

SCHRIFTLICHE TEXTE

Glückwunschgeschichte zur Taufe

Absender   Datum

Liebe Frauke, lieber Axel,

wir schicken Mareike zur Taufe eine schöne Geschichte, die uns geholfen hat, zu verstehen, was Gott für andere Menschen bedeuten kann.

„Ein Mensch geht mit Gott am Strand entlang und bespricht mit ihm sein Leben. Am großen, weiten Horizont über dem Meer ziehen in großen Bildern Szenen aus seinem Leben vorüber – aus guten und schlechten Zeiten. Als er sich umblickt, sieht der Mensch hinter sich Spuren im Sand, und ihm fällt auf, daß manchmal nur eine Spur im Sand zu sehen ist, und zwar immer dann, wenn es ihm besonders schlecht und elend ergangen ist. Und der Mensch spricht zu Gott: ‚Mir fällt auf, daß hinter uns manchmal nur eine Spur im Sand zu sehen ist, obwohl wir doch immer zusammen gegangen sind, und zwar immer dann, wenn es mir besonders schlecht ging. Herr, warum warst du immer dann, wenn es mir besonders schlecht ging und wenn ich dich am nötigsten brauchte, nicht bei mir?' Gott antwortete ihm: ‚Wo du nur eine Spur siehst, als es dir besonders schlecht gegangen ist, das war da, als ich dich getragen habe.'"[1]

Wenn Mareike anfängt, Euch Löcher in den Bauch zu fragen, ist sicher auch die Frage nach dem lieben Gott dabei. Vielleicht kann diese Geschichte einmal eine Antwort für sie sein.

Wir grüßen Euch und Mareike sehr und schicken die besten Wünsche zur Taufe.

Eure Gerda und Euer Ernst

[1] W. Gerlach, Taufgottesdienst zum Thema „Wasser", in: H. Nitschke (Hg.), Taufe Predigten, Gottesdienstentwürfe, Praxisberichte, Gütersloh 1984

TEXTE

Glückwunschgedicht zur Taufe

Ratzeburg, 22. Januar 1988

„Ich habe den Glauben,
daß wir nicht geboren sind,
um glücklich zu sein,
sondern um unsere Pflicht zu tun,
und wir wollen uns segnen,
wenn wir wissen,
wo unsere Pflicht ist."
(Nietzsche)

Zum Fest der Taufe sind wir der kleinen Verena und Ihren Eltern in Freundschaft verbunden.

Onkel Alfred und Tante Marga

Glückwunschgedicht zur Taufe

Lüneburg, 19. Mai 1988

Dem Täufling Max

So, wie man früher die Menschen bei der Taufe ins Wasser getaucht hat und sie dann wieder aus dem Wasser heraushob, so wünsche ich Dir, lieber Max, in Deinem Leben das Vertrauen und die Zuversicht, daß es immer wieder ein Auftauchen aus Zweifeln und schwierigen Situationen für Dich geben wird.

Statt eines Silberlöffels ein Paar Schwimmflügel, damit Du früh lernst, Dich mit Vergnügen über Wasser zu halten.

Dein Onkel Fred

SCHRIFTLICHE TEXTE

Glückwunschgedicht zur Taufe

Ort, Datum

<u>Bitten der Kinder</u>

Die Häuser sollen nicht brennen.
Bomber soll man nicht kennen.

Die Nacht soll für den Schlaf sein.
Das Leben soll keine Straf' sein.

Die Mütter sollen nicht weinen.
Keiner soll töten einen.

Alle sollen was bauen,
Da kann man allen trauen.

Die Jungen sollen's erreichen.
Die Alten desgleichen.
(B. Brecht)

Lieber Markus, wir wünschen Dir zu Deiner Taufe, daß Du in eine Welt wächst, in der die Bitten der Kinder erhört und erfüllt werden.

Deine Patentante Ria und Dein Patenonkel Karl

TEXTE

Dankschreiben für erhaltene Glückwünsche

Konstanz, 30. Juni 1988

Lieber Fred, Du alter Schelm,

im Namen von Max danken wir Dir für Deine guten Wünsche zur Taufe und das erste „Rüstzeug" für sein Leben.

Bei Dir weiß man nie so genau, wie ernst Du etwas meinst, aber, Du wirst vielleicht lachen, wir fanden Deine Idee lustig und haben Max in einem Säuglingsschwimmkurs angemeldet. Da wird er dann mit fünf anderen Babies das Sich-über-Wasser-Halten lernen, allerdings nur, wenn er dabei tatsächlich Vergnügen haben wird. Wir werden Dir berichten, ob Deine Freude am Wasser auch bei ihm Anklang findet.

Und Du, alter Seebär, wie lange bist Du jetzt in Lüneburg? Hast Du nicht Lust, uns mal zu besuchen? Es wär schön, wenn wir mal wieder etwas zusammen unternehmen könnten. Wir sind diesen Sommer in Konstanz, Du brauchst also nicht zu fürchten, uns wegen Urlaub nicht anzutreffen.

Hier läßt es sich zur Zeit gut leben, Max macht mir viel Spaß. Nur muß ich mit Erstaunen feststellen, daß ich jetzt, nachdem ich schon zwei Söhne großgezogen habe, mit dem „Nachzügler" wesentlich vorsichtiger und weniger selbstverständlich umgehe als mit Ben und Alex. Deine Schwimmflügel waren da gar nicht so unrichtig.

Mach's gut, Bruderherz, laß Dich einmal blicken und sei nett zu Dir.

Alles Liebe

Deine Illo, auch Christoph grunzt freundlich aus dem Hintergrund

SCHRIFTLICHE TEXTE

Bitte an eine Verwandte, die Patenschaft zu übernehmen

Blaubeuren, 3. August 1987

Liebe Renate,

vielleicht bist Du jetzt erstaunt, wenn Du liest, worum ich Dich bitten möchte.

Norbert und ich haben uns entschlossen, Tanja taufen zu lassen. Reinharts Schwester und mein Bruder werden die Taufpaten sein. Wir hoffen so, die verstreuten Familienmitglieder doch hin und wieder einmal zusammenzubekommen.

Aber ein frischer Wind aus anderen Richtungen wäre mir auch sehr lieb, und den könntest Du, so vermute ich, sicher in unser Haus bringen.

Für Tanja wünsche ich mir, daß sie ganz verschiedene Menschen kennenlernt und die Möglichkeit hat, sich mit ihnen anzufreunden. Dich als ihre Patentante könnte ich mir gut vorstellen.

Auch weil Du so ganz anders bist, als ich dies von zu Hause gewohnt bin. Du hast mir mit Deiner Energie und Deiner Unternehmungslust oftmals gezeigt, wie man sich das Leben zu eigen machen kann.

Deshalb würde ich mich sehr freuen, wenn Du eine von Tanjas Paten wirst. Magst Du?

Liebe Grüße

Deine Sigrid

TEXTE

Denkanstoß zum Taufvorhaben eines Neffen

Hasenmoor, 13. Dezember 1988

Lieber Gabor,

Du willst Dich also taufen lassen! Wie alt bist Du jetzt? 14 Jahre? Was bringt Dich dazu?

Du siehst, es versetzt mich in Staunen, was Du vorhast. Deshalb will ich auch jetzt weiter keine großen Sprüche machen, nur eine kleine Geschichte schick ich Dir mit, und dann warte ich auf Deine Antworten. Bis dahin wird das Staunen vorbei sein, und ich kann Dir etwas zu Deinem Entschluß sagen oder schreiben. Einverstanden?

Eigentlich ist diese Geschichte ein Gleichnis. Man sagt von ihr, daß sie zum Urevangelium gehört, das in einem buddhistischen Kloster in Tibet aufbewahrt wurde, um es vor Fälschungen zu schützen.

Das Gleichnis von den Fischen

„Die Fische eines Flusses sprachen zueinander und sagten: ‚Man behauptet, daß unser Leben vom Wasser kommt, aber wir haben noch niemals Wasser gesehen, wir wissen nicht, was es ist.' Da sagten einige von ihnen, die klüger waren als die anderen: ‚Wir haben gehört, daß im Meer ein kluger und gelehrter Fisch lebt, der alle Dinge kennt. Wir wollen zu ihm gehen und ihn bitten, uns das Wasser zu zeigen.' So machten sich einige von ihnen auf, den weisen Fisch zu suchen, und sie kamen endlich in das Meer, wo der Fisch lebte, und sie fragten ihn.

Als er sie angehört hatte, sagte er: ‚Oh, ihr dummen Fische! Im Wasser lebt ihr und bewegt ihr euch und habt ihr euer Leben, aus dem Wasser seid ihr gekommen, zum Wasser kehrt ihr wieder zurück. Ihr lebt im Wasser, aber ihr wißt es nicht!'" [1]

Ohne Kommentar!

Dein Onkel André

---

1 Alfred Delp, in: Das Buch deutscher Briefe, W. Heymen (Hg.), Wiesbaden 1957, S. 214 ff.

SCHRIFTLICHE TEXTE

Lebenslauf

Der „Lebenslauf" (die Darstellung des Lebenslaufes) im Zusammenhang mit einer Bewerbung ist eine wichtige Sache. Deshalb wird er in den meisten Personalanzeigen verlangt oder stillschweigend vorausgesetzt. Auch wenn der Inserent die Auswahl der Bewerbungsunterlagen dem Bewerber überläßt, gehört er dazu. Wenn nicht ausdrücklich etwas anderes gefordert wird, ist der maschinengeschriebene Stichwortlebenslauf (tabellarischer Lebenslauf) die angemessene und gewünschte Form. Seine Vorzüge:

- Der Beurteiler erkennt schnell die wesentlichen Tatsachen, weil er sich nicht erst durch Sätze hindurcharbeiten und die Fakten daraus isolieren muß.
- Der Leser kann benötigte Daten später schneller wiederfinden.
- Der Bewerbungsempfänger hat, wenn alle Bewerber einen tabellarischen Lebenslauf schicken, die Möglichkeit, besser, schneller und genauer zu vergleichen.

Ein wichtiger Nebenvorteil: Aus dem stichwortartigen Lebenslauf sind zusätzliche Qualifikationsmerkmale ablesbar:

- Der Stichwortlebenslauf zeigt, ob jemand fähig ist, alles Notwendige und Wesentliche straff zusammenzufassen, es übersichtlich zu gliedern und logisch wiederzugeben.

Typographisch läßt sich dieser Lebenslauf verschiedenartig aufbauen. Auf der folgenden Seite finden Sie eine besonders sinnvolle Form: Links stehen nicht, wie weithin üblich, nur Jahreszahlen, sondern auch die Stichworte, zu denen die Zeitangaben gehören. Rechts stehen wesentliche Angaben. Die Stichworte mit Zeitangaben beginnen auf Grad 10 der Schreibmaschinenskala (Pica-Schrift, 10er) oder auf Grad 12 (Elite-Schrift, 12er), die Angaben dazu auf Grad 30 (10er) oder auf Grad 36 (12er). Das ist leicht zu schreiben und macht einen geordneten Eindruck.

TEXTE

Der tabellarische Lebenslauf (geschrieben mit einer Speicherschreibmaschine; fette Überschrift, Blockform)

Lebenslauf in Stichworten Holzminden, 15.02...

Name:	Hans Schneider
Geburtstag, Geburtsort:	29.09.48 in Hameln
Familienstand:	verheiratet seit 1970, 1 Kind
Schulbildung:	
1954 – 1958	Volksschule in Hameln
1958 – 1967	Gymnasium in Hameln – Abitur
Wehrdienst: 1967 – 1968	Im Rahmen meiner Ausbildung erwarb ich den Führerschein Klasse 3.
Berufsausbildung: 1968 – 1971	3jährige Lehrzeit als Industriekaufmann bei der Willi Habermann & Co, Maschinenfabrik in Hameln; Lehrabschlußprüfung 1971 mit „gut" bestanden.
Buchhaltung, Korrespondenz: 1971 – 1972	Nach meiner Lehrzeit war ich weiterhin bei der Firma Habermann tätig, zunächst in der Buchhaltung, später in der Verkaufskorrespondenz.
Verkauf: 1973	Um meine Kenntnisse zu vervollständigen, trat ich am 01.01.73 in die Hermes AG, Maschinenfabrik, Holzminden, als Verkaufssachbearbeiter ein.
Werbung: 1974 – ...	Seit Anfang 1974 arbeite ich, ungekündigt, als stellvertretender Leiter der Werbeabteilung.
Berufserfahrung:	Gründliche Kenntnisse auf den Gebieten Buchhaltung, Zahlungsverkehr, Steuerwesen, Verkauf und Werbung.
	Mein Hauptinteresse gilt der Werbung. Auf diesem Gebiet habe ich besonders gute Erfolge erzielt.
Sprachkenntnisse:	Gute Englischkenntnisse, brauchbare Französischkenntnisse.

SCHRIFTLICHE TEXTE

Mahnung

Wenn jemand eine vertraglich vereinbarte Ware nicht liefert oder Leistung nicht erbringt, wird der andere mahnen. Damit man es leicht hat, seine Rechte nachzuweisen, empfiehlt sich stets ein schriftlicher Vertrag, vor allem bei größeren Objekten.
Der viel häufigere Fall ist allerdings: Jemand hat etwas geliefert oder eine Dienstleistung erbracht und wartet vergeblich auf sein Geld. Auch in diesem Fall ist eine schriftliche Vereinbarung sehr hilfreich. Am sichersten ist es, wenn man für die Zahlung ein Datum festsetzt: 31.12.19.. Doch gleichgültig, wie die Vertragslage ist, der Gläubiger wird kaum einmal versuchen, sofort schweres Geschütz aufzufahren, höchstens dann, wenn der Schuldner die Zahlung eindeutig verweigert hat. Also: Mahnbriefe.
Üblicherweise werden drei Mahnbriefe verschickt. Aber vorgeschrieben ist das nicht. Es gibt Firmen, die zehn Mahnungen loslassen, und andere, die nach der ersten erfolglosen Mahnung das Gericht einschalten.
Gehen wir hier einmal von der Regel aus, also drei Mahnbriefe. Meistens enthalten die Zahlungsaufforderungen dann Steigerungen: von der freundlichen Bitte über die höfliche Aufforderung bis zur Drohung! Doch das muß nicht so sein, und besonders beeindruckend ist es für den Empfänger auch nicht.

In vielen Fällen erreichen Sie mehr:

– wenn Sie zwar bestimmt mahnen,
– aber dabei höflich und sachlich bleiben
– und mit Ihren Formulierungen deutlich von den Routinemahnungen abweichen.

Die gedanklich-sprachlichen Abweichungen reißen den Schuldner, vor allem den erfahrenen, aus seinem eingeübten Mahnschlaf. Der erste Schritt zu besserem Erfolg. Sprechen Sie ihn darüber hinaus persönlich an, denn wer sich individuell angesprochen fühlt, statt mit einer mehr oder weniger anonymen Mahnung Umgang zu pflegen, dem wird die Sache eher unangenehm. Und um das unangenehme Gefühl verlieren zu können – zahlt er. Oder – bei mehreren Gläubigern – die individuell auftretenden Gläubiger kommen als erste zu ihrem Recht.

TEXTE

Mahnung: 1. Zahlungsaufforderung

Absender					Datum

Anschrift

Ihr Auftrag „Dachausbau" vom ...
Unsere Rechnung 1234 vom ...

Sehr geehrter Herr Wilde,

vor zwei Monaten war der Dachausbau in Ihrem Reihenhaus in der Tannenstraße 3 fertig. Und ich war sogar fix und fertig; denn ich habe – Sie wissen es – gearbeitet wie ein Pferd. Sie sollten Ihre „neue Etage" pünktlich genießen können.

Und was genieße ich nun? Ein leeres Konto. Sind Sie so freundlich, das zu ändern? Bis zum 30. September 19..? Danke.

Freundliche Grüße					Rechnungskopie

SCHRIFTLICHE TEXTE

Mahnung: 2. Zahlungsaufforderung

Absender   Datum

Anschrift

Ihr Auftrag „Dachausbau" vom …
Unsere Rechnung 1234 vom …
Unser Mahnung vom …

Sehr geehrter Herr Wilde,

heute bin ich mit dem linken Fuß aufgestanden. Ich hätte auf mich hören und einen Urlaubstag einlegen sollen. Aber nein: Dienst ist Dienst … Sie wissen schon.

Statt dessen sitze ich hier nun und schreibe Ihnen einen Mahnbrief. Den zweiten. Können Sie sich meine Laune vorstellen?

Damit das nicht so weitergeht, überweisen Sie bitte bis zum … den längst fällig gewesenen Rechnungsbetrag (siehe Anlage). Einverstanden?

Mit freundlichen Grüßen   Anlage

TEXTE

Mahnung: 3. Zahlungsaufforderung

Absender   Datum

Anschrift

Ihr Auftrag „Dachausbau" vom …
Unsere Rechnung 1234 vom …
Unsere Mahnungen vom … und vom …

Sehr geehrter Herr Wilde,

die erste Fassung dieser dritten Mahnung an Sie habe ich weggeworfen. Ich merkte, daß ich anfing, „Betonsätze" zu bauen – so im Hauruckstil. Darüber hätte ich mich hinterher geärgert. Und Sie auch. Haben wir das nötig?

Wenn's finanzielle Probleme gibt: Rufen Sie mich doch einfach an. Aber bitte gleich. Gute Geschäftspartner pflegen einen vernünftigen Ausweg zu finden.

Falls Ihr Anruf ausbleibt, rechne ich mit dem

      Eingang Ihrer Überweisung
      bis zum …,

damit wir uns einen Tag nach der gesetzten Frist nicht gemeinsam auf dem Rechtsweg wiederzufinden brauchen – zum beiderseitigen Mißvergnügen.

Mit freundlichem Gruß   Rechnung

SCHRIFTLICHE TEXTE

Protokoll

Über Arbeitsgespräche, Diskussionen, Sitzungen, Debatten wird oft ein Protokoll angefertigt oder muß sogar ein Protokoll angefertigt werden. Denken wir an Bundestags- oder Landtagsdebatten. Die Art kann unterschiedlich sein. Vor allem sind zu unterscheiden:

- wörtliches Protokoll
- Beschlußprotokoll, Ergebnisprotokoll
- Verlaufsprotokoll
- Kurzprotokoll

Das wörtliche Protokoll gibt, wie der Name sagt, alles wieder, was gesprochen wird, einschließlich der Zwischenrufe. Voraussetzung: hervorragende Stenographierfertigkeiten.
Das Beschluß- oder Ergebnisprotokoll hält nur das Wichtigste fest. Meistens gibt es Antwort auf die Fragen: Wie verhalten wir uns in Sachen …? – Wer hat wann was zu tun? Voraussetzung: Was schriftlich festgehalten werden muß, ist vom Leiter der Runde oder von Teilnehmern klar zu formulieren, oder die Protokollantin beziehungsweise der Protokollant hat es während des Gesprächs herauszufiltern. Im zweiten Fall sind häufig gute Kenntnisse über das Gesprächsthema erforderlich.
Das Verlaufsprotokoll gibt Beschlüsse und Ergebnisse wieder, aber auch die wesentlichen Aussagen, die dazu geführt haben. In diesem Fall ist zumindest ein Grundwissen über den Gesprächsstoff noch dringender nötig. Außerdem sind gute Deutschkenntnisse und Formulierfähigkeiten erforderlich. Deutschkenntnisse: Was die Gesprächsteilnehmer sagen, ist im Konjunktiv (Möglichkeitsform) wiederzugeben, und dessen korrekte Verwendung bereitet einige Schwierigkeiten. Formulierfähigkeiten: Wer zusammenfaßt, muß in verkürzter, gestraffter Form leichtverständlich wiedergeben, was oft in breit angelegter Form gesprochen worden ist.
Wann ist der Konjunktiv nötig? Wenn ich ins Protokoll schreibe „Der Zeugwart sagt mit Nachdruck, daß er die Trikots rechtzeitig zur Wäscherei gebracht hat", so identifiziere ich mich mit seiner Aussage. Da ich in der Regel jedoch gar nicht mit Sicherheit wissen kann, ob die Aussage eines Gesprächsteilnehmers zutrifft, muß ich schreiben: „Der Zeugwart sagt mit Nachdruck, daß er die Trikots rechtzeitig zur Wäscherei gebracht habe."
Das Kurzprotokoll erfaßt – neben Beschlüssen und Ergebnissen – den Gesprächsverlauf nur in seinen wesentlichen Punkten; es ist also eine erleichterte Form des Verlaufsprotokolls.

Voraussetzungen für die verschiedenen Protokollarten

Das Problem Konjunktiv

TEXTE

Die Zeitfrage — Meistens werden Protokolle in der Gegenwartsform (Präsens) geschrieben, und hier und da wird behauptet, nur diese Zeitform sei zulässig. An anderen Stellen der Fachliteratur wird auch die Vergangenheitsform (Präteritum) zugelassen. Beides läßt sich begründen. Protokolliert wird während des Gesprächs; das spricht für die Gegenwartsform. Ausformuliert wird das Protokoll aber meistens erst später, manchmal Tage später; und an diesem Ausformulieren wirken oft auch noch Diskussionsteilnehmer mit; das spricht für die Vergangenheitsform. Denn es ist klar, daß solche Mitwirkungen noch einiges verändern können, daß also das endgültige Protokoll dem ursprünglichen Protokoll gar nicht mehr in allen Teilen entspricht.

Noch einmal zur Erinnerung: Wenn von Gegenwarts- oder Vergangenheitsform im Protokoll gesprochen wird, so sind nicht die Konjunktivstellen gemeint. Beispiel: Er sagt (oder: sagte), daß die Ware rechtzeitig eingetroffen sei (siehe Seite 76 ff.).

Protokollrahmen — Am leichtesten zu lernen ist sicherlich das, was wir den Protokollrahmen nennen.

- Welche Bestandteile hat ein Protokoll?
- In welcher Reihenfolge erscheinen diese Bestandteile?

Strenge Vorschriften, etwa DIN-Regeln, gibt es für den Protokollrahmen nicht. Je wichtiger und umfangreicher der Gegenstand ist, desto genauer wird man es allerdings damit nehmen.

Äußere Gestaltung — Auch in der äußeren Gestaltung besteht Spielraum. Man kann sich die Sache zum Beispiel unnötig schwer machen, indem man vieles, vor allem Überschriften, auf Mitte setzt und mit zahlreichen unterschiedlichen Einrückungen arbeitet. Man kann aber auch, dem Trend der Entwicklung folgend, grundsätzlich linksbündig schreiben und im übrigen mit einer Einrückungsform oder höchstens zwei Einrückungsformen auskommen.

Das folgende kleine Verlaufsprotokoll soll der Veranschaulichung dienen.

SCHRIFTLICHE TEXTE

Verlaufsprotokoll einer Mitarbeiterbesprechung

Protokoll

Thema	Zeichensetzungs- und Rechtschreibkurse für Sekretärinnen und Phonotypistinnen
Datum	22.11.19..
Ort	Gebäude B1, Besprechungsraum 3
Beginn	9.30 Uhr
Ende	12 Uhr
Teilnehmer	Frau Gudrun Kürten (Personalentwicklung)
	Frau Gerda Behrend (Schreibdienstleitung)
	Herr Karl Glinz (Verkauf A)
Protokollführerin	Frau Tina Heilmann
Verteiler	Teilnehmer
	Frau Dr. Karla Krings (Personalentwicklung)
	Herr Konrad Schneider (Verkauf A)

Herr Glinz	weist einleitend darauf hin, daß bei seinen Verkaufssachbearbeiterinnen und -sachbearbeitern mehrfach Klagen über schwache Deutschkenntnisse laut geworden seien und daß deshalb der Vorschlag gekommen sei, durch hausinterne Schulungen Abhilfe zu schaffen.
Frau Behrend	macht entschuldigend darauf aufmerksam, daß dieser Schreibdienst erst wenige Monate bestehe und daß man dafür neue Kräfte eingestellt habe, die sich erst einarbeiten müßten. Ob denn jeder kleine Komma- oder Rechtschreibfehler wirklich so wichtig sei.
Herr Glinz:	Darüber entscheide weder er noch der Chef, sondern der Kunde. Und manche Leute seien eben empfindlich und zögen von formalen Fehlern in den Geschäftsbriefen negative Schlüsse auf die Qualität des Unternehmens. Die Firma stehe mit ihren Werbebriefen, Verkaufsbriefen und so weiter genauso in der Beurteilung wie beispielsweise ein Bewerber mit seinem Bewerbungsschreiben und anderen Unterlagen.

Frau Kürten:	Wenn berechtigte Wünsche nach Schulungen an die Personalentwicklung herangetragen würden, wolle man dem auch gern nachkommen. Man sei ja froh, wenn nützliche Themen von den Betroffenen geäußert würden. – Aber wie die Aufgabe „Deutschschulung" denn nun in Gang gesetzt werden solle. – Ob man die Kenntnisse der Schreiberinnen so gut kenne, daß man den notwendigen Umfang einer Schulung abschätzen könne.
Frau Behrend:	Die Kenntnisse seien recht unterschiedlich. Am besten sei es, wenn die Personalentwicklung Seminarangebote einhole und bei der Gelegenheit auch erfrage, was mit welchem Zeitaufwand zu bewirken sei.
Frau Kürten:	Man wolle das so schnell wie möglich übernehmen. Telefonische Voranfragen bei entsprechenden Instituten könnten dazu ja schon einigen Aufschluß geben.
Frau Behrend:	Es müsse beachtet werden, daß der Schreibdienst nicht mehrere Tage ohne Personal sein könne.
Frau Kürten	fragt, wie viele Damen denn geschult werden müßten.
Frau Behrend:	Mit den Sekretärinnen seien es etwa achtzehn.
Herr Glinz	schlägt vor, in zwei Gruppen zu arbeiten, am besten eine Gruppe vormittags, eine nachmittags. Selbst wenn drei oder vier Tage angesetzt werden müßten – was er schätze –, wäre jede Kraft trotzdem an jedem Arbeitstag einen halben Tag an ihrem Arbeitsplatz.
Frau Behrend:	Das lasse sich gut machen.
Frau Kürten	fragt, warum eigentlich die Diktierenden die Satzzeichen nicht einfach ansagten.
Herr Glinz:	Mit Punkt, Fragezeichen, Doppelpunkt und so fort geschehe das ja. Aber wenn sie auch noch die Kommas mitdiktierten – und da lägen ja die Hauptschwierigkeiten –, dann werde die

SCHRIFTLICHE TEXTE

	Aufmerksamkeit zu sehr von Inhalt und Formulierung abgelenkt. Man könne natürlich auch die Diktierenden schulen, und zwar so, daß sie mit der Kommafrage spielend fertig würden. Aber dann müsse man viel mehr Mitarbeiter schulen. Also Verteuerung.
Frau Kürten	stellt zusammenfassend dazu fest: Man sei sich einig, diesen Weg nicht zu gehen. Schon bei Einrichtung des Schreibdienstes sei man davon ausgegangen, daß die formalen Dinge im wesentlichen von den Schreiberinnen wahrgenommen werden sollten. Das erhöhe außerdem ja auch die Qualifikation und ihr Ansehen.
Beschluß:	Frau Kürten holt Erkundigungen und Angebote über Zeichensetzungs- und Rechtschreibkurse ein und verständigt die anderen so schnell wie möglich über die Ergebnisse.
(Unterschrift)	(Unterschrift)
Protokollführerin	Besprechungsleiterin
Datum	24.11.19..

Diese Protokollgestaltung bietet mehrere Vorteile:
Die Gestaltung verlangt nur einen Tabsprung, ist also schnell und einfach zu verwirklichen.

Die Form ist sehr übersichtlich.

Hinter den Namen der Redner finden Sie manchmal einen Doppelpunkt, manchmal nicht. Steht kein Doppelpunkt, setzt sich der Text durch Einleitungswörter nach dem Tabulatorsprung fort. Nach einem Doppelpunkt beginnt hinter dem Tabulatorsprung sofort ein Konjunktivsatz. Dieses Verfahren erspart es einem zum Teil, mühsam nach Einleitungsvokabeln zu suchen, selbst dann, wenn nur ein schlichtes „sagt" gemeint ist. Da einem die häufige Wiederholung eines „sagt" oder „stellt fest" oder „teilt mit" meistens nicht gefällt, läßt man sich leicht zu anderen Ausdrücken verführen, die aber vielleicht

Doppelpunkt, Einleitungswörter

gar nicht der Rednerabsicht entsprachen. Meistens wird man mit solchen Einleitungsformulierungen zwar nicht völlig danebengreifen, aber hier kommt es auch auf Nuancen an.

Noch eins: Protokolle lesen sich oft schwer, und wenn es sich nicht für den Leser um hochinteressante Inhalte handelt, sind sie nicht selten von erstaunlicher Langweiligkeit. Das liegt teilweise an der notwendigen Verwendung des Konjunktivs, noch mehr allerdings daran, daß lange Schachtelsätze gebildet werden.

Gutes Protokollieren verlangt also gutes Formulieren. Wer darin schwach ist und vielleicht außerdem noch wenig Übung hat, wird kein brauchbares Protokoll zustande bringen.

Reklamation (Mängelrüge)

Überall, wo Menschen arbeiten – auch wenn es mit Maschinen geschieht –, passieren Fehler. Leider scheinen sie sich zu häufen, scheinen sie zu einer Plage zu werden. Wer ein Auto kauft, einen Schrank bestellt oder gar eine ganze Küche anschafft, der kann manchmal was erleben. Der Ärger ist groß, und er wird noch größer, wenn man merkt, wieviel zusätzliche Arbeit mit dem Reklamieren verbunden ist – mit einer Tätigkeit also, deren Aufwand wir natürlich nicht ersetzt bekommen. Wenn wir diese Arbeit aber nun schon auf unsere Kosten auf uns nehmen müssen, dann lohnt es sich, sie gleich richtig und erfolgversprechend zu gestalten, denn sonst wird die Mehrarbeitsliste mit der Zeit länger und länger. Deshalb zunächst einige Grundsätze:

Grundsätze
1. Prüfen Sie eine gelieferte Ware oder eine geleistete Arbeit so schnell wie nur möglich. Je eher Mängel entdeckt werden, desto besser.
2. Stellen Sie Art und Umfang der Mängel möglichst genau fest.
3. Rügen Sie die mangelhafte Vertragserfüllung so rasch wie möglich und so präzise wie möglich.
4. Beschreiben Sie die Mängel verständlich und genau.
5. Schildern Sie die Ihnen entstandenen oder noch entstehenden Schäden.
6. Sagen Sie, wie Sie sich die Behebung der Mängel und die Wiedergutmachung der Schäden vorstellen.
7. Machen Sie Ihre Rechte geltend.
8. Setzen Sie Termine!

Das ist die rationale Seite der Sache. Und die emotionale Seite? In Mängelrügen findet man überwiegend Textstellen, in denen der Rü-

SCHRIFTLICHE TEXTE

gende seinem Ärger Luft macht. Verständlich, aber unangebracht. Erstens ändert das nichts am Sachverhalt. Zweitens ist es rechtlich unerheblich. Drittens ärgert es den Vertragspartner vielleicht derart, daß er sich nun, wo immer er kann, auf die Hinterbeine stellt. Also machen Sie Ihrem fürchterlichen Zorn ruhig schriftlich Luft – manchmal braucht man ein Ventil, und schreiben hilft –, aber schicken Sie diese Fassung Ihrer Reklamation nicht ab. Kürzen Sie, bis ein ebenso höflich-sachlicher wie bestimmter Brief daraus wird.

Stellen Sie sich folgende Situation vor: Sie haben einen neuen Wagen gekauft und gleich anschließend einige Mängel gerügt. Auch nach mehreren Werkstattaufenthalten ist nicht alles in Ordnung. Der Rest ist schwerwiegend. Der Brief:

Absender

Anschrift

Mängelrüge: (Autotyp, Kennzeichen)

Sehr geehrter Herr Hill,

Ihren Annahmen und Hoffnungen, daß nun wohl alles in Ordnung sei, muß ich leider schon heute widersprechen. Am 19.07.19.. mußte ich reklamieren:

1. starke, abnorme Windgeräusche am linken und rechten Außenspiegel
2. zu heftiger Schaltruck beim Anfahren in Automatikstellung zwischen dem 1. und dem 2. Gang
3. unvollständiges Bordwerkzeug
4. fehlende Cassettenhalterung
5. unruhiger („ruckeliger") Lauf zwischen 40 und 60 km/h

Heutiger Stand: 3, 4 erledigt

Zu den übrigen Punkten:

Bei einer Probefahrt mit dem Werkssachverständigen, Herrn Runne, am 20.08.19.. hat mir dieser in Ihrem Beisein bestätigt, daß die Mängel nach wie vor bestehen.

Beanstandung einer nicht ordnungsgemäß ausgeführten Autoreparatur

Bisherige Entwicklung

Beweis

TEXTE

Termin | Für die Beseitigung der Mängel setze ich Ihnen jetzt eine letzte Frist bis zum 27.09.19.. Wenn es Ihnen nicht möglich sein sollte, meinen Neuwagen in einwandfreiem Zustand zu liefern, mache ich von meinem Recht auf Wandlung Gebrauch. – Ich wäre allerdings auch mit einer Ersatzlieferung einverstanden, vorausgesetzt, daß sie zu diesem Zeitpunkt möglich wäre.

Zusatzinformationen | Die folgende Anmerkung ist zwar rechtlich belanglos, aber geschäftlich vielleicht doch interessant. Durch die ständigen Werkstattbesuche hatte ich bis Ende August bereits erhebliche Einkommensverluste. Dabei rede ich nicht etwa von Benzingeld, sondern von dem Zeitaufwand, der für einen Selbständigen bares Geld bedeutet.

Der Termin, den ich Ihnen nun gesetzt habe, ist nicht willkürlich gewählt. Ich komme an diesem Tag aus der Schweiz zurück und habe dann, bis Weihnachten, ununterbrochen lange Autoreisen im ganzen Bundesgebiet durchzuführen.

Bitte sorgen Sie dafür, daß alle Mängel jetzt schnellstens behoben werden. Danke.

Mit freundlichem Gruß

Übrigens: Wenn alles nicht weiterhilft und der Händler sich stur stellt, kann man sich auch einmal höheren Orts bemerkbar machen, etwa beim Vorstandsvorsitzenden der entsprechenden Gesellschaft, zum Beispiel so:

Mein neuer XYZ, geliefert am …

Sehr geehrter Herr …

Sie haben anderes zu tun, als sich um den alltäglichen Kundendienst zu kümmern – ich weiß. Dennoch sende ich Ihnen mit diesem Brief einen Durchschlag meines heutigen Schreibens an Ihren Kundendienst.

Ich meine, Sie sollten gelegentlich solche Fälle erfahren, bevor die Situation endgültig verfahren ist.

SCHRIFTLICHE TEXTE

In wehmütiger Erinnerung an meine vier bisherigen Autos Ihres Hauses (Aufzählung)

mit traurigen Grüßen   Anlage

Sie meinen, das nütze auch nichts? Und ob das nützt! Zumindest kann es nützen. Nur keine Angst vor großen Tieren! Schimpf- und Schmähbriefe sind nur Zeitvergeudung, aber ein sachlicher, höflicher Brief, geschickt formuliert, der wirkt oft Wunder.
Ein zweites Beispiel. Was passiert ist, ersehen Sie aus dem folgenden Brief.

Absender

Anschrift

Küchenlieferung und Kücheneinbau am 18.06.19..
Ihre Rechnung Nr. 52 vom 18.06.19..

Sehr geehrte Frau Wild,

ich danke Ihnen für Ihre schnelle Hilfe bei unserem „Küchenunfall". Hier noch einmal der Hergang:

1. Als die Küche am 18.06.19.. geliefert und eingebaut wurde, äußerte ich mehrfach die Befürchtung, die Befestigung der Hängeschränke könne zu schwach sein. Ihre Einbaufachleute verneinten, setzten aber ein paar Dübel mehr ein, als eigentlich vorgesehen waren.

2. Am 21.06.19.. löste sich morgens gegen 8.15 Uhr eins der Holzstücke, die zwischen Aufhängeleiste und Wand geklemmt waren. Ich benachrichtigte Sie sofort (gegen 9.30 Uhr) telefonisch und äußerte erneut die Befürchtung, die Hängeschrankzeile werde nicht halten. Sie beruhigten mich, versprachen aber, mit den Einbaufachleuten noch einmal darüber zu sprechen.

Reklamation fehlerhafter Einbauarbeiten

Schadensentwicklung

3. Gegen 11 Uhr am 21.06.19.. krachte die ganze Hängeschrankzeile herunter.

4. Ich rief Sie gleich an. Sie und Ihre Mitarbeiter kamen wenig später, besichtigten den Schaden und halfen bei den Aufräumarbeiten. Die Hängeschränke nahmen Sie mit.

Schäden:

Detaillierte Schilderung der Schäden

a) Beschädigung der heruntergestürzten Hängeschränke.

b) Beschädigung der meisten Teile darunter, vom Herd bis zur Spülmulde (siehe anliegende Liste A).

c) Zwei Wasserhähne wurden abgeschlagen, ein Warmwasserboiler teilweise aus der Verankerung gerissen. (Diese Schäden sind von der Firma Hermann am 21.06.19.. behoben worden [siehe Anlage]. Sobald ich die Rechnung bekomme, reiche ich sie nach.)

d) Beschädigung eines Küchentisches sowie eines Kühlschrankes und eines Geschirrschrankes auf der gegenüberliegenden Küchenseite (siehe anliegende Liste B).

e) Zertrümmerung oder Beschädigung zahlreicher Haushaltsgegenstände (siehe anliegende Liste B).

f) Mein Sohn wurde von einem der herabstürzenden Schränke am rechten Arm getroffen und erlitt eine schmerzhafte Prellung. Ich nehme nicht an, daß der Arm schwerer verletzt ist.

Ansprüche

Wir bitten Sie, so schnell wie möglich alle Schäden an der gelieferten Küche durch Teileersatz und Neueinbau zu beheben und für die zerstörten oder beschädigten Einrichtungs- und Haushaltsgegenstände (Liste B) Ersatz zu leisten. Wiederbeschaffungswert (Liste B): 2 450 DM.

Motivation, Appell

Ich hoffe, Sie werden nach besten Kräften dazu beitragen, daß alle Schäden in vollem Umfang ersetzt werden und daß wir – nach Neulieferung und Neueinbau – diesen Schreck in der Morgenstunde bald vergessen können.

Mit freundlichem Gruß

SCHRIFTLICHE TEXTE

Werbebrief

Unter einem Werbebrief versteht man meistens einen Brief, der den Verkauf einer Ware oder Leistung bewirken oder anbahnen soll. In einem erweiterten Sinn können wir allerdings fast alle Geschäftsbriefe zu den Werbebriefen zählen. Sobald wir nicht nur eine sachliche Information übermitteln, sondern auch etwas erreichen wollen, wird der Text zu einem werbenden Text. *Werbung überall*

Dabei können die werbenden Elemente fast völlig hinter den Fakten verschwinden. Aber fast ist eben nicht ganz. Gerade dann, wenn Werbung nicht dick aufgetragen wird, sondern nur durchschimmert, ist sie gewöhnlich am besten.

Sie werden also in sehr vielen Musterbriefen dieses Buches „Werbespuren" entdecken können. In den folgenden Briefen – Werbebriefen im engeren Sinn – werden diese Spuren dagegen deutlicher, treten in den Vordergrund.

Nun wissen Sie aus eigener Erfahrung – beruflich und privat –, daß die Werbebriefflut langsam höher und höher steigt. Das liegt zum Teil an der in der letzten Zeit rapide verbesserten Schreibtechnik. Mit Textsystemen, PCs und EDV-Anlagen lassen sich heute schnell und preisgünstig Werbebriefe herstellen, die sich in ihrer Schriftqualität von individuellen Briefen nicht unterscheiden. Ist es in dieser Situation nicht klar, daß nur derjenige überhaupt noch auffällt, der seine möglichen Kunden gut anspricht … besser anspricht als die Konkurrenz? *Technik macht's möglich*

Und was geschieht? Ein beträchtlicher Anteil dieser Werbebriefe sieht auf den ersten Blick hervorragend aus. Auf den zweiten Blick aber geht dieser gute Eindruck sofort verloren, denn der Text ist meistens miserabel. Da gibt man eine Menge Geld für die Organisation, das Schreiben, das Verpacken und Versenden von Werbebriefen aus und vergißt darüber die Notwendigkeit, den Leser mit einem sinnvollen Text zu gewinnen. *Textqualität entscheidet*

Wir dürfen den Wert eines guten Werbetextes nicht überschätzen. Auch Werbung kann aus einem alten Hahn keinen jungen Adler machen. Sicher ist jedoch: Mit besseren Texten, als die Praxis sie weithin bietet, könnte man wesentlich erfolgreicher sein. Es bleibt bei der alten Erkenntnis: Wer an der falschen Stelle spart, verschwendet.

Hier einige Werbebriefe zu verschiedenartigen Themen:

TEXTE

Zeitschrift für gutes Deutsch und wirksamen Text

Hans Holzmann Verlag · Postfach 1342 und 1343 · D-8939 Bad Wörishofen

Institut f. mod. Korrespondenz Manekeller
Herrn Wolfgang Manekeller
Geschäftsleitung
An der Wallburg 28

5060 Berg. Gladbach 1

Bad Wörishofen, 14.3.1988

1. Wer bessere Werbetexte liefert als viele andere, hat auch bessere Chancen.
2. Wer bessere Chancen hat, findet mehr Spaß an seiner Arbeit.
3. Wer mehr Spaß an der Arbeit findet, liefert - wiederum bessere Werbetexte.

Und wie schafft man das,

sehr geehrter Herr Manekeller,

seine Textleistungen zu steigern, besser zu werden als andere? Alle Könner sagen: "Üben, üben!" Aber man darf dabei nicht "im eigenen Saft schmoren", nicht immer nur in seinem eigenen Kreis herumlaufen. Anreger von außen machen den Weg leichter, erweitern die Möglichkeiten.

Viele Erfolgreiche und nicht wenige Spitzenprofis haben 'texten + schreiben' als einen solchen Anreger getestet und - für gut befunden. Haben Sie Lust, für sich auch so einen Test zu starten?

Das können Sie problemlos machen - unverbindlich. Halt!
So ganz unverbindlich ist das vielleicht doch nicht. Denn wenn 'texten + schreiben' Ihren Test besteht, werden Sie daraus vermutlich selbst eine Verbindlichkeit ableiten, nämlich die, den erkannten Vorteil zu nutzen. Sie entscheiden.

Was Ihnen diese Fachzeitschrift an Handwerklichem im besten Sinne zu bieten weiß, wie sie Ihre Kreativität zu fördern vermag, wozu sie Ihnen wertvolle Tips geben kann, das werden Ihnen zwei kostenlose Probeexemplare - die beiden neuesten Ausgaben - schwarz auf weiß vor Augen führen. Bitte anfordern!

Freundliche Grüße

Norbert Sprockamp

Übrigens, wenn Sie in Ihren 'texten + schreiben'-Probeheften anstreichen wollen, was Ihnen wichtig erscheint: Sie können das mit einem neuen Pelikan-Kugelschreiber im Colani-Design tun - er wird Ihren kostenlosen Probeheften als "Begrüßungsgeschenk" beigefügt sein.

SCHRIFTLICHE TEXTE

ImK · Institut für moderne Korrespondenz
Wolfgang Manekeller

ImK W. Manekeller, An der Wallburg 28, 5060 Berg. Gladbach 1

Telefon 0 22 04 / 6 39 67
Kreissparkasse Köln 313 006 212, BLZ 373 502 13

ABCD Deutschland GmbH
Personalleitung
Herrn Walter Feldmann
Postfach 12 34

8000 München

23.09.88 m-b

Bessere und kostengünstigere Korrespondenz

Sehr geehrter Herr Feldmann,

einer der führenden Fachleute der Textverarbeitung hat einmal gesagt: "Die moderne Schreibtechnik gibt uns die einmalige Chance, den größten Unfug zu automatisieren." Dieser zugespitzte Satz deutet auf einen Sachverhalt hin, der mehr und mehr erkannt wird: daß

      partnerfreundliche und kostensparende Textgestaltung,

vor allem in der Korrespondenz, unerläßliche Grundlage jeder sinnvollen Textverarbeitung ist. Neben neuer Bürotechnik hat sich ein neuer Briefstil entwickelt. Viele Unternehmen haben entscheidende Verbesserungen durch praxisnahe Weiterbildung erzielt. Seit 1968 haben wir dazu beigetragen, unter anderem mit über 2 500 Seminaren. Was ist von solchen Bemühungen zu erwarten?

    20 % bis 30 % geringerer Arbeitsaufwand!
    Weniger Rückfragen und Mißverständnisse!
    Bessere Textwirkung, also zufriedenere Partner!

Daß nicht mehr als zwei Seminartage so wirkungsvoll sein können, ist auf firmenspezifische Stoffauswahl, abwechslungsreiche Gestaltung, viel Erfahrung unserer Referentinnen und Referenten sowie umfangreiches Begleitmaterial zurückzuführen.

Wenn Sie an Seminaren mit dem Thema "Korrespondenz" (oder mit Themen wie "Deutsch für Sekretärinnen", "Telefonieren", "Gesprächsführung für Leitende Mitarbeiter", "Werbetextarbeit") interessiert sind: bitte rufen Sie uns an.

Freundliche Grüße

<u>Anlagen</u>
Leistungsangebot
Referenzliste
ImK-Literaturliste

TEXTE

Werbetext – Anzeige

Wer schreibt Ihre Werbetexte? Werbetexter sind Profis. Aber man kann auch leicht in die Rolle eines Werbetexters geraten, ohne ein Profi zu sein. Wer textet zum Beispiel Werbebriefe und Kleinanzeigen in einem Optikergeschäft oder einem Autohaus? Ein Profi? Nein, jemand, der sich's am ehesten zutraut, oder jemand, den der Chef damit beauftragt. Und wer textet unsere Privatanzeigen beim Autoverkauf, bei der Wohnungssuche, beim Hausverkauf, bei der Stellensuche? In der Regel wohl auch wir selbst.

Einige Beispiele mögen zeigen, wie sich ansprechende Texte von langweiligen Allerweltstexten unterscheiden.

Ein Anzeigentext, der für ein Getränk wirbt, das sich schnell zubereiten läßt:

Fade Es schmeckt so gut, es ist schnell zubereitet und es bekommt so gut, dieses neuartige voll-lösliche Getränk. Deshalb ist es auch das Richtige für Jung und Alt.
XY – durch und durch reine Natur!

Das übliche fade Gerede, nicht wahr? Ein Komma fehlt hinter „zubereitet"; das zweimalige „gut" – naja. Nicht das Getränk ist löslich, sondern das Getränkepulver. Und „jung und alt" schreibt man mit kleinen Anfangsbuchstaben.

Wie kann man Mütter besser ansprechen? Zum Beispiel so:

Ansprechend Wenn Ihr Kind verschlafen aufsteht
und mürrisch den Ranzen packt –
geben Sie ihm doch einfach XY!
Ein Glas für Ihr Kind, eins für Sie selbst,
und die Stimmung ist gerettet.
XY ist naturrein, löst sich sofort
und – es bekommt so gut.

Durch eine zweizeilige Situationsschilderung regt der Texter die Lesergedanken sofort an: „Ja ja, morgens geht's oft mühsam los …" Dann der Appell! Dann, wiederum in Kürzestform, drei Begründungen, warum es vorteilhaft ist, seinem Kind XY zu geben und es auch selbst zu trinken.

Wie sieht es mit Versen in der Werbung aus? Sie sind weitgehend „out", also aus der Mode. Aber was lange Zeit nicht „in" ist, hat – gerade dadurch – seine Chance.

Hier ein denkbarer Text für eine Schreibmine:

SCHRIFTLICHE TEXTE

Was war beim ABC zuerst da? Natürlich das A. Und beim Kugelschreiber? Die Mine – die Schneider-Mine! Hochgeschätzt, millionenfach bewährt: Wer viel zu schreiben hat, bevorzugt jetzt die hardur-Langschreibmine.

So hat es der Texter in Wirklichkeit nicht formuliert, sondern so:

> Wie bei dem ABC das A,
> so war zuerst die Mine da.
> Die SCHNEIDER-Mine, hochbegehrt,
> hat sich millionenfach bewährt.
> Wer viel zu schreiben hat, bediene
> sich jetzt der hardur-Langschreibmine.

Gereimt geht's auch

Daß Profitexter nicht immer das Beste und Amateurtexter keineswegs immer das Schwächere liefern, das ist oft zu beobachten. Sehen Sie sich zum Beispiel einmal die Personalanzeigen in den Samstagausgaben der Tageszeitungen an. Was für ein hochtrabendes Gerede! Wenn es darunter nicht immer wieder plötzliche Lichtblicke gäbe … Hier ein typischer Satz einer Personalanzeige:

> Gesucht wird eine dynamische Persönlichkeit, die neben der notwendigen fachlichen Qualifikation ein großes Maß an Durchsetzungsvermögen besitzt.

Aufgeblasen

So sagt es ein Profitexter. Und wie würde es ein Amateurtexter sagen, vorausgesetzt, er hat vorher nicht zu viele Personalanzeigen gelesen? Vielleicht so:

> Wir suchen einen qualifizierten Mitarbeiter,
> der sich auch durchzusetzen versteht.

Natürlich

Und dieser Text ist der weitaus bessere. Oder:

> Haben Sie eine gute Qualifikation und einige Berufserfahrung? Können Sie sich auch durchsetzen? – Dann suchen wir Sie.

Und wenn man seine Fähigkeiten und sein Können anbieten will, wenn man nach einem neuen Arbeitsplatz sucht? Neben der Beantwortung von Stellenanzeigen ist die eigene Anzeige, meistens Kleinanzeige, ein möglicher Weg. Selbst bei derart kurzen Texten kommt es unter anderem auf das Wie an. Die eine macht es so:

TEXTE

Zuwenig Information, zuviel Anspruch

Wer bietet

mir als gewandter Sekretärin, 38jährig, mit ausgezeichneten Sekretariatskenntnissen und vieljähriger Erfahrung einen interessanten Aufgabenbereich, der auch den Anforderungen entsprechend gut dotiert ist?

Erstens: Es ist besser, selbst etwas zu bieten, als anderen das Bieten abzuverlangen. Wer „Wer bietet" schreibt, muß eigentlich eine so hohe Qualifikation haben, daß er sich das leisten kann, und dann braucht er wiederum keine Kleinanzeige einzuschalten, sondern hat andere Möglichkeiten, ans Ziel zu kommen.
Zweitens: Der Fragesatz ist ein bißchen lang geraten. In einer Kleinanzeige darf man ruhig mit Auslassungssätzen und Stichworten arbeiten.
Drittens: Gemessen an dem langen Satz, sind die Informationen etwas dünn. Hat diese Sekretärin beispielsweise irgendwelche Fremdsprachenkenntnisse? Was heißt „vieljährige Erfahrung"? Fünf Jahre, zehn Jahre? In welchem Wirtschafts- oder Verwaltungszweig hat sie Erfahrungen gesammelt? War sie Sekretärin bei einem Rechtsanwalt, einem Steuerberater, in einem Ingenieurbüro, einer Versicherungsgesellschaft, einer Sparkasse oder einem Industrieunternehmen? Die andere macht es so:

Viel Information, Engagement

Chefsekretärin

38, zwölfjährige Erfahrung in mittleren und großen Unternehmen der Chemie und des Maschinenbaus, gute Englisch- und Französischkenntnisse, möchte sich zum 1. Juli verändern. Haben Sie anspruchsvolle Aufgaben und viel Arbeit für mich?

Bei ungefähr gleicher Textlänge erhalten wir hier ein deutliches Mehr an Informationen. Auch diese Inserentin stellt eine Frage. Aber sie lautet nicht „Wer bietet ... einen interessanten Aufgabenbereich, der auch ... gut dotiert ist?", sondern „Haben Sie anspruchsvolle Aufgaben und viel Arbeit für mich?".
Natürlich darf man in Kleinanzeigen auch mit Abkürzungen arbeiten. Allerdings sollte man es nicht übertreiben.

SCHRIFTLICHE TEXTE

> RA.-Bürovorst., 48, 1. Kr., sucht gr. Wirkungskreis, ev. Spark. o. Vers.

Abkürzen: ja!
Aber nicht übertreiben!

Abkürzen ist nur dann sinnvoll, wenn die Kürzel nicht zum Rätselraten auffordern. Abkürzungen wie „24 J.", „techn.", „engl." oder „kaufm." sind hier üblich, also auch erlaubt, nicht aber Kurzgebilde wie „1. Kr.". Ohne so viele Abkürzungen wird die Kleinanzeige zwar teurer, doch was nützt die Billigkeit einer Anzeige, wenn die Anzeige nichts nützt?

> **Bürovorsteherin**
> **eines Wirtschaftsanwalts**
>
> möchte sich zum 01.09. verändern, auch als Chefassistentin. 36 J., Kfz, gut Engl., Franz., gewandt, zuverlässig, selbständig.

Sehen wir uns nun auch die andere Seite an. Hier der Text eines Angebotes aus dem Stellenmarkt einer großen Tageszeitung:

> **Sekretärin**
>
> mit guten Schreibmaschinenleistungen für modernes Großhandelsunternehmen des Pressevertriebes zum baldigen Eintritt gesucht. Stenographische Kenntnisse erwünscht. Ihr Alter sollte nicht unter 30 Jahren liegen; einschlägig praktische Erfahrungen sollten Sie belegen können. Erwartet wird die Fähigkeit zur weitgehend selbständigen Erledigung von Sekretariatsarbeiten. Wir bieten Ihnen eine anspruchsvolle Tätigkeit und die Chance, durch Engagement zu einer wichtigen Schaltstelle im Unternehmen zu werden. Sie sind der Geschäftsleitung direkt unterstellt und es erwartet Sie eine entsprechende Dotierung. Ihre Bewerbsunterlagen mit Lichtbild und Gehaltsvorstellung senden Sie bitte an: (Chiffre)

Langweilig gestaltet

Das ist keine besonders schlechte, sondern eine durchschnittliche Anzeige. Aber – wie langweilig. Außerdem sieht der Aufbau ein bißchen nach Zufall aus. Erst geht es um „stenographische Kenntnisse",

TEXTE

dann ums Alter, dann wieder um Erfahrungen und Fähigkeiten und so fort.

Im vorletzten Satz hat sich ein Kommafehler eingeschlichen. Und im letzten Satz werden Bewerberinnen gebeten, eine Vorstellung (Gehaltsvorstellung) zu senden. Wie macht man das?

Zur Typographie: Der ganze Text ist ein einziger dicker Block. Außer dem Wort „Sekretärin" gibt es keine Hervorhebung. Das heißt, die äußere Gestaltung ist genausowenig „aufregend" wie der Text.

Ganz anders liest sich die folgende Anzeige:

Mit Pfiff gestaltet

> Wir bieten
> einen idealen Arbeitsplatz
> für Damen, die:
>
> – am Telefon lächeln können
> – gerne mit Menschen umgehen
> – Schreibmaschinenkenntnisse haben
> – 6 Stunden am Tag engagiert arbeiten möchten.
>
> Ihr Arbeitsplatz befindet sich in Köln-Bayenthal.
>
> Interessiert?
>
> Dann bewerben Sie sich gleich telefonisch am
> Samstag, dem ... unter ...

Dieser Inserent sagt nicht, was er sucht, sondern was er bietet. „Sie sollte" kommt nicht vor. Die Tätigkeiten und Fähigkeiten werden durch Verben ausgedrückt (lächeln, umgehen, arbeiten). Die Formulierung „am Telefon lächeln können" ist ebenso ungewöhnlich wie sympathisch. Der auf ein Wort geschrumpfte Auslassungssatz „Interessiert?" spricht an. Und da die Anzeige nicht mit einer Chiffre, sondern mit dem Firmennamen endet, erkennt man sofort die Branche. Sie meinen, die Anzeige wäre noch besser, wenn sie nicht mit „Wir" anfinge? Das mag in diesem Fall Geschmackssache sein. Aber natürlich ginge dasselbe auch ohne „Wir", zum Beispiel so:

> Sie finden bei uns
> einen idealen Arbeitsplatz,
> wenn Sie ...

SCHRIFTLICHE TEXTE

An einem winzigen Text sei noch einmal das Wesentliche verdeutlicht. Ein Inserent schreibt:

Der kleine Unterschied

   Wir entwickeln für Sie Farbfotos
   innerhalb von 24 Stunden.

Ein anderer Inserent sagt dagegen:

   Farbbilder über Nacht.
   Wir entwickeln Ihre Fotos,
   während Sie träumen.

KORRE-SPONDENZ-SCHREIBREGELN

Regeln, Alternativregeln, Empfehlungen

DIN
Deutsches Institut
für Normung e. V.

Die „Regeln für Maschinenschreiben" (DIN 5008) bilden ein Regelwerk, in dem die Anforderungen von Praxis und Lehre berücksichtigt sind. Die Anregungen zu wiederholter Modernisierung beruhen auf Erfahrungen alltäglicher Schreibarbeit in Wirtschaft und Verwaltung. An der Erarbeitung der neusten DIN-5008-Fassung waren beteiligt:

- Vertreter von Behörden (Bundesministerium des Innern, Bundespostministerium, Deutsche Bundesbank, Bundesverwaltungsamt);
- Vertreter von Lehrer- und Fachorganisationen (Deutscher Stenografenbund, Forschungs- und Ausbildungsstätte Bayreuth, Verband der Fachlehrer);
- Vertreter von Industrieunternehmen (IBM, Olympia, Grundig, Siemens, VW, Daimler-Benz, Rheinische Braunkohlenwerke);
- Vertreter anderer Organisationen (Dudenredaktion, Institut für moderne Korrespondenz [ImK], Verband für Textverarbeitung und Bürokommunikation e. V.).

Die DIN 5008 kennt mehrere, unterschiedlich zu bewertende Bestandteile: Regeln, Alternativregeln, Empfehlungen.

KORRESPONDENZ-SCHREIBREGELN

Beispiel für Regeln: Zwischen Brieftext (Kerntext) und Gruß ist eine Leerzeile vorgeschrieben.
Beispiel für Alternativregeln: Die Währungseinheit DM darf sowohl hinter als auch vor die Zahlenangabe gesetzt werden.
Beispiel für Empfehlungen: Seitenangaben (zum Beispiel: – 2 –) „sollten" bei Grad 40 (Schreibmaschinenskala) beginnen.
Ferner ist zu berücksichtigen, daß die Musterbriefe in diesem Werk keine zusätzlichen Regeln begründen. In einem Musterbrief (Anschrift) steht zum Beispiel „z. H. Herrn Dr. Grauert". Da es in diesem Werk keine Regel zu „z. H." gibt, braucht man sich nicht nach diesem Muster zu richten. Sie dürfen auch „zu Händen Herrn Dr. Grauert" oder einfach „Herrn Dr. Grauert" schreiben. *Mustertexte*
Noch ein Wort zu den Gradangaben (Schreibmaschinenskala): Die erste Zahl bezieht sich immer auf Schriften der Pica-Schriftfamilie (Zehner-Schriften, 2,54 mm), die zweite Angabe (in Klammern) bezieht sich auf Schriften der Elite-Schriftfamilie (Zwölfer-Schriften, 2,12 mm).

Auf Geschäftsbriefblättern ist der Absender gedruckt. Auf Briefblättern ohne Aufdruck beginnt der Absender in der 5. Zeile. Die Form (der Musteranschrift in der DIN 5008 entsprechend): *Absender*

Wolfgang Manekeller
An der Wallburg 28
5060 Bergisch Gladbach 1
Tel. (0 22 04) 6 39 67

Da dieses Anwendungsbeispiel der DIN 5008 keine zusätzliche Regel begründet, darf man die Absenderangaben auch in einer Zeile hintereinanderschreiben.

Max Herb, Kannstraße 3, 1000 Berlin, Tel. (0 30) 4 16 18

Diese beiden Angaben schreibt man, dem Anwendungsbeispiel der DIN 5008 folgend, in Höhe der ersten Absenderzeile, beginnend auf Grad 50 (60). Form: *Absendeort und Datum*

Bergisch Gladbach, 23.09.89

Auf Briefblättern mit gedruckten Bezugszeichen-Leitwörtern (siehe Bezugszeichen und Tagangabe) wird in der Regel der Absendeort gedruckt und das Datum eine Zeile tiefer darunterschrieben, Absendeort und Datum beginnend bei Grad 60 (72).

TEXTE

Anschrift Das Anschriftfeld (bei Benutzung von Fensterumschlägen 9 Zeilen umfassend) beginnt in Zeile 13. Die erste Zeile ist für Hinweise auf

- Sendungsart (zum Beispiel: Drucksache),
- Versendungsform (zum Beispiel: Eilzustellung),
- Vorausverfügung (zum Beispiel: Nicht nachsenden)

vorgesehen. Sind mehrere dieser Angaben zugleich notwendig, darf die zweite Zeile dazugenommen werden; dann empfiehlt es sich aber, den Text der zweiten Zeile zu unterstreichen oder die 3. Zeile des Anschriftfeldes als Leerzeile zu benutzen, damit sich diese Angaben deutlich von der Anschrift absetzen.
Die Anschrift beginnt in der 15. Zeile (= 3. Zeile des Anschriftfeldes). Die Bestandteile der Anschrift:

Empfängerbezeichnung
Postfach oder Straße und Hausnummer
–
Postleitzahl und Bestimmungsort
(Post + Zustellpostamtort)

Zur letzten Angabe: Es gibt Orte ohne Postamt und Gemeindeteile, die vom Zustellpostamt einer anderen Gemeinde versorgt werden. In solchen Fällen ist das Postamt anzugeben, von dem aus zugestellt werden soll. Beispiel:

8261 Buch Post Asten

Wenn aus Platzgründen erforderlich, wird die Bezeichnung des Zustellpostamtes in die auf Postleitzahl und Bestimmungsort folgende Zeile geschrieben.
Bei Auslandsanschriften empfiehlt die Post, Bestimmungsort und Bestimmungsland (durch eine Leerzeile getrennt) in Großbuchstaben zu schreiben.

Ein paar Zusatzregeln und Empfehlungen:
Nach DIN 5008 soll das Wort „Firma" weggelassen werden, wenn aus der Empfängerbezeichnung der Firmencharakter erkennbar ist (AG, GmbH usw.).

Hinweise wie i. H. = im Hause und z. H. = zu Händen sind überflüssig. Wenn ein Personenname in der 3. Zeile des Anschriftfeldes steht und ein Firmenname in der 4. Zeile, so bedeutet dies: Die Sendung ist an die Person gerichtet, nicht an die Firma. Im umgekehrten

KORRESPONDENZ-SCHREIBREGELN

Fall ist die Sendung an die Firma gerichtet, soll aber – wenn möglich – an die genannte Person gelangen.

Einige Anschriftbeispiele:

```
1
2
3   Frau                        Herrn Walter Feldmann
4   Ursula Meier                Postfach 12 34
5   Musikstraße 125
6                               5000 Köln 31
7   4000 Düsseldorf 1
8
9
```

```
1   Eilzustellung               Drucksache
2                               Nicht nachsenden
3   Institut für                Herrn Hilmar Kruse
4   moderne Korrespondenz       Gesellschaft für Textver-
5   Herrn Ulrich Schoenwald     arbeitung und Datentechnik
6   Mittelstraße 3              Linderweg 19
7
8   4010 Hilden                 5063 Overath
```

```
1   Mit Luftpost – Par Avion
2
3   Herrn                       Mr. Joseph F. Smith
4   Esko Hautamäki              610 Grand Avenue
5   Direktor der
6   Nordiska föreningsbanken    MILWAUKEE
7   Tuomickirkonkatu 31 B
8                               USA
9   SF-33100 Tampere 10
```

Behandlungsvermerke wie „Vertraulich" oder „EILT" werden entwe- *Behandlungsvermerk*
der neben das Anschriftfeld geschrieben, bei Grad 50 (60) beginnend, oder im Anschluß an die Betreffangabe.

TEXTE

Bezugszeichen und Tagangabe In Briefen ohne Aufdruck lassen sich Absendeort und Datum in Höhe der ersten Zeile des Anschriftfeldes unterbringen, beginnend auf Grad 50 (60). Beispiel:

Köln, 01.11.88

Der Hinweis auf eine erhaltene Nachricht des Briefpartners läßt sich mit dem Betreff verknüpfen. Beispiele:

Textprogrammierung – Ihr Brief vom 12.01.89, k-b

Textprogrammierung in der Verkaufsabteilung B
Ihre Telexnachricht vom 04.01.89 – Organisation TV, kl-b

Die Betreffangabe beginnt in diesem Fall in der 24. Zeile. Bei gedruckten Bezugszeichen-Leitwörtern sieht das so aus:

– Grad 10 (12): Ihre Zeichen, Ihre Nachricht vom
– Grad 30 (36): Unsere Zeichen, unsere Nachricht vom
– Grad 50 (60): Telefonangaben
– Grad 60 (72): Absendeort

Die maschinenschriftlichen Hinweise dazu beginnen eine Zeile unter diesen Leitwörtern, jeweils unter dem ersten Buchstaben des Leitwortes.

Anrede Die Anrede wird durch zwei Leerzeilen vom Betreff abgesetzt.

Kerntext Der Kerntext wird durch eine Leerzeile von der Anrede getrennt. Absätze werden durch eine Leerzeile dargestellt.
Zwischen Kerntext und Grußblock ist eine Leerzeile zu machen.

Hinweis auf Folgeseiten Früher wurde die Seitenzahl der Folgeseite unten rechts auf die vorhergehende Seite geschrieben, meistens eingerahmt durch zwei Gedankenstriche. In der DIN-5008-Neufassung von 1975 wurde dies geändert. An die Stelle der Seitenzahl der Folgeseite traten drei Punkte. Der Grund: Wenn in einem Buch eine Seite eine Seitenzahl zeigt – gleichgültig, wo sie steht –, bezeichnet diese Zahl immer die Seite, auf der sie steht und nicht die folgende Seite. Für die Position der drei Punkte **empfiehlt** die DIN 5008:

– am Fuß der beschrifteten Seite,
– mit mindestens einer Leerzeile Abstand zur letzten Textzeile,
– auf Grad 60 (72) beginnend.

KORRESPONDENZ-SCHREIBREGELN

Da dies nur eine Empfehlung ist, darf man die drei Punkte auch anders anordnen, zum Beispiel linksbündig oder rechtsbündig.

Die Seitenzahlen auf Schriftstückblättern ohne Aufdruck (Form: – 2 –) sollten mit dem Mittelstrich bei Grad 40 (48) beginnen. Da auch dies nur eine Empfehlung ist, verstößt zum Beispiel linksbündiges oder rechtsbündiges Schreiben nicht gegen die Norm.

Seitennumerierung

Kerntext und Gruß sowie Gruß und Bezeichnung des Absenders (Firma, Behörde) werden jeweils durch eine Leerzeile getrennt.

Grußblock

Der Abstand zu einer maschinenschriftlichen Wiederholung der Unterzeichner ist angemessen zu gestalten. Die Anwendungsbeispiele in der DIN 5008 zeigen drei Leerzeilen. Bezeichnungen wie „ppa." (per procura), „i.V." (in Vertretung), „i. A." (im Auftrag) werden in die zweite dieser drei Leerzeilen geschrieben. Wenn zwei solcher Bezeichnungen erscheinen, müssen sie so weit auseinanderstehen, daß die Unterschriften dazwischenpassen. Da sich Unterschriften und Namen in Größe und Länge sehr unterscheiden können, sollten diese Abstände laut DIN 5008 betrieblich geregelt werden.

Diese Hinweise dürfen entweder linksbündig in einem angemessenen Abstand unter den Grußblock oder, auf Grad 50 (60) beginnend, neben den Grußblock geschrieben werden.
Sind Anlagen- und Verteilvermerk zugleich erforderlich, sollen die beiden Hinweise durch eine Leerzeile getrennt werden; bei Platzmangel darf die Leerzeile entfallen.
Früher wurden die Leitwörter „Anlage" (oder „Anlagen") und „Verteiler" unterstrichen. Darüber sagt die Norm nun nichts mehr aus. In den Anwendungsbeispielen sind diese Wörter nicht unterstrichen. Da Anwendungsbeispiele jedoch keine zusätzlichen Regeln begründen, ist das Unterstreichen nicht verboten. Sinnvoll kann es sein, wenn die Anlagen unter dem Hinweiswort „Anlagen" auch detailliert aufgeführt werden. Auf diese Weise wird der unterschiedliche Charakter des Hinweiswortes und der Anlagenbezeichnungen deutlich gemacht. Dasselbe gilt für den Verteilvermerk.

Anlagen- und Verteilvermerk

Einrückungen
Sie beginnen bei Grad 20 (24) und enden, wie die anderen Zeilen, maximal bei Grad 75 (89).

Besonderheiten

Abkürzungen
Sie werden mit Punkt geschrieben (dgl. = dergleichen), wenn sie nicht auch als Abkürzungen gesprochen werden (AG, GmbH, BGB).

Folgen mehrere Abkürzungen aufeinander, sind sie durch einen Leerschritt zu trennen (wie auch die Wörter getrennt würden, wenn sie nicht abgekürzt geschrieben wären). Also:

z. B.   i. A.   u. a.

Alle Satzzeichen – Ausnahmen: Gedankenstrich und die drei Auslassungspunkte – stehen ohne Leerschritt hinter dem vorhergehenden Wort, wie dieses Beispiel zeigt. Wird das Wort vor den unmittelbar folgenden Satzzeichen unterstrichen, so muß das Satzzeichen mitunterstrichen werden.

Symbole für Währungseinheiten und Münzbezeichnungen
Die Symbole dürfen hinter oder vor dem Betrag stehen.

560,00 DM – DM 560,00 – 30 DM – DM 30

Summenstrich und Abschlußstrich
Bei zu verrechnenden Zahlen wird der Summenstrich entweder als Grundstrich (ohne Zeilenschaltung) oder als Mittestrich (mit Zeilenschaltung) ausgeführt. Die Darstellung mit dem Mittestrich verlangt, bei Einsatz einfacher Schreibmaschinen, weniger Aufwand, und sie wirkt übersichtlicher. Dieser Effekt läßt sich bei Verwendung des Grundstriches durch halbe Zeilenschaltungen erreichen.

```
530,60 DM              530,60 DM
120,30 DM              120,30 DM
--------               ---------
650,90 DM              650,90 DM
```

Die Summe darf mit einem Abschlußstrich (Gleichheitszeichen) unterstrichen werden.

```
530,60 DM              530,60 DM
120,30 DM              120,30 DM
--------               ---------
650,90 DM              650,90 DM
========               =========
```

Aufzählungs- und Gliederungszeichen
Verwendbar sind:

1. Textbaustein-Verarbeitung
2. Textbearbeitung

KORRESPONDENZ-SCHREIBREGELN

a) Textbaustein-Verarbeitung
b) Textbearbeitung

A. Textbaustein-Verarbeitung
B. Textbearbeitung

- Textbaustein-Verarbeitung
- Textbearbeitung

1	Textverarbeitung
1.1	Textprogrammierung
1.1.1	Analyse
1.1.2	Programmierung
1.2	Textbearbeitung
2	Datenverarbeitung

1– Die Textprogrammierung ist die Voraussetzung für eine Textbaustein-Verarbeitung.

2– Der Textprogrammierung sollte eine Schriftgutanalyse vorausgehen, die zeigt, ob sich eine Programmierung lohnt.

Hervorhebungen:
Darunter verstehen wir Großbuchstaben, Unterstreichungen, Sperrungen und Einrückungen. Zu beachten ist: Zwischen gesperrt und nicht gesperrt geschriebenen Textstellen sind drei Leerschritte erforderlich. Beispiel:

   Wir haben   s c h n e l l   reagiert.

Zahlengliederungen
Dezimalzahlen werden mit Komma (nicht mit Punkt!) geschrieben:

8,89 m – 0,002 kg – 83,40 DM

Bei runden Zahlen und Circa-Angaben dürfen Komma und die Dezimalteile wegfallen. Große Zahlen dürfen dreistellig durch einen Leerschritt gegliedert werden.

   50 000 DM – 40 000 km

Nichtdezimale Teilungen sind durch einen Punkt zu kennzeichnen.

   22.30 Uhr – 00.10 Uhr – 03.15 Uhr

TEXTE

Im fortlaufenden Text ist auch folgende Schreibweise möglich: 8 Uhr

Telefonnummern sind nach der Vorwahl-, Hauptanschluß- und Nebenstellennummer zu gliedern:

(0 12 34) 1 23-12 34

Kalenderdaten
Zahlreiche Schreibweisen sind erlaubt. In der DIN 5008 sind aufgeführt:

03.08.1986	03.08.86
3. August 1986	04. September 86
3. Aug. 1986	03. Sept. 86

Zu empfehlen sind:

03.08.86	03.08.1986	3. August 1986

Anwendungsbeispiele Auf den beiden folgenden Seiten finden Sie Brief-Blindmuster, die Ihnen genau zeigen, an welchen Stellen welche Angaben stehen müssen (Vorschrift) oder stehen sollten oder könnten (Empfehlung). Der erste Text ist mit einer Pica-Schrift, der zweite mit einer Elite-Schrift geschrieben. Im ersten Fall beträgt die erlaubte Zeilenlänge 60 Anschläge plus/minus 5, im zweiten Fall 84 Anschläge plus/minus 5. Wenn wir den Rand dazurechnen, bedeutet dies: Die Zeilen dürfen bei Pica-Schrift Grad 75 (10 + 60 + 5), bei Elite-Schrift Grad 89 (12 + 72 + 5) nicht überschreiten.
Weitere Anwendungsbeispiele – mit Briefkopf und Text – finden Sie unter den Briefstichwörtern „Auskunft" (Seite 297 f.) und „Werbebrief" (Seite 355); das ImK-Angebot steht auf einem Briefblatt ohne gedruckte Bezugszeichen-Leitwortzeile, die Auskunft der Kreissparkasse Ludwigsburg ist dagegen mit dieser Zeile versehen.

KORRESPONDENZ-SCHREIBREGELN

```
10      B R I E F K O P F                           75
   13      20      30      40      50      60

Absender
Versendungsform

Anschrift
xxxxxxxxxxxx
xxxxxxxxx
xxxxxxxxx
xxxxxxxxxxxx

xxxxxxxxxxxxx
                                Datum, Diktatzeichen

                                Behandlungsvermerk


Betreff
Bezug


Anrede

Kerntext xxxxxxxxxxxxxxxxxxxxxxxxxxxxxxxxxxxxxxxxxxxxxxxx
xxxxxxxxxxxxxxxxxxxxxxxxxxxxxxxxxxxxxxxxx

         Einrückung

xxxxxxxxxxxxxxxxxxxxxxxxxxxxxxxxxxxxxxxxxxxxxxxxxxxxxxxxxxx

1       Gliederung (Ordnungssystem) xxxxxxxxxxxxxxxx
1.1        xxxxxxxxxxxxxxxxxxxxxxxxxxxx
1.1.1      xxxxxxxxxxxxxxxxxxxxxxxxxxxxxxxxxxxxxxxxxxx
1.1.1.1    xxxxxxxxxxxxxxxxxxxxxxxxx

xxxxxxxxxxxxxxxxxxxxxxxxxxxxxxxxxxxxxxxxxxxxxxxxxxxxxxxxxxx
xxxxxxxxxxxxxxxxxxxxxxxxxxxxxxxxxxxxxxxxxxxxxxxxxxxxxxxxxxx

1. Aufzählung xxxxxxxxxxxxxxxxxxxx
2. xxxxxxxxxxxxxxxxxxxxxxxxxxxxxxxxxxxx

xxxxxxxxxxxxxxxxxxxxxxxxxxxxxxxxxxxxxxxxxxxxxxxxxxxxxxxxxxx
xxxxxxxxxxxxxxxxxxxxxxxxxxxxxxxxxxx

                                        ...


                      - 2 -

xxxxxxxxxxxxxxxxxxxxxxxxxxxxxxxxxxxxxxxxxxxxxxxxxxxxxxxxxxx
xxxxxxxxxxxxxxxxxxxxxxxxxxxxxxxxxxxxxxxxxxx

Gruß                            Anlagenvermerk

Absender (Firma, Behörde)       Verteilvermerk

ppa.

Namen, mit Maschine geschrieben
```

TEXTE

```
12      B R I E F K O P F                                   89
    15      24      36      48      60      72

Absender
Versendungsform

Anschrift
xxxxxxxxxxxxxxxx
xxxxxxxxxxxxx
xxxxxxxxxxxxx
xxxxxxxxxxxxxxxx

xxxxxxxxxxxxxx
                                    Datum, Diktatzeichen

                                    Behandlungsvermerk


Betreff
Bezug

Anrede

Kerntext xxxxxxxxxxxxxxxxxxxxxxxxxxxxxxxxxxxxxxxxxxxxxxxxxxxxxxx
xxxxxxxxxxxxxxxxxxxxxxxxxxxxxxxxxxxxxxxxxxxxxxxxxxx

            Einrückung

xxxxxxxxxxxxxxxxxxxxxxxxxxxxxxxxxxxxxxxxxxxxxxxxxxxxxxxxxxxxxxxx

1       Gliederung (Ordnungssystem) xxxxxxxxxxxxxxxxxxxxxxxxxxxx
1.1         xxxxxxxxxxxxxxxxxxxxxxxxxxxxxxxxxxxxxx
1.1.1           xxxxxxxxxxxxxxxxxxxxxxxxxxxxxxxxxxx
1.1.1.1             xxxxxxxxxxxxxxxxxxxxxxxxxxxxxxxxxxx

xxxxxxxxxxxxxxxxxxxxxxxxxxxxxxxxxxxxxxxxxxxxxxxxxxxxxxxxxxxxxxxx
xxxxxxxxxxxxxxxxxxxxxxxxxxxxxxxxxxxxxxxxxxxxxxxxxxxxxxxxxxxx

1. Aufzählung xxxxxxxxxxxxxxxxx
2. xxxxxxxxxxxxxxxxxxxxxxxxxxxx

xxxxxxxxxxxxxxxxxxxxxxxxxxxxxxxxxxxxxxxxxxxxxxxxxxxxxxxxxxxxxxxx
xxxxxxxxxxxxxxxxxxxxxxxxxxxxxxxxxxxxxxxxxxxxxxxxxxxxxxxxxxxxxxxxx

                                            ...

                        - 2 -

xxxxxxxxxxxxxxxxxxxxxxxxxxxxxxxxxxxxxxxxxxxxxxxxxxxxxxxxxxxxxxxx
xxxxxxxxxxxxxxxxxxxxxxxxxxxxxxxxxxxxxxxxxxxxxxxxxxxxxxxxxx

Gruß                                Anlagenvermerk

Absender (Firma, Behörde)           Verteilvermerk

ppa.                i. A.

Namen, mit Maschine geschrieben
```

MÜNDLICHE TEXTE

Reden

Die Anrede

Die meisten Reden beginnen mit der Anrede der Zuhörer. Der Anlaß und der Zuhörerkreis beeinflussen die Art der Anrede. Zu offiziellen Anlässen sollte man neutrale Standardanreden wählen, allerdings nicht mehr das – weil zu oft benutzt – hilflos wirkende „Liebe Anwesende". Falsch ist die zusammenfassende Anrede „Liebe Hannelore und Gert": Schon aus grammatischen Gründen, erst recht aus Gründen der Höflichkeit sollte man jedem Angeredeten sein eigenes „liebe" oder „lieber" zukommen lassen.
Reden im Freundeskreis, innerhalb der Familie oder im Verein sind lockerer. Deshalb kann auch die Anrede vom Üblichen abweichen. Die auffälligste Auflockerung ist der Wechsel von „Sehr geehrte …" zum „Liebe …". In der folgenden Zusammenstellung finden Sie die wichtigsten Anredeformen:

Anlaß und Zuhörerkreis

    1. Offizielle allgemeine Anreden
    Sehr geehrte Damen und Herren!
    Sehr verehrte Damen, sehr geehrte Herren!
    Meine Damen und Herren!
    Meine sehr geehrten Damen und Herren!

    2. Offizielle persönliche Anreden
    Sehr geehrte Frau Klostermann!
    Sehr geehrter Herr Klostermann!
    Sehr verehrte Gäste!

TEXTE

Akademische Grade werden hinzugefügt, denn sie sind Teil des Namens. Berufsbezeichnungen läßt man üblicherweise weg.

> Sehr geehrter Herr Dr. Gruber, sehr geehrte Damen und Herren!
> Sehr geehrte Frau Professor Heinze, sehr geehrte Gäste!

Sollte die Zuhörerschaft aus verschiedenen Personengruppen bestehen, dann werden diese Gruppen verschieden angeredet. Es verlangt ein wenig Fingerspitzengefühl, diese Gruppen in der richtigen Reihenfolge zu nennen. Hierfür gibt es keine Faustregeln. Bei der Jahreshauptversammlung eines Vereins zum Beispiel wird man zuerst die Vereinsmitglieder begrüßen und erst dann die Gäste, bei der Hochzeitsrede wird selbstverständlich zuerst das Brautpaar angeredet, anschließend daran werden die weiteren Gäste begrüßt. Die andere Möglichkeit: Sie sprechen zunächst alle Zuhörer an und nennen dann einige wichtige Einzelpersonen. Beispiele:

> Sehr verehrte Gäste, liebe Kollegen!
> Liebes Brautpaar, liebe Hochzeitsgäste!
> Meine sehr geehrten Damen und Herren, liebe Freunde, sehr geehrter Herr Bürgermeister!

Der Einstieg in die Rede

Redeanfang Es hat sich bewährt, zu Beginn der Rede die Anwesenden zu begrüßen. Aber Vorsicht, in diesem Redeanfang liegt eine Gefahr: die Gefahr der Floskel. Vermeiden Sie deshalb möglichst Anfänge wie diesen: „Ich heiße Sie herzlich willkommen und freue mich über Ihr zahlreiches Erscheinen."
Weichen Sie bei Ihrer nächsten Rede doch einfach mal vom Üblichen ab, indem Sie zum Beispiel ein Zitat an den Anfang setzen oder zuerst einige Sätze sprechen und danach die Anrede formulieren. Wie so etwas aussehen kann, zeigen die folgenden Beispiele.

Eine Rede zum 50. Geburtstag könnte man so anfangen:

> Leben kann man nur vorwärts, das Leben verstehen nur rückwärts.
> Lieber Herr Ganser, verehrte Gäste!
> Dieses Wort von Kierkegaard eignet sich vortrefflich als Motto für die Festrede zu Ihrem 50. Geburtstag. Denn ein Mann, der so mitten im Leben steht wie Sie, …

MÜNDLICHE TEXTE

Und nun ein Beispiel dafür, wie man erst nach einigen Sätzen – hier eine kleine Anekdote aus dem Leben der Jubilarin – die Anrede spricht. Dieser Redeanfang erhöht ebenfalls die Aufmerksamkeit Ihrer Zuhörer – so wie alles, was sich vom Gewohnten unterscheidet:

> 1974 betrat eine sehr junge Frau unser Büro an der Schulstraße. Ich dachte, sie wollte sich über unseren Verein erkundigen und vielleicht Mitglied werden. Also sagte ich: „Guten Tag, was kann ich für Sie tun?" Sie antwortete: „Könnten Sie vielleicht Ihren Wagen wegsetzen, Sie behindern die Einfahrt!"
> Liebe Grete, liebe Vereinsmitglieder, meine sehr verehrten Damen und Herren!
> So verblüffend verlief tatsächlich die erste Begegnung zwischen unserem Verein und Grete Kalter ...

Auf den folgenden Seiten finden Sie Musterreden zu alltäglichen Anlässen: Reden im Lebenskreis, Reden im Verein, Reden zur Eröffnung – kurz: zu allen möglichen Situationen, in denen jeder von uns irgendwann im Leben sprechen muß.
Es geht nicht um große Ansprachen vor einem ausgesuchten und hochkarätigen Publikum – wann kommt das schon vor! Viel häufiger sind wir aufgefordert, einige nette Worte zu sprechen: möglichst geistreich, humorvoll und persönlich. Wie gut, wenn man dann auf Beispielreden zurückgreifen kann, um sich einige Anregungen zu holen!

Taufe

Liebe ...!
Lieber ...!
Endlich ist es da, euer Baby, das ihr euch so sehr gewünscht habt. Eigentlich wollte ich euch ja fragen, wie ihr euch jetzt als komplette Familie fühlt. Doch die Antwort kann ich leicht an euren Gesichtern ablesen. Ihr seid erschöpft und strahlt. Das Glück hält euch ganz schön auf Trab. Aber keine Bange, der Streß wird ein Ende haben – so etwa in 18 Jahren oder etwas später. Bis dahin allerdings liegen vor euch noch einige kleinere Aufgaben:
Ihr werdet eurem Kind beibringen müssen, wie man Mama sagt, 3 % Zinsen ausrechnet und ein Mofa frisiert. Na ja, und dann gibt es da noch diverse Dinge, die der Mensch von morgen auch können sollte.

Redner:
ein Verwandter der Familie
Tenor der Rede:
Erziehung ist anstrengend
Stichworte:
Glück und Erschöpfung – Zuversicht und Wunsch

TEXTE

Aber darüber möchte ich jetzt in Anwesenheit des Babys nicht sprechen. Ihr merkt, es kommt in nächster Zeit einiges auf euch zu. Doch ich bin sicher, ihr werdet das Kind schon schaukeln.
Dazu wünsche ich euch viel Glück! (Der Redner erhebt sein Glas.) Trinken wir auf das Wohl des jungen Erdenbürgers! Auf daß er eine schöne Zukunft vor sich hat.

Redner:
Freund der Eltern
Tenor der Rede:
die Besonderheit des Kindes
Stichworte:
das Einzigartige im Alltäglichen – Persönlichkeit braucht Freiheit – Wünsche für Kind und Eltern

Liebe …!
Lieber …!
Das Wunderbare liegt im Alltäglichen. Millionenfach wiederholt sich auf unserem Erdball dieses Ereignis: ein Mensch wird geboren. Und wir spüren, daß die Geburt eines Kindes immer wieder etwas Einzigartiges offenbart.
Natürlich vergleichen wir. Die Nase hat sie von Mama und die Augen … (Pause – der Redner schaut Vater und Großeltern an). Doch wir wissen genau, die kleine Petra ist ein einzigartiger Mensch – mit eigenen Vorlieben und Abneigungen, mit Schwächen und Stärken.
Zwar ist ihr Spielraum, in dem sie ihre Eigenschaften ausleben kann, bisher begrenzt zwischen Fläschchen und Töpfchen. Aber er wird wachsen – vielleicht schneller als Euch recht ist –, und mit ihm wächst die einzigartige Persönlichkeit eures Kindes.
Persönlichkeit aber verlangt Freiheit. Und die wird sich eure Tochter erobern, wie ihr sie euch erobert habt. Da man sowohl von Persönlichkeit wie von Freiheit nie genug bekommen kann, wünsche ich eurem Kind stets Neugierde aufs Leben und Phantasie zu dessen Gestaltung. Euch wünsche ich viel Geduld, Verständnis und Liebe. Ich bin sicher, ihr habt von allem mehr als genug.
(Der Redner erhebt sein Glas.) Auf daß ihr eine glückliche Familie werdet!

MÜNDLICHE TEXTE

*Liebe Gäste, liebe Karin und lieber Martin (Namen der Eltern)!
(Oder:)
Liebe Gäste, liebe Eltern!
Der Oliver (Name des Taufkindes) wird mit meiner kleinen Ansprache am wenigsten anfangen können, aber ich habe mir gedacht: Sprich ihn einfach mal an, dann gewöhnt er sich vielleicht noch schneller an seinen Namen: Lieber Oliver!
Wir wollen deine Taufe feiern, und ich nehme an, dir reicht es jetzt schon. Das verstehen wir gut – zuerst das kalte Wasser und jetzt noch die ganze Familie um dich herum. Deshalb will ich keine große Rede schwingen, sondern nur kurz ein paar Worte sagen, um unserem Fest den richtigen und angemessenen Rahmen zu geben.
Zu diesem Rahmen gehört vor allem anderen, daß ich die Gäste von nah und fern begrüße. Dies ist mir keine Pflicht, sondern eine Freude: Seid alle ganz herzlich willkommen, fühlt euch wohl und genießt mit uns den Tag! Ganz besonders freuen wir uns, daß Sie, Herr Kaplan Schneider, sich die Zeit genommen haben, das Fest der Taufe mit uns im Kreis der Familie zu feiern. Vielen Dank für Ihr Kommen, vielen Dank für die schönen Worte, die Sie zur Taufe gesprochen haben.
Für alle, die heute morgen nicht dabei waren: Kaplan Schneider hat eine so vortreffliche Rede über die Bedeutung der Taufe in unserer Zeit gehalten, daß es fast schon vermessen ist, wenn ich hier ebenfalls mit einer Rede aufwarte.
Nur einige wenige Worte seien mir bitte noch gestattet, dann können wir zum gemütlichen Teil des Nachmittags übergehen. Einer meiner Lieblingsschriftsteller in der Jugend war Peter Rosegger, der viel über Kinder und Kindheit nachgedacht hat. Ein Satz von ihm ist mir im Gedächtnis; er lautet: „Ein Kind ist ein Buch, aus dem wir lesen und in das wir schreiben." Ich sage es nochmal: „Ein Kind ist ein Buch aus dem wir lesen und in das wir schreiben." Diejenigen unter uns, die schon Kinder haben, können diesen Ausspruch sicher sofort bestätigen. Was wir als Erwachsene in dieses Buch schreiben, müssen wir – ob wir wollen oder nicht – später lesen. Unsere Fehler sind ebenso darin festgehalten wie unsere richtigen Taten. Liebe Karin, lieber Martin, vielleicht versucht ihr in den nächsten Jahren, an diesen Vergleich von Peter Rosegger zu denken. Das macht die Kindererziehung zwar nicht leichter, aber es hilft im Alltag!
So, jetzt genug der klugen Worte! Wir wünschen den jungen Eltern glückliche Jahre mit ihrem Sprößling. Und dem Oliver wünschen wir, daß alle guten Feen an seinem Bettchen sind und dafür sorgen, daß seine und seiner Eltern Träume in Erfüllung gehen.
Alles Gute!*

Redner:
Familienmitglied
Tenor der Rede:
feierlicher Rahmen – Kindererziehung und Alltag
Stichworte:
Begrüßung der Gäste – einige Worte über die Tauffeier – Zitat von Peter Rosegger – Gute Wünsche für das Kind – Beistand anbieten

TEXTE

Konfirmation

Redner:
Mutter oder Vater des Konfirmanden – Patin oder Pate
Tenor der Rede:
Gemeinsamkeit und Familie betonen
Stichworte:
Dank für das Kommen – Familienfeier und Festessen – Goethe-Zitat zum Wohlergehen

Liebe … / Lieber … (Name des Konfirmanden)!
Liebe Gäste!
Wir haben heute schon sehr viele besinnliche und würdevolle Worte gehört, gesprochen von Leuten, die das viel besser können als ich. Deshalb will ich gar nicht erst versuchen, etwas über den Sinn und die Wichtigkeit des heutigen Tages und dieser Feier zu sagen.
Was ich aber sagen möchte, ist dies: Wir sind zusammengekommen, um mit dir, liebe …/lieber …, deine Konfirmation zu feiern. Einige hatten eine weite Anreise, andere mußten sich sogar bei ihrem Arbeitgeber freinehmen. Euch allen danke ich, daß ihr durch euer Kommen zum Gelingen des Festes beitragt. Ich bin sicher, es wird ein richtiges Fest-Essen. Wie sagte Goethe?

> *Mich deucht, das Größte' bei einem Fest*
> *ist, wenn man sich's wohlschmecken läßt.*

In diesem Sinne: Eine schöne Feier!
Vielen Dank.

Redner:
die Patentante
Tenor der Rede:
Nachdenklichkeit
Stichworte:
Widerspruch zwischen Anspruch und Wirklichkeit – Gottes Wort als Maßstab für den Menschen – Wunsch der Rednerin

Liebe Lisa!
Du hast im Konfirmanden-Unterricht viel gehört von Gottes Wort. Und vielleicht fragst du dich, wenn du im Fernsehen die Nachrichten siehst oder einfach uns Erwachsenen zuhörst: Warum sind die Menschen so? Warum verstoßen sie jeden Tag gegen die Gebote Gottes? Sie töten einander. Sie zerstören die Natur. Sie betrügen, sagen die Unwahrheit und sind doch Christen.
Ich glaube, daß Gott genau weiß, wie schlecht wir uns manchmal auf seiner Erde benehmen, und daß er uns gerade darum seine Regeln mit auf den Weg gegeben hat – sozusagen als Maßstab für alles, was wir denken und tun.
Jetzt ist es die Aufgabe der Menschen, sich gegenseitig an Gottes Wort zu erinnern, damit nicht zu viele von uns die Gebote Gottes vergessen. Wenn sich dann immer mehr Erwachsene und Kinder daran erinnern, werden sich auch immer mehr Menschen auf der Erde gut benehmen. Liebe Lisa, ich wünsche Dir ein gutes Gedächtnis.

MÜNDLICHE TEXTE

Abitur

Liebe Abiturientinnen!
Liebe Abiturienten!
Jetzt, da Sie das Abitur bestanden haben und die meisten von Ihnen bald eine Arbeitsstelle suchen werden, stoßen Sie auf eine ungeheure Forderung – auf die Forderung nach Selbstverwirklichung des Menschen bei seiner Arbeit. Wir sind dafür – alle –, weil es nicht einzusehen ist, daß der Mensch, wenn er sich bezahlen läßt, seine Selbstbestimmung verliert. Die Forderung ist leicht zu erfüllen in Zeiten der Vollbeschäftigung. Sie, liebe Abiturientinnen und Abiturienten, verlassen allerdings die Schule in anderen Verhältnissen.
Niemand außer unserem Grundgesetz ist bereit, Ihnen einen Arbeitsplatz zu garantieren nach Ihrer freien Wahl. Die Forderung besteht jedoch weiterhin. Wie lebt der einzelne mit Anspruch und Wirklichkeit? Wie eine Gesellschaft? (Pause)
Wenn Sie sich Ehrgeiz und Zutrauen bewahrt haben, dann verstehen Sie gewiß den Anspruch als Herausforderung, Ihr Berufsziel zu erreichen. Geben Sie nicht auf!
Ich wünsche Ihnen alles erdenklich Gute für die Zukunft und hoffe, daß Ihnen das „Zeugnis der Reife" die Tür zum Beruf Ihrer Wahl leichter öffnet.

Redner: der Elternratsvorsitzende
Tenor der Rede: schlechte Arbeitsmarktlage, schlechte Berufsaussichten
Stichworte: die Selbstverwirklichung des Menschen bei seiner Arbeit – keine Garantie auf einen Beruf – die Situation als Herausforderung verstehen – Wünsche

Bestandene Führerscheinprüfung

Lieber Werner!
Endlich bist du auto-mobil. Auch wenn das richtige Leben nicht erst auf vier Rädern beginnt, so verändern sich doch unsere Perspektiven mit dem Blick durch die Windschutzscheibe. Die Welt scheint uns offen zu stehen, denn nun können wir sie leichter erreichen.
Autofahren will gelernt sein, ebenso der Umgang mit dem, was wir „erfahren". Bestimmt wirst du sehr bald die wichtigen Ziele von den unwichtigen unterscheiden können. Dann wird das Auto nicht nur ein Spielzeug sein, sondern eine Bereicherung deines Lebens.
Doch gleich, wohin du fährst, ich wünsche dir ein starkes Bedürfnis nach Verkehrssicherheit.
Allzeit gute Fahrt!

Redner: der Vater
Tenor der Rede: das Auto eröffnet eine neue Welt
Stichworte: die Perspektiven ändern sich – wichtige und unwichtige Ziele – Wunsch nach Verkehrssicherheit

TEXTE

Promotion

Redner:
der Onkel
Tenor der Rede:
Würdigung der Leistung
Stichworte:
Gratulation – der Titel klingt gut – Neugierde nach Erkenntnis – zukünftiges Interesse am Fach

Lieber Stephan!
Du hast es geschafft! Nach Jahren des Lernens und Forschens darfst du dich nun Doktor nennen. Ich gratuliere dir ganz herzlich zu diesem beachtlichen Erfolg.
Doktor Schäfer, wie gut das klingt. Doch was dich getrieben hat zur akademischen Weihe, das war gewiß nicht die Aufwertung deines Namens. Dich hat die Neugierde, die Neugier nach Erkenntnis in ein immer tieferes wissenschaftliches Denken vordringen lassen.
Wie ich dich kenne, wirst du dich auch in Zukunft über diesen formalen Abschluß hinaus mit Fragen der ... (Name des Spezialgebietes) beschäftigen.
Lieber Stephan, ich wünsche dir etwas durch und durch Praktisches. Ich wünsche dir, daß sich die bestandene Promotion für dich bezahlt macht – nach Möglichkeit schon bei der ersten Arbeitsstelle. (Der Redner erhebt sein Glas.) Ich trinke auf deine Zukunft. Sie möge deinen Hoffnungen entsprechen.

Geburtstag

Rednerin:
eine Tante
Tenor der Rede:
kritische Gedanken zum 18. Geburtstag
Stichworte:
Glückwunsch – die Einteilung in Lebensabschnitte dient der Orientierung – neue Entfaltungsmöglichkeiten durch die Volljährigkeit

Liebe Ulrike!
Meine herzlichsten Glückwünsche zum 18. Geburtstag begleiten dich in die Welt der Volljährigen. Nun giltst du als erwachsen.
Was für eine Vorstellung: als würden sich Menschen von einem Tag auf den anderen in völlig neue Wesen verwandeln! Allerdings markieren solche Eckdaten Entwicklungsabschnitte in unserem Leben. Sie dienen uns und anderen zur Orientierung. Natürlich liefern sie darüber hinaus auch einen Grund, solche Feste wie das heutige zu feiern.
Verstehen wir deinen Geburtstag aber nicht als Ende und Anfang zwischen zwei Lebensabschnitten, sondern als Gewinn neuer Entfaltungsmöglichkeiten!
Und was ich dir wünsche zu deinem 18. Geburtstag – ganz einfach: erwachsen zu sein und dennoch Kind zu bleiben.

MÜNDLICHE TEXTE

Lieber Herr Groß!
„Man müßte noch mal 20 sein …!" Erinnern Sie sich an den alten Schlager aus unserer Jugend? Damals haben wir gelächelt, wir, die noch den größeren Lebensabschnitt vor uns hatten.
Und heute? Das Verhältnis von gelebter und ungelebter Zeit hat sich zu unserem Nachteil verändert. Wollen wir – wenn wir es könnten – die Uhren zurückdrehen oder wenigstens dem Augenblick zurufen: „Verweile doch! du bist so schön!"?
In so manch melancholischen Stunden das Undenkbare denken? Warum nicht! Nur wer seine Vergangenheit liebt, hat eine glückliche Zukunft. Die allerdings allein – das wissen wir – kann unsere schöpferische Kraft für die Gegenwart wecken.
Auf der Höhe Ihres 65. Geburtstages wünsche ich Ihnen eine prächtige Aussicht und eine unermüdliche Vitalität für die kommenden Jahre.

Redner: ein Bekannter
Tenor der Rede: das Verhältnis zur Vergangenheit
Stichworte: Schlager-Zitat – der größte Lebensabschnitt ist vorüber – die Zukunft baut auf der Vergangenheit auf – Gratulation

---

Lieber Opa!
Daß wir heute deinen 80. Geburtstag feiern dürfen, das verdanken wir deinem unbändigen Lebenswillen. Denn du hast nie resigniert und dich aufgegeben. Keine Krankheit und keine Krise konnten dich ernstlich schwächen, dafür liebtest und liebst du das Leben zu sehr.
Weißt du, daß du dadurch auch uns Jüngeren oft den verlorenen Mut zurückgegeben hast? Wenn wir uns verrannt hatten, aus unangenehmen Situationen keinen Ausweg sahen, dann haben wir an dich gedacht, an deine positive Einstellung zum Leben.
Wir sehen in dir auch heute noch eine vorbildliche Persönlichkeit. Was wir aber besonders achten: Bei all deiner Energie hast du es nie an Einfühlungsvermögen gegenüber deinen Mitmenschen fehlen lassen. Wenn jemand dich brauchte, dann hast du dir Zeit für ihn genommen.
Darum, lieber Opa, haben wir, deine Enkel, dich lieb! (Der Redner überreicht das Geschenk.) Zu deinem 80. Geburtstag wünschen wir dir von ganzem Herzen Glück und Gesundheit.

Redner: der Enkel
Tenor der Rede: der Großvater als Vorbild
Stichworte: starker Lebenswille – hat den Jüngeren Mut gemacht – war immer für andere da – Gratulation

Dank für eine Ehrung

Redner: der Gefeierte selbst
Tenor der Rede: fast zuviel Dank
Stichworte: Zitat von Konrad Adenauer: verdientes Lob – Vergleich des Lebens mit einer Sanduhr – nur der Augenblick zählt – Zitat Lichtenberg: Angst vor dem Alter – Vorsatz für die Zukunft: mehr Ruhe

Liebe Familie!
Liebe Freunde! Liebe Gäste!
Meine sehr verehrten Damen und Herren!
Nun habe ich ja allerhand schöne Worte gehört … (Pause zur Steigerung der Spannung), aber die habe ich ja wirklich verdient … (Pause für die Lacher) – sagte Konrad Adenauer zu den vielen Gratulanten an seinem 80. Geburtstag! Wenn ich es schaffen will, mir bis zu meinem 80. Geburtstag die ehrenden Worte zu verdienen, die heute bereits gesprochen wurden, dann muß ich mich ordentlich anstrengen.
Habt alle Dank, ihr guten Freunde, für euer Kommen. Und dafür, daß ihr heute bei mir seid, um mit mir zu feiern. Ihr wißt, ein solcher Tag bedeutet eine große Freude und ein bißchen Wehmut, einer Sanduhr gleich: Denn so, wie der untere Teil der Sanduhr an die vielen guten Jahre erinnert, zeigt der obere Teil die verbleibende Zeit.
Vor vielen Jahren schon habe ich mir angewöhnt, weder ängstlich auf den oberen noch selbstzufrieden auf den unteren Teil zu achten. Was zählt, ist der Augenblick, das eine, einzige Sandkörnchen, das gerade durch die Mitte läuft. „Nichts macht schneller alt als der immer vorschwebende Gedanke, daß man älter wird", sagt Lichtenberg.
Aber heute weiche ich gerne mal von meinem Grundsatz ab, denn wenn so besinnlich und nett Rückschau gehalten wird, wer wollte sich da versagen! (Etwas leiser) Unter uns: Bei manchen Sätzen der verehrten Lob- und Festredner habe ich mich ernsthaft gefragt, ob sie wirklich mich meinen! Allen gilt mein herzlicher Dank!
Nach den guten Wünschen sollen meine Dankesworte nicht enden ohne ein Versprechen: Ich verspreche, die nächsten Jahre etwas ruhiger anzugehen und, wie man so sagt, kürzer zu treten. Weniger wegen der Gesundheit als vielmehr, um die Gratulanten nicht in die Verlegenheit zu bringen, sich erneut steigern zu müssen.
Habt nochmals ganz herzlichen Dank für die guten Wünsche; und jetzt laßt uns feiern. Zum Wohle!

MÜNDLICHE TEXTE

Hochzeit

Liebe Hochzeitsgäste!
Liebes Brautpaar!
Zur Hochzeit klopft der Brautvater an sein Glas und spricht einige Worte! Dies ist eine alte Tradition in unserer Familie. Aber ich weiß auch, daß diese Tischreden in den letzten zwei Generationen kürzer geworden sind.
Das liegt daran, behaupten böse Zungen, daß den Vätern nichts Gescheites mehr einfalle. Andere glauben, daß ihnen der Anblick der schönen Tochter die Sprache verschlägt. Bei mir trifft beides zu – habt also bitte Verständnis dafür, daß ich mit meiner Rede ganz schnell fertig bin. Lieber Walter, ich bewundere deinen Mut, in diese nicht ganz alltägliche – beinahe hätte ich „normale" gesagt – Familie einzuheiraten. Aber du mußt ja schließlich wissen, was du machst, denn Zeit zum Überlegen hattest du genug. Und so bin ich sicher, daß du alles in deiner Macht Stehende tun wirst, um eine lange und glückliche Ehe zu führen.
Du, liebe Monika, hast dir nicht minder lange Zeit gelassen. Wie wir hörten, war es ein richtiges Wechselspiel: Mal war Walter bereit zu heiraten, und du hast noch gezögert, mal hast du gesagt „Komm, wir heiraten jetzt", und Walter war sich nicht sicher ...
Kurzum: Auf einmal hat's gestimmt – jetzt sitzen wir hier, um mit euch zu feiern. „Was lange währt ..." Wir heben also unser Glas und wünschen euch von Herzen alles Gute und für euren weiteren gemeinsamen Lebensweg als Ehepaar Glück und Segen.
Macht's gut! Dankeschön.

Redner: der Brautvater
Tenor der Rede: Nach langer Zeit nun doch geheiratet
Stichworte: Hochzeitsreden sind Tradition – nur wenige Worte – Entscheidung lange hinausgezögert – Glückwünsche

Liebe Gäste!
Liebe Hannelore, lieber Ludger!
Ihr wißt, ich bin ein eher stiller Mensch. Es ist nicht meine Art, viele Worte zu machen – mir sind die Taten lieber. Heute muß ich sozusagen über meinen Schatten springen, und das Schönste ist, daß es mir sogar Freude macht. Besonders freue ich mich, daß so viele liebe Freunde und Verwandte gekommen sind, um an diesem großen Tag dabeizusein. Einige haben sogar die Mühe einer langen Anreise auf sich genommen. Dafür danke ich euch sehr.
Andererseits: Ist es verwunderlich, daß alle gekommen sind? Nein, denn schließlich feiern wir heute nicht irgendein Fest, sondern, liebe Hannelore und lieber Ludger, eure Hochzeit. (Zu den Gästen gewandt:) Wenn

Redner: Vater oder Mutter des Bräutigams
Tenor der Rede: der Mut, eine Entscheidung fürs Leben zu treffen
Stichworte: das zahlreiche Erscheinen von Verwandten und Freunden – Glückwünsche

TEXTE

ich mir die beiden so betrachte, darf ich annehmen, daß sich aller Voraussicht nach kein zweites Mal die Gelegenheit bieten wird, einen der beiden heiraten zu sehen.
Ich merke schon, einige schauen sehnsüchtig auf ihr Glas. So will ich nun meine kleine Ansprache beenden, jedoch nicht ohne gute Wünsche auszusprechen: Liebe Hannelore, lieber Ludger, wir wünschen euch für eure gemeinsame Zukunft von ganzem Herzen Glück und Segen. Und vor allem wünschen wir euch, daß Ihr im Leben alle Probleme in den Griff bekommt und alles Gute gemeinsam genießt.
Zum Wohle!

Redner: Naher Verwandter des Brautpaares
Tenor der Rede: eine gemeinsame Zukunft ohne Ketten
Stichworte: kurze Einleitung – Gedanken über das Wort „Paar" – dem Partner Freiheit lassen – Zitat

Liebe Renate!
Lieber Georg!
Nun seid ihr ein Ehepaar. Ein Paar, das ist in sich schon ein kompliziertes Gebilde, denn es besteht aus zwei Teilen und ist doch ein Ganzes. Die Kunst ist – und nur wenige schaffen das –, ein Ganzes zu bilden und dabei dennoch einzigartig zu bleiben. Schließlich ist ein Ehepaar nicht aneinandergewachsen. Weder körperlich noch geistig. Und wie sollte eine Ehe über viele Jahre kurzweilig bleiben, wenn nicht jeder der beiden sein Eigenes zum Ganzen beiträgt.
Man kann es wohl am besten folgendermaßen beschreiben: sich den Atem rauben und dabei gegenseitig Luft lassen. Bevor ich jetzt poetisch werde, soll lieber ein Poet selbst zu Wort kommen:
„Doch lasset Raum zwischen eurem Beieinandersein. Und lasset Wind und Himmel tanzen zwischen euch. Liebet einander, doch macht die Liebe nicht zur Fessel. Schaffet eher daraus ein lebendes Meer zwischen den Ufern eurer Seele. Füllet einander den Kelch, doch trinket nicht aus einem Kelche. Gebet einander von eurem Brot, doch esset nicht vom gleichen Laibe. Singet und tanzet zusammen und seid fröhlich, doch lasset jeden von euch allein sein. Gleich wie die Saiten einer Laute allein sind, erbeben sie auch von derselben Musik. Gebet einander eure Herzen, doch nicht in des anderen Verwahr."
Dieser arabische Dichter hat es nach meiner Meinung genau getroffen, und ich habe diesen Worten nichts hinzuzufügen. Wir alle hier wünschen euch, liebe Renate, lieber Georg, daß ihr immer dieses hohe Ziel vor Augen habt – denn soviel ist sicher: Gegenseitig Freiheit zu lassen und gleichzeitig Nähe zu geben bleibt ein Ziel, das man wohl nie erreicht. Wir wünschen euch für euren gemeinsamen Weg Toleranz und Treue und dazu viel Glück. Mehr wollte ich nicht sagen.
Dankeschön.

MÜNDLICHE TEXTE

Liebes Brautpaar!
Liebe Gäste!
Kurz soll eine Rede sein und geistreich, so steht es geschrieben, und mir scheint, so ist es gut. Die erste Forderung kann ich leicht erfüllen, denn am liebsten würde ich überhaupt keine Rede halten. Geistreich zu reden dagegen ist schwierig, besonders zur Hochzeit, wo es schließlich um Liebe geht und nicht um G... – ach Entschuldigung, das war jetzt falsch! Natürlich hat Heiraten auch etwas mit Geist zu tun. Nicht ohne Grund nennt man die Frau den „guten Geist des Hauses".
Ich habe mir gedacht: Bevor du das Brautpaar und die Gäste mit eigenen Gedanken langweilst, siehst du besser nach, was andere so über den guten Geist in der Ehe zu sagen haben. Und während der Suche habe ich eine wunderschöne Stelle bei Gottfried Keller gefunden – die Beschreibung der Ehefrau. Da heißt es:
„Und wenn sie nur halbwegs was taugt, so ist eine gute Hausfrau etwa weiß am Leibe, sorgfältig im Sinne, zutulich von Sitten, treu von Herzen, sparsam im Verwalten, aber verschwenderisch in der Pflege ihres Mannes, kurzweilig in ihren Worten und angenehm in ihren Taten, einschmeichelnd in ihren Handlungen. Sie küßt den Mann mit ihrem Munde und streichelt ihm den Bart, sie umschließt ihn mit ihren Armen und krault ihn hinter den Ohren, wie er es wünscht, kurz, sie tut tausend Dinge, die nicht zu verwerfen sind. Sie hält sich ihm ganz nahe zu oder in bescheidener Entfernung, je nach seiner Stimmung, und wenn er seinen Geschäften nachgeht, so stört sie ihn nicht, sondern verbreitet unterdessen sein Lob in und außer dem Hause; denn sie läßt nichts an ihn kommen und rühmt alles, was an ihm ist! Aber das Anmutigste ist die wunderbare Beschaffenheit ihres zarten leiblichen Daseins, welches die Natur so verschieden gemacht hat von unserm Wesen bei anscheinender Menschenähnlichkeit, daß es ein fortwährendes Meerwunder in einer glückhaften Ehe bewirkt und eigentlich die allerdurchtriebenste Hexerei in sich birgt."
Bevor nun Protest anhebt oder allzuschnelle Zustimmung, laßt euch sagen: Diese Zeilen sind glücklicherweise nicht ernst gemeint! Und mißbraucht jetzt bitte nicht die Gläser, um nach dem Redner zu werfen, sondern erhebt sie und trinkt mit mir auf das Wohl des jungen Paares:
(Etwas feierlicher:) Liebe Rita, lieber Gerd, wir wünschen euch von ganzem Herzen Glück und Gesundheit auf eurem gemeinsamen Lebensweg. Wenn ihr so weitermacht wie bisher, wenn ihr euch liebt und respektiert, dann wird euch alles so gelingen, wie ihr es euch heute wünscht.
Macht's gut, ihr beiden.

Redner:
Freund oder Freundin des Paares
Tenor der Rede:
humorvoll über die Schwierigkeit, eine Rede zu halten – Lobpreisung der guten Ehefrau
Stichworte:
kurze Einleitung – Zitat von Gottfried Keller aus „Spiegel, das Kätzchen" – Glückwunsch

TEXTE

Redner:
Vereinsmitglied
Tenor der Rede:
der Verein als Ehestifter
Stichworte:
die Eheschließung als Ergebnis der Vereinsarbeit

Liebe Anne!
Lieber Wolfgang!
Offen gesagt, wir sind stolz auf unseren ...-Verein. Wenn wir auch im Vergleich mit der Konkurrenz nicht so toll abschneiden, so haben wir doch Erfolge auf anderem Gebiet vorzuweisen. Wir sind gut im Zwischenmenschlichen. Der Beweis: (der Redner zeigt auf das Hochzeitspaar) eure Eheschließung. Da sieht man, wohin ein wirklich gutes Training führt.
Nun hoffe ich allerdings nicht, daß ihr glaubt, der Verein hätte seine Schuldigkeit getan, indem er euch zusammengebracht hat. Wir zählen weiterhin auf euch – auch als Herr und Frau Sebaldt. Und wer weiß, vielleicht habt ihr ab und an das Bedürfnis, euch einmal so richtig voneinander abzureagieren. Dann wißt ihr ja, wo.
Im Namen aller Vereinsmitglieder überreiche ich euch dieses Hochzeitsgeschenk. Nein, noch nicht. Erst die Glückwünsche:
Wir drücken euch ganz fest die Daumen, daß ihr in eurer Ehe das Glück findet, das ihr euch so sehr wünscht. Bleibt so, wie ihr seid! (Pause) Jetzt das Geschenk. (Der Redner überreicht das Geschenk.) Wir freuen uns, wenn es euch gefällt.

Kurzrede
Redner:
Sohn oder Tochter eines älteren Brautpaares

Liebe Gäste, liebe Eltern!
Heute ist ein ganz besonderer Tag. Denn normalerweise sprechen die Eltern zur Hochzeit ihrer Kinder feierliche Worte. Deshalb freue ich mich sehr, daß heute zu eurer Hochzeit alles anders ist, da das Kind eines der Brautleute spricht. Erlauben Sie mir nur diese wenigen Worte: Liebe Eltern! Anweisung und Ratschläge sind bei euch nicht mehr nötig, denn die Erfahrungen einer Ehe hat bereits jeder hinter sich. Die Voraussetzungen für ein harmonisches Zusammenleben sind damit voll gegeben.
Ich wünsche allen ein geduldiges Zusammenwachsen der Familien und euch viel Glück und Segen. Dankeschön.

MÜNDLICHE TEXTE

Liebe Gäste!
Liebes Brautpaar!
Als gute, um nicht zu sagen „alte" Freundin der Braut will ich es nicht versäumen, kurz ein paar Worte zu sprechen.
(An die Braut gewandt:) Liebe Dorothea!
Warum soll es dir schlechter gehen als mir!? Ob er der Mann fürs Leben ist, wird erst die Zeit erweisen. Auf jeden Fall bekommst du heute mein zustimmendes, kräftiges JA!

Kurzrede
Rednerin:
Freundin der Braut

Liebe …!
Lieber …!
Es ist vollbracht! Eure Entscheidung hieß: ja! Wir haben es alle gehört, denn euer Ja erklang laut und ohne Zweifel – im Brustton der Überzeugung, so sagt man wohl. Ich glaube, damit habt ihr genau den richtigen Ton getroffen. Die unwiderrufliche Entscheidung füreinander verträgt nämlich keine Kompromisse und kein Zögern; sie muß eindeutig sein. Ich bin sehr froh, daß ihr sie genau so getroffen habt. Denn jetzt weiß ich, ihr werdet beide sehr glücklich, da ihr aufeinander neugierig seid und auf das Abenteuer der Zweisamkeit.
Gewiß werdet ihr nun viele neue und spannende Erfahrungen machen. Auf einige würdet ihr vielleicht lieber verzichten. Doch sie werden euch allesamt bereichern. Sie werden eure Ehe sogar mehr und mehr festigen, wenn ihr bereit seid, die guten wie die schlechten Zeiten gemeinsam zu durchleben.
An dieser Stelle käme eigentlich der Hinweis, wir, eure Eltern, seien immer für euch da. Weil ihr das aber sowieso wißt, bleibt mir nur, euch alles Glück der Erde zu wünschen, das zwei Menschen in einem Leben erfahren können.
(Der Redner erhebt sein Glas.) Trinken wir auf euer Wohl!

Redner:
der Vater der Braut
Tenor der Rede:
eine sichere Entscheidung
Stichworte:
das eindeutige Ja – neue Erfahrungen in der Ehe – die Eltern helfen immer – Glückwunsch

TEXTE

Silberhochzeit

Redner:
der Sohn
Tenor der Rede:
vorbildliche Ehe
Stichworte:
Liebe hält jung – die vorbildliche Ehe – die nächsten 25 Jahre werden nicht weniger schön – Wünsche

Liebe Mutter!
Lieber Vater!
Gut schaut ihr aus. Darüber freue ich mich natürlich am meisten. Die letzten 25 Jahre sieht man euch – soweit ich das beurteilen kann (der Redner lächelt) – kaum an. Liebe hält eben jung! Daß ihr für diese Einsicht der beste Beweis seid, das weiß niemand besser als ich. Denn ich konnte schließlich jeden Tag erleben, wie liebevoll ihr eure Ehe gestaltet.
Dabei habe ich einiges gelernt über die Möglichkeiten, eine glückliche Ehe zu führen. Dafür danke ich euch von Herzen. Ich bin sicher, die nächsten 25 Ehejahre werden euch genau so vorbildlich gelingen.
Ich wünsche euch dazu alles erdenklich Gute. Bleibt so, wie ihr seid. Und bleibt vor allem gesund. Dann werden euch auch die nächsten Jahre zahllose Stunden voller Glück bescheren.
Noch einen weiteren Wunsch erlaubt mir: (der Redner erhebt sein Glas) Auf daß wir gemeinsam in diesem großen Freundes- und Familienkreis einen schönen Abend verleben, der uns lange in Erinnerung bleiben wird.

Rednerin:
die Ehefrau
Tenor der Rede:
Freude über 25 Ehejahre
Stichworte:
Frauen reden selten – Freude auf das Fest – Freude über 25 Ehejahre – Wünsche für ein schönes Fest

Lieber Werner (Ehemann)!
Liebe Freunde und Verwandte!
Eigentlich ist die öffentliche Rede nicht gerade Frauensache. Immer sind es die Männer, die sich erheben, ans Glas klopfen und ihre Worte an uns richten. Heute, an unserem Silberhochzeitstag, lasse ich mir die Gelegenheit jedoch nicht entgehen. Ich habe mich erhoben, habe geklopft, und nun hält mich niemand mehr. Jetzt rede ich.
Wie Ihr euch denken könnt, habe ich mich auf diesen Tag sehr gefreut. Selbstverständlich habe ich mich gefragt, worüber ich mich denn so freue. Darüber, daß endlich schon 25 Jahre Ehe vorüber sind? Wohl kaum. Gefreut habe ich mich darüber, daß ich eine sehr schöne Zeit an der Seite meines Mannes verbringen durfte, daß wir bisher ein Leben führen konnten, das für uns beide genügend Glück bereithielt. Wir können uns nur zueinander gratulieren.
Damit ich eure Geduld mit meiner Ansprache nicht überstrapaziere, werde ich nun mein Glas erheben. Ich wünsche euch auf unserer Silberhochzeitsfeier viel Spaß.

MÜNDLICHE TEXTE

Liebe Hilde!
Lieber Carsten!
Liebe Gäste!
Kennt ihr eigentlich die kleine Geschichte von den Stachelschweinen im Winter? Sie ist von Schopenhauer und paßt so schön zu diesem Festtag und zu unserem Ehrenpaar, daß ich sie sinngemäß wiedergeben möchte:
Es wird Winter, und die Stachelschweine fangen an zu frieren. Da kommen sie auf die Idee, dicht zusammenzurücken, um sich gegenseitig zu wärmen. Das Problem ist klar: Sobald sie dicht aneinandersitzen, pieken sie sich mit ihren Stacheln. Die Stachelschweine müssen nun durch geschicktes, vorsichtiges Probieren herausfinden, in welchem Abstand sie sich wärmen, aber noch nicht verletzen.
Nicht mehr und nicht weniger als die Stachelschweine in dieser Geschichte müssen wir Menschen das Miteinander-Leben erst üben: Was verletzt den Ehepartner, was erfreut ihn, wann kommt man sich gegenseitig ins Gehege, was erwärmt den anderen? Das alles will ausprobiert sein.
Mit scheint, liebe Hilde und lieber Carsten, daß euch genau dies vortrefflich gelungen ist. Heute jährt sich zum fünfundzwanzigsten Mal der Tag eurer Hochzeit – dies ist ein schöner Anlaß, Rückschau und Ausblick zu halten. Der Philosoph Kierkegaard hat es so formuliert: „Leben kann man nur vorwärts, das Leben verstehen nur rückwärts."
Wenn ihr zurückblickt auf die 25 Ehejahre, dann seht ihr viel Freude und ein wenig Ärger. Und wir verstehen das Geheimnis eurer erfolgreichen Ehe – das Prinzip der Stachelschweine: Vorsichtig seid ihr miteinander umgegangen, habt den Partner so akzeptiert, wie er ist, ihn geändert, wo es möglich war und er es selbst am wenigsten gemerkt hat.

Auf dieser Grundlage läßt sich beruhigt nach vorne schauen! Was soll schon noch passieren, das eure Partnerschaft aus der Bahn werfen könnte. Das klingt ein bißchen nach Langeweile, aber da habe ich einen Tip: Ihr braucht nur das nachzumachen, was andere Eheleute falsch machen, dann stellt sich die Kurzweil wie von selbst ein. Allerdings lehne ich für diesen Tip jede Verantwortung ab!
Liebe Hilde, lieber Carsten! Alles Gute, Glück und Gesundheit für euch beide. Unsere besten Wünsche begleiten euch. Dankeschön.

Redner:
ein Freund des Paares

Tenor der Rede:
Nähe schaffen ohne Zwang

Stichworte:
Schopenhauers Beispiel der Stachelschweine – Überleitung zum Silberhochzeitspaar – Rückblick und Ausblick

TEXTE

Goldene Hochzeit

Redner:
ein Freund oder eine Freundin des Paares
Tenor der Rede:
das Ja der Hochzeit beständig erneuern
Stichworte:
50 Jahre verheiratet zu sein ist heute ungewöhnlich – lieber Taten zeigen als große Worte machen – auch Worte können eine Tat sein – das unumstößliche Ja bei der Hochzeit – gute Wünsche für die Zukunft

Liebes Goldhochzeitspaar!
Liebe Gäste!
Es ist schon ein herrlicher Anlaß, aus dem wir uns heute hier versammelt haben: die große Feier eurer Goldhochzeit, liebe Marianne und lieber Helmut.
Rufen wir uns diese Zahl doch einmal in Erinnerung: 50 Jahre, ein halbes Jahrhundert seid ihr nun verheiratet. Wie außerordentlich diese Zahl ist, wird einem erst klar, wenn man sich vor Augen hält, wie wenigen es gelingt, auch nur ein halbes Jahrzehnt halbwegs glücklich hinter sich zu bringen.
Als ich mich auf diese kleine Ansprache vorbereitet habe, ist mir klar geworden, daß ihr im Grunde beide große Worte verabscheut, wenn nichts dahintersteckt. Euch sind die Taten lieber, wer wüßte das besser als alle, die hier zu eurer Feier versammelt sind.
Ich habe mein Leben lang gedacht, es gebe zwei Sorten Menschen: Die einen reden, die anderen tun etwas. Erst jetzt, aus Anlaß eures 50. Hochzeitstages habe ich eine sehr interessante Entdeckung gemacht: Es gibt auch Worte, die eine Tat sind. Vor 50 Jahren habt Ihr ein kleines Wort ausgesprochen, und das war durchaus eine Tat. Aus eurem Jawort entstand eine Ehe. Damals habt ihr nicht ahnen können, was dieses Ja bedeutet, aber ihr habt die Größe dieses Augenblicks gewiß gefühlt.

In unserer Zeit ist es üblich geworden, dem Ja stets noch ein Aber hinzuzufügen: „Ja, aber." – „Ja", das ist kompromißlos, unumstößlich, unabänderlich. „Ja, aber" dagegen ist ein Hintertürchen, eine Vorsichtsmaßnahme. Ihr wißt, in der Ehe sind solche Hintertürchen gefährlich. Wenn ihr in den 50 Jahren eurer Ehe nicht immer wieder versucht hättet, das Ja von einst zu erneuern, dann säßen wir sicher heute nicht bei dieser Feier beieinander.
Ich glaube, dies ist das eigentliche Geheimnis eurer Ehe; das wollte ich besonders den Jüngeren hier im Kreise einmal sagen. Denn viele Brautpaare hoffen am Tag der Eheschließung auf eine glückliche Zukunft in Treue und Gemeinsamkeit. Wir alle hier sind sicher: Für Marianne und Helmut ist diese Hoffnung Wirklichkeit geworden.
Entschuldigt bitte, wenn die Rede ein bißchen länger geworden ist als geplant. Wir erheben uns und leeren unsere Gläser zu Ehren unserer Jubilare: Auf eine glückliche Zukunft und viele gemeinsame Jahre. Unsere besten Wünsche begleiten euch. Vielen Dank.

MÜNDLICHE TEXTE

Liebe Eltern!
Der heutige Tag ist die Krönung eures gemeinsamen Lebens. Das sage ich, weil ich weiß, wie wichtig euch die Familie war und ist; ihr habt sie stets als Ausgangspunkt und als Ziel betrachtet, für alles, was ihr geschaffen habt. Nun feiern wir die Gründung dieser Familie, eure Eheschließung vor 50 Jahren.
Wir, eure Kinder, Enkel und Urenkel, sind euch dankbar für das Ja-Wort vor dem Traualtar. Nicht nur, weil es die Voraussetzung für unser Leben war. Wir danken euch vielmehr für die Verantwortung, die ihr mit dem kleinen Wörtchen übernommen habt – bis zum heutigen Tag. Ja, (Pause) bis zum heutigen Tag; denn ihr steht dem Leben trotz eures hohen Alters nicht gleichgültig gegenüber. Ihr mischt euch ein, nehmt Anteil, gebt uns Rat und helft uns, wo immer es euch möglich ist. Das verdient unsere Anerkennung.
(Der Redner erhebt sein Glas) Ich trinke auf eure Gesundheit und euer Glück! Ich trinke auf 50 goldene Ehejahre!

Redner: der Sohn
Tenor der Rede: Gemeinsamkeit der Familie
Stichworte: die Krönung des gemeinsamen Lebens – die Familie stand stets im Mittelpunkt – Dank der Familie – Anteilnahme bis ins hohe Alter – Wünsche

Liebes Goldhochzeitspaar!
Eine Gratulation zum 50. Ehejubiläum aussprechen zu dürfen – (kleine Pause) nur äußerst selten fordert der besondere Anlaß uns dazu auf. Nur wenige Paare erleben die Gottesgnade, ein halbes Jahrhundert das Leben miteinander teilen zu dürfen. Und wie ich mir von Ihren Kindern habe berichten lassen: Sie durften leider das Leben nicht immer von seiner besten Seite erleben. Gerade in den Wirren der Kriegs- und Nachkriegszeit mußten Sie als jung verheiratetes Paar Opfer bringen.
Daß Sie dennoch nie am Leben verzweifelten, sondern unermüdlich für Ihre Familie gekämpft haben, das zeichnet Sie in hohem Maße aus. Ihre Liebe hatte und hat Bestand – trotz der Entbehrungen, die Sie auf sich genommen haben.
Rückblickend kann man wohl mit Fug und Recht behaupten, daß das, was Sie in Ihren Ehejahren geschaffen und erreicht haben, der Mühe wert war. Ich denke dabei nun nicht nur an das Geschäft, das Sie aus eigener Kraft aufgebaut haben. Ich denke auch an Ihre fürsorgliche Familie, die Kinder und Enkelkinder, die Ihnen einen wunderschönen Lebensabend bereiten.
Im Namen der Stadt ... und des Bürgermeisters ... überreiche ich Ihnen ... (Geschenk) und wünsche Ihnen noch viele glückliche Jahre im Kreise Ihrer Lieben.

Redner: ein Vertreter der Stadt
Tenor der Rede: Würdigung des gemeinsamen Lebens
Stichworte: seltenes Ereignis – das Leben hatte nicht nur schöne Seiten – unermüdlicher Einsatz für die Familie – das Lebenswerk hat sich gelohnt – Gratulation

TEXTE

Todesfall

Redner:
der Ehemann einer Verstorbenen
Tenor der Rede:
Bitte um Verständnis dafür, daß der Vater und die Kinder die Trauerfeier verlassen
Stichworte:
Dank für Trost und Anteilnahme – der Tod macht fassungslos

Liebe Verwandte!
Liebe Freunde!
Ich danke euch für euren Trost und eure Anteilnahme in dieser schweren Zeit, die meine Kinder und ich nun erleben müssen. Der Tod meiner Frau hinterläßt in uns nichts als Fassungslosigkeit.
Bitte verzeiht uns darum, daß die Kinder und ich die Trauerfeier nun verlassen. Die Anwesenheit all der lieben Menschen an diesem Ort (Gaststätte), der sonst der Freude vorbehalten ist, macht den Tod nur noch schmerzlicher.
Gebt uns Zeit, bis wir wieder ins Leben zurückfinden.
Noch einmal herzlichen Dank für euren Beistand.

Redner:
der Vereinsvorsitzende zum Tod eines Mitglieds
Tenor der Rede:
Würdigung des Verstorbenen
Stichworte:
Fassungslosigkeit über den Tod – Würdigung der Persönlichkeit – Würdigung der Leistungen – der Kamerad war ein guter Freund

Sehr geehrte Frau Brängler!
Die Schicksalsnachricht über den Tod Ihres Mannes hat uns erschüttert. Daß Wilhelm Brängler so plötzlich von uns gegangen ist – wir fassen es nicht. Seine vitale Erscheinung ist uns zu gegenwärtig, als daß wir seinen Tod begreifen könnten.
Seit dem Jahre 19.. war Wilhelm Brängler in unserem ...-Verein aktiv. Er war in dieser Zeit für uns alle eine prägende Persönlichkeit. Seine nimmermüde Einsatzbereitschaft stellte er stets vorbildlich in den Dienst unserer gemeinsamen Sache.
Nie waren Amt und Würden seine Ziele. Wenn er dennoch in unserem Verein führende Positionen bekleidet hat, so nur, weil wir, seine Kameraden, ihn dazu gedrängt haben. Und dann konnten wir immer auf Wilhelm Brängler zählen.
Wir nehmen freilich nicht nur Abschied von einem guten Kameraden, der mehr als seine Pflicht getan hat. Wir nehmen auch Abschied von einem guten Freund. Ihr Mann, sehr geehrte Frau Brängler, hat in unserem Verein mit seinem verständnisvollen Wesen eine menschliche Verbundenheit geschaffen, die weit über eine gute Kameradschaft hinausgeht. Dafür sind wir dankbar!
Wir werden Wilhelm Brängler nicht vergessen.

MÜNDLICHE TEXTE

Siegerehrung

Liebe Sportlerinnen und Sportler!
Meine sehr geehrten Damen und Herren!
Liebe Gäste!
Wenn Sie hier oben ständen, hätten Sie bestimmt so viel Freude wie ich jetzt: So vielen gespannten Gesichtern sieht man sich nur selten gegenüber. Leider weiß ich nur zu gut, daß die Spannung nicht mir gilt, sondern meiner Aufgabe, der Preisverleihung.
Erlauben Sie mir aber, zuvor einige Dankworte an alle Helfer und Organisatoren zu richten, ohne die dieses sportliche Ereignis nicht stattgefunden hätte: Vielen Dank für Ihren großen Einsatz, den Sie so unauffällig im Hintergrund erbracht haben. Unser Dank gebührt auch den Sponsoren. Hier seien stellvertretend genannt: die Einkaufsgemeinschaft Marberg-Süd, das Schuhgeschäft Löhmer und die Kaufstadt AG. Der Sport und das Geschäft sind eben heute untrennbar miteinander verknüpft, und sei es nur, daß eine Wettkampfstätte ansprechend hergerichtet werden muß. Wie sagte Steffi Graf: „Das gehört doch dazu."
Der größte Dank jedoch geht an unsere Aktiven. Am Ende dieses an sportlichen Erfolgen so reichen Tages darf ich ohne Übertreibung sagen: Wir haben Fairneß und Sportsgeist erlebt, wie das sicher in diesem Maße nur selten erlebt werden kann. Wer da noch sagt, Sport sei nur noch Höchstleistung, garniert mit Mißgunst, dem darf ich zurufen: Kommt zu uns, seht euch an, was unsere Sportler leisten, und seht auch, wie sie miteinander umgehen.
Meine lieben Sportfreunde, bevor Sie ungeduldig werden, kommen wir zur Preisverleihung. Damit es noch spannender wird, beginnen wir mit dem dritten Platz im großen Preis ... (Bezeichnung des Wettkampfes). Den dritten Platz errang ... (Name des Teilnehmers). Herzlichen Glückwunsch!
Nach dem dritten Platz nun der zweite Gewinner. (Absichtlich langsam und auf Spannung ausgerichtet:) Auf dem zweiten Platz, meine Damen und Herren, liebe Freunde, auf dem zweiten Platz, ja, das ist ein richtig spannender Moment, kurz bevor ich den Zweitplazierten nenne, also quasi den Vizemeister des heutigen Tages mit einer hervorragenden Leistung. Es ist ... (Name des Teilnehmers)! Einen ganz herzlichen Glückwunsch!
Und nun kann ich mich kurz fassen, der Sieger unseres Wettkampfes ist ... (Name des Siegers)! Bitte einen Sonderapplaus für .. (Name)! Darf ich jetzt alle drei glücklichen Sieger zur Preisübergabe auf die Tribüne bitten?

Redner:
Mitglied des Vereinsvorstandes
Tenor der Rede:
Fairneß im Sport
Stichworte:
Dank an die Helfer – Dank an die Sponsoren – Dank an die aktiven Sportler – sportliche Fairneß – spannende Preisverleihung

Geschäftsjubiläum

Redner: Vorstandsmitglied des örtlichen Musikvereines
Tenor der Rede: Würdigung des Unternehmers als Mitglied des Musikvereines und als Leiter seines Geschäftes
Stichworte: Grüße des Vorstandes übermitteln – Verdienste als Vereinsmitglied ansprechen – Unternehmerische Fähigkeiten würdigen – Wünsche für die Zukunft

Sehr geehrter Herr Keibel!
Sehr geehrte Damen und Herren!
Im Namen des Vorstands des Lachumer Musikvereines übermittle ich Ihnen die herzlichsten Glückwünsche zum 50jährigen Bestehen Ihres Geschäftes. Vorstand und Mitglieder des Vereins freuen sich ganz besonders mit Ihnen, denn Sie haben sich als aktiver Musikfreund und als Unternehmer für Ihren Verein außerordentlich eingesetzt. Und dies nicht erst seit kurzer Zeit, sondern – was sicher nur die wenigsten wissen – seit nun elf Jahren.

Der musikbegeisterte Werner Keibel ist stets einer derjenigen gewesen, die durch ihren großen Einsatz über das normale Maß hinaus den Verein wesentlich mitgetragen und gestaltet haben. Durch Ihre Aufopferung, Herr Keibel, die nicht immer die Anerkennung gefunden hat, die sie verdient hätte, hat sich der Lachumer Musikverein zu dem entwickelt, was er heute ist: ein Verein zur Pflege und Förderung des wohl höchsten Kulturgutes, das wir heute haben, der Musik. Dafür danken wir Ihnen von ganzem Herzen.

Aber auch einem anderen Werner Keibel gilt heute unser Dank und unsere Achtung: dem erfolgreichen Unternehmer. Denn schließlich ist die Tätigkeit im Verein nur Nebensache. Sein „Haupthobby" – so könnte man fast sagen – ist sein Unternehmen und die Fürsorge für seine Mitarbeiter. Nur wer sein Geschäft versteht, schafft es, ein Einzelhandelsunternehmen dieser Branche durch die Höhen und Tiefen der Jahrzehnte zu führen. Werner Keibel und seinen Leuten ist es gelungen.

Wir sind sicher, daß uns und der Stadt Lachum dieses Talent noch lange zur Seite stehen wird. Der Lachumer Musikverein wünscht Ihnen für die Zukunft alles Gute, Glück und Schaffenskraft und ruft Ihnen zu: Machen Sie weiter so!
Dankeschön.

MÜNDLICHE TEXTE

Sommerfest

Liebe Vereinskameradinnen und Vereinskameraden!
Meine sehr geehrten Damen und Herren!
Zu unserem diesjährigen Sommerfest begrüße ich Sie alle ganz herzlich, auch und besonders im Namen des Vorstandes. Ich freue mich, daß so viele Mitglieder und Gäste den Weg zu uns gefunden haben.
Wie ich gehört habe, ist für die meisten von Ihnen unser Sommerfest ein absolutes Muß. In der Tat sind heute wie in jedem Jahr viele hilfsbereite Geister tätig, um im Hintergrund und auch an den Ständen zum Gelingen beizutragen. Und sie alle freuen sich über die Anerkennung ihrer Arbeit: Es ist das größte Lob, wenn die Gäste sich wohlfühlen und gerne wiederkommen. Deshalb bitte Applaus für unsere Helfer, ohne die unser Fest nicht denkbar wäre! (Applaus)
Dieser Einsatz ist wieder ein Zeichen für das starke Gefühl der Gemeinsamkeit in unserem Verein, der – das muß ich an dieser Stelle aber auch laut und deutlich sagen – neuen Mitgliedern jederzeit offensteht.
Und nun erkläre ich unser diesjähriges Sommerfest für eröffnet.

Redner: Mitglied des Vorstandes
Tenor der Rede: Gemeinsamkeit und gegenseitige Hilfe
Stichworte: Begrüßung im Namen des Vorstandes – Freude über gute Resonanz des Festes – Dank an alle Helfer – Betonung der Gemeinsamkeit – Eröffnung

Liebe Gäste!
Seien Sie herzlich willkommen auf dem Sommerfest unseres Vereins. Wir haben keine Mühe gescheut, um Ihnen auf unserem Vereinsgelände ein paar schöne Stunden bereiten zu können. Unser oberstes Ziel bei der Planung und der Organisation war stets: (kleine Pause) Sie sollen sich bei uns wohlfühlen.
Bitte schauen Sie sich um, und nehmen Sie unsere Angebote wahr. Ob Sie nun unseren deftigen Spießbraten oder die herzhaften Pferdewürstchen probieren wollen oder ob Sie lieber ein Stückchen Kuchen bevorzugen, jeder findet bei uns etwas Leckeres. Natürlich haben wir auch für Spiel, Spaß und Unterhaltung gesorgt. Kurz und gut, unser Sommerfest wird ein Vergnügen für die ganze Familie.
Und wenn Sie sich erst einmal umgeschaut haben, werden Sie feststellen, daß Sie bei uns für wenig Geld auf Ihre Kosten kommen, und dann haben Sie gewiß gleich gute Laune. Das wäre für uns der schönste Lohn. Ich danke Ihnen für Ihr Kommen und wünsche Ihnen im Namen des ...- Vereins viel Spaß!

Redner: der Vereinsvorsitzende
Tenor der Rede: Einstimmung auf das Fest
Stichworte: Begrüßung – jeder soll sich wohlfühlen – jeder findet etwas nach seinem Geschmack – niedrige Preise – Wunsch

TEXTE

Konzert

Redner:
Vorsitzender
Tenor der Rede:
Musik ist Unruhe
Stichworte:
typischer Konzertabend – Geist der Musik, Wille des Komponisten – Zitat von Longfellow – der politischen Vereinnahmung von Musik entgegenwirken – Zitat von Alfred Polgar

Liebe Vereinsmitglieder!
Meine sehr verehrten Damen und Herren!
(Laut und ernst:) Konzertabend. (Pause, dann lächelnd:) Konzertabend.
Ansprechend gekleidet betreten wir den Konzertsaal, begeben uns zu unserem Platz, setzen uns zurecht, prüfen schnell noch die Bequemlichkeit der Rückenlehne und der Armlehnen, Schröders sind auch da, „'n Abend Frau Schröder". Dann schließen wir die Augen und genießen, wie das Schicksal an die Tür pocht – tatata-tam.
Mag sein, daß ich das ein wenig überspitzt beschrieben habe. Verstehen Sie mich bitte richtig: Musik als gesellschaftliches Ereignis, dagegen ist nichts zu sagen, wenn nicht das andere dabei auf der Strecke bleibt. Das andere, das ist der Geist der Musik – oder genauer: der Wille des Komponisten.
Liebe Vereinsmitglieder, liebe Musikfreunde, wir sind auf dem richtigen Weg. Ich meine, wir sollten uns noch mehr als bisher orientieren an der Musik, die wir darbieten, und nicht an den Hörgewohnheiten des Publikums. Ludwig van Beethoven hat seine Fünfte eben nicht geschrieben, um uns einen netten Samstagabend zu bereiten!
„Musik ist die universelle Sprache der Menschheit", sagt der amerikanische Dichter Longfellow. Ein frommer Wunsch des Dichters, denn wir wissen nur zu gut, daß Menschen allein wegen ihrer Musik mißachtet oder zumindest gemieden wurden. Vom Schicksal der Jazzmusik im Dritten Reich will ich gar nicht erst sprechen, es genügt schon, nur an die Beatles oder die Rolling Stones zurückzudenken, deren Musik damals verteufelt wurde und die heute in jedem Supermarkt zur Untermalung und zur Anregung der Kauflust vom Band läuft.
Einer der Grundsätze unseres Vereins ist es, solchen Vereinnahmungstendenzen entgegenzuwirken. Nur dann kann der Geist der Musik lebendig bleiben. Wir sind kein Musikmuseum, liebe Freunde, wir wollen etwas bewegen, und dazu gehören Mut und Kraft. Beides ist in unserem Kreis ausreichend vorhanden! Deshalb können wir das nächste Vereinsjahr gelassen angehen.
Wie sagte Alfred Polgar: „Manche trifft die Musik ins Herz, andere ins Rückenmark, die Kritiker ins Ohr. Durch die meisten aber geht sie hin wie ein Gespenst durch Mauern, spurlos, unbemerkt." Wir wollen weiter Musik machen, die in Mark und Bein fährt!
Vielen Dank für die Aufmerksamkeit.

MÜNDLICHE TEXTE

Liebe Musikfreunde!
Ich freue mich, daß unsere Konzertankündigung wieder einmal soviel Anklang gefunden hat. Das zeigt uns, daß wir mit unserer neuen Veranstaltungsreihe auf dem richtigen Weg sind.
Auch für den heutigen Abend haben wir für Sie ein ausgewogenes Programm zusammengestellt – eine Mischung aus ernster und leichter Musik. Dabei werden Sie Werke hören aus unterschiedlichen Epochen – von der Renaissance bis hin in unser Jahrhundert. Begleiten Sie uns auf unserer Reise durch die bezaubernde Welt der Klänge.
Genießen Sie die musikalischen Impressionen aus Italien, Frankreich, Österreich, Spanien und Deutschland. Sie merken schon, gute Musik kennt keine Grenzen – keine räumlichen und keine zeitlichen. Es kommt nur darauf an, daß sie wirklich gut ist und Ihnen gefällt. Das aber wird der Konzertabend zeigen.
Und nun hat das Wort zu schweigen. Die Bühne gehört der Musik. Viel Vergnügen!

Redner:
der Vorsitzende des Musikvereins
Tenor der Rede:
Einführung in das Konzert
Stichworte:
große Publikumsresonanz – Musik der unterschiedlichen Epochen – Musik aus verschiedenen Ländern – Hoffnung, daß die Musik gefällt

Eröffnung einer Kunstausstellung

Sehr verehrte Kunstliebhaber!
Die Kunst erweitert unsere Erkenntnis. Wir schauen auf die Bilder, die uns neue Sichtweisen unserer Welt abverlangen. Oft ein schmerzlicher Prozeß, sowohl für den Künstler als auch für uns als Betrachter – doch immerhin ein authentischer Vorgang, soweit es sich um wirkliche Kunst handelt.
Einer, der unseren Blick neu auf die Dinge lenkt, ist Otto Brenner. Ihm verdanken wir die Werke, denen unsere Aufmerksamkeit während dieser Ausstellung gehört. Otto Brenners kompromißlose Bildsprache scheint nur die starken Töne und die einprägsamen Formen zu kennen. Aber Vorsicht! Wer genau hinschaut, bemerkt auch die Feinheiten seines künstlerischen Ausdrucks.
Gewiß ist es anfangs etwas schwierig, zu dieser eigenwilligen Kunst Zugang zu finden. Aber ich bin sicher, wenn Sie sich auf die Werke unseres Malers einlassen, wird die Ausstellung für Sie ein Gewinn sein. Sie werden eine Sehweise entdecken, die Ihnen viel Neues offenbart. Ich wünsche Ihnen viel Freude an unserer Ausstellung. Genießen Sie die Einsichten!

Redner:
der Vorsitzende des Kunstvereins
Tenor der Rede:
Einführung in das Werk eines Künstlers
Stichworte:
durch die Kunst die Welt sehen – die Bildsprache des Malers – Wunsch des Redners

Vereinsjubiläum – Dankesrede

Redner:
der Vorsitzende
Tenor der Rede:
Sport verbindet
Stichworte:
Begrüßung der Besucher und Ehrengäste – Sport verbindet – der Verein hat viele Freunde – Dank

Liebe Gäste!
Es ist ein schönes Gefühl, zu sehen, wie viele Freunde der Neubrücker Sportverein hat. Ich begrüße Sie alle herzlich zu unserer Jubiläumsveranstaltung. Eine besondere Freude ist es mir, die Herren … (Aufzählung der Namen mit Amt und Titel) als unsere Ehrengäste willkommen zu heißen. Ihre Anwesenheit ist eine Bereicherung unseres Festes.
Was uns an diesem Abend verbindet, meine Damen und Herren, das ist die Liebe zum Sport. Sport vereint die Menschen: alte und junge, Unternehmer und Angestellte, unsere einheimischen und ausländischen Mitbürger. Und – wie ich sehe – sogar die Mitglieder unseres Gemeinderates sitzen in verständnisvoller Eintracht beieinander.
Zwar möchte ich nicht so kühn sein zu behaupten, daß allein der Neubrücker Sportverein solche Verbrüderungen zustande bringt. Doch offensichtlich verfügt er über ein genügend großes Integrationspotential – so sagt man heute wohl. Anders ausgedrückt: Die Bewohner von Neubrück stehen hinter ihrem Sportverein. Das erfüllt uns mit Stolz.
Ich danke Ihnen im Namen aller Sportler unserer Gemeinde für die Treue, die Sie uns in den vergangenen Jahren erwiesen haben, und wünsche Ihnen einen unterhaltsamen Abend.

Redner:
der Vorsitzende
Tenor der Rede:
Dank ans Publikum
Stichworte:
Begrüßung – der Verein ist nach wie vor sehr beliebt – Dank an die Gäste – das Festprogramm als Dankeschön – der Applaus belohnt und motiviert die Mitglieder

Liebe Gäste!
Im Namen des „Männergesangvereins Laudertal" heiße ich Sie zu unserer Jubiläumsveranstaltung herzlich willkommen! Seit 75 Jahren stellt unser Chor sein musikalisches Schaffen in den Dienst der Volksmusik.
Unsere Vereinschronik gibt uns leider keine Auskunft darüber, wie viele Menschen wir in all den Jahren mit unserem Gesang erfreut haben, doch wenn ich mich hier im Saale umschaue, so darf ich doch mit Befriedigung feststellen: Wir haben heute nicht weniger Freunde als in den Gründerjahren. Ich danke Ihnen für das große Interesse, mit dem Sie unsere Sangeskunst begleiten.
Gewiß erwarten Sie an diesem besonderen Tag vom „MGV Laudertal" mehr als die Dankesworte des Vorsitzenden. Wir möchten Ihre Erwartungen nicht enttäuschen. Darum haben wir für Sie ein Festprogramm

MÜNDLICHE TEXTE

zusammengestellt, das Ihnen einen Abend voller wunderbarer Melodien bescheren wird. Unser Dank für Ihre Treue!
Lassen Sie mich zum Abschluß nur noch sagen, daß Ihr Applaus für uns der schönste Lohn ist und zugleich die beste Motivation für unsere Probenarbeit.
Ich wünsche Ihnen gute Unterhaltung!

Lieber Markus!
50 Jahre Treue zu unserem Verein, das verdient unsere Hochachtung. Du hast durch ein halbes Jahrhundert die ereignisreiche Vereinsgeschichte erlebt und maßgeblich mitgestaltet. Auch heute noch – in hohem Alter – hat dein Interesse an unseren Aufgaben in keiner Weise nachgelassen.
Das ist gut so. Denn wir brauchen Männer wie dich, die durch ihre reiche Erfahrung dazu beitragen, daß die Kontinuität unserer Arbeit gewahrt bleibt. Zu loben ist an dieser Stelle vor allem dein vorbildliches Engagement für die Jugendarbeit. Hier hast du unserem Verein unschätzbare Dienste erwiesen.
Selbst, als du aus Altersgründen deine Ämter niederlegen mußtest, warst du uns weiterhin ein hilfreicher Ratgeber.
Als Dank für deine Zuverlässigkeit, deine Einsatzbereitschaft und deine Treue überreiche ich dir diese Ehrenurkunde und die Ehrennadel in Gold. Du bist ein würdiger Träger dieser Auszeichnung.
Ich hoffe sehr, daß du uns noch viele Jahre bei bester Gesundheit erhalten bleibst. (Der Redner erhebt sein Glas.) Trinken wir auf das Wohl unseres verehrten Freundes Markus Hederer.

Redner:
der Vereinsvorsitzende
Tenor der Rede:
Ehrung eines verdienten Mitgliedes
Stichworte:
reges Vereinsinteresse – reiche Erfahrung – Ratgeber bis ins hohe Alter – Auszeichnung mit Urkunde und Ehrennadel

TEXTE

Redner:
der Vereinsvorsitzende
Tenor der Rede:
Beliebtheit des Jubilars herausstellen
Stichworte:
viel Freizeit geopfert – Dank an die Ehefrau – Dank für den Enthusiasmus des Jubilars – kommende Aufgaben – Anerkennung der Verdienste

Lieber Andreas!
Seit 25 Jahren opferst du einen erheblichen Teil deiner Freizeit, um in unserem Verein aktiv zu sein. Dafür danken wir (kleine Pause) deiner Frau von ganzem Herzen. Denn ohne ihr Einverständnis hätten wir wohl kaum einen so regen Kameraden.
Dir danken wir für den Enthusiasmus, mit dem du dich an unseren Aufgaben beteiligst. Dein freundliches Wesen hat dich bei alt und jung zu einem beliebten Mitglied unserer Gemeinschaft gemacht. Darum verbindet dich mit den meisten mehr als Kameradschaft. In all den Jahren hast du bei uns Freunde gewonnen.
In den kommenden 25 Jahren liegen noch zahlreiche Aufgaben vor dir. Halte dich also gesund und fit, damit du den zukünftigen Herausforderungen gewachsen sein wirst. Doch bevor wir uns jetzt in die Vereinsplanung von morgen vertiefen, wollen wir lieber deinen Ehrentag gebührend feiern.
Im Namen unseres Vereins überreiche ich dir dieses Geschenk als Anerkennung für deine Verdienste. Ich hoffe, wir haben deinen Geschmack getroffen.

Redner:
der Vereinsvorsitzende
Tenor der Rede:
großes öffentliches Interesse
Stichworte:
Dank – Freude über das Interesse der Öffentlichkeit – das Vertrauen wird gerechtfertigt – Spaß und gute Unterhaltung

Liebe Gäste!
Ich danke Ihnen für die Anerkennung, die vielen Präsente und die freundlichen Worte, die Sie uns an diesem wichtigen Tag in unserer Vereinsgeschichte haben zukommen lassen.
Seit 100 Jahren gibt es nun schon den …-Verein, doch ich glaube, noch nie in diesem Jahrhundert haben wir in unserer Heimatstadt so viele Freunde gehabt wie gerade in den letzten Jahren. Das erfüllt uns mit großer Freude.
Das Vertrauen, das Sie in unsere ehrenamtliche Tätigkeit setzen, ist für uns selbstverständlich eine Herausforderung, die wir gern annehmen. Wir wollen auch in Zukunft unsere Kraft in den Dienst der guten Sache stellen. Und wenn wir dann weiterhin den Zuspruch erfahren, wie ihn die Öffentlichkeit uns an unseren Festtagen hat zuteil werden lassen, ja dann – meine Damen und Herren – ist das für uns der schönste Lohn. Doch bevor wir uns den zukünftigen Aufgaben widmen, wollen wir mit Ihnen noch ein paar schöne Stunden verleben. Ich wünsche Ihnen gute Unterhaltung und viel Spaß bei den Jubiläumsveranstaltungen des …-Vereins.

MÜNDLICHE TEXTE

Vereinsjubiläum – Grußwort

Sehr verehrter Herr Aumann!
Liebe Mitglieder der Döblinger Musikgemeinschaft!
Sehr geehrte Damen und Herren!
Wenn wir in dieser Feierstunde auf die 50jährige Geschichte der Döblinger Musikgemeinschaft zurückblicken, dann schauen wir auf eine wichtige kulturelle Tradition in unserer Stadt. Eine Tradition, die geprägt wurde vom anspruchsvollen Wirken und dem Einsatz zahlreicher Musikliebhaber.
All diesen Menschen verdanken wir die wunderschönen Konzerte, die uns regelmäßig erfreuen. Doch wer ahnt schon, wieviel Einsatzbereitschaft und Ehrgeiz die Musiker aufbringen, damit alle den Genuß davon haben?
Ihr Jubiläum, liebe Mitglieder der Musikgesellschaft, ist mir ein willkommener Anlaß, Ihnen für Ihre großartigen Darbietungen zu danken. Sie sind stets gekennzeichnet durch eine hohe Musikalität und eine anspruchsvolle, aber auch ansprechende Werkauswahl.
Ich hoffe, daß Sie uns noch viele, viele Jahre mit Ihrer schönen Musik erfreuen. (Der Redner überreicht ein Geschenk.) Nehmen Sie bitte dieses Präsent als Anerkennung für Ihr Schaffen.

Redner:
der Vorsitzende eines befreundeten Vereins
Tenor der Rede:
kulturelle Bereicherung der Stadt
Stichworte:
kulturelle Tradition – großer Einsatz – hohe Leistung – Wunsch und Gratulation

---

Sehr geehrter Herr Franzen!
Liebe Mitglieder des ... (Name der Stadt) Sportvereins!
Ich freue mich ganz besonders, am heutigen Tag in Ihrer Mitte zu sein. Wir haben uns hier versammelt, um Ihre Sportgemeinschaft hochleben zu lassen. An der großen Anzahl Ihrer Gäste können Sie ablesen, welche bedeutende Rolle der Jubiläumsverein in unserer Stadt spielt.
Vor 100 Jahren hat alles in ... (Name der Stadt) begonnen. Eine kleine Schar von Bürgern hatte sich zusammengefunden zur Ertüchtigung des Leibes. Aus dieser kleinen Gruppe der Vorkämpfer erwuchs schnell eine stattliche Sportbewegung. Freilich sollte es noch einige Jahre dauern, bis auch die Damenwelt unserer Heimatstadt den Körper durch und durch trainieren durfte.
Heute zählt Ihr Verein mehr als ... (Anzahl) Mitglieder, für die ein ausreichendes Sportprogramm zur Verfügung steht. Sie können zu Recht

Redner:
der Vorsitzende eines befreundeten Vereins
Tenor der Rede:
Würdigung des Vereins
Stichworte:
viele Gäste spiegeln die Bedeutung des Vereins – kurzer Rückblick auf Vereinsgründung

TEXTE

darauf stolz sein, daß Ihr Verein das umfassendste Freizeit-, Hobby-und Fitneß-Angebot in ... (Name der Stadt) bereitstellt.
Zu dieser Leistung gratuliere ich Ihnen im Namen ... mit diesem Geschenk. (Der Redner überreicht das Geschenk mit den Worten:) Ich wünsche Ihrem Verein weiterhin viele sportliche Erfolge!

Redner:
der Vorsitzende eines befreundeten Vereins
Tenor der Rede:
die große Bedeutung des Vereins
Stichworte:
Traditionsverein – Verbindung: Vergangenheit, Gegenwart – das Schützenfest – die Gäste nehmen gerne am Fest teil – Gratulation

Sehr geehrter Herr Zwiesel!
Liebe Schützenbruderschaft!
Meine verehrten Damen und Herren!
Wir haben uns heute hier versammelt, um einen bedeutenden Traditionsverein unserer Gemeinde zu ehren: die Schützenbruderschaft ...
Seit 125 Jahren ist sie Hüterin eines bürgerlichen, historischen Erbes. Doch damit nicht genug, sie schlägt gleichsam den vereinenden Bogen von der Vergangenheit bis in unsere Tage.
Denn wer die Aktivitäten des Jubiläumsvereins kennt, der weiß, daß dort nicht nur die Erinnerung wachgehalten wird. Die Schützenbruderschaft ... ist durchaus dem Heutigen aufs engste verbunden. Ich denke da vor allem an das jährliche Schützenfest. Gewiß einer der attraktivsten Höhepunkte von allen Veranstaltungen in unserer Gemeinde. Wo das Leben ist, dort wird getanzt und gesungen. Wenn diese kleine Weisheit stimmt, dann, meine lieben Jubilare, haben Sie eine sehr lebendige Schützenbruderschaft, und wir, Ihre Gäste, freuen uns, an Ihren Festen teilnehmen zu dürfen.
Als Anerkennung zu Ihrem Jubiläum überreiche ich Ihnen im Namen des ...-Vereins dieses Präsent. (Der Redner übergibt das Geschenk.) Unsere besten Glückwünsche!

ANHANG

Literaturverzeichnis

Berger, Dieter, Fehlerfreies Deutsch, DTB, Band 14, Mannheim 1982
Bergmann, Rolf, Peter Pauly, Michael Schlaefer, Einführung in die deutsche Sprachwissenschaft, Heidelberg 1981
DUDEN, Band 1: Die Rechtschreibung, Mannheim 1980
DUDEN, Band 4: Die Grammatik, Mannheim 1984
DUDEN, Band 5: Das Fremdwörterbuch, Mannheim 1982
DUDEN, Band 7: Das Herkunftswörterbuch, Mannheim 1963
DUDEN, Band 8: Die sinn- und sachverwandten Wörter und Wendungen, Mannheim 1972
DUDEN, Band 9: Richtiges und gutes Deutsch, Mannheim 1985
Hallwass, Edith, Mehr Erfolg mit gutem Deutsch, 3. Aufl., Stuttgart – Zürich – Wien 1979
Hirschbold, Karl, Pirschgänge im Sprachrevier, Düsseldorf 1985
Kirst, Hans, Wolfgang Manekeller, Moderne Korrespondenz, Niedernhausen 1982
Kraus, Karl, Schriften. Band 7: Die Sprache. Hrsg. v. Christian Wagenknecht, Frankfurt am Main 1987
Kraus, Karl, Magie der Sprache. Hrsg. v. Heinrich Fischer, Frankfurt am Main 1974
Mackensen, Lutz, Gutes Deutsch in Schrift und Rede, München 1979
Leonhardt, Rudolf Walter, Auf gut deutsch gesagt, München 1983
Manekeller, Wolfgang, Regeln der Geschäftskorrespondenz, Bad Wörishofen 1986
Manekeller, Wolfgang, Wie formuliert man im Büro? DTB, Band 20, Mannheim 1985
Polenz, Peter von, Geschichte der deutschen Sprache, 9. überarb. Aufl., Berlin – New York 1978

ANHANG

Reiners, Ludwig, Stilfibel, 22. Aufl., München 1987
Reiners, Ludwig, Stilkunst. Ein Lehrbuch deutscher Prosa, München 1943
Seibicke, Wilfried, Wie schreibt man gutes Deutsch? Duden-Taschenbuch, Band 7, Mannheim 1969
Sternberger, Dolf, Gerhard Storz, W. E. Südkind, Aus dem Wörterbuch des Unmenschen, Düsseldorf 1968
Wilpert, Gero von, Sachwörterbuch der Literatur, 5. verb. und erw. Aufl., Stuttgart 1969

Glossar

Adjektiv
Das Adjektiv wird zu deutsch auch Eigenschafts-, Art-, Bei- oder Wiewort genannt: „schön", „häßlich", „leicht" und so fort. Das Adjektiv ist deklinierbar.

Adverb
Das Adverb heißt auch Umstandswort. Es kann einen örtlichen (lokal) oder zeitlichen (temporal) Umstand angeben oder einen Umstand der Art und Weise (modal) oder des Grundes (kausal). Im Gegensatz zum Adjektiv ist es nicht deklinierbar: „oben", „oft", „gerne", „daher" und so fort.

Akkusativ, Akkusativobjekt
Vierter oder Wen-Fall. Satzergänzung im vierten Fall: „Karl führt *den Hund* aus."

Aktiv
Als Aktiv wird die Tat- oder Tätigkeitsform des deutschen Verbs bezeichnet. Das Aktiv ist eine Sichtweise, die den „Täter" eines Satzes zum Urheber oder Ausgangspunkt eines Geschehens macht.

Apposition
Unter Apposition verstehen wir eine substantivische Beifügung, die normalerweise mit ihrem Bezugswort in Geschlecht, Zahl und Fall (Genus, Numerus, Kasus) übereinstimmt. Beispiele: „mit einem Freund *wie ihm*"; „mit Herrn Müller *als Leiter* der Abteilung".

Attribut
Attribute, Attribuierungen oder Beifügungen sind nähere Bestimmungen zu Substantiven, Pronomen, Adjektiven und Adverbien: „das Buch *dort*", „niemand *von beiden*", „*sehr* heiße Luft", „der Hof *weit* draußen".

Attributionsanalogie
Meistens handelt es sich hier um die Übertragung menschlicher Eigenschaften oder eigentlich menschlicher Tätigkeiten auf Objekte. Beispiele: „bange Frage"; „kreischender Ton".

Dativ, Dativobjekt
Dritter oder Wem-Fall. Satzergänzung im dritten Fall: „Karl winkt *dem Mädchen*."

ANHANG

Flexion
Oberbegriff für die Beugung von Verben, Substantiven, Artikeln, Adjektiven und Zahlwörtern. Spricht man von Konjugation, ist ausschließlich die Beugung der Verben gemeint; Deklination wird die Beugung insbesondere der Substantive und Adjektive genannt.

Futur
bedeutet Zukunft. Die deutsche Grammatik unterscheidet zwischen Futur I, der einfachen Zukunft: „ich werde kommen"; und Futur II, der vollendeten Zukunft: „ich werde gekommen sein".

Genitiv, Genitivobjekt
Zweiter oder Wes-Fall. Genitivobjekte sind selten geworden: „Ich harre *seiner*." Häufiger sind Genitivattribute: „das Haus *meines Vaters*".

Genus
heißt allgemein Geschlecht (Plural: Genera). Im Deutschen unterscheidet man drei Geschlechter der Substantive: weiblich (Femininum), männlich (Maskulinum) und sächlich (Neutrum). Auch bei den Verben spricht man von „Geschlechtern" (genus verbi, Plural: Genera verbi): Aktiv und Passiv.

Indikativ
Der Indikativ ist eine der drei möglichen Aussageweisen (Modus; Plural: Modi) deutscher Verben. Man nennt ihn auch die Wirklichkeitsform, weil Aussagen im Indikativ als tatsächlich und wirklich ausgegeben werden. Die beiden anderen Modi deutscher Verben heißen Konjunktiv (Möglichkeitsform) und Imperativ (Befehlsform).

Infinitiv
heißt die Nenn- oder Grundform des Verbs: „schreiben", „lesen", „laufen" und so fort.

intransitiv
bedeutet nicht transitiv

Irrealis
siehe Konjunktiv

Kasus
zu deutsch: Fall. Das Deutsche kennt vier Fälle: Nominativ, Genitiv, Dativ, Akkusativ.

GLOSSAR

Kongruenz
bedeutet in der Grammatik die Übereinstimmung von Satzgliedern oder Satzgliedteilen in Person („ich", „du", „er"...), Numerus (Singular oder Plural), Genus (Geschlecht) und Kasus (Fall).

Konjunktion
Die Konjunktion wird auch Bindewort genannt. Sie ist nicht flektierbar und verknüpft Wörter, Wortgruppen und Sätze. Konjunktionen werden nach Aspekten ihrer Bedeutung unterteilt: temporal (zeitlich – „während"), modal (Art und Weise – „wie"), final (Zweck – „damit"), kausal (begründend – „weil"), konsekutiv (Folge – „so daß"), konzessiv (einräumend – „obwohl"), kopulativ („anreihend – „und"), lokal (örtlich – „wo"), disjunktiv (ausschließlich – „oder"), konditional (bedingend – „wenn"), restriktiv (einschränkend – „aber") und so fort.

Konjunktiv
Der Konjunktiv ist die Aussageweise (Modus; Plural: Modi), in der ein Geschehen oder Sein nicht als wirklich, sondern als erwünscht, lediglich vorgestellt oder von einem anderen behauptet dargestellt wird. Im Konjunktiv I, der Möglichkeitsform („ich sei, du sei(e)st, er sei...") wird normalerweise die indirekte Rede wiedergegeben. Der Konjunktiv II („ich wäre, du wär(e)st, er wäre...") – auch Irrealis genannt – zeigt in der Regel an, daß ein Geschehen oder Sein als irreal (erwünscht, aber nicht möglich) betrachtet wird: „Er wäre gerne hier."

Konversion
Konversion nennt man den Wortartwechsel ohne Wortbildungsmittel wie Vorsilben, Nachsilben, Ableitung, Zusammensetzung etc. Beispiel: „schreiben" (Verb), „das Schreiben" (Substantiv).

Modalverb
Modalverb wird ein solches Verb genannt, das in Verbindung mit der Grundform eines Vollverbs dessen Inhalt einschränkt oder abwandelt. Im heutigen Deutsch gibt es sechs Modalverben: „dürfen", „können", „mögen", „müssen", „sollen", „wollen".

Nominativ
Erster oder Wer-Fall. Im Nominativ steht das Subjekt eines Satzes: *„Das Haus* steht am Waldrand"; und Satzglieder, die dem Subjekt gleichgesetzt sind: „Er ist *ein Bauer*" (Gleichsetzungsnominativ).

ANHANG

Numerus
bedeutet Zahl. Das Deutsche kennt zwei Numeri: Singular (Einzahl) und Plural (Mehrzahl). Der Numerus gibt beim Substantiv und Verb an, ob etwas nur einmal oder mehrmals vorhanden ist.

Partizip
Das Partizip Präsens (Mittelwort der Gegenwart) kennzeichnet das mit einem Verb genannte Geschehen oder Sein als ablaufend, noch andauernd oder unvollendet: „Er betrat *lachend* das Zimmer." Mit dem Partizip Perfekt (Mittelwort der Vergangenheit) werden die zusammengesetzten Zeiten gebildet. Die Partizipien Perfekt haben in der Regel das Präfix „ge-" und die Endungen „-t"/„-et" (schwache Verben) oder „-en" (starke Verben): „gefragt", „geredet"; „gegangen", „gebunden", „geworfen".

Passiv
Als verbale Kategorie stellt das Passiv ein Geschehen als „täterabgewandt" dar: „Menschen werden gefoltert."

Perfekt
Vollendete Gegenwart: „ich habe gelesen"; „ich bin gegangen"; „ich habe geredet".

Plusquamperfekt
Vollendete Vergangenheit oder Vorvergangenheit: „ich hatte gelesen"; „ich war gegangen"; „ich hatte geredet".

Prädikat
Satzaussage: „Karl *schläft*"; „Mutter ist *weggegangen.*

Präposition
Eine Präposition ist ein unflektierbares Wort, das die Beziehung oder das Verhältnis zwischen Wörtern kennzeichnet: „von", „mit", „an", „in" und so fort.

Präsens
Gegenwart: „ich lese"; „ich gehe"; „ich rede".

Präteritum
Vergangenheit: „ich las"; „ich ging"; „ich redete".

Pronomen
bedeutet Fürwort. Als deklinierbares Wort kann das Pronomen Begleiter oder Stellvertreter des Substantivs sein.

GLOSSAR

Semantik, semantisch
Bedeutungslehre, die Bedeutung betreffend

Subjekt
Satzgegenstand: „*Der Hund* bellt"; „*Ein Schiff* kommt"; „*Die Liebe* wird siegen".

Substantiv
Ein deklinierbares Wort, das ein Lebewesen, eine Pflanze, einen Gegenstand oder einen Begriff bezeichnen kann. Zu deutsch: Nenn-, Namen-, Ding-, Hauptwort.

Tempus
heißt Zeit. Siehe Präsens, Präteritum, Perfekt, Plusquamperfekt, Futur.

transitiv
Ein transitives Verb hat ein passivfähiges Akkusativobjekt: „Vater führt *den Hund* aus." Verwandeln wir den Aktivsatz in einen Passivsatz, wird das Akkusativobjekt zum Subjekt: „*Der Hund* wird von Vater ausgeführt."

Verb
Das Verb ist ein konjugierbares Wort, das einen Zustand oder Vorgang, eine Tätigkeit oder Handlung bezeichnen kann und mit dem das Prädikat des Satzes gebildet wird: „fragen", „lesen", „schlafen" und so fort.

Register

Die Haupteinträge von Begriffen mit mehr als zwei Seitenzahlen sind halbfett gedruckt.

Abfindung 271–272
– Beispiel 271–272
Abkürzung 160, 236–237, 367–368
Ablehnung 272–273
– Beispiel 273
Ableitung **29–30, 37–39**, 42, 52, **66–70**
– mit Präfixen 37–39, 66–70
– mit Suffixen 29–30
Abmahnung 274–275
– Beispiel 274–275
Absage 314, 316
Abstraktum **14–15**, 23, 30
Adjektiv 10, 18, 69, **84–109**, 124–125, 152, 153–154, 219
– abgegriffenes 88
– Abgrenzung vom Adverb 93, 104, 124–125
– attribuierendes 87–88
– attribuierendes Partizip 92–97
– Attributionsanalogie **90–91**, 219
– auf „-bar" 103
– auf „-ig" **102–103**, 109
– auf „-lich" **102–103**, 109
– auf „-mäßig" 103–104
– auf „-weise" **104**, 109
– Bedeutungsunterschiede **97–100**, 108–109
– Deklination 88, 100
– Funktion 88
– Großschreibung 152, **153–154**
– in festen Wendungen 89
– Komparation (Vergleichsformen) 104–106
– Kompositum (Zusammensetzung) 100–102
– Kongruenz 106
– mit zusammengesetztem Substantiv 90–92
– Parallelbeugung 100
– prädikatives 87
– undekliniertes 87–88
– Zusammen- und Getrenntschreibung 156
Adverb 18, 93, 104, **124–127**, 147, 157, 189, 190
– Abgrenzung vom Adjektiv 93, 104, 124–125
– Abgrenzung von der Konjunktion 147, 157
– Bildung mit „-weise" 125
– Funktion 124
– „hin" oder „her"? 125, 127
– kausales 124
– lokales 124
– modales 124
– modales, Getrenntschreibung 147, 157
– Pronominaladverb 118, 126, 127
– temporales 124
– temporales mit „nicht" 189, 190
Akkusativ 18, 61, 62, 130, 131, 178
– Akkusativobjekt 61, 62
– Gleichsetzungsakkusativ 178
– nach einer Präposition 130, 131
Aktiv 56, 58
– Abwechslung Aktiv-Passiv 58
Alliteration **215–216**, 217, 226, 228, 232
Amerikanismus 45–46
Amtsdeutsch s. Papierdeutsch
Anakoluth 140–141
Anapher **214**, 216, 217, 222, 223, 224, 226, 227, 228, 229
Aneinanderreihung 123, 160
Anfrage 275–276
– Beispiel 276
Anführungszeichen 265–266
Angebot **277–283**, 301
– Beispiele 278–283
– unverlangtes 277
– verlangtes 277
Anglizismus 45–46, 136
Anrede 240, 246, 247, **304–306**, 366, 373–374
– im Brief **304–306**, 366
– in der Rede 373–374
– Zeichensetzung 240, 246, 247
Anredepronomen **115–117**, 155
Anschrift 239, 304–306, **364–365**
– Zeichensetzung 239
Antiklimax 220
Antithese **218**, 222, 223
Antonomasie 220
Antwort 202–203, **312**, 314, 315, 316
– auf eine Einladung, Absage 314, 316
– auf eine Einladung, Zusage 314, 315
– informative 202–203
Anweisung 283–286
Anzeige 356–361
– Stellenangebot 360
– Stellensuche 357–360
Aphorismus 270, **286–290**
– Bedeutungsebene 289–290
– Doppelsinnformulierung 287
– Wortspielerei 288–289
Apposition 130
Artikel **110–113**, 135

REGISTER

- artikellose Wendungen **111–112**, 113, 135
- bestimmter 110–113
- bestimmter, mit der Präposition verschmolzen 112–113
- Funktion 112
- unbestimmter 112

Asyndeton **215**, 217, 232

Attribut **87–88**, 90–97, 124, 219
- zum Adjektiv 87, 124
- zum Adverb 87
- zum Substantiv **87–88**, 124

Aufforderungssatz **166**, 235, 236, 239–240
- Funktion 166
- Zeichensetzung 235, 236, 239–240

Aufzählung 238–239, **242**, 259, 260, 368–369

Ausklammerung 183–186

Auskunft 295–298
- Beispiele 296–298

Auslassungspunkte 264

Auslassungssatz 234, 240, 241, **256–258**

Ausrufesatz **166**, 235, 239, 240, 256
- Funktion 166
- Zeichensetzung 235, 239, 240, 256

Ausrufezeichen 239–240

Aussagesatz **166**, 234, 235, 241, 256
- Funktion 166
- Zeichensetzung 234, 235, 241, 256

Beifügung s. Attribut

Bestellung 301–303
- Bedingungen 301–302
- Beispiele 302–303
- Vertrag 301

Beugen s. Deklination, Flexion, Konjugation

Bezugswortsatz s. Relativsatz

Bildbeschreibung 319–320

Bindestrich 123, **159–160**
- bei Fugen-s 159
- in abgekürzten Zusammensetzungen 160
- in Aneinanderreihungen 123, 160
- in Zusammensetzungen aus mehr als drei Wörtern 159
- in Zusammensetzungen mit Abkürzungen 160
- in Zusammensetzungen mit drei Vokalen 160
- Lese-Erleichterung 160
- Werbungs-Bindestrich 159
- zur Ergänzung 160

Bindewort s. Konjunktion

Bindewortsatz s. Konjunktionalsatz

Brief 239, 240, 247, 248, **362–372**
- Abkürzung 367–368
- Absendeort 363
- Absender 363
- Anlagenvermerk 367
- Anrede 240, 247, **304–306**, 366
- Anschrift 239, 304–306, **364–365**
- Anwendungsbeispiele (DIN 5008) 370–372
- Aufzählungszeichen 368–369
- Behandlungsvermerk 365
- Beispiele s. unter der betreffenden Textsorte z. B. Ablehnung, Abmahnung usw.
- Bezugszeichen 366
- Datumsangabe 248, **363**, 366, **370**
- Einrückung 367
- Gliederungszeichen 368–369
- Grußblock 239, **367**
- Hervorhebung 369
- Kerntext 366
- Rahmen 304
- Regeln für Maschinenschreiben (DIN 5008) 362–372
- Seitennumerierung 367
- Verteilvermerk 367
- Zahlengliederung 369

Chiasmus **224–225**, 230

Dankschreiben für Glückwünsche 334

Dativ 18, 62, 129, 131, 137–138
- Dativobjekt 62
- Funktion 18
- nach Präposition 129, 131, 137–138
- oder Akkusativ bei der Apposition? 130

Datumsangabe 237, **248**, 363, 366, **370**
- im Brief **363**, 366
- Zeichensetzung 237, 248

Deklination 15, 63, 88, 100, 118–119, 120
- Bedeutung 63
- des Adjektivs 88
- des Demonstrativpronomens **118–119**, 120
- Endung 15
- Parallelbeugung des Adjektivs 100

Demonstrativpronomen 114, **118–119**, 120
- Deklination **118–119**, 120
- „deren" oder „derer"? 119
- Funktion 114

DIN-Regeln für die Korrespondenz 362–372

Diphthong 157

Doppelpunkt 259–260

Eigenname 15

Eigenschaftswort s. Adjektiv

Einladung **312–316**, 329
- Antwort 312, 314, 315, 316
- Beispiele 313, 315, 329

Ellipse 221–222

Epanalepse **214–215**, 217, 228, 229, 232

Epipher **214**, 217, 227, 232

Euphemismus 221

Fachsprache 49–50

Fall s. Kasus

Figura ethymologica **216**, 217, 229

411

REGISTER

Flexion 63 (s. auch Deklination, Konjugation)
Frage 166, 189, 190, **200–212**, 235, 236, 241, 256
– direkte 190, **200–201**, 241
– Entscheidungsfrage 166, 189
– Ergänzungsfrage 166
– Fangfrage 209
– Fragezeichen 241
– geschlossene 202, **203–204**
– indirekte (abhängige) 190, **201**, 235, 236, 241, 256
– Ja-Frage 207
– Kontrollfrage 204–205
– manipulierende (dirigierende) 210–211
– offene 202–203
– rhetorische 166, 189, **211–212**
– Scheinfrage 209
– stimulierende 207–209
– Suggestivfrage 206–207
– umformulierende 209–210
– verneinte 189
– Zeichensetzung 235, 236, **241**, 256
Fragesatz s. Frage
Fremdwort **44–49**, 136
– Komparation 106
– Silbentrennung 158–159
Fürwort s. Pronomen
Futur **72**, 74, **82–83**
– Abgrenzung vom Passiv 82–83
– Futur I **72**, 74
– Futur II **72**, 74, 82
– Zeitenfolge 74, 82

Gattungsname 15–16
Gedankenstrich **261–262**, 267, 268
Gedicht **316–321**, 332–333
– Beispiele 316–317, 318, 319, 320, 321, 332–333
Genitiv **18**, 43, 129, 137–138
– Funktion **18**, 43
– Genitiv- oder Präpositionalobjekt? 129
– nach Präposition **129**, 137–138
– nach Verb 129
Genus 111
Genus verbi 56 (s. auch Aktiv, Passiv)
Geschlecht s. Genus
Getrenntschreibung 123, **155–157**, 161–162
– der Verbindung mit einem Adjektiv 156
– der Verbindung mit einem Partizip 156
– der Verbindung mit einem Verb 156
– der Zahlen 123
– des modalen Adverbs 157
Gliederung s. Aufzählung
Gliedsatz s. Nebensatz
Glückwunsch 321–334
– Anlaß 322–323
– Beispiele 324–333
– Dankschreiben 334

Großschreibung 122, **152–155**, 161
– der substantivierten Konjunktion 154
– der substantivierten Präposition 154
– des Anredepronomens 155
– des Numerales 122
– des Possessivpronomens „Ihr" 155
– des substantivierten Adjektivs 152, **153–154**
– des substantivierten Infinitivs 154–155
– des substantivierten Partizips 153–154

Hauptsatz 254
Hauptwort s. Substantiv
Hervorhebung **246–247**, 369
– Zeichensetzung 246–247
Hilfsverb **71–72**, 80
Hyperbel **221**, 224, 228, 229, 230, 232

Indefinitpronomen 114, **119**
Indikativ 77, 79
Infinitiv 18–22, 23, 27, 71, 72, 75–76, 144–145, 148–149, 154–155, 186, 250–252
– erweiterter (satzwertiger) 250–252
– in zusammengesetzten Zeiten 71, 72
– mit „zu" oder „um zu" **144–145**, 148–149, 186
– nach Modalverb 75–76
– nichterweiterter 253
– substantivierter **18–22**, 23, 27
– substantivierter, Großschreibung 154–155
Infinitivgruppe 250–253
Interjektion 150–151
– Großschreibung 154
Interrogativpronomen 114
Inversion **179**, 227

Kasus 18, 106, 111, 114, **128–132**
(s. auch Akkusativ, Dativ, Genitiv, Nominativ)
– Kongruenz 106, 130
– Rektion durch Präposition 128–132
Katachrese **218**, 226, 230, 232
Klammer **263**, 268
Klangfiguren 213, **214–217**
Kleinschreibung **152–155**, 161
– des substantivierten Adjektivs in einer festen Verbindung 154
– des substantivierten Partizips in einer festen Verbindung 154
– des Substantivs beim Übergang zu anderen Wortarten 152–153
Klimax **219–220**, 222
Kollektivum 16–17
Komma **242–258**, 268
– bei anreihenden Konjunktionen 244–245
– bei Aufzählungen 242
– bei Datumsangaben 248
– bei Hervorhebungen 246–247

– bei Infinitivgruppen 250–253
– bei Partizipialgruppen 249
– zwischen Gliedern einer Information 243
– zwischen Haupt- und Nebensatz 255–258
– zwischen Hauptsätzen 254
Komparation 104–106, 146–147, 148
– des Fremdwortes 106
– des Partizips 105
– des zusammengesetzten Partizips 105
– Vergleichspartikel 146–147, 148
– vergleichsunfähige Adjektive 104–105
Kompositum 40–44, 100–102, 159–160
– Adjektivkompositum 100–102
– Substantivkompositum 40–44
– Bindestrich 159–160
Kongruenz 106, 111, 130
Konjugation 63–65
– Ablautreihe 63
– Wurzelsilbenvokal 63, 64
Konjunktion 107–108, **139–149**, 154, 157, 167, 186, 189–190, 244–245
– Abgrenzung vom Adverb 147, 157
– disjunktive (ausschließende) 143
– finale (den Zweck/die Absicht kennzeichnende) 139, **144–145**, 189
– Funktion 139
– Großschreibung 154
– Infinitivkonjunktion 139, **144–145**, 148–149, 186
– kausale (begründende) **142–143**, 144, 146
– konditionale 145–146
– konsekutive (die Folge kennzeichnende) 143, 144
– konzessive (einräumende) 143
– kopulative (anreihende) 142
– kopulative, Zeichensetzung 244–245
– mit „nicht" 189–190
– modale (die Art und Weise bestimmende) 143, 144
– nebenordnende 139, **141–143**
– restriktive (einschränkende) 142
– temporale 107–108, 144, 145, **146–147**
– temporale, Zusammenschreibung 157
– unterordnende 139, **141–143**
– vergleichende 145, **146–147**, 148
Konjunktionalsatz 255–256
Konjunktiv 76–80, 83, 145
– Ausdruck der Möglichkeit 78
– Ausdruck der Unmöglichkeit 78
– in der indirekten Rede 77–78
– Konjunktiv I **77–78**, 79, 80, 83
– Konjunktiv II (Irrealis) **77–78**, 79, 80, 83, 145
– „würde"-Form 80
Konkretum 15–17
Konversion 18–22
Korrespondenz-Schreibregeln (DIN 5008) s. Brief

Lebenslauf 337–338
– Beispiel 338
Leideform s. Passiv
Litotes **219**, 224, 228
Lyrik s. Gedicht

Mahnung 339–342
– Beispiele 340–342
Mängelrüge s. Reklamation
Metapher 90, **217–218**, 224, 226, 227, 228, 229, 230
Modalverb 75–76
Modus s. Indikativ, Konjunktiv

Nachklapp 169–170, **183–184**
Nachsilbe s. Suffix
Nebensatz 95, 107–108, 132, **255–258**
– statt attribuierendes Partizip 132
– statt Partizipialgruppe 95, 107–108
– Zeichensetzung 255–258
Negation 189–199
– Antwort auf eine Entscheidungsfrage 189
– doppelte Verneinung 189, **191**
– „kein" oder „nicht"? 192–193
– „nicht" mit Konjunktion 189–190
– „nicht" mit temporalem Adverb 189, 190
– „nicht", Stellung im Satz 193
– positive Formulierung 194–199
– Untertreibung (Understatement) 193–194
– Verb mit verneinendem Sinn 191
– verneinte Frage 189
Nominativ 18, 178
– Gleichsetzungsnominativ 178
Numerale **122–123**, 154
– „beide" und „die beiden" 122–123
– Großschreibung 122
– in Aneinanderreihungen 123
– Maß- und Mengenangabe 123
– Zusammen- und Getrenntschreibung 123
Numerus 63, 71, 72, 106, 111, 114

Orthographie s. Rechtschreibung
Oxymoron **219**, 229

Papierdeutsch 67, 91, **95–97**, 111–112
Parabel 219
Paradigma 164, 165
Parallelismus **222–224**, 225, 226, 227, 229
Pars pro toto **220–221**, 228, 232
Partizip 63, 64, 71–72, 81, **92–97**, 105, 107, 132, 153–154
– Großschreibung 153–154
– Komparation 105
– Nebensatz statt Attribuierung 132
– Perfekt als Adjektiv 92–97
– Perfekt intransitiver Verben 107
– Perfekt in zusammengesetzten Zeiten **71–72**, 81
– Perfekt, Konjugation **63**, 64

REGISTER

- Präsens als Adjektiv 93, **94–95**
- Präsens statt Partizip Perfekt 92–93
- satzwertiges s. Partizipialgruppe
- überflüssige Verwendung 95–97
- Zusammen- oder Getrenntschreibung 156

Partizipialgruppe **93–95**, 107–108, 249
- Bezug auf das Subjekt des übergeordneten Satzes 93–94
- Nebensatz statt Partizipialgruppe 95, 107–108
- steife Konstruktionen 94–95
- Zeichensetzung 249

Passiv **56–61**, 62, 72, 82–83, 116
- Abgrenzung vom Futur 82–83
- Abwechslung Passiv-Aktiv 58
- Konkurrenzformen 59–61
- Präpositionen **58–59**, 62
- Vorgangspassiv („werden"-Passiv) 58–61
- Zustandspassiv („sein"-Passiv) 58

Pausenzeichen 266–267

Perfekt **71**, **72**, 73, 74, 146
- Konjugation 71, 72
- Zeitenfolge 73, 74, 146

Periode **167–168**, 187
- historische 167
- oratorische 168

Periphrase 217, 228

Personalpronomen 114, **115–117**, 120, 155
- Anredepronomen **115–117**, 155
- „es"-Stil 116
- in der Korrespondenz **115–117**, 120
- „Sie"-Stil 115
- „wir", kollektives 117
- „wir", unbestimmtes 117

Personifikation **218–219**, 224, 226, 229, 230

Pleonasmus 39–40

Plural s. Numerus

Plusquamperfekt **71**, **72–74**, 81–82, 146
- Konjugation 71, 72
- Zeitenfolge **72–74**, 81–82, 146

Polysyndeton **215**, 217, 232

Possessivfall s. Genitiv

Possessivpronomen **114**, 115–117, 155
- Großschreibung 155

Präfix 37–39, 66–70

Präposition 18, 58–59, 62, 112–113, 118, **128–138**, 154
- beim Passiv **58–59**, 62
- Funktion 128
- Großschreibung 154
- Häufung 132
- mehrere vor einem Substantiv 131
- mit Akkusativ 130, 131
- mit Dativ 131
- mit Genitiv oder Dativ? **128–129**, 137–138
- mit Pronomen 118
- Modepräposition 133–136

- verschmolzen mit dem bestimmten Artikel 112–113

Präpositionalobjekt 62, **129–132**
- statt Genitivobjekt 129

Präsens 71, **72–74**, 77, 81–82, 146
- des Indikativs und Konjunktiv I 77
- Zeitenfolge **72–74**, 81–82, 146

Präteritum **63–64**, 71, 72–73, 82, 146
- episches (Erzähltempus) 82
- Zeitenfolge **72–73**, 146

Pronomen **114–121**, 155
- Anredepronomen **115–117**, 155
- Demonstrativpronomen 114, **118–119**, 120
- Großschreibung 155
- Indefinitpronomen **114–115**, 119
- Interrogativpronomen 114
- Personalpronomen 114, **115–117**, 120, 155
- Possessivpronomen **114**, 115–117, 155
- Relativpronomen 114, **119**, 121
- Reflexivpronomen 114, **118**

Pronominaladverb 118, 126, 127
- statt Präposition und „es" 118
- statt Präposition und Pronomen 118
- statt Präposition und „was" **126**, 127

Protokoll 78–79, **343–348**
- Beispiel 345–347
- Beschlußprotokoll 343
- Ergebnisprotokoll 343
- Kurzprotokoll 343
- Verlaufsprotokoll 343
- wörtliches 343

Punkt **234–239**, 241, 267

Rechtschreibung 122, 123, **152–162**
- Bindestrich 123, **159–160**
- Getrenntschreibung **155–157**, 161–162
- Großschreibung 122, **152–155**, 161
- Kleinschreibung **152–155**, 161
- Silbentrennung **157–159**, 162
- Zusammenschreibung **155–157**, 161–162

Rede 270, **373–402**
- Anfang 374–375
- Beispiele 375–402
- indirekte 77–78
- wörtliche, Zeichensetzung 259

Redundanz 181–183

Reflexivpronomen 114, **118**

Reklamation 272–273, **348–352**
- Beispiele 273, 349–352

Relativadverb 119–120
- „wo", örtliches und zeitliches 119–120

Relativpronomen 114, **119**, 121
- „das" oder „was"? 119, 121

Relativsatz **169–170**, 186, 255
- Stellung **169–170**, 186
- unklare Beziehungen **169–170**, 186
- Zeichensetzung 255

REGISTER

Rhetorik 40, **213**
rhetorische Figuren s. Stilfiguren

Sammelname s. Kollektivum
Satz 163–188 (s. auch Aufforderungs-, Auslassungs-, Ausrufe-, Aussage-, Frage-, Haupt-, Konjunktional-, Neben-, Relativ-, Wunschsatz)
– Arten 166
– einfacher erweiterter 171–174
– einfacher kurzer 174–175
– Länge 166–169
– Periode **167–168**, 187
– Satzbruch s. Anakoluth
– Satzgefüge 168–169
– Wortstellung **177–183**, 227
Satzfiguren 221–225
Satzzeichen 233––268
– Anführungszeichen 265–266
– Aufgabe 233–234
– Ausrufezeichen 239–240
– Doppelpunkt 259–260
– Fragezeichen 241
– Gedankenstrich **261–262**, 267, 268
– grammatisches Prinzip 233
– Klammer **263**, 268
– Komma **242–258**, 268
– mehrere hintereinander 267–268
– Pausenzeichen 266–267
– Punkt **234–239**, 267
– rhetorisches Prinzip 233
– Semikolon 258–259
Semantik 40, 70, **165**
Semikolon 258–259
Silbentrennung **157–159**, 162
– bei Dehnungs-h 158
– bei Konsonant 158
– nach Sprachsilben 158–159
– nach Sprechsilben 157–158
– von Fremdwörtern 158–159
– von abgeleiteten Wörtern 157–158
– von zusammengesetzten Wörtern 158, 159
Singular s. Numerus
Sinnfiguren 217–221
Stabreim s. Alliteration
Steigerung s. Komparation
Stilfiguren 211–212, **213–232**
– Beispiele 225–229
– Klangfiguren 213, **214–217**
– Satzfiguren 221–225
– Sinnfiguren 217–221
– Stilblüten von Prominenten 230–231
Stoffname 17
Substantiv **10–54**, 84, 85, 106, 136, 152–153, 156, 158–159
– Ableitung 22, **29–30**, 37–39, 42, 52
– Abstraktum 14–15
– auf „-(er)ei" 29
– auf „-heit" („keit") 29
– auf „-schaft" 29
– auf „-tum" 29
– auf „-ung" **22–28**, 29, 30
– Begriff (Nichtgegenständliches) 13–14
– Ding 13
– Eigenname 15
– Fachwort 49–50
– Fremdwort **44–49**, 106, 136, 158–159
– Gattungsname 15–16
– Häufung vermeiden 30–37
– Kasus s. Akkusativ, Dativ, Genitiv, Nominativ
– Kleinschreibung beim Übergang zu anderen Wortarten 152–153
– Kollektivum (Sammelname) 16–17
– Kompositum (Zusammensetzung) 40–44
– Konkretum 15–17
– Konversion (Substantivierung) 18–22
– Lebewesen 12
– mit dem Präfix „rück-" 38
– Pflanzenname 12
– prädikatives 87
– Stoffname 17
– Streckformen 35–37
– Verhältnis zu anderen Wortarten 18
– Zusammen- und Getrenntschreibung 156
Substantivierung s. Konversion
Suffix 22, **29–30**
Superlativ 105, 106
Syntagma 164, 165

Tabelle 239
Tatform s. Aktiv
Tautologie 40, 68, 91
Textsorten 269–361
– Gebrauchstext 270
– mündliche 373–402
– schriftliche 270–361
Topos 85, 87

Umstandsfürwort s. Pronominaladverb
Umstandswort s. Adverb
Untertreibung (Understatement) 193–194

Verb 10, 18, 21, 35–37, 38, **55–83**, 84, 85, 92, 98, 103, 107, 129, 156, 183–184, 191 (s. auch Infinitiv, Partizip)
– Bildung mit Präfixen 66–70
– finites 58
– Genus verbi s. Aktiv, Passiv
– Hilfsverb 71–72
– intransitives **61–62**, 65, 66, 80, 92, 103, 107
– Konjugation 63–65, 71–72
– mit Genitiv 129
– mit verneinendem Sinn 191
– Modalverb 74–76
– Modus s. Konjunktiv, Indikativ
– Nachklapp 183–184
– Plural s. Numerus
– reflexives 65
– schwaches 63, 64, 80

415

REGISTER

- Singular s. Numerus
- starkes 63, 64
- Streckformen 35–37
- transitives **61–62**, 65, 66, 72, 92, 103
- verbale Klammer 184
- Vollverb 71
- Zeit s. Futur, Perfekt, Plusquamperfekt, Präsens, Präteritum
- Zeitenfolge **71–74**, 81–82, 146, 149
- Zusammen- oder Getrenntschreibung 156

Vergleichsform s. Komparation
Verhältniswort s. Präposition
Verneinung s. Negation
Vorsilbe s. Präfix

Werbung 176
- Werbeaussage, falsche 274
- Werbebrief 277, **353–355**
- Werbetext 356–361

Wortart 84
Wortbildung 19–20, **29–30**, 37–39, **40–44**, 66–70, 125
- durch Ableitung mit Präfixen 37–39, 66–70
- durch Ableitung mit Suffixen 22, **29–30**
- durch Zusammensetzung **40–44**, 125

Wortstellung **177–183**, 227
- Anknüpfungswörter 180–183
- Aufmacher (Spitzenstellung) 177–178

- gerade: Subjekt-Prädikat-Objekt 179
- Inversion **179**, 227
- ungerade: Objekt vor das Subjekt 179

Wunschsatz 236, 239–240

Zahlengliederung 237, 238, 369
Zahlungsaufforderung 339–342
Zahlwort s. Numerale
Zeichensetzung s. Satzzeichen
Zeit **71–72**, 81–82
Zeitenfolge **72–75**, 81–82, 146, 149
Zeitungsartikel 290–294
- Beispiele 291–293
- Leserbrief 293–294

Zeitwort s. Verb
Zukunft s. Futur
Zusage 314, 315
Zusammenschreibung 123, **155–157**, 161–162
- der temporalen Konjunktion 157
- der Verbindung Adjektiv mit Adjektiv 156
- der Verbindung mit einem verblaßten Substantiv 156
- der Verbindung Substantiv mit Partizip 156
- der Verbindung Verb mit Verb 156
- der Zahlen 123

Zusammensetzung s. Kompositum